나는왜+어떻게
신학을하는가?

나는 왜+어떻게 신학을 하는가?

신학, 고통과 아름다움의 여정

대화문화아카데미 편

| 머리말 |

『나는 왜, 어떻게 신학을 하는가?』가 나오기까지

이 책에 대한 구상이 처음 시작된 것은 6~7년 전쯤이 아닐까 싶다. 당시 나는 여성 신학자였던 몰트만 부인Juergen Moltmann의 『나는 얼마나 달라졌는가?Wie ich mich geaendert habe?』란 책을 읽으면서, 그것의 성격과 의미에 대해 깊이 생각하고 있었다.

『나는 얼마나 달라졌는가?』는 몰트만 부인이 남편의 칠순 잔치를 맞아 50여 년간 함께 신학을 했던 동료들을 초대하여, 그들과 같이 지난 세월 동안 신학이 어떻게 달라졌는지를 논한 다음 그 이야기를 모아놓은 그리 두껍지 않은 책이다. 여기에 참여한 사람은 H. 큉을 비롯해 D. 죌레, E. 융겔 등 10여 명의 대표적인 유럽 신학자들로, 이들은 유럽 한가운데서 두 차례의 세계 전쟁을 경험했고 아우슈비츠의 참상까지 직접 목도한 바 있다. 이들은 입장이 조금씩 다르긴 했지만, 시대가 달라졌음에도 신학이 변하지 않는다는 사실을 수치스럽게 여겼다. 그랬기에 모두 함께 모여 자신들의 신학이 격변의 세월을 거치면서 어떻게 달라졌는가를 진솔하게 말할 수 있었던 것이다. 나는 이 책을 읽고 난 후 한국 신학계의 실상에 대해 곰곰이 짚어보게 되었다. 한국 신학계의 풍토가 마음을 나누는 대화는 없고 사랑 없는 비판만 있으며, 현실과 씨름하는 신학은 없고 수입 이론만 성행하고, 세상과 소통하기보다 자기 논리에 갇혀 있다고 생각했기 때문이다. 하지만 언젠가는 우리도 유럽의 신학계처럼 이런 따뜻한 글들이 펼쳐질 날이 올 거란 희망을 버리지 않았다.

이런 생각을 할 무렵, 대화문화아카데미에서 신학자들이 자신의 삶과 사상을 서로 나눌 수 있는 장을 마련해주었다. 강대인 원장이 나의 생각을 교회 프로그램으로 진행할 수 있게 받아주셨던 것이다. 누구를 참여시킬지 그 대상을 선정함에 있어서는 연령별, 교파별, 성별, 그리고 신학적 다양성을 고려해야만 했다. 하지만 무엇보다 중요하게 생각했던 것은 그 어떤 차이에도 불구하고 우리 역시 스스로의 벽을 허물고 각자 자신의 삶의 자리에서 신학을 다시 한번 살펴보려는 의지였다. 이 책을 엮기까지 1년 반의 시간 동안 우리는 함께 신학을 하는 동료로서 우리의 우정을 무엇보다 소중하게 생각했고, 또 많은 것을 배웠다. 신학에 입문한 계기도 다르고 처한 상황도 같지 않았기에 저마다 다른 신학교를 택했고 그곳에서 배운 신학의 향방 또한 달랐으나, 그럼에도 서로의 차이를 소중하게 여기는 마음이 생겨난 것은 크나큰 소득이었다.

우리가 이런 독백에 가까운 이야기를 책으로 엮어내는 것은 후배와 제자들에게 좀더 넓고 다양한 신학의 길을 안내하고 싶어서이다. 글쓴이들 중에는 생계조차 걱정해야 할 어려운 상황을 이겨낸 이도 있고, 결코 겪고 싶지 않은 고통 속에서 신학을 지켜낸 이도 있다.

감추고 싶은 이야기를 솔직하고 용기 있게 밝힌 이도 있다. 신학 하는 과정에서 겪었던 뭇 갈등과 실수, 어리석음조차 후학들에겐 유익할 거라 판단했기 때문이었을 것이다. 이들은 신학을 통해 자신들이 꿈꾸고 있는 세상에 대해 올바른 비전을 제시하고 있다. 그들이 사는 이유가 다른 사람들과 같지 않았음을 보는 것은 기쁘고 감사한 일이다. 나는 이들의 글을 읽으며 세상과 교회를 위한 신학의 존재 이유를 재삼 확인할 수 있었다. 이들 신학자 모두는 교회를 위한 존재 그 이상으로 역할을 했고, 앞으로도 그러할 것이라 확신한다.

끝으로 이 책이 후학들에게 신학 하는 기쁨과 의미를 새롭게 전달할 수 있기를 소망하며, 대화의 장을 마련해준 대화문화아카데미와 1년 반에 걸친 긴 세월 동안 삶의 신학 콜로키엄에 참여해준 열네 명의 신학자들에게 깊은 감사와 사랑의 마음을 전하고 싶다. 삶이 다하는 순간까지 우리가 함께 대화했던 그날의 경험에 힘입어 더욱 열심히 세상과 교회를 위해 살아갈 것을 기도한다. 그리고 한국 신학계에서도 『나는 얼마나 달라졌는가?』와 같은 책이 출판되어 읽히게 된 것을 자랑스럽게 생각한다.

2011년 10월

이정배

차례

머리말 『나는 왜, 어떻게 신학을 하는가?』가 나오기까지   5

'우주의 선율에 맞춘 생명의 춤'을 꿈꾸면서   김준우   11
나의 이야기—한국 여성 신학자의 길을 가며   이은선   39
신학이 우러나는 '삶'이라는 자리   차정식   63
시간이 회수하지 못한 기억   김진호   89
분열된 삶들 사이에서   박일준   133
나는 누구인가?   박태식   159
말과 삶의 격차 줄이기   권연경   177
나는 왜, 어떻게 신학을 하는가?   채수일   193
사랑과 그리움으로 이어가는 길   차옥숭   223
나의 삶과 신학   양재훈   251
신학을 살고, 삶을 신학하고   김정숙   275
뒷간 위에 내린 눈의 은혜를 산다   김학철   301
경계에서 경계를 넘어   이찬수   317
더블린에서 돌아보고 내다봄—나의 삶, 신앙과 신학   정지석   349
미정고로서의 예수—다석 유영모를 만나기까지   이정배   383

'우주의 선율에 맞춘 생명의 춤'을 꿈꾸면서

김준우
한국기독교연구소 소장

서강대학교 영문학과를 졸업하고 감리교신학대학교와 동 대학원, 미국 남감리교 대학교(SMU) 신학대학원을 거쳐 드류 대학교 대학원(Ph.D.)에서 공부했다. 한국기독교연구소 소장을 맡아 '예수 세미나'의 역사적 예수 연구 결과를 번역해서 소개했다. 『IMF 시대의 목회와 설교』『생태계의 위기와 기독교의 대응』을 편집했으며, 『기후 재앙에 대한 마지막 경고』를 썼다.

들어가는 말

환갑을 넘겼어도 아직 신앙생활의 자유와 기쁨을 온전히 누리지 못해 부끄러울 때가 많고, 신학에 대해서도 여전히 새롭게 배우는 게 너무 많아 신학 공부를 다시 시작해야겠다고 다짐하곤 한다. 그런 사람이 '삶과 신학'에 대해 고백하려니 부끄러운 마음이 앞선다. 독창적인 저술은 하지 못했어도 최소한 자신의 신학은 나름대로 정리했어야 할 나이건만 나는 그 어느 것 하나도 이루지 못했다. 이 글은 그런 아둔한 사람이 어머니와 교회에 진 사랑의 빚을 갚아볼 요량으로 살아온 삶의 이야기라 할 수 있다. 지혜로운 이들은 마음의 눈으로 신앙의 본질을 꿰뚫어 보고 세상의 평화를 위해 헌신하지만, 나같이 아둔한 사람은 기독교 전통을 머리로 이해하는 일조차 쉽지 않아 오랜 세월이 필요했던 것 같다. 또한 성격도 외향적일 뿐 아니라 생존에 쫓겨 자기를 깊이 성찰할 여유도 없이 하나님의 임재와 은총에 대해 무감각한 채 살아온 것 같다. 하지만 공부를 계속하면서 더디게나마 생명의 신비와 은총을 노래할 수 있게 되었고, 그동안 여러 길벗을 만나면서 뒤늦게나마 '우주의 선율에 맞춘 생명의 춤'을 꿈꿀 수 있게 되었다. 그저 감사할 뿐이다.

성장 과정과 신학을 공부하게 된 동기

함경도 출신의 아버지는 야경꾼 일을 하다가 전쟁이 끝난 이듬해에 돌아가셨다. 내가 다섯 살 되던 해였다. 아버지는 술을 자주 드셨는데, 술에 취하면 청운동 골목길에서 '양심과 도덕'을 고래고래 외치시곤 했다. 한일합방이 되던 해에 태어나 일제 강점기와 해방과 전쟁을 겪고 혼자 월남해 살아가면서 받았던 깊은 상처와 좌절감을 달랠 방법이 달리 없으셨을 것이다. 또 그건 어쩌면 험한 시대를 살아오면서 당신 자신의 양심과 도덕을 지키기 위한 몸부림이었는지도 모른다.

부친의 노름으로 몰락한 대지주 집안의 맏딸이었던 어머니는 열두 살에 남의 집 종살이를 시작했는데, 그만 서른셋에 혼자가 되셨고 한동안은 밤마다 가위에 눌려 신음했다고 한다. 전쟁이 끝난 직후라 동네에는 부모가 버젓이 살아 있어도 깡통 들고 밥을 구걸하던 아이들이 있었다. 그런 시절에 집도 없고 배운 것도 없고 무일푼이던 어머니가 어린 아들 둘을 거지가 되지 않게 먹이고 초등학교라도 졸업시키는 일은 얼마나 막막하고 무거운 짐이었을까. 충분히 짐작이 되고도 남는다.

어머니는 끼니가 떨어져 온 가족이 굶주려야 했던 그 막막함과 불안을 견디다 못해 인왕산에 올라가 굿을 하기도 하셨단다. 그런 어머니에게 앞집 아주머니는 교회에 나가보길 권했다고 한다. 그리고 어느 날 꿈속에서 어머니는 당신의 목을 조르던 귀신에게 "나는 예수 믿는 사람이다!"라고 자신도 모르게 외치셨다는 것이다. 그 후 교회에 다니면서 가위눌림도 사라지고, 항상 "주 안에 있는 나에게 딴 근심 있으랴" 찬송을 부르면서 어머니는 힘겨운 생활을 이겨냈다. 어머니가 삯바느질을 배운 곳이 마침 같은 골목에 살던 조영준 목사님의 어머니 댁이었는데, 당시 신학교를 졸업하고 미국 유학을 가게 된 조 목사님을 보면서 신학교가 가난한 사람들에게 대학 공부의 기회를 주는 곳이라고 생각하셨던 모양이다. 어머니가 그 이야기를 내게 하셨던 게 기억난다. 그리고 심방을 자주 왔던 김해종 목사님의 어머니인 강 전도사님의 따뜻한 손길, 넉넉한 품을 느끼게 해주셨던 한준석 목사님의 온화한 모습이 나의 어린 마음에 큰 인상을 남겼던 것 같다. 어머니는 교회에서 찬송가를 따라 부르시면서 혼자 한글을 깨쳤고 성경암송 대회에서 「마태복음」 5~7장을 한 절도 틀리지 않고 외워 1등을 하시기도 했다.

어렸을 때부터 어머니는 나만 보면 '황소 고집'이라고 자주 역정을 내셨고, 내가 한참 나이를 먹은 후에도 "물가에 내놓은 아기 같다"고 염려를 많이 하셨다. 거의 매일 밤 전쟁에 쫓겨 다니다 낭떠러지에서 떨어지는 악몽에 시달려야 했던 유년 시절, 그나마 인왕산을 놀이터로 삼았던 것과 이웃 친구들을 따라 교회에 다니게 된 것이 나 자신의 정서 안정에 많은 도움이 되었다. 교회 선생님들은 나에게 인생의 밝은 빛과 큰 즐거움을 맛보게 해주었다. 중학교 1학년 때, 나는 목사가 될 생각을 했고 웅변반에 들어가 웅변을 배우기도 했다. 목사가 될 작정을 한 것은 대학 공부를 하고 싶었던 게 무의식적으로 작용한 측면도 없지 않았을 것이다. 또 빈궁한 집안 출신이 일류 중학교를 다니면서 마음이 더욱 여려져 세상의 부귀영화를 누릴 꿈을 진작에 포기한 때문인지도 모르겠다. 하지만 어머니에게나 나에게나 찬송과 사랑의 관계를 통해 삶의 기쁨과 소망을 경험하게 해준 교회의 은혜에 조금이나마 보답할 수 있는 길은 교회를 위해 한평생 헌신하는 길이라고 느꼈던 것 같다. 무엇보다도 '한 알의 썩어지는 밀알'에 대한 가르침을 막연하게나마 인생의 가치 기준과 지향점으로 삼게 된 때문이 아니었나 생각한다. 그러나 나는 성경을 읽고 기도하기보다는 운동과 노는 것을 훨씬 더 좋아했던 평범한 아이였다.

중2 때 친구 집에서 망원경으로 목성을 찾다가 갑자기 시야 가득히 쏟아져 들어오는 밝은 빛에 놀랐던 순간, 그리고 밀림지대에 우뚝 솟아 있는 앙코르툼의 항공촬영 사진을 보았던 순간의 충격이 지금도 새롭다. 바위굴 속에서 해탈과 구원을 위한 기도 생활에 전념하느라 다리가 썩어버린 구도자들의 이야기는 막연한 두려움도 갖게 했다. 우주의 광대함과 인류 문명의 장엄함, 수행자들의 종교적인 헌신 앞에서 느낀 전율이 오랫동안 가슴

> 감신대의 자유주의적 풍토는 나의 신앙적 체증을 풀어내는 데 큰 도움이 되었다. 특히 민영진 선생님의 오경 강의를 통해 성서의 권위에 대한 오랜 회의에서 벗어날 수 있었다.

한구석에 자리 잡고 있었던 것 같다. 중고등학교 시절, 특별히 흥미를 느꼈던 과목은 지리와 생물이었다. 사춘기 시절에 나의 인생 상담을 맡아주었던 박근옥 선생님은, 목사가 되려면 먼저 영문학을 공부하라고 권했다. 박 선생님은 박대선 총장님의 제자로, 나에게 신

학을 공부하기 전에 남들과 똑같은 대학 생활을 거친 후에 상투적이거나 가식적이지 않고 넉넉한 인품의 소유자가 되어 목사의 길을 가길 바랐던 것 같다. 매일 새벽마다 중생을 깨우듯 목탁을 두드리며 집 앞을 지나 조계사로 향하던 어느 스님의 한결같은 모습에서도 큰 인상을 받았다.

1968년부터 시작된 서강대 생활은 8학기 내내 데모와 휴교를 거듭하는 통에 공부는 별로 안 했지만, 영문학을 전공하고 사학을 부전공으로 하면서 김용권, 이근삼, 김형효, 이기백, 차하순, 길현모 선생님의 강의를 들을 수 있어 좋았다. 또 장학금을 받아 학비 걱정 없이 학교를 다닐 수 있었고, 학문의 개방성과 성실성을 배운 기간이었다. 1학년 때 김열규 선생님은 한국 단편소설을 읽고 매주 몇 개씩 리포트를 제출하도록 했는데, 사실주의 경향의 문학 작품들이 당시 이상주의자였던 나에겐 매우 큰 충격이었다. 머독 J. Murdock 신부님의 서양사상사 강의에서 배운 '노아 홍수 설화와 길가메쉬 서사시'의 공통점에 대한 강의는 성서의 권위에 대한 의심과 신앙적 혼란 속에서 오랫동안 헤매도록 만들었다. 교회에서 배웠던 절대적인 진리와 가치가 속절없이 무너져 내리고 신앙적 회의와 혼란, 패배의식 속에서 휘청거리던 시절이었지만, 새벽빛은 언제나 내일에 대한 믿음과 다시 일어설 용기를 주었다. 그나마 소포클레스와 근대 희곡들에 흥미를 가졌고, 학보사 기자로 활동하면서 저항의식과 글쓰기를 배운 시절이었다.

교회학교에서 교사 일을 맡아 열심히 했지만, 군사독재정권 앞에서 숨죽이고 살아가는 이들에게 마치 무당들 푸닥거리보다 못한 짓을 벌이면서 헌금을 갈취하기에 여념이 없는 듯한 부흥사들의 몰상식에 환멸을 느끼면서 결국 모교회를 떠나 마경일 목사님과 박대선 감독님의 설교를 들으러 다녔다. 그러나 인습적인 신앙 단계를 넘어 주체적·성찰적 단계로 나아갈 수 있는 체계적인 신앙 훈련을 받을 기회는 없었다. 휴교를 할 때마다 자주 한적한 절간을 찾아 구원과 해탈을 향한 순례자들의 대열을 마음에 그리곤 했지만, 야스퍼스의 "그리스도인이란 그리스도가 되려는 사람이다. Christsein ist Christwerden."라는 말에 기독교인의 정체성과 희망을 가질 수 있었다. 대학원에서 서양사를 전공할 생각도 했지만, 우선은 내 속에서 소화되지 못한 채 얹혀 있는 신앙적 체증을 풀어내는 일이 급선무라 생각했다. 그래서 남들처럼 무역회사에 취직하길 바랐던 어머니의 희망에도 불구하고 1972년 봄 감신대에 학사 편입을 했다. 신앙적 체증을 풀어내면 보람된 목회를 할 수도 있을 거라는 막연한 기대를 가졌다.

군사독재 시절의 장교 생활과 신학 수업

감신대의 자유주의적 풍토는 나의 신앙적 체증을 풀어내는 데 큰 도움이 되었다. 특히 민영진 선생님의 오경 강의를 통해 노아 홍수 이야기 속에 담겨 있는 신학적인 창조성을 배우게 되어 성서의 권위에 대한 오랜 회의에서 벗어날 수 있었다. 또한 변선환 선생님의 현대 신학 강의는 신앙적인 열정을 되찾는 데 도움이 되었다. 그러나 학비를 벌기 위해 야간고등학교에서 교편 생활을 시작했기 때문에 학업에만 몰두할 수 없었고, 신학교 강의는 기독교의 전통 교리들을 정직하게 고백하기 위한 체계적인 성찰에 집중되지도 않았던 것 같다. 한편 학업을 계속하기 위해 당시 일정액을 주고 방위병으로 빨리 군복무를 마치려던 나의 계획에 대해 "나중에 네 아들이 '아버지는 군대 생활을 어떻게 하셨어요?'라고 물어보면 뭐라고 대답할 거냐?"라는 박근옥 선생님의 엄한 질책 앞에서 할 말을 잃고 말았다. 결국 나는 한 학기를 마치고 곧바로 공군 장교로 입대했다.

박정희의 영구 집권을 위한 '10월 유신'을 훈련소에서 맞이하여, 반대 투표가 단 한 표도 나오지 않을 때까지 계속된 투표 예행연습과 단체 기합, 그리고 유신 찬반 국민투표는 나의 조국이 기본적으로 비밀투표조차 보장하지 않는 전체주의 경찰국가라는 사실을 분명하게 확인시켜주었다. 저항해보지도 못한 채 역사의 공범이 되고 말았다는 사실이 오랫동안 어두운 그늘로 남아 있었다.

1973년 봄, 장교 임관 후에 산꼭대기 레이더 사이트에서 근무하게 되면서 처음으로 대자연의 아름다움과 그 앞에서 개인의 덧없는 운명과 인류 문명의 상대적 왜소함을 절감했다. 칼릴 지브란Kahlil Gibran, 카뮈Albert Camus, 생텍쥐페리Antoine de Saint-Exupéry, 불경佛經에 매료되었던 시절이다. 특히 윌 듀런트의 『철학 이야기 The Story of Philosophy』를 읽고 또 읽으면서, 철학 사상보다 더 귀한 것은 철학자의 성실한 삶 자체이며, 작품과 작가의 경험이란 상당 부분 시대의 산물이라는 초보적인 사실을 깨닫게 되었다. 그 깨달음은 대학 1학년 때 사실주의 작품들을 읽은 이후로 내 가슴을 짓누르던 패배주의에서 조금씩 벗어날 수 있게 해주었다. 그러나 오랫동안 사귀던 친구와 헤어진 후, 남은 것은 내 속 깊이 자리 잡고 있는 자기중심주의와 이기심에 대한 죄책감이었다.

나는 베트남과 라오스, 캄보디아가 공산화된 데 이어서 전쟁의 소문이 들리기 시작한 한반도의 최전선 백령도에 자원했다. 일주일에 두세 번씩 밤을 꼬박 새워야만 하는 공중감시 장교로서 실제로 국토방위를 하는 것인지, 아니면 대학 생활 내내 데모를 통해 저항했던 그 군사독재정권을 수호하는 하수인으로 전락하고 만 것인지 알 수 없어 괴롭던 시절, 친구마저 떠난 후 현실에서 도망치고 싶었기 때문이었을 것이다. 그리고 최전방에서 내 자신의 인생을 다시 정리하고 싶은 마음 때문이었을 것이다. 나는 바닷가에 방을 얻어 틈만 나면 수채화를 그리면서 지냈다. 1975년 서해안 5개 도서 사태 당시, 밤마다 적의 함포가 내 머리통을 박살 내기 전에 깨끗한 영혼이 되어 잠들기를 간절히 바랐다. 그러나 사순절 기간 동안 산길을 걸어 새벽기도회에 참석하면서도 예수의 대속에 의한 구원은 가슴에 와 닿지를 않았다. 돌이켜 보면, 이렇게 믿음이 없었던 것은 윌리엄 슬로언 코핀William Sloane Coffin 목사님의 통찰처럼, 죄의식은 나의 "자존심을 지키는 마지막 근거였으며, 스스로 용서하지 못하는 것을 예수님이 대신 용서해주었다는 사실을 받아들이기엔 너무 교만한 때문"이었을 것이다.

4년간의 군복무를 마치고 복학한 나는 학비를 벌기 위해 다시 야간 고등학교 영어 선생 일을 다시 시작했다. 그러다보니 선생 일이 본업처럼 되어버리고 신학 공부는 뒷전으로 밀려난 생활을 이어갈 수밖에 없었다. 수업 시간에 이해하지 못한 내용들은 자주 한인철의 도움을 받았고, 동급생이었던 송순재의 소개로 우치무라 간조內村鑑三를 탐독하기도 했다. 나의 핵심 문제는 구원론이었기에 학부에서는 불트만Rudolf Bultmann으로, 대학원에서는 루터Martin Luther와 에라스무스Desiderius Erasmus로 논문을 썼다. 하지만 구원의 확신을 얻지 못한 상태라 목회를 나갈 자신이 없었다. 사도신경조차 정직하게 고백할 수 없었기 때문이다. 돌이켜 보면 "구원은 은총의 선물이며, 믿음 역시 은총의 선물"이라는 루터의 은총 중심의 논리 앞에서 나처럼 겨자씨만 한 믿음도 없는 사람이 기댈 수 있는 곳은 어디인지 막막하게만 느껴졌던 것은 십중팔구 믿음을 일차적으로 '지적인 동의'라는 관점에서 이해했기 때문일 것이다.

그러다 대학원에 다니는 동안 윤성범 학장님의 배려로 감신대에서 영어 강의를 맡았는데, 그때 버나드 W. 앤더슨Bernhard W. Anderson의 『성경의 펼쳐진 드라마Unfolding Drama of the Bible』를 교재로 사용하면서 새로운 깨달음을 얻게 되었다. "객석에 앉아서 하나님의 드라마를 보다가 무대 위로 올라오라는 하나님의 부름을 받은 우리에게는 따로 주어진 각본은 없지만 이제까지 펼쳐진 드라마의 핵심적인 줄거리를 따라 자기가 맡은 배역을 각자 알아서 수행해야 한다"는 앤더슨 교수의 주장이 기독교인으로서의 나의 신앙과 정체성에 큰 영향을 미쳤던 것이다. 교리에 대한 고백이나 내면적인 구원의 확신보다 현장에서 맡은 배역을 실천하는 일이 더 중요하다는 사실을 받아들이게 된 것은, 믿음의 본질에 대한 이해가 매우 부족했을 뿐만 아니라 군사독재의 폐해와 한국교회의 기복신앙과 열광주의에 대한 반작용도 영향을 미쳤을 것이다. 조직신학 대신 윤리학을 전공하게 된 근본적인 이유도 이런 영향 때문이 아닌가 생각한다.

박정희 이후에도 군부 통치는 계속되었다. 광주학살과 부산 미문화원 방화 사건 이후 해방신학은 공산주의 신학으로 매도당했지만, 나는 오히려 계급의식을 더욱 분명하게 느낄 수 있었다. 그러나 영국의 생태학자 데이비드 애튼버러David Attenborough의 『지구 위의 생물: 생명의 역사』를 처음 접하면서 생명사의 창조적인 진화 과정 속에 드러나는 신비를 새로이 인식하게 되었다. 진화는 단순히 기계적이며 물리화학적인 현상이 아니라 정신과 혼이 관여하는 작용일 것이라는 점을 직관적으로 느꼈다. 또한 3년 가까이 『성서대백과사전』을 출판하기 위한 번역 팀장을 하면서 번역의 요령을 체득할 수 있었다. 특히 제임스 파울러James W. Fowler의 『신앙발달론』을 번역하면서 신앙의 성숙 과정에 기대를 갖게 되었다. 신학생들에게 영어를 가르치는 것도 귀한 일이었지만 교회 갱신의 지름길은 훌륭한 신학 교수가 되는 길이라 믿게 되었고, 신학 공부를 계속하기 위해서는 장학금을 얻어 미국으로 유학을 갈 수밖에 없었다.

유학 생활

1983년 8월 말, 댈러스에 있는 남감리교대학교SMU에 도착했는데, 일주일 뒤에 KAL 007기가 소련 영공에서 격추되어 269명 전원이 사망한 사건이 발생했다. 강대국의 음모에 희생당하는 약소민족의 비애를 보여주는 신호처럼 생각되었다. 그곳에서 나는 정기열, 정희수와 교분을 쌓았고, 광주학살 사건과 부산 미문화원 방화 사건의 진상에 대한 해외 자료들을 읽을 수 있었으며, 『신한민보』를 구독하면서 북조선의 현실도 새롭게 알게 되어 비장한 심정에 사로잡히곤 했다. 첫 학기부터 흑인해방신학과 제3세계 신학에 빨려 들어가게 된 것은 억압당하는 이들의 사회구조적 고통이 극빈자 출신인 나에게 친숙한 동질감을 느끼게 해주었기 때문일 것이다. 그리고 제3세계에서 군사독재에 맞서 저항하다가 희생되는 분들의 고통, 그리고 미국의 제국주의가 전 세계적으로 자행하는 학살과 착취에 대한 분노 때문이었을 것이다. 『김지하 전집』을 구해서 읽은 것도 이때였다.

니카라과의 산디니스타 혁명정부를 와해시키기 위한 미국의 전략에 대해 관심을 갖기 시작했으며, 미국이 남아메리카 대륙 전체에서 군사 쿠데타를 통해 '피의 대륙'으로 만들어버린 이념이 국가안보 이데올로기라는 사실도 깨닫게 되었다. 그해 가을 텍사스에서 열린 해방신학 학술대회에서 제임스 콘James Cone, 혼 소브리노Jon Sobrino 교수 등을 만날 수 있었다. SMU 교수들의 독특한 교수방법론을 통한 새로운 배움에 큰 기쁨을 맛보며 지

> 신학은 결국 지배자들의 폭력을 정당화하고 재생산하는 죽임의 신을 숭배하도록 만드는 거짓 신학과의 싸움이라는 것이 분명해졌다.

낸 시절이었다. 프레드리히 카니Frederich Carney 교수의 윤리학 강의와 웨슬리 윤리, 존 데쉬너John Deschner 교수의 조직신학개론, 본회퍼 세미나가 기억에 남는다. 특히 호세 미란다Jose Miranda의 『마르크스와 성경Marx and the Bible』(1974)은 성서 이해에서 나에게 결정적인 영향을 끼쳤다. 신학에서 지배 계급의 이데올로기가 매우 큰 영향을 끼친다는 사실을 비로소 분명하게 깨달은 것이다. 칭의justification의 목적이 정의 실천doing justice이라는 깨달음을 나중에 얻게 된 것도 미란다의 영향일 것이다.

한국에서의 80년대 학생운동이 NL과 PD 등의 이념 논쟁을 거치면서 민족·민주·민중의 '삼민三民'을 중심으로 전개된다는 것을 알고 가슴이 뛰었고, 신학을 어떻게 '삼민'을 중심으로 전개할 수 있을지 암중모색하기도 했다. 또한 교수가 되기 위해 유학을 왔다는 사실이 개인적인 신분 상승을 위한 게 아니었는지에 대해서도 되묻게 되었고, 사제 계급이 역사적으로 거의 대부분 지배 권력의 하수인

역할을 했다는 엄연한 사실 앞에서 답답함을 느꼈다. 하지만 다행히도 남미 교회사에 나타난 민중해방운동과 신비주의 전통에서 한 가닥 희망을 찾아 목사 안수 과정을 시작할 수 있었다. 광주 항쟁 이후 미국으로 밀항해서 한청련 조직을 만들어 민주화운동을 벌이고 있던 윤한봉 선생과의 만남을 통해 해방신학 공부를 중단하고 해방운동에 투신하는 철저함을 보인 사람들(예컨대 한호석 선생)도 있었지만, 나는 급진적 실천보다는 학문과 신학 교육을 통해 교회를 개혁하는 데 뜻을 두고 있을 만큼 순진했다. 그러나 감신대의 토착화 신학 전통에 대해서는 그 엘리트주의에 대해 비판 의식을 갖게 되었다. 그리고 유학 생활을 통한 또 다른 변화는 내 속에 있던 권위주의, 특히 장교 생활과 교사 생활을 하며 몸에 밴 권위주의에서 점차 벗어나 합리성을 익히게 된 것이었다.

1985년부터 드류 대학교에서 종교와 사회 Religion and Society 분야에서 사회윤리 전공으로 박사과정을 하면서, 정치학과 사회학도 새롭게 배웠지만 여전히 해방신학과 윤리를 중심으로 공부했다. 신학은 결국 지배자들의 폭력을 정당화하고 재생산하는 죽임의 신을 숭배하도록 만드는 거짓 신학과의 싸움이라는 것이 분명해졌다. 나는 뜻하지 않게 개척교회 담임을 맡아 2년 동안 애쓰면서, 고비 사막을 건너던 테이아르 드 샤르뎅 Theihard de Chardin 신부가 "세상의 눈물을 포도주로 삼고 고통당하는 육신들을 영성체로 삼아" 사막 위에서 혼자 미사를 드리던 장면을 생각하며 목회자의 존재 이유를 확인하게 되었다. 그러나 학비와 생활비를 벌기 위한 온갖 노동으로 지쳐 있을 때, 한인철 목사가 나를 강하게 밀어붙이지 않았다면 아마도 논문을 포기했을 것이다. 한편 나는 한성수 목사, 최종수 목사,

한인철 목사 등과 함께 매달 한국의 장기수들을 후원하는 모임을 가지면서 목회 현장에서의 어려움과 기쁨을 나누었다.

학위논문을 위한 계획서는 「국가 안보 체제에 대한 교회적 대응 방안」으로 지도교수의 허락까지 받은 상태였는데, 1989년 여름 PBS 방송에서 네다섯 시간이나 계속된 환경 특집(산성비, 오존층 파괴, 삼림 파괴, 쓰레기 문제 등)을 시청한 이후 논문 주제를 민중해방에서 생명해방신학으로 확대했다. 그러면서 우연히 발견해 읽은 책이 토마스 베리Thomas Berry 신부의 『지구의 꿈The Dream of the Earth』(1988)이었다. 종족 학살genocide, 종자 학살biocide, 지구 학살geocide이라는 대량 학살로 인해 신생대가 급속하게 끝나가는 현실에서, 신학은 생태대Ecozoic를 향한 출애굽, 그 문명 전환을 위한 새로운 비전을 창출하기 위해 '새로운 우주론'을 가르쳐야만 한다는 토마스 베리의 주장은 해방신학의 계급투쟁적인 열정을 넘어 점차 우주와 생명의 신비에 대해 새롭게 눈뜨게 해주었다. 새로운 우주론의 핵심인 생명사의 원리들, 곧 분화/다양성differentiation, 주체성subjectivity, 교제communion의 원리에 대한 그의 가르침은 기독교 신학과 윤리를 성서와 기독교 전통의 울타리를 넘어 35억 년의 생명의 역사 속에 나타난 하나님의 드라마unfolding drama의 핵심적인 줄거리로 파악할 수 있다는 점에서 보다 설득력 있는 기초가 될 거라고 판단했다. 학위논문은 「한국에서의 죽음의 우상과 생명의 신학The Idols of Death and Theology for Life in Korea」(1992)로서, 한국 사회에서의 죽임의 체제에 대한 사회학적 분석과 김지하의 생명 사상의 신학적 의미를 평가한 것이었다.

종교재판 이후 '예수 세미나'의 길

나는 9년간의 유학 생활을 끝내고 1992년 여름에 한국으로 돌아왔다. 그런데 귀국하자마자 변선환, 홍정수 교수에 대한 종교재판과 그 이후의 교수직 해임 과정을 곁에서 지켜보게 되었는데, 그러면서 교단의 정치적인 목사들과 신학교 일부 교수들의 온갖 불법과 비열함에 분노했다. 감리교 종교재판은 "홍정수 교수가 '예수 피는 개돼지 피'라고 주장했다"는 김홍도 목사의 흑색선전으로 출발했다. 하지만 교리 문제로 기소하지 못하게 되니까 결국 어느 통일교 출신 졸업생과 일부 교수들의 도움을 받아 '통일교 비호자'라는 혐의를 조작하기에 이르렀다. 이는 합당한 법적 절차조차 밟지 않았다는 점에서 중세 마녀재판보다도 못한 것이었다. 왜냐하면 교수직 해임 과정은 부흥사들로부터 '감신대 100주년 기념관' 건축 기금을 몇 푼 더 얻어내기 위한 학교 당국의 거래에 불과했기 때문이다. 신학교에서 이런 어처구니없는 짓들을 벌이고, 대다수 교수들 역시 침묵한다는 사실이 나로서는 도저히 참을 수가 없었다. 개인적인 의협심만이 아니라 미국 연합감리교회UMC에서 목사 안수를 받고 합리성이 몸에 밴 사람으로서 한국 감리교단 지도자들의 반기독교적 작태에 전혀 익숙하지 않았기 때문이었을 것이다.

마침내 김홍도 목사는 흑색선전을 한 것 때문에 출판물에 의한 명예훼손으로 고발당해 담당 검사 앞에서 '각서'까지 쓰면서 자신의 잘못을 시인하고 8천만 원을 지불했다. 하지만 감신대의 일부 교수들, 즉 종교재판의 결정적인 증거로 작용한 문서를 비밀리에 작성하여 동료 교수의 출교와 교수직 해임에 직접 가담했던 교수들은 구두로 사과하는 일조차 끝끝내 거부했다. 결국 나는 1993년 가을에 '종교재판 음해조작 과정'을 증거 서류까지 첨부해서 A4 용지 23장에 정리해서 발표하게 되었다. 학생들은 그날 오후부터 학교 당국의 해명을 요구하며 수업 거부와 점거 농성에 들어가 석 달 넘게 싸웠다. 1년 뒤에 또다시 시작된 학내 사태로 전교생이 유급을 당하기도 했다. 그 때문에 2년간 계속된 '학내 사태 선동자'로 낙인찍혀 3년 동안 모교에서 시간강사도 못했다. 그 후 대학 공채 과정에 열 번 정도 지원을 했지만 매번 탈락하고 말았다. 고단한 유학 생활을 견딜 수 있었던 건 학생들을 잘 가르쳐 교회를 참된 믿음과 사랑의 공동체로 회복시키는 데 헌신하겠다는 꿈 때문이었는데, '학내 사태 선동자'가 발붙일 곳은 한국의 대학사회 안에는 그 어디에도 없었다. 나는 매일 아침 대금산조에 맞춰 춤을 추면서 토마스 베리 신부의 제안처럼 어젯밤에 목성에서 지구로 이민 온 사람의 감격을 통해서만 내 자신을 추스를 수 있었다. 맡겨진 배역에 대한 의무보다 우선하는 것이 존재에 대한 감사라는 것을 새삼 깨달은 것이다. '우주의 선율에 맞추어 생명의 춤을 추자Dancing to the music of life in the universe'는 것을 내 인생의 좌우명으로 삼은 것도 이런 척박한 현실 때문이었을 것이다.

  40대 중반이었던 홍정수 교수는 심리적 고통을 더 이상 견딜 수 없어 유배를 떠나듯 클레어몬트 신학교로 갔고, 나는 남아서 '세계신학연구원'의 운영을 맡았다. 또 계간지 『세계의 신학』 편집을 맡으면서 생명해방신학, 소비주의 문화, 기후 변화, 대멸종의 위기 등을 주제로 졸고를 발표했다. 1995년에는 '세계신학연구원'을 '한국기독교연구소'로 개편하여 소장으로 일하게 되었다. 종교재판의 결과에 절망해 그냥 주저앉기에는 교단과 학교 당국에 대한 분노가 너무 컸으며, 역사에 남는 것은 예언서들처럼 신학 작업의 문서들이라 믿었기에, '악의 세력'과의 싸움에서 끝내 이기기 위해서는 배가 고프더라도 신학운동을 이어가야겠다고 투지를 불태우고 있었다.

그런데 그 와중에 갑자기 큰아이가 한창 나이에 세상을 떠나버렸고 그 충격으로 쓰러진 어머니마저 세상을 떠나셨다. 평생 고생만 하신 어머니에게 수없이 마음고생까지 시킨 나 자신의 크나큰 불효에 더하여 노년기에 결코 견딜 수 없는 충격까지 안겨드린 것이 내 인생의 가장 큰 한으로 남는다. 나는 지푸라기라도 잡겠다는 심정으로 조이스 럽Joyce Rupp 수녀의 『작은 불꽃: 인생길의 어둠과 성숙』과 빈센트 필 목사의 『사별의 슬픔에 잠긴 이들에게』를 출판했다. 헤아릴 수 없는 운명 앞에서의 분노와, 아직 이루지 못한 꿈과 과제가 있었기에 그냥 주저앉을 수는 없었다. 차돌 같은 심장으로라도 살아남아야 했다. 그 어둠에서 벗어나는 데에는 일중독만큼 효과적인 게 없다는 것을 깨닫기까지는 오래 걸리지 않았다.

대형 교회 목사들의 정치적 야심 때문에, 혹은 교회 쇠퇴의 희생양을 만들기 위한 종교재판이 또다시 벌어지지 않도록 하려면 성서 문자주의에 입각한 근본주의 신학을 극복하기 위한 학문적 토대를 마련하는 일이 시급하다고 판단했다. 마침 클레어몬트 신학교에서 신약학 강의를 청강하던 홍정수 교수에게 '예수 세미나'를 소개받았다. 거짓 신학과의 싸움에서 하늘이 우리를 돕고 있다는 확신이 들었다. 그래서 로버트 펑크, 존 도미닉 크로산, 마커스 보그, 존 쉘비 스퐁, 월터 윙크, 리처드 호슬리, 존 브랜든 스콧 등의 역사적 예수 연구서들을 신속하게 번역 출판했다. 단 한 군데의 오역도 없어야 한다는 원칙은 나의 마지막 자존심이었다. 10년 넘게 계속된 이 출판 작업을 통해 개인적으로는 기독교 메시지에 대한 오랜 체증을 풀어낼 수 있었다. 또 한국교회를 개혁하기 위해서는 한국교회의 지적인 위기와 사회적 신뢰성의 위기를 극복해야 하며, 그 지름길은 '예수에 대한 복음(그리스도 케리그마)'이 '예수의 복음(역사의 예수)'에 기초해야 한다는 확신을 갖게 되었다. 성서 문자주의만이 아니라 기독교의 일반적인 몰상식

> 나의 신학적 주제는 '우주의 선율에 맞추어 생명의 춤을 추는 꿈'이라 하겠다. 우주의 선율에 맞춘 생명의 춤이란, 토마스 베리 신부가 지적한 생명사의 원리들인 분화(다양성)와 주체성과 교제의 원리에 발맞추어 추는 생명의 춤이다.

과 폭력성을 극복하기 위해서는 '믿을 수 없는 것을 믿는 것이 참 믿음'이라는 반지성주의 대신에 '이해를 통한 믿음'이 한국교회 안에 뿌리내려야 한다고 확신하게 된 것이다. 역사적 예수를 공부할수록, '예수에 대한 복음'만 강조한 기독교가 실제로는 얼마나 많이 예수를 배반하고 잔인한 폭력을 자행했는지를 깨달았다. 그리고 '예수에 대한 복음'을 담고 있는 신론 자체가 오늘날 이해 불가능한 것이 되었으며 성서 자체의 폭력성을 극복하는 것이 당면 과제라는 사실도 깨달았다. 아울러 그레고리 라일리, 돈 큐핏, 로이드 기링, 카렌 암스트롱, 고든 카우프만, 도로테 죌레, 로즈메리 류터, 엘리자베스 피오렌자의 저술들 역시 나의 신학적 시야를 더욱 넓혀주었다.

교회가 전 세계적으로 급속하게 몰락하는 현실과 관련하여 역사적 예수 연구의 의미를 간략하게 정리하여 2005년 봄에 「교회개혁을 위한 신학 논제」를 발표했는데, 학교는 1년 후에 이것을 문제 삼

아 나만 유일하게 재임용에서 탈락시켰다. 동정녀 탄생 교리나 부활 교리가 과학적(생물학적) 진리가 아니라 종교적 진리라는 당연한 사실을 주장한 것이 감신대 당국에 의해 문제가 된 것은 종교재판 때처럼 신학적인 이유가 아니라 또다시 정치적 이유 때문이라는 점을 알게 되었다. 나는 타오르는 분노를 묵주기도로 겨우 달래면서 지냈다. 그러나 나의 복직을 요구한 학생들의 데모와 교수협의회의 노력, 그리고 동문 비상대책위원회의 끈질긴 활동을 지켜보면서 동지들의 연대가 주는 기쁨을 새삼 경험할 수 있었다. 사람을 구원하는 것은 진정성이며, 하나님 나라는 연대성의 벅찬 감격이라고 고백할 수 있었다. 당시에 읽은 존 디어John Dear 신부의 책들은 예수의 비폭력적 사랑과 동지들의 중요성을 실존적으로 깨닫게 해주었다. 스스로 해소할 수 없는 증오심이 우리를 하나님께로 인도한다는 말의 의미를 새삼 깨달은 것이다. 그분의 한없는 사랑 앞에서 나 자신의 신앙적 미숙함과 교실신학의 한계를 확인했으며, 자신에 대한 성찰과 기도를 새롭게 시작하는 계기가 되었다. 하나님의 품 안에서 하나님과 동행하는 기쁨과 평화의 삶에 대해 새삼 성찰할 기회를 얻었다. 목사가 되고 싶어 했던 큰애가 세상을 떠난 후 10여 년이 넘도록 나를 사로잡고 있던 분노와, 둘째마저 대학에 입학한 후 매년 입원을 반복해야만 하는 어두운 상황에서 차츰 벗어날 수 있게 된 것 역시 연약한 생명에 대해 마지막까지 가능성과 희망의 눈길로 감싸 안는 이의 커다란 사랑의 힘이라고 고백할 수 있게 되었다.

예수를 살해한 성전 체제로 둔갑한 교회, 그리고 희망

어머니와 나 자신이 거친 광야를 걷고 있을 때 처음으로 찬송과 사랑의 관계를 통해 기쁨과 소망을 선물로 주었던 교회, 그 아름다운 교회를 회복하고 싶었던 나의 오랜 꿈은 너무 순진한 꿈이었던 것 같다. 종교재판에 대한 경험과 15년 넘게 강사 생활을 하다가 결국 쫓겨난 나 자신의 경험만이 아니라, 교회 세습, 국가보안법 폐지, 사학법 개정안 등의 문제에서 대형 교회 목사들이 자신들의 기득권을 유지하기 위해 발버둥 치는 모습들을 보면서, 단순히 일부 대형 교회 목사들의 무지나 타락의 문제가 아니라 '브로커 체제'로 둔갑한 일반적인 기독교 현실과 그 브로커 체제를 뒷받침하고 재생산하는 신학에 대해 더욱 철저한 비판으로 나아가게 되었다. 애당초 신학을 공부하고 제도권 내에서 목회를 하기 위해서는, 메시아를 살해하는 일에 가장 앞장선 집단이 다름 아니라 성전 제사장들과 신학자들이었다는 사실부터 철저히 배웠어야만 했다는 뒤늦은 깨달음이었다. 돈 큐핏의 지적대로, 예루살렘 성전 체제에 맞서서 하나님과의 직접적인 만남을 가르친 예수가 그 성전 체제에 의해 살해되었고, 예수의 무덤 위에 세워진 교회가 성전 체제를 극복하기는커녕 인류 역사상 가장 강고한 성전 체제로 둔갑하여 지난 천 년 동안 예수처럼 '브로커 없는 직접 종교'를 가르친 신비주의자들을 계속해서 박해해 왔다는 사실은 인류 종교사의 가장 큰 아이러니가 아닐 수 없다. 모세의 종교나 예수의 종교 모두 하나님에 대한 직접 체험에서 출발한 종교이지만, 그 종교 체험을 전수하고 제도화하는 과정에서 성전, 안식일, 제사장, 경전, 교리 등 여러 '은총의 수단들' 혹은 '축적된 전통들'이 만들어질 수밖에 없었다. 문제는 성전 체제가 그 종교를 받아들이지 않는 공동체 외부인들과의 투쟁 속에서 내부인들의 정체성과 정당성을 강조하기 위해 외부인들을 배척하는 배타주의 입장으로 발전하게 되었다는 점이다. 또한 하나님의 뜻을 실현하기 위한 그런 '은총의 수단들'이 점차 유일한 수단들로 절대화되고 종교생활의 목적 자체로 둔갑해버림으로써 우상숭배에 이르렀다는 점일 것이다. 결국 교회의 역사는 현실주의적 관점에서 평가할 때 교회주의와 성직자주의, 성서주의, 교리주의를 통해 기득권을 유지하는 종교 귀족들의 예수 배반의 역사였으며, 그 역사는 오늘날에도 여전히 반복되고 있다는 사실을 분명히 깨달은 것이다. 교회에 대한 이런 비판은 교회church, Kirche라는 말이 그리스어 에클레시아ekklesia, 곧 '민중, 민주, 평등의 공동체'를 뜻하는 말에서 온 것이 아니라 오히려 키리아콘kyriakon, 즉 '지배자/주인에게 속한다'는 말에서 유래한 권위주의적인 지배자의 용어라는 피오렌자Fiorenza의 비판과 같은 선상에 있다. 성서의 권위와 계시의 특수성, 교리의 절대성을 강조할수록 억압적인 종교 집단으로 전락하게 된다는 지적이다. 그러므로 과거와 달리 비판 정신을 배운 현대인들이 예수를 배반한 교회를 떠나면서 교회가 전 세계적으로 급속히 몰락하고 있으며, 교회가 임종의 마지막 숨을 헐떡이는 단계에 도달한 것은 자업자득인 셈이라 생각하게 되었다. 아브라함 조슈아 헤셸Abraham Joshua Heschel의 글을 읽으면서 기독교가 개인 구원에 사로잡혀 하나님의 뜻을 행하는 일에 소홀해 왔다는 사실도 깨달았고, 그에 따라 종교개혁의 원리들에 대한 균형 잡힌 해석의 필요성을 느끼게 되었다. 희망은 도로테 쐴레Dorothee Soelle의 제안처럼 하나님의 신비를 직접 경험하고 그 사랑을 삶의 중심에 놓고 사는 사람들이 함께 경험을 나누는 삶의 방식, 곧 '신비주의의 민주화'이며, 예수의 비전에 충실한 진보적인 신학에 근거한 교회 공동체들이라는 결론에 도달했다. 자유주의 신학과 달리 영성체험을 중요하게 생각하는 한국의 진보적인 교회들과 대안교회운동, 그리고 1980년대 후반 이후 미국에서 들불처럼 번지고 있는 '진보적인 작은 교회 운동'이 그런 희망의 징표일 것이다.

오늘의 신학적 중심 모티브

나의 신학적 주제는 '우주의 선율에 맞추어 생명의 춤을 추는 꿈'이라 하겠다. 우주의 선율에 맞춘 생명의 춤이란 우주-지구-생명-인류 문명이라는 생명사의 장엄한 행진과 창조적 진화 과정 속에 나타난 하나님의 꿈, 좀더 구체적으로 말해서 토마스 베리 신부가 지적한 생명사의 원리들인 분화(다양성)와 주체성과 교제의 원리에 발맞추어 추는 생명의 춤이다. 본래부터 취약하고 고통스러운 삶의 현실을 더욱 고통스럽게 만드는 개인의 탐욕과 미망, 그리고 지배체제 특히 제국들의 대규모 폭력과 구조적 착취에 맞서 저항함으로써 우리의 삶과 세상 모두를 보다 온전하며 평화롭게 만들어나가시는 하나님의 꿈, 즉 종교를 포함한 모든 다양성(차이)에 대한 철저한 존중과 주체성의 극대화와 상호 의존성에 입각한 교제의 원리에 발맞추어 평화를 추구하는 방법에 관한 작업이라 생각한다. 약자들을 대규모로 학살하는 지배 체제를 정당화하는 성서해석을 비판하고, 인간중심주의에서 벗어나 지구의 평화Pax Gaia를 도모하는 신학 작업의 한 부분이라 생각한다.

지금의 신학적 중심 모티브를 알아보자면 다음과 같다. 첫째로, 온실가스의 증가로 인해 이미 시작된 '기후 재앙'에 대처할 돌파구를 찾는 것이다. 기후 재앙을 완화시키고 그에 적응하는 문제만이 아니라 보다 근본적으로 토마스 베리 신부가 말한 '생태대'의 인간과 사회를 새롭게 창조하는 작업의 기초를 모색하는 일이다. 담배 회사들이 흡연과 폐암 사이에 아무런 관계가 없다는 여론을 확산시키기 위해 엄청난 돈을 뿌린 것처럼, 지난 20년 가까이 석탄회사들과 석유회사들은 사이비 과학자들을 동원하여 기후변화에 대한 거짓 정보를 확산시키기 위해 엄청난 돈을 뿌려대고 있지만, 세계적인 기후 전문가들은 2009년에 연달아 '마지막 경고'를 울릴 만큼 기후 붕괴의 위협, 그 '가이아의 복수'가 임박했다는 것은 부인할 수 없는 현실이다. 그러나 이런 경고에도 불구하고 석유문명에 중독된 인류는 대파국을 향해 계속 돌진하고 있으며, 조만간 자연재해와 환경난민, 식량난과 식수난으로 인한 전쟁으로 인해 인류 대부분은 전대미문의 사회적 및 국제적 갈등을 겪을 것이며, 특히 가난한 사람들은 더욱 큰 고통을 겪을 것으로 예상된다. 이처럼 생태계 파괴와 기후 재앙을 초래하고 인류를 절멸의 위기로 몰아넣는 집단은 일차적으로 전 세계의 자본가 집단이며, 그 피해와 고통을 가장 심하게 겪을 집단은 가난한 사람들과 연약한 생명체들이다. 그러나 7만 년 전의 기후변화에서 소수의 인류가 살아남았듯이, 21세기 말까지 섭씨 6도가 상승한다 하더라도 소수의 인류나마 살아남을 수 있으려면 인간과 공동체가 새로운 단계로 진화하지 않으면 안 된다. 이처럼 '생태대'라는 새로운 지질학적 시대로 출애굽하기 위해서는, 우선 기후변화와 탈취적 경제에 쉽게 항복한 전통신학을 비판적으로 성찰하고 기독교 신학을 재구성하는 과제가 시급하다. 이것은 '가이아의 철학'을 정확히 이해하는 작업에서부터 출발해야 할 것이다. 특히 기독교 전통이 성육신을 가장 독특한 교리로 가르치면서도, 여전히 초자연을 은총의 영역으로, 반면에 자연은 타락의 영역으로 완전히 구별할 정도로 자연을 철저하게 소외시킨 신학적 원인들을 분석한 토마스 베리와 로이드 기링Lloyd Geering의 최근 저술들은 이런 돌파구를 찾는 데 대단히 중요한 유산이라고 생각한다.

둘째는 이처럼 세계의 지배자들과 자본가들이 '예수의 복음'을 '제국의 복음'으로 둔갑시켜 기독교를 자본의 시녀로 만들어 생태계를 파괴하며 사람들에게 복종과 체념의 영성을 심어주는 제국신학에 맞서서 예수의 복음을 새롭게 해명하는 작업이다. 이 과제는 한국의 기독교인들 상당수가 반공/숭미주의를 신봉하여 제국주의에 대해 무비판적이기 때문만이 아니라, 한반도는 아직도 아메리카 제국의 영향 아래 있으며, 일본, 중국과 더불어 한국 역시 제국주의로 나아가고 있기 때문에 더욱 중요한 과제이다. 경제 위기와 환경 파괴로 인해 사회적 갈등이 심해질수록, 기독교는 선/악 이분법에 의한 증오심과 폭력을 부추기게 될 것이 가장 염려되기 때문에 매우 중요한 과제라고 생각한다. 성서의 하나님, 창조와 구원의 하나님이 창조와 구원을 정면에서 방해하고 파괴하는 고대 제국들을 차례로 멸망시키는 과정을 통해 당신의 창조와 구원의 역사를 펼치시는 하나님을 증언하고 있다는 점에서, 성서는 「창세기」부터 「요한계시록」까지 하나님의 반제국주의운동에 대한 고백이라고 믿는다. 특히 예수의 복음은 예수가 어린 시절부터 하루에도 몇 번씩 외웠을 쉐마(「신명기」 6장 4절)에 고백된 '한 분 하나님'의 존재론에 입각한 만물의 통전성과 상호 의존성의 복음이며, 무차별적인 하나님의 은총에 대한 복음으로서 당시 로마제국의 '황제의 복음'에 맞선 '지배자 없는 파트너십의 복음'이다. 따라서 '예수의 복음'은 제국신학, 곧 우주의 원리는 경쟁과 폭력이며 제국의 군사력과 경제적 지배를 통한 '제국의 평화'는 영원하다는 제국신학에 맞선, 사랑과 정의와 평등을 통한 '그리스도의 평화'를 선포하는 복음이다. '그리스도의 평화'를 선포하는 신학은 일차적으로 근본주의 신학이 빈부 격차와 국가 부채, 환경 파괴, 교회 몰락 등으로 인한 불안을 잠재우기 위해 세상적인 구원과 전능의 신, 신적인 구원자에 대한 신뢰와 복종을 강조함으로써 신앙적인 확신과 심리적인 안정이라는 아편을 주입하고 있다는 사실을 폭로한다. 그리고 예수처럼 모든 생명체들의 해방을 위해 미래의 소망을 현재의 해방운동으로 바꾸는 신학이다. 따라서 우선은 성서와 기독교 신학에 스며든 제국신학의 영향들을 비판적으로 검토하고 제거하는 작업부터 시작해야 할 것이라 생각한다. 곽뷔란 등이 편집한 『제국과 기독교 전통 Empire and the Christian Tradition』(2007)과 조어그 리거 Joerg Rieger의 『예수와 제국 Christ and Empire: From Paul to Postcolonial Times』(2007)은 이 과제를 위한 훌륭한 토대를 마련해주고 있다.

셋째로, 진보적 기독교 신학을 통한 교회 갱신의 과제이다. 홍정수 박사의 '소비자를 위한 신학 user-friendly theology'과 예수 목회와 직접 관련된 이 과제는 역사적 예수 연구, 곧 '말 되는 예수 찾기'를 바탕으로 '살아낼 수 있는 예수 찾기' 작업으로서, 최근에 한국에서 시작된 예수살기운동을 신학적으로 뒷받침할 방법을 모색하는 일과 연결되는 작업이다. 우선 전 세계적으로 전통 기독교가 빠르게 몰락해가는 이유는 문자근본주의적/교리적 기독교의 몰상식과 폭력성 때문일 것이다. 예수의 복음이 차지하는 문명사적인 위치는 인류 문명의 진화 과정에서 볼 때, 윌리엄 슬로언 코핀 목사가 지적한 것처럼, 초기의 무제한적인 보복으로부터 제한적인 보복("눈에는 눈으로")으로, 그리고 제한적인 사랑(부족주의, 민족주의)으로부터 무제한적인 사랑(원수 사랑)으로 진화를 한 단계 끌어올림으로써 모두가 풍성한 생명을 누릴 수 있다는 비전을 제시했다는 점일 것이다. 더군다나 기후 재앙이 임박한 현실에서 진리에 대한 배타적 주장과 평신도들의 사명을 교회 봉사에 국한시키는 교회주의는 시대착오적인 것이 분명하다. 기독교의 핵심적 교리들, 특히 원죄의 교리, 만족설, 신앙칭의 교리 등이 모두 당대의 절박한 역사문화적 상황 속에서 예수 체험을 해석한 산물이라는 점에서, 오늘날에는 그 상황과 해석 과정을 비판적으로 인식할 필요가 있다는 판단이다. 결국 마초 하나님이 아니라 산모產母 하나님(에카르트)의 전통을 살려야 하며, 한국의 새로운 기독교는 전통 기독교의 개인주의와 문화제국주의를 극복하고 한국인의 종교 전통에 보다 친숙한 신학적 해석을 해야 할 필요가 있을 뿐만 아니라, 대안교회 공동체와 생태마을 공동체를 통해 이런 진보적 신학을 공동체운동으로 전개해야만 역사적 유산으로 이어질 것이라 생각한다.

동료 신학자들에게

세계의 경제 위기는 환경 위기로 인해 소용돌이 downward spiral 속으로 더욱 깊이 빠져들고 있으며, 인류 문명이 전대미문의 파국을 향해 치닫고 있는 상황에서, 해가 갈수록 갈등과 고통은 더욱 심해질 것이며 사회적 불안이 심해질수록 공권력은 질서 유지를 명분으로 내세워 파시즘으로 나아갈 가능성이 높다. 특히 한중일 3국의 제국주의적 대결은 동북아의 평화를 위태롭게 만들 것으로 예상되는

데, 한국교회가 어떻게 그 엄청난 갈등과 고통에 대처할 것이며, 평화를 구축하기 위해 어떤 노력을 할 수 있을 것인지 하는 문제가 가장 시급한 과제이다. 성서와 그 해석의 역사는 카렌 암스트롱Karen Armstrong의 지적처럼 시대적 어둠과 절망을 창조적으로 돌파한 과정인 것이 분명하다. 그리고 성서 자체의 제국주의적인 폭력성에 대한 학문적인 해명은 이제 거의 정리가 된 것으로 보인다. 그러나 오늘날처럼 학문이 전문화된 시대에는 신학 작업을 혼자서 하는 시대는 끝났다고 보기 때문에, 이런 문제의식을 검토하고 서둘러 공동작업을 시작할 때라고 생각한다. 식민지의 아들 예수는 "타는 목마름으로" 헝그리 정신으로 살았지만, 하나님의 강권에 의한 하나님 나라의 도래를 기다리던(미륵하생신앙) 사람들에게 "꿈 깨라!"고 하시면서 밑바닥에서부터 우리들 속의 제국주의를 극복하고 하나님의 나라를 이루어나가는 신앙(미륵상생신앙)을 가르쳤으며, 자신의 운동을 혼자가 아니라 동지들과의 공동체운동으로 확산시켰기에 예수운동이 살아남을 수 있었다고 생각하기 때문이다.

나의 이야기
한국 여성 신학자의 길을 가며

이은선
세종대 교수 | 종교·여성·교육

이화여자대학교 불문학과를 졸업하고 스위스 바젤 대학교 신학부와 성균관대학교 동양철학부에서 공부하고 신학 박사와 철학 박사 학위를 받았다. 지금은 세종대학교 교육학과 교수로 재직하면서 종교(聖), 여성(性), 정치(誠, 교육)를 통합적으로 연결시키는 일에 집중하고 있다. 또 한나 아렌트 학회의 창립 멤버로서 한나 아렌트를 유교적으로 해석하는 일에 힘을 쏟고 있다. 여성신학회 회장을 역임했고, 현재 한국유교학회 부회장을 맡고 있다. 지은 책으로 『포스트모던 시대의 한국 여성신학』 『한국 교육철학의 새 지평』 『유교 기독교 그리고 페미니즘』 『잃어버린 초월을 찾아서─한국 유교의 종교적 성찰과 여성주의』 등이 있으며, 옮긴 책으로 『지혜를 찾아서─왕양명의 삶과 사상』이 있다.

어린 시절과 기다림

나는 1958년 5월 7일 충청북도 괴산에서 태어났다. 당시 아버지가 한국 그리스도의 교회 목사로 괴산군 소수면에서 작은 교회를 개척하고 계셨던 관계로 거기서 태어났다. 그러나 내가 기억하는 가장 어린 시절은 서울 성북구 돈암동에서 보냈다. 돈암 그리스도의 교회 담임목사였던 아버지는 거기에서 다시 명륜동 산동네로 식구들을 옮겨놓고는 1966년 내가 초등학교 2학년 때 미국으로 뒤늦은 유학을 떠나셨다.

나는 서울 혜화초등학교를 다녔는데, 당시 서울의 혜화동은 오늘

---

* 이 글을 쓴 것은 2009년 봄이다. 또한 그때 기초가 되었던 글이 2004년 여신협에서 발행하는 『한국여성신학』 제57호 여름호의 「나의 이야기—한국 여성신학자의 길을 가며」였다. 하지만 지금이 2011년 가을이니, 2009년 봄 이후 벌써 2년여의 시간이 지나 그 후로 여러 가지 일과 경험이 있었지만 더 보완하지 않았다. 이 글을 쓸 당시의 생생함을 그대로 두면서 약간의 문체 수정과 기존 내용의 보완만으로 마무리했다.

의 강남과 같은 부촌으로 공부 잘하고 부자였던 친구들에 비해 공부는 내 힘으로 잘할 수 있었지만 집안 형편이 어려웠고 아버지가 부재한 것이 언제나 마음에 걸렸다. 미국에 계신 아버지가 돌아오면 모든 것이 달라지리라는 간절한 소망을 가지고 다섯 명의 어린 자식들을 데리고 어렵게 사시던 엄마의 우울을 감지하면서 어린 시절을 보냈다. 하지만 중학교 1학년 때 아버지가 돌아오셨어도 우리 집 형편은 그렇게 나아지지 않았다. 그러나 그 가운데서도 자식들의 교육을 위해선 최선을 다하셨는 부모님 덕분으로 겉으로는 그런 어려움을 그렇게 내비치지 않으면서 대학까지 다녔다. 아버지는 원래 내가 자연과학을 공부하길 원하셔서 약대에 가라고 했지만 고3 때 상의 없이 문과로 옮겼고, 그래서 이화여대 문리대로 진학하게 되었다.

나의 아버지 이신李信 목사님과 스위스 바젤 유학

이렇게 나의 삶에 가장 큰 영향을 끼친 분은 아버지시다. 화가이자 목사, 신학자였던 그분의 영향으로 나도 불문학과 철학을 공부하고 신학을 공부하게 되었고, 지금도 일찍 가신 그분의 뜻과 사상을 좀 더 밝히는 것이 나의 관심거리 중 하나이다. 1992년 그분 10주기를 맞이하여『이신李信의 슐리얼리즘과 영靈의 신학』(종로서적 1992)이라는 유고집을 펴냈고, 거기에 '고독과 저항의 신학자 이신의 삶과 사상'이라는 후문을 썼다.[1] 남편 이정배 교수는 자신의『한국 개신교 전위前衛 토착신학 연구』(대한기독교서회, 2003)에서 아버지의 글

---

[1] 이 책은 올봄(2011)에 소천 30주기를 기념해서『슐리얼리즘과 영의 신학』(이신 지음, 이은선·이경 엮음, 동연, 2011)으로 다시 출판되었다.

과 그림을 '이신의 초현실주의 해석학과 예술신학'이라는 제목 아래 해석하여 그를 감리교 신학대학이 배출한 한국 토착화 신학자의 맥에서 자리매김했다. 아버지는 참으로 독특하고 창조적인 삶을 살다 가셨다. 이미 6, 70년대 예수의 비케리그마화를 거치고 문화와 영靈의 신학을 주장하셨고, 가장 한국적이며 그리스도교적인 교회를 지향하면서 '한국 그리스도의 교회 선언'(1976)을 하셨다. 그렇게 시대를 앞서는 삶을 살면서 겪게 되는 개인적인 희생은 그대로 가족들의 삶에 반영되어 우리는 어려운 시절을 보냈다.

대학교 4학년 말 아버지와 당시 남편 스승이셨던 변선환 선생님의 주선으로 남편 이정배 교수를 만났고, 우리는 그분들의 배려로 결혼하여 스위스 바젤로 공부하러 가게 되었다. 그러나 막 결혼하고 유학을 준비하고 있을 때 그렇게 당당하고 건강하셨던 아버지가 갑자기 병으로 돌아가시게 되었다. 이 일은 나에게 큰 충격이 되어서, 지금도 나는 한편으론 큰 용기를 가지고 전혀 새로운 일들을 겁 없이 시작하는 대담함을 보이기도 하지만, 다른 한편으론 때때로 근원을 알 수 없는 두려움과 좌절에 빠져 허우적거리기도 한다.

이즈음부터 본격적으로 일깨워진 여성신학적 관심은 어쩌면 항상 주체적이고 창조적인 삶을 강조하셨던 아버지의 영향으로 내가 당연히 가야 하는 길이었는지도 모른다.

무척 아름다운 스위스 중세도시 바젤에서 공부하면서 내가 크게 깨달은 것은 바로 아시아 고유의 문화 전통과 종교 전통의 소중함에 대한 것이었다. 당시 지도교수 프리츠 부리F. Buri(1907~1995) 선생님은 우리 부부에게 유교와 기독교의 대화 작업을 권하셨고, 그 가운데서 나는 동아시아의 신유교 사상가 왕양명王陽明(1472~1528)을 만났다. 이와 더불어 기독교 쪽 파트너로는 페스탈로치H. Pestalozzi(1746~1827)를 만났는데, 내가 만난 페스탈로치는 오늘날 포스트모던 시대의 어느 해체주의 신학자보다도 더 급진적으로 기독교의 배타적 신화를 넘어서서 실천적으로 세계 의미를 실현하고자 노력했던 사람임을 알게 되었다. 이렇게 시공을 초월하여 동서 두 사상가가 공통으로 가지고 있던 급진적인 해체주의적 성격과 그러나 동시에 지극히 실천적인 방식으로 재건을 지향하는 그들의 사고는 훗날 내가 서구 기독교의 기독론을 여성신학적이고 교육학적으로 재구성하려는 시도에 좋은 지침이 되었다.

여성주의 의식의 전개와 귀국

1988년에 한국에 돌아와서 처음으로 쓴 글이 「시몬느 베이유의 삶과 사상」 「한나 볼프의 심층심리학적 예수 이해」 그리고 「여성신학과 기독론」 등이었다. 이런 글들을 쓰면서 그때까지 유럽에 있으면서는 깊게 접하지 못했던 여러 여성신학적 사고들과 자연스럽게 만나게 되었고, 그때부터 나의 신학 작업에 있어 여성주의적 사고는 하나의 핵심 관점이 되었다. 특히 여성신학적으로 기독론을 재구성하는 일이 주된 관심이 되었다. 이즈음부터 본격적으로 일깨워진 여성신학적 관심은 어쩌면 항상 주체적이고 창조적인 삶을 강조하셨던 아버지의 영향으로 내가 당연히 가야 하는 길이었는지도 모른다.

하지만 단순히 의식적이고 학문적인 자극 때문만은 아니었다. 유학 말기까지 개인적인 삶에서 크게 의식하지 못하던 여성주의적 사고들은 남편이 한국으로 먼저 돌아가고 2년여 시간을 두 아이와 남아서 공부를 마치기 위해 여러 육체적 정신적 어려움들을 겪으면서 일깨워지기 시작했다. 당시에는 아이들 둘을 데리고 과연 논문을 완성할 수 있을까에 대한 문제로 정말 죽을 것같이 힘들었지만, 많은 갈등 가운데서도 여러 사람들의 도움으로 마칠 수 있었다. 그러나 마치고 한국에 돌아와보니 더 큰 어려움들이 앞에 놓여 있었다. 당시 시어머니는 깊은 병으로 긴 날을 기약할 수 없는 상태셨고, 남편은 감리교 단독목회 2년의 의무를 채워야 했으므로 교수 생활과 더불어 목회를 병행하면서 힘들어했다. 친정에도 홀어머니와 동생들의 대학 공부 등 책임지고 도와야 할 일들이 산적해 있었다.

그런 가운데 뜻밖에도 세종대 교육학과에 임용돼서 생소한 환경에서 일하게 되었다. 학위논문으로 쓴 페스탈로치가 우리나라에서는 교육학자로만 알려져 있었고, 그때나 지금이나 여성신학자들에겐 거의 닫혀 있는 신학과 교수 자리를 찾기 힘들었으므로 교육학과로 가게 된 것이다. 주변 사람들 말로는 그래도 어려운 자리를 얻게 된 것이라고 하니 한편으로는 다행이라고 생각했다. 그러나 몸과 마음 상태는 새로운 환경에서 일하면서 가정과 개인적인 모든 일을 잘 감당하기에는 너무 지쳐 있었고, 그래서 귀국한 지 얼마 안 되었을 때 나와 우리 가족의 삶은 정말 힘들었다.

그때 여성주의적으로 많은 생각을 했다. 친정아버지의 삶과 그러한 삶 뒤에 계셨던 어머니의 삶, 남성적 이상이 강하게 지배하던 어린 시절 환경에서부터 섬세하고 예민한 아이였던 내가 항상 부족하게 느꼈고 갈구했던 것이 바로 여성적인 '부드러움Zaertlichkeit'과 '친밀감Innerlichkeit'이었다는 것, 그러나 그것이 결혼과 더불어 동시에 이어진 우리의 힘든 유학 생활과, 곧이어 겪게 된 엄마 됨과 육아로 인해 다시 지연되었고, 그러한 현재성을 위한 여유가 우리 삶에서 유보되어 삶이 많이 피폐해졌다는 것, 그러나 유사한 어려움을 겪으면서도 결국 참아내어 자식들에게, 한 가정에서, 그리고 공동체에서 생명을 낳고 보살피며 열매를 맺도록 한 것이 우리 어머니와 시어머니를 비롯한 한국 여성들의 삶이었다는 것, 그런 깨달음에도 불구하고 어려운 시기에 태어나서 자라고 있는 두 아이에게 나 역시 힘든 상황으로 인해 넉넉한 부드러움을 주지 못했다는 안타까움과 죄책감이 겹쳐 정말 견디기 어려운 시절이었다. 그래도 시간은 흘러갔고, 견디어냈다.

전통 기독론의 해체와 재건을 위하여

나는 내가 겪은 개인적인 어려움들뿐 아니라 오늘날 서구 패권주의, 종교적 갈등으로 인한 전쟁, 여러 가지 형태의 (여)성억압과 차별주의 등 많은 문제들이 전통 기독교의 기독론을 재구성함으로써 상당 부분 치유될 수 있다고 본다. 그래서 여성적인 가치를 더욱 소중히 여기고, 이웃 종교들과의 관계에서도 자신의 고유성뿐 아니라 제한성도 함께 인지하는 기독교, 그리고 단순히 '남성'이라든가 '유태인', 또는 '십자가'나 '부활 사건' 등 어느 한 시점의, 한 주인공에 의한 일회적인 사건이나 속성에만 몰두하지 않고 열린 마음으로 삶의 다양성과 과정성에 주목하면서 대안적인 기독론을 추구하게 되었다. 그것을 통해 오늘 우리 개인뿐 아니라 세계의 삶도 많이 달라질 수 있다고 생각했기 때문이다.

이렇게 삶과 역사에서 '다중성'과 '과정process, 易'에 주목하는 사고는 대학교 4학년 때 당시 '서울의 봄'의 혼란기에 휴교 상황에서 서남동 교수의 『전환시대의 신학』을 읽으면서 본격적으로 촉발되었고, 그런 계기들을 통해 테이아르 드 샤르뎅의 진화론적 사고를 소개받으면서 크게 자극되었다. 샤르뎅에 대한 나의 신학적 첫사랑은 바젤 대학에서 석사과정에 해당하는 리첸치아트Litzentiat 과정을 마무리하면서 「테이아르 드 샤르뎅에게서의 한 새로운 우주적 종교 Eine neue kosmishe Religion bei Teilhard de Chardin」라는 소논문으로 마무리 지었다. 하지만 여기서 대학교 1, 2학년 때 겪었던 개인적 신앙 체험과 관련하여 당시 막 전개되기 시작한 예수전도단의 경건운동에 대해서 이야기하고자 한다. 목사와 신학자의 딸로 자라왔지만 대학교 1학년 때 당시 미대 3학년에 재학 중이었던 언니가 이화여대 예수전도단 창립 리더가 되면서 나를 그곳으로 인도하였다. 그래서 2학년 말까지 대학 생활의 많은 시간을 거기서 여러 가지 개인적 신앙 훈련을 받으면서 보냈고, 이러한 경건주의적 훈련은 이후 나의 신학과 신앙 생활에 지속적인 영향을 끼쳤다. 하지만 이후 아버지의 영향으로 신학 공부를 하게 되었고, 대학원으로 진학해서 전공으로 공부하기로 마음먹으면서, 아버지의 모교였던 감리교 신학대학원에 입학하여 1년간의 과정을 마무리하였다.

나는 샤르뎅 신학의 우주론적이고 진화론적인 세계 이해에 여전히 남아 있던 기독교 중심주의를 그 후 프리츠 부리 신학을 공부하면서 다시 한번 넘어설 수 있었다. 특히 그의 『참된 자아의 주님으로서의 붓다와 그리스도 Der Buddha - Christus als der Herr des wahren Selbst』 (1982)라는 책은 일본 교토학파와 현대 서구 신학의 기독론을 섭렵한 책인데, 아시아 고유의 신학 사유를 위해서 좋은 길잡이와 예시가 되어주었다. 이런 영향 하에서 나는 대안적인 모습의 기독교와 기독론을 위해서 세계 여러 종교의 전통을 공부하고 싶었고, 또한 보다 다양한 여성주의 이론을 살피고자 했으며, 어떤 실체론적인 기독론보다도 좀더 우리 삶의 과정과 관계하는 수행적인 기독론을 위해서 여러 교육적인 사고들과도 씨름했다. 그리하여 이때부터 '종교', '여성', 그리고 '교육'은 내 사고 틀에서 빼놓을 수 없는 세 가지 주제가 되었고, 이 요소들을 나는 우리 전통의 개념으로 '성聖·성性·성誠'의 세 영역으로 표현하면서 보다 고유하게 통합학문적으로 한국 여성조직신학을 구성해가고자 했다. 이러한 탐색의 첫 열매가 1997년 『포스트모던 시대의 한국 여성신학』(분도출판사, 1997)으로 엮어졌고, 교육철학 분야에서도 그대로 적용되어 2000년 『한국교육철학의 새 지평—성聖·성性·성誠의 통합학문적 탐구』(내일을 여는 책, 2000)로 선보였다.

스위스에서 귀국한 후 90년대에는 주로 '한국 여성신학회'에서 활동하였다. 당시 서기를 거쳐 두 번의 총무 일을 하면서 한국 여성신학의 구축을 위해서 여러 선배, 동료, 후배 여성신학자들과 함께했다. 그때 가까이서 함께했던 여성신학자들로 손승희, 김윤옥, 최만자, 이경숙, 최영실, 선순화, 김순영, 한국염, 정현경, 강남순, 양미강, 김정수 등이 있었다. 나는 이들과 함께 여성신학회 학술지를 발간해 제1권 『한국여성의 경험과 여성신학』을 필두로 해서, 『성서와 여성신학』 『교회와 여성신학』 『영성과 여성신학』 『성性과 여성신학』 까지 5권을 함께했다. 어려운 여건에서도 이러한 일이 가능할 수 있었던 것은 당시 임원들의 헌신과 기독교서회 측의 한국 여성신학에 대한 배려 덕택이었다. 이러한 가운데서 1996년부터 미국 시카고의 노스웨스턴 Northwestern 대학 개럿 신학교 Garrett Theological Seminary 에서 보낸 1년의 연구년은 나로 하여금 한국 사상에 대해 더욱 본격적으로 공부해야겠다는 결심을 하게 했고, 그래서 돌아와서 1999년부터 성균관대학교 한국철학과 박사과정에 들어갔다.

유교와 페미니즘의 대화, 그리고 한국 여성신학

나는 이 세상 어느 한 존재도 하루아침에 이루어진 것은 없다고 생각한다. 우리 신앙도 마찬가지여서 오늘 한국 여성들의 종교성과 영성도 긴 시간의 전개 가운데서 축적된 경험을 바탕으로 이루어진 것이지 그냥 하루아침에 이루어진 것이 아니라고 본다. 그런데 그중 오늘 우리 경험을 이루는 데 가장 핵심적인 역할을 한 것이 바로 유교 전통이라면, 우리는 그 전통을 그렇게 단순히 부정해버릴 수 없다고 생각한다. 또한 여성의 입장에서 그것이 아무리 (여)성억압적으로 실행되었다 하더라도 그렇게 오랫동안 여성들의 삶도 포함하여 우리들 삶을 이끌어왔다면 거기에는 분명 짧은 시공을 초월하는 인간 모두에게 보다 보편적인 가치가 내재되어 있을 것이라고 생각했다. 예컨대 초기의 페미니즘 운동에서와는 달리 특히 2000년대에 와서는 페미니즘 진영에서 다시 '여성성'과 '여성적 덕목' 등에 대해서 이야기하는데, 나는 우리의 유교 전통과의 대화를 통해서 90년대 초반의 논의에서부터 '한국적 여성(신)학'에 대한 탐색 과정에서 '종교적(여성신학적) 여성 학자'로서 그러한 측면을 끊임없이 주장해왔다. 요즈음은 여성 학자들도 '보살핌'이나 '배려'의 리더십과 '살림'의 영성을 이야기하지만, 일찍부터 한국의 유교 전통 여성들이야말로 바로 진정한 '살림꾼'들이고, 그들이야말로 우리들 일상의 살림살이를 종교적 예배의 수준으로까지 禮化 고양시켜온 신앙인들이었다고 주장해왔다. 그런 유교 여성들의 삶이야말로 우리에게 줄 것이 많다고 본 것이다. 그래서 유교 전통과 페미니즘과의 대화를 적극적으로 시도해왔고, 그것을 '한국 여성학' 또는 '한국 여성신학'의 한 방법론으로 전개시키고자 했다.

이러한 시도는 많은 논의를 불러일으켰다. 일반 여성학계에서의 반박뿐 아니라 민족전통에 대해서 상이한 견해를 갖는 동료 여성 신학자의 세찬 반박도 있었다. 그즈음 한국 유교학회에서는 '페미니즘과 유교'라는 제목으로 두 번의 학술 심포지엄도 열었는데, 당시 핫이슈였던 호주제 논쟁을 위해서도 여성 학자들과 남성 유학자들이 서로 소통하는 것이 중요해졌기 때문이다. 나는 이 주제야말로 한국 여성신학이 종교 간 대화의 측면에서도 그렇고, 한국적 여성신학을 구축하기 위해서도 중요하게 다루어야 한다고 생각해왔지만 2009년의 오늘까지도 이 주제를 본격적으로 다루어보지 못하고 있다.[2]

2006년부터 한국여성신학회의 회장을 맡아 다시 여성신학회 학술지로 전前 임원단의 『민족과 여성신학』에 이어 7집 『다문화와 여성신학』을 펴냈는데, 거기서 나 자신은 「종교문화적 다원성과 한국 여성신학」이라는 논문을 통해 다시 이 주제를 다루었다. 그것은 19세기 미국 셰이커the Shakers, the United Society of Believers in Christ's Second Coming 교회의 여성 창시자 앤 리Ann Lee (1736~1784)를 알게 된 후 쓴 글이다. 즉 그녀는 사후 남은 성도들에 의해서 '재림한 여성 그리스도Second Coming of Christ'로 선포되었지만, 그 후 여러 혼란기를 거치면서 다시 '하나님의 선별된 종', '미국 페미니즘 운동의 기수' 등

---

[2] 앞에서 밝힌 대로 이 글은 2009년 봄에 쓰인 것이므로 당시의 시점을 오늘로 표시했다.

으로 비신화화되어서 인지되는 과정을 겪었는데, 나는 그 과정이 나사렛의 남성 예수가 '그리스도'가 되고 나중에는 '배타적 그리스도'로 선포되지만 오늘날의 시대적 도전 앞에 다시 변화를 겪고 있는 과정과 많은 유사성이 있음을 발견하였다. 나는 유교와 기독교의 대화를 여성의 시각에서 수행하는 학자로서 그 배타적 그리스도론을 해체하고 재건할 수 있는 방식으로 '복수론적複數論的' 그리스도론의 한 형태인 '여성 성인聖人'의 도래를 상상해보았다. 나는 '성聖의 평범성의 확대'(샤르댕의 용어로 하면 역사의 목표로서의 오메가 포인트)라는 표현으로 '종교'와 '정치'와 '교육'을 모두 아우르는, 지금까지의 학문적 화두를 다시 종합해보았다.

나는 가끔 이런 상상을 해본다. 지금부터 시간이 많이 지나서(1천년 정도) 완전히 세속화된 세대의 사람들이, 아니면 삶에서 성차별적인 요소가 온전히 사라졌을 때 우리 후손들이나 후손 여성들이 지금의 기독교 신앙인들이나 기독교 여성들에 대해서 무슨 말을 할까 하는 것이다. 만약 그들이 우리들을 보고 '어떻게 그러한 마술 같은 종교나 그렇게 성차별적인 기독교를 따를 수 있었을까?' 하고 놀라면서, 그 놀라움과 함께 아예 우리 시대 자체를 무시하고 부정해버리고자 한다면 몹시 서운하고 안타까울 것이다. 그리하여 거기에 대해서 우리는 '기독교가 지금 너희들 시각에서 보면 정말 말이 안 되는 마술 같고, 성억압적이었다고 해도 그때 우리들은 그래도 그 신앙 체계 안에서 삶의 의미를 찾으며 살았고, 그 한계에도 불구하고 그 신앙 안에서 나름대로 성장했으며, 우리가 단지 수동적으로 억눌려 있었던 것만이 아니라 나름대로 보이지 않는 것의 의미를 실현하면서 남성들과 다른 우리 여성들의 신앙과 신학을 구축하려고 노력했다'라고 말할 것이다. 이러한 항변을 생각하면서 나는 역지사지로 한국 역사에서 지금까지 어려운 삶을 살아낸 유교 여성들을 대변할 수 있지 않을까 생각한다.

나는 한국적 여성신학과 페미니즘을 구축하려는 시도에서, 또한 개인적인 삶에서도 정말 한 가정과 사회를 살려내는 데 여성들이 수행해왔던 희생과 헌신, 인내의 덕목들이 마지막의 지지대가 되어서 거기서 아이들이 자라나고, 가족들이 구원되고, 다시 공동체가 사는 것을 많이 보았으므로 이러한 여성적인 힘을 간과할 수 없었다. 『주역』「계사전」은 그것을 "건도는 큰 시작을 알고, 곤도는 그 일을 이룬다乾知大始 坤作成物"로 표현했다. 또한 그러한 삶에서 남성들도 마찬가지로 고통받으면서 나름의 방식으로 삶을 구원하기 위해서 씨름한 것을 알고 있기 때문에 그 남성과 여성을 대립으로만 놓을 수 없었다. 그리하여 이제는 그와 같은 두 가지 인간적인 덕목이 더 이상 우리의 생물학적인 성性에 고정되고 고착되어서 강요되는 것이 아니라 보다 자유롭게 누구나의 삶 속에서 같이 통합되고 선택될 수 있어야 한다고 보고, 그 가능성을 탐색하고자 하는 것이다.

오늘날은 '체험으로서의 모성', '마음의 자궁' 등이 이야기된다. 이러한 탐색 과정에서 모아진 글들이 2003년 『유교, 기독교 그리고 페미니즘』(지식산업사, 2003)이라는 제목으로 출간되었고, 2006년에는 그동안 대학에서의 여러 가지 일들로 미루어두었던 성균관대학교에서의 학위논문 「조선후기 여성 성리학자의 생애와 학문에 나타난 유교 종교성 탐구—임윤지당과 강정일당을 중심으로」를 정리하여 마무리 지었다. 지도교수는 한국철학과의 이동준 교수님이었고, 류승국 교수님과 여성 사학자 박용옥 교수님, 그리고 기독교 종교신학자로서 유동식 교수님이 수고해주셨는데, 그동안 관심을 가져왔던 한국 종교문화사를 특히 독일의 역사사회학자 노르베르트 엘리아스 Norvert Elias(1897~1990)의 시각에 힘입어서 유교와 기독교의 대화의 관점에서 하나의 '문명사의 전개 과정der Prozess der Zivilisation'으로 해석해보았다. 임윤지당任尹摯堂(1721~1793)과 강정일당姜靜一堂(1772~1832)이라고 하는 18~19세기의 두 여성 선비의 삶과 사상을 그러한 과정에서 한국 정신문화의 꽃으로 해석하면서 그 의미를 오늘날 페미니즘 시대에 다시 조명한 것이다. 다시 '한국적 여성(신)학'의 구성이라는 나의 작업을 전개시킨 것이라고 생각한다.

나는 이러한 한국 여성신학을 단지 '여성신학'이라고만 생각하지 않는다. 그것은 이제 200여 년의 기독교 역사를 가진 한국 기독교가 20세기의 서구 기독교 문명권의 딸인 페미니즘의 도전까지도 수렴해서 한국교회와 신학을 위해서 내어놓을 수 있는 하나의 '토착화신학'이라고 여긴다. 섹슈얼리티, 성과 젠더의 문제는 단지 여성의 문제에만, 또한 주변의 일로만 국한된 것이 아니라 20세기 이후를 살아가는 모든 한국인들이 성찰해야 하는 핵심 과제이므로 이제 한국 종교의 토착화 작업은 특히 여성 학자들에 의해서 다루어져야 한다고 보기 때문이다.

신학과 철학의 갈림길에서

한국에 돌아온 나는 신학과에 재직하면서 마음껏 신학을 펼칠 수 있었던 것이 아니라 교육학과에 재직했고, 거기서 교육학과 교수로서 요구되는 역할에 충실하면서 동시에 여성 신학자로 활동해야 했으므로 이중 삼중의 과제가 있었다. 그러나 이러한 상황은 한편으로는 나의 신학이 더 통합적이고 보편적인 언어로 표현될 수 있는 계기가 되기도 했다. 신학과가 아닌 일반 학과에 있었던 관계로 좀더 다양한 학자들과 여성 학자들을 만날 기회가 있었다. 그럴 때마다 '종교여성학자'로서 '여성 그리스도와 여성 성인聖人의 도래'를 말하고, 앞에서 밝힌 대로 종교, 그 중에서도 특히 기독교의 기독론을 재구성하는 일의 기

> 그저 한 사람의 교육학자나 여성 철학자로 머물러버릴까도 생각하며 고민도 많이 했지만 그럴 수가 없었다. 그래서 다시 신학에로 돌아오고, 한국여성신학을 위해 노력하고자 했다.

초성과 중요성에 대해 강조했다. 하지만 대부분의 여성 학자들은 '종교'와 '전통'이라는 주제와 상관하는 것 자체를 원치 않았고, 여성계에서 그런 이야기를 하는 것에 대해 의아해했다. 그러나 내가 보기에 일반 여성학이 들추어내는 모든 사회과학적 여성억압 요소들이 극복된다고 해도 우리들 가치 체계의 핵을 이루는 종교적 시각이 여전히 (여)성억압적일 때는 큰 소용이 없는 일일 터인데, 이렇게 한국에서 여성학과 여성신학이 전혀 별개의 두 분야로 나뉘어 전개되는 것이 안타까웠다. 그래서 오늘날 여러 여성 단체들, 특히 '여성단체연합'의 활동 중에서 '한국여신학자협의회' 내지는 '교회여성연합'의 정체성과 역할이 무엇인지 끊임없이 묻곤 한다. 이러한 시각에서 2008년 한국여성사학회, 여성철학회, 여성문학회가 '종교와 여성'이라는 주제를 가지고 제2회 '인문주의 여성학' 대회를 준비하는 것을 알고서 여성신학회 회장으로서 여성신학회도 같이할 것을 희망하였다. 그래서 네 학회가 공동 주체로 이화여대에서 지난해(2008년)

4월에 인문주의 여성학 대회를 열게 되었는데, 우리 학회에서도 김판임, 구미정 두 임원교수의 논문 발표와 사회 등의 일을 함께하였다. 하지만 많은 장벽을 느낀 것도 사실이었다. 내년(2010년) 창립 30주년을 앞두고 있는 '한국여신학자협의회'의 공동대표를 2006년부터 2년 동안 역임하며 그때 겪었던 내홍에도 불구하고 거기서의 귀중한 작업인 『한국여성신학』지의 발행이 중단되지 않고 계속될 수 있도록 안간힘을 썼다. 한편 이렇게 기독교 안에서만 보더라도 여성신학자들의 의식은 급진적으로 전개되어가지만, 일반 교회에서의 변화는 더뎌서 여전히 반지성주의와 반여성주의가 퍼져 있는 것을 보고 깊이 상심하곤 한다.

내가 불문학과 철학을 전공하다가 신학을 선택한 이유, 안정된 은행가나 자유로운 화가의 길을 버리고 좁은 신학의 길로 들어오신 아버지(그래서 많은 어려움을 겪으셨지만), 나도 다시 신학자와 결혼했고 스스로도 신학을 공부하게 된 이유, 그 이유란 우리 삶에서의 궁극적인 치유를 바로 종교와 신앙에서 보았고, 그래서 그 종교와 신앙이야말로 우리 문화와 지식의 핵이 된다고 여겼기 때문이다. 그리하여 이 두 영역, 즉 종교와 문화, 초월과 현실, 신앙과 학문, 신학과 정치교육을 종합하기 위해서 노력했고, 신학자로서 그리고 교육철학자로서 살아가면서 행하는 모든 일에서 이 종합을 이루어내고자 했다. 그러나 이 일은 그렇게 간단하지 않았다. 더군다나 내가 종교학과나 신학과에 있는 것이 아니어서 나의 끊임없는 노력인 종교와 영성, 신앙을 우리 존재와 문화의 핵으로 드러내고자 하는 일에는 많은 현실적인 제약이 따랐다. 그저 한 사람의 교육학자나 여성철학자로 머물러버릴까도 생각하며 고민도 많이 했지만 그럴 수가 없었다. 그래서 다시 신학에로 돌아오고, 한국 여성신학을 위해 노력하고자 했다. 그러므로 이런 노력들이 남성 신학자들의 논의에서 무시되고, 때로는 여성신학도 마치 자신들의 작업인 양 대하는 모습을 보면 화가 난다. 오늘의 역사적 예수 논의를 포함해서 기독론의 문제, 종교 간의 대화와 토착화 논의, 그리고 여러 차원에서 떠오르는 생명신학과 생명윤리의 논의 자리에서 여성 신학자들은 드물고 남성들만의 잔치가 되는 것을 보면 분노하게 된다. 한국에서 여성들에 의한 신학이 계속 전개되기 위해서는 그들에게 보다 안정된 일자리가 다양하게 주어져야 하지만 여러 가지 이유에서 상황이 매우 열악하다. 또한 '한국기독교학회'에서의 일도 여전히 투쟁이라고 이름 붙여야지만 여성들에게 기회가 돌아가는 경우가 허다하고, 핵심 과제의 발표는 거의 남성 학자들이 독식하고 있는 현실이다.

한국 여성종교문화사 탐색

세계에 유례가 없을 정도로 다양한 종교 전통을 두루 축적하고 있는 한국 여성들, 그리고 세계 어느 기독교인들보다도 빠른 시간 안에 그 기독교 체계를 체화한 한국 여성기독교인들, 그렇다면 이들의 마음과 사고 속에서 앞으로 세계를 위한 신학, 종교의 모습이 구상되지 않는다면 어디를 더 바라볼 것인가? 그래서 나는 더욱더 한국 여성들의 경험에 대해서 알고 싶고, 아시아와 한국의 다른 종교 전통들에 대해서 직접적으로 배우고 싶다. 한국 여성들의 종교 경험이란 세계 주요 종교 전통들을 모두 자신의 전통으로 가지고 있고, 또한 그 신앙 체계를 진지하게 내면화했기 때문에 거기에 새로운 가능성이 있으리라고 믿기 때문이다. 이런 의미에서 '한국여신학자협의회'나 평신도 민중기독인으로서 가장 급진적으로 성聖의 평범성의 확대를 실천하는 '기독여민회' 등이 실천의 장에서 나름대로 한국여성신학을 정립하기 위해 끊임없이 노력하는 것은 매우 값진 일이다. 지난 2006년 '기독여민회'의 창립 20주년을 기해서 그 기독교 여성 민중운동가들의 삶을 신학화하는 작업에 참여하였는데, '기독교', '여성', '민중'의 세 가지 동기가 중첩되어 사회의 가장 어려운 현장에서 단지 사회적 회복만이 아닌 종교적 영적 회복도 같이 꿈꾸는 이들의 이야기와 삶 속에서 많은 것을 느낄 수 있었다. 그때 김은혜, 박경미, 최영실 세 교수와 함께한 작업이 『발로 쓴 생명의 역사, 기독여민회 20년』(대한기독교서회, 2006)이라는 책으로 출간되었고, 나는 「한국 여성 그리스도의 도래를 감지하며—기독여민회와 한국교회 개혁의 미래」라는 글로써 이들의 삶과 일을 의미화하면서 보람을 느꼈다.

나는 앞으로도 여러 가지 삶의 환경이 쉽게 허락하지 않는다 해도 계속 글과 신학을 통해서 그동안 잊혀져 있었지만 오늘 우리 삶을 형성하는 데 밑거름이 되어온 사람들을 찾아내고 의미 지우는 일에 힘을 쏟을 것이다. 선善을 추구하지 않는 문화, 성스러움을 추구하지 않는 삶과 지식, 그런 것들이 궁극적으로 무슨 소용이 있겠는가라고 끊임없이 반문한다. 희생이 없이는 어떤 종류의 윤리도 생겨날 수 없다고 생각한다. 여성들이 그동안 너무 희생의 삶을 살아서 그 희생에 대해 말하고 헌신에 대해서 말하면 싫어하지만, 그러나 여성 윤리를 포함하여 희생과 헌신 없이 도무지 어떻게 윤리라는 것 자체가 형성되며 종교 자체가 이야기될 수 있겠는가?

내가 때로는 모든 문제를 해결한 듯이, 그러나 한편으로는 한없는 좌절과 소외, 실망 속에서 고통받고 고민하는 가운데서도 두 아이는 이제 성인이 되었다. 연극연출을 공부한 큰아들 경성敬誠은 극단 Creative VaQi를 이끌며 우리보다 훨씬 더 진하게 몸과 상상으로 자신과 세상을 표현하고자 하는 어려운 일에 들어섰고, 스포츠과학을 공부하며 올해에는 일본에서 교환학생 생활을 하고 있는 막내 융화融和는 우리에게 커다란 기쁨이자 즐거움이다. 나는 기도할 때마다 큰아들은 그 이름대로 '성인聖人'이 될 수 있게 해주시라고 기도하고, 막내는 그 이름에 담은 염원대로 갈등을 풀고 화합하고 화해를 불러오는 삶의 위로자와 화해자가 되도록 기도한다. 그러는 사이에 그동안 써왔던 여성신학적 글들을 묶어서 2004년에『한국 여성조직신학 탐구―성聖·성性·성誠의 여성신학』이라는 제목의 책이 나왔고, 올해 1월에는 앞에서 이야기한 성균관대에서의 학위논문과 그동안 유교와 기독교의 관계 시각에서 일상의 여러 주제들을 해석한 글들이 '도서출판 모시는 사람들'에 의해서『잃어버린 초월을 찾아서―한국 유교의 종교적 성찰과 여성주의』라는 아름다운 책으로 엮여 나왔다. 감사한 일이다.

삶은 이야기 Life is a narrative

이제부터 작년(2008년)과 요즈음의 정황에 대해 이야기해보고자 한다. 작년에 미국 버지니아 주의 페어펙스에 있는 조지메이슨George Mason 대학에서 두 번째의 안식년을 보냈다. 수도 워싱턴에서 1시간 거리에 있는 그곳에서 나는 박물관 방문과 방송 매체, 교민들과의 만남 등을 통해 미국 정치와 역사 등을 생생하게 경험할 수 있었다. 그러면서 2000년대에 들어와서 나의 영원한 사랑이 된 한나 아렌트

Hannah Arendt(1906~1976)의 『전체주의의 기원』과 『인간의 조건』『혁명론』『예루살렘의 아이히만』『라헬 반하겐』『어두운 시대의 사람들』 등에서 밝힌 유대인 문제와 제국주의, 공화국 등 세계사의 문제들을 더욱 실감 나게 성찰해볼 수 있었다. 또 거기서 만난 줄리아 크리스테바Julia Kristeva가 한나 아렌트의 삶을 '삶은 이야기이다Life is a narrative'로 해석했는데, 이것을 통해 어떻게 우리 삶도 '영원eternity' 앞에서 하나의 내러티브가 될 수 있도록 창조와 용기의 계속적인 선택이 되어야 하는지를 다시 인식하였다.

지금까지 나는 항상 삶에서 이방인 같았고, 그래서 어디에 속하는지의 문제와 정체성의 물음으로 고민하며 '한국적' 정체성, '여성'으로서의 정체성, '신학자'나 '교육학자'로서의 정체성 등을 고민하면서 거기서의 종합과 화합과 하나 됨을 외쳐왔다. 그러면서도 항상 나 자신은 '이방인', 페리아pariah로서 살아온 것 같은데 요즈음은 그 구분들이 점점 더 문제가 되지 않는 것 같다. 그러면서 밖이 더 잘 보이는 것 같기도 하다. 내 자신에게도 지금까지 다른 사람들과의 관계에서만 당위로 지정해온 '친절'이 긴요하다는 생각, 아이들, 남편, 내가 가르치는 학생들, 날마다 신문에 올라오는 정말 끔찍하게 당하고 있는 사람들…… 페스탈로치의 작품 중에 「가난한 농촌 아이들의 교육에 관하여 N.E.T. 씨에게 보낸 편지들, 1777」이라는 것이 있다. 그것은 페스탈로치가 당시 유럽 산업문명의 여명기에 농촌에서 아무런 교육도 받지 못하고 인간으로서 살아갈 어떤 도덕적인 힘이나 호구책을 마련할 능력도 키우지 못한 채 방치되어 있는 아이들을 위해 자신의 노작교육의 내용과 의미를 밝히면서 독지가의 도움을 호소하는 글이다. 나는 오늘날 우리 시대에도 '빈민 아동'들이 우리 주변과 거리에 산재해 있는 것을 본다. 그들은 다름 아니라 오늘 우리 시대에 이렇게 지독히도 소비와 성공과 경쟁이 부추겨지고 조장되어서 욕구는 한없이 자극되고 부풀려져 있지만, 그 욕구를 나름대로 조절하고 인간적이고 건강한 방식으로 채울 수 있는 방식은 하나도 배우지 못한 채 거리로 내몰린 아동과 청소년들이라고 생각한다. 더군다나 그들은 '학교 교육'과 '대학 교육' 등의 이름으로 그렇게 장시간 '교육'과 '학교'에 매여 있는데도 불구하고 상황은 크게 달라지지 않고 있다. 그래서 나는 이 허기에 차 있고, 자신의 욕구와 우울과 죄책감을 자주 자기 파괴적인 방식으로, 때로는 밖으로, 또한 노예적인 방식으로 폭력적이 되면서 자신을 학대하고 학대받으며 살아가는 아이들과 젊은이들을 무조건으로 지지하며 이들의 명랑성과 생기를 되살려주고 싶다. 그래서 나도 말해주고 싶다. "괜찮다. 다 괜찮다." 이런 생각이 요즈음 나의 마음을 사로잡고 있으니 이제야 내가 진짜 '교육자'가 되려나보다.

얼마 전 『여성신문』에서 프랑스의 국민배우 쥘리에트 비노슈에 대한 기사를 읽었다. 올해 한국을 처음 방문한 그녀는 배우로서가 아니라 무용가로서 세계 투어를 하는 중에 온 것이라고 한다. 그림에 이어서 불혹의 나이를 넘어 무용을 시작하며 다양한 문화 영역을 넘나들며 도전하고 있는 그녀는 "새로운 것에 도전함으로써 자신을 재창조해내는 일은 매우 중요합니다. 회화, 춤 등 여러 영역에 도전하다보면 스스로 겸손해지기 마련이거든요. 불혹을 넘긴 나이에 무용을 시작한다는 것이 매우 어려운 일이었지만, 새로운 창조 행위에서 오는 고통은 배우로서의 제 삶에 자양분입니다"(『여성신문』 2009년 3월 27일 제1023호)라고 말한다. 아! 나도 그렇게 살 수 있겠구나. 그렇게 한 가지 영역과 한 가지 전공에 소속되려고 고민하고 고통스러워할 필요 없이 서로 넘나들면서 삶과 학문의 창조적인 아티스트가 되면 되겠구나! 다시 되뇌인다. 그런 생각 중에 있다보니 요즈음 우리 시대의 여러 작가, 사상가, 시인들이 그들 고유의 장르와 작업 방식과 활동 영역을 넘어서 삶을 더욱 다양하고 신나게 펼쳐가고자 하는 의지들이 귀에 더욱 들려왔다. 얼마 전 『고민하는 힘』이라는 에세이로 한일 양국에서 히트를 치고 있는 재일동포 사회학자 강상중 교수는 청년 때부터 꿈이었던 특별한 오토바이를 타고 일본 일주와 한반도까지 달리고 싶다고 이야기한다. 『한겨레신문』 창간 21주년을 맞이해서 전에 공지영 작가와 공동으로 『먼 하늘 가까운 바다』라는 연재 연애소설을 썼던 일본 작가 쓰지 히토나리辻仁成는 다시 만난 그녀와의 대담에서 오십이 넘은 나이에 작가이지만 동시에 록뮤지션으로서 순회공연을 다니고 있다는 이야기를 들려주었다. 또한 4년 만에 아주 새로운 모습으로 창비시선 31권 『야생사과』라는 시집을 출간했다는 나희덕 시인이 "나를 지웠더니 내 등 뒤에 서 있는 내가 보였다"고 고백하는 이야기를 들었다. 아주 좋은 '동시성'의 신호이다.

함께 또 따로

마무리하는 말로, 우리 부부 생활에 대해서 잠깐 언급하고자 한다. 신학이라는 학문의 길에서 그는 '목사'로서 교회공동체의 리더 역할도 했고, 나는 '평신도성'을 강조하며 또한 '엄마'와 '가정주부'로서 살아왔다. 이렇게 따로 또 같이 살아온 남편과의 삶 이야기는 또 다른 주제가 될 것이다. 그러나 오늘 여기서는 길게 이야기할 수가 없다. 다만 병중에서도 우리의 결혼식을 치러주시고 임종이 가까운 자리에서도 우리를 보시고 '천은天恩감사'라고 하신 아버지를 생각하면서 우리의 함께함이 그 '천은감사'가 되어야 함을 항상 다시 기억하고자 했다는 것을 말하고자 한다. 현재에 대한 희락과 기쁨보다 항상 돌아보고 내다보면서, 또한 '전체(만물일체, a great synthesis)'를 꿈꾸면서 사는 나와 함께하는 삶이었으니 남편의 수고와 고생이 컸으리라는 것은 잘 짐작할 수 있다. 그럼에도 남편은 항상 긍정의 언어로 마무리해주었고, 가장 가깝게는 우리 두 아이가 그 가운데서도 흡족해하니 천만다행이고 또 감사할 따름이다. 가장 가까운 사람에게조차 스스로 종이 되지 못하면서 어떻게 "사랑으로 서로 종 노릇 하라捨己從人"(「갈라디아서」 5장 13절)는 복음의 말씀을 선포할 수 있을까를 항상 되묻는다. "내 인생에 황금기는 따로 없어요"라고 했다는 쥘리에트 비노슈가 끊임없는 도전과 함께 중요하게 여기는 또 다른 한 가지는 '소통'이었다고 한다. 그녀가 다양한 문화 영역에 도전하는 것도 '어떻게 하면 자신의 내면과 외부를 연결시킬 통로를 찾을 것인가'라는 스스로의 과제를 해결하기 위해서라고 하는데, 이 말에 대해서 나는 '어쩌면 그렇게 내 마음을 잘 표현해주고 있는가'라고 생각했다. 그래서 나도 '성性을 완성하는 일成性'에 다가가고자 한다. "이어가는 일은 아름답고, (그것을) 이루는 것은 하늘이다繼之者善也, 成之者性也"라는 구절과 "인간다움 안에 나타나시고, 모든 활동 가운데 숨어 계시는 하나님顯諸仁, 藏諸用"이라는 『주역』「계사전」의 말씀이 우리 함께함의 화두—'현장顯藏' 아카데미—라고 밝히면서 이 글을 마무리하고자 한다.

신학이 우러나는 '삶'이라는 자리

PSALME LXXXVII.
FVNDAMENTA EIVS.
A PSALME AND SONGE OF THE
SONNES OF CORAH.

ER foundacions are vpon the holy hylles: the Lorde loueth the gates of Sion more then all the dwellynges of Iacob. Very excellent thynges are spoken of the, thou cyte of God. Selah. I wyll thynke vpon Rahab and Babylon, wyth them that knowe me. Beholde, yee the Philistynes also, and they of Tyre with the Morians. Lo, there was he borne. And of Syon it shalbe reported, that he was borne in her, and the moost hyest shall stablish her. The lorde shall rehearse it, whan he wryteth vp the people, that he was borne there. Selah. The syngers also and trompeters shall therehearse. All my freshe spryngas shalbe in the.

차정식
한일장신대 신학부 교수

서울대학교 국사학과를 졸업하고 미국 메코믹 신학대학원(M.Div.)과 시카고 대학교 신학부(Ph.D.)에서 수학했다. 지금은 한일장신대 신학부 교수로 재직하고 있다. 한국신약학회 편집위원장을 역임했으며 한국기독교학회 편집주간으로 다년간 일했다. 지은 책으로『일상과 신학의 여백』『하나님 나라의 향연—신약성서의 사회복지론』『한국현대시와 신학의 풍경』『예수의 신학과 그 파문』『예수와 신학적 상상력』『신약성서의 '환생' 모티프와 그 신학적 변용』『바울신학 탐구』『예수는 어떻게 죽었는가』『신약성서의 사회경제사상』『성서주석 : 로마서 1, 2』등이 있으며, 옮긴 책으로『예수와 기독교의 기원』이 있다.

멋쩍음과 우쭐함: 왜 이런 글을 쓰는가

자기 자신을 공개적으로 말한다는 것은 멋쩍은 일이다. 그 멋쩍음은 자신의 존재와 성취에 대한 하찮음과 사소함의 자의식적 반영이기도 하거니와, 동시에 자신에 대해 별로 할 말이 없다는 막막한 무지의 솔직한 귀결이기도 하다. 그러나 동시에 자신에 대하여 뭔가를 말하고 싶다는 것은 우쭐함의 동기가 되기도 한다. 뭔가를 드러내려는 자기 현시욕은 때로 지독한 인정 욕구의 발판으로 우리를 안달하게 만들거나, 채워도 또 채워야 하는 위장의 허기처럼 아무리 용을 써도 우리의 존재가 결핍일 수밖에 없는 허구렁의 욕망을 거듭 자맥질할 뿐이다. 그러나 천상천하 유아독존의 세상이 아닌 바에야 누구나 대화의 자리에 나서면서 통과하는 멋쩍음은 감내해야 하는 실존의 한 풍경이고, 분위기에 편승하여 들뜨는 우쭐함은 다독이며 절제해야 할 욕망의 장식품이다.

그 정서 심리적 일차 장벽을 넘어서면 우리는 언어라는 추상의 망토를 걸치고 때로는 의도적으로, 때로는 무의식적으로 얼떨결에 자신을 과장하며 또 축소하고 은폐하기도 한다. 이 모든 굴절에도 불구하고 우리의 자발적 드러남은 오로지 인위적 드러냄으로써만 가능하다. 결국 보이는 것만을 볼 수 있듯, 누구에게나 자기표현은 여전히 현재진행형의 모험이고 미완성의 실험일 수밖에 없다. "자기가 누구인지 말할 수 있는 자는 누구인가"라고, 셰익스피어가 자기의 한 주인공을 내세워 탄식했듯이, 이 글의 화자 역시 스스로 말할 수 있는 '나'와, 말하기 곤란하고, 아무리 노력해도 말해질 수 없는 '나' 사이의 균열 앞에서 여전히 멋쩍고 망연해진다. 그러나 동시에 우쭐하려는 욕동을 다스리면서 다만 담담히 자신의 발자취를 성찰해보고자 하는 한 조각의 발그레한 의욕으로 이 글은 생각보다 먼저 나가는 손가락의 동선에 의탁하여 비틀거리며 미끄러져갈 듯하다.

망설임과 꿀쩍임: 신학 입문 이전 1

그는 충북 청주시의 한 변두리 마을에서 태어나 자랐다. 그 마을은 다분히 농경적 환경에 둘러싸인 20여 호의 시골 동네로 뒤로는 해발 200미터도 못 되는 아담한 동산과 앞으로는 꽤 드넓게 펼쳐진 평야를 끼고 있었다. 소년 시절 그는 그 시대의 적빈을 이웃 동무들과 더불어 누리면서 풍요한 자연을 벗 삼아 틈나는 대로 싸돌아다니는 습성에 익숙하였다. 별로 심오할 것도 없는, 그렇다고 남루하지도 않은 이 마을 안팎의 자연환경은 그의 동심 속에 진한 흔적을 남겼던 게 분명하다. 그의 의식과 무의식은 이후 세파에 치이고 역경에 휘둘리며 괴로워할 때마다 아직 허물어지지 않은 태초의 공간으로

이 시절의 자연 속에서 만들어온 추억의 틈새로 자주 기어들곤 했기 때문이다. 그는 왜소한 신체로 '땅꼬마'란 별명을 얻었으며 그 심리적 장벽을 넘어서고자 홀로 표표히 배회하는 고독한 영웅의 흉내에 재미를 들이기도 했다. 하나님을 부르기 전에 그는 샤머니즘의 풍습과 어울려 살았으며, 낯가림이 심한 성벽 때문에 돌 사진 한 장 말고는 초등학교 6년 동안 찍어놓은 사진이 거의 없을 정도였다. 동네의 코흘리개 동무들 외에 학교에서 친하게 사귄 친구가 거의 없었고, 동경하던 소녀들은 멀찌감치 떨어진 환상 속의 그대일 뿐, 이웃들과의 사이에 가로놓인 격절의 공간은 아브라함 품의 거지 나사로와 지옥에 떨어진 부자 사이의 거리만큼 먼 듯 느껴지곤 했다. 중고등학교 시절 그는 뭔가 알 수 없는 정서적 공허감에 침잠하면서 자주 망설이며 꿀쩍였다. 어머니의 심장병으로 중학교 3학년 때 처음으로 나간 교회에서 그는 새로운 종교 문화의 세계를 접하기 시작했지만, 그가 오래 길들이며 사귀어온 페시미즘의 정서는 쉬 가시지 않았다.

 교회에 본격적으로 발을 들여놓기 이전부터 그의 유년기는 이따금 멀리서 들려오는 교회의 종소리를 아련한 추억의 한 켠에서 희미하게 기억할 뿐이다. 그 소리의 진원지는 그의 고향 마을에서 수백 미터 떨어져 있는 침례교회였을 것이다. 그 근방을 지날 때면 왠지 그곳이 그에게는 범접하지 못할 낯선 세계로 느껴졌던 것 같다. 그렇게 그에게 종교의 사밀한 감각은 무엇보다 소리로 다가왔다. 저녁 무렵 그 교회 근처에서 아비와 단둘이 모내기를 하던 어린 그에게 모든 대낮의 수고를 접고 귀가할 무렵 들려오던 그 청명한 종소리가 무엇을 암시했는지 알 길이 없다. 다만 생의 비의에 감추어진 막연한 향수와 미지의 세계를 향한 동경의 흔적이 희미하게 그의 기억

한구석에 남아 있을 뿐이다. 그가 중학교 3학년 때 본격적으로 교회에 발을 들여놓기 전, 종교라는 이름보다 먼저 생활의 인습처럼 익숙한 토속적 영성이 퀴퀴한 고향 마을의 구석구석에 피어나곤 했을 터였다. 거기에는 동산의 우편 기슭에 자리한 상여집이 있었고 가끔 동네 우물가에서 칼을 던지며 무시무시하게 벌어지던 굿판이 있었다. 그의 가족을 포함하여 동네의 누구누구가 아플 때면 집 안에서 벌어지던 치병굿도 그에게는 따분한 일상의 리듬을 깨는 파격적인 일탈의 사건이었다. 거기에는 웅성거리던 구경꾼들과 함께 구수한 음식 냄새가 있었고, 질병과 죽음의 분위기 가운데 피어나는 삶의 수상한 단층들은 어린 그의 심성에 꼬물거리는 호기심을 자극했다.

순복음교회에서 시작한 신앙생활의 여정은 처음에는 비교적 순탄했다. 열심히 교회에 출석하고 할 만한 일을 의욕적으로 떠맡는 것이 충성이라고 배웠다. 그래서 교회학교 보조교사와 성가대 대원으로 열심히 활약했고, 고등부 부회장을 맡아 교회의 하부 조직을 꾸리는 일에도 앞장서기 시작했다. 그 교회는 금식기도와 치유 기적으로 점점 더 명성이 알려지면서 급속도로 성장해나갔고 그 부흥의 열기에 편승하여 건강과 물질 축복이 강조되기도 하였다. 더러 산상집회에 갈 적에는 밤하늘의 별빛에 감도는 종말론적 긴장을 성서의 묘사 그대로 자신의 것으로 받아들였다. 그는 이 모든 메시지의 출처로 성서라는 책이 있다는 것을 알고 그 내용이 궁금하여 열심히 읽고, 또 당시의 지적인 역량이 허용하는 범위에서 부지런히 분석하길 즐겼다. 토요일마다 교회에서 말쑥한 서양 신사 같은 고등부 교사의 지도로 성서를 공부하는 재미도 쏠쏠했지만, 아침 일찍 제 나름의 독서와 묵상에 의지하여 성서를 분석하며 그 속에 담긴 의미를 탐구하고자 열심히 노트에 써대던 일도 그의 풋풋한 청소년기 한구석에 고스란히 새겨져 있다. 특히 구약성서의 아가라는 책의 특이성에 탄복했는지 그는 성서의 공백에다 이 책의 의미를 제 깜냥대로 궁리하여 빼곡하게 적어놓았는데 그 기억이 가장 실감 나게 떠오른다.

> 그때 방 안에서 그는 어느 극적인 순간 놀라운 음성을 들었다. 오른쪽 귀에 웅장한 바리톤의 메아리로 연거푸 울리는 음성인즉, '내가 너를 용서하였다'는 메시지였다.

그 시절 그는 또한 그 교회의 분위기에 심취하여 통성기도에 익숙해져갔고 거기서 자주 강조하던 성령 충만과 방언 은사, 입신과 각종 신비 체험 등의 낯선 세계에 점점 더 길들어갔다. 물론 그 모든 영적 체험의 세계는 경계가 혼미했고 진정성 여부가 헷갈렸다. 그러나 그것을 검증받을 만한 견고한 신학적 기제나 영적인 권위를 확정하기란 쉽지 않았다. 교회 내에서 영험하다는 권사님이나 전도사님이 그나마 이따금 조언을 주었지만 지금 생각하면 거기에는 다분히 목회상담적 모범답안의 체계가 작동하고 있었던 것 같다. 한번은 멀리 청원군 낭성면에 계시다는 선지자님이 기도로 하나님의 뜻을 전해준다고 해서 찾아간 적이 있었다. 그러나 그는 자신이 청결한 심령으로 준비되어 있지 못하다는 자책과 두려움 때문이었는지 그 선지자님 앞에 담대하게 나서지 못한 채 발길을 돌려야 했다.

이 기간에 그의 가장 극적인 종교 체험은 고등학교 2학년 때 겨울철의 한 사건으로 거슬러 올라간다. 어느 날 청주시 사직동 용화사 뒤편에 자리한 주택 2층에서 동생과 잠을 자던 그는 연탄가스를 마셔 사경을 헤매고 있었다. 전혀 예기치 않은 그 사고의 와중에 그는 몽롱한 꿈속에서 몸을 움직여보려 발버둥을 쳤지만 한 뼘조차 이동하기가 쉽지 않았다. 그때 방 안에서 그는 어느 극적인 순간 놀라운 음성을 들었다. 오른쪽 귀에 웅장한 바리톤의 메아리로 연거푸 울리는 음성인즉, '내가 너를 용서하였다'는 메시지였다. 반면 왼편의 귀로는 자지러질 듯 간사한 소프라노 음성으로 그의 죄와 허물을 참소하며 조롱하는 웃음소리가 끊임없이 진동하였다. 그 감당 못할 두려움 가운데 한순간 그는 자신의 내면에서 무언가 강한 압력에 밀려 튕겨나가는 느낌을 받았다. 천장에 둥둥 떠서 방바닥에 누워 있는 제 몸을 내려다보던 그 분리된 자아가 성서가 말하는 '영혼'이 아닐까, 그는 나중에 어렴풋이 추측했다. 이후 그는 전자의 음성을 하나님의 음성으로, 후자의 음성을 마귀의 음성으로 나누어 대강 이해해버렸다. 그런데 제 몸으로 겪어낸 그 양자 간의 싸움이 그로서는 초월적인 자아의 존재를 실감하게 된 계기가 되었다.

이러한 종교적 원형 체험은 이후 미국 유학 시절 선병질적 체질과 맞물려 종종 그를 두렵게 만든 가위눌림과 유체이탈의 경험, 신학대학원 시절의 한 불우한 때에 황혼녘 소스라치게 놀라며 발끝에서 대면한 마귀의 환상 체험(아, 그 형상은 어찌 그리도 선명했는지 컬러사진의 윤곽보다 더 또렷할 정도였다)으로 이어졌는데, 그는 그것이 어쩌면 한 시절의 종교적 환경이 조성해준 체질적 경향이 아닐까 이따금 반추해본다. 이러한 종교적 입문을 통해 그의 유년기를 지배한 망설임과 꿈쩍임은 실어증 환자의 막막한 침묵을 동반해 점차 내면의 자폐적 밀실을 만들어갔고 그는 그리로 자주 망명하는 버릇을 갖게 되었다. 이렇듯, 중학교 3학년부터 고향 청주에서 시작된 3년

여의 교회 생활은 오순절 성령운동의 열기에 기대어 한때 무르익어 가기도 했지만, 늘 달뜬 에너지로 뜨겁게 살 수만은 없는 노릇이었다. 아무리 눈을 꼭 감고 절실하게 하나님을 부르짖어도, 가뭄에 콩 나듯 찾아오던 환청과 환상의 체험을 넘어 자기 강박적 묵시주의의 욕구는 그의 삶 가운데 지속 가능한 평온의 일상을 보장해주지 못했다.

헛헛함과 소슬함: 신학 입문 이전 2

서울에서의 대학 생활은 그의 생애 가운데 최초의 탈주를 허락했다. 무제한의 자유만큼 방황도 심했고, 그가 개척해야 할 삶의 길 앞에서 자주 망설였으며, 무기력한 감정의 자맥질 가운데 점점 더 자주 꿀쩍거렸다. 80년대 초 가혹한 이 땅의 역사 현실을 목도할 때마다 그는 용감한 운동권과 방관하는 다중의 개인주의 사이에 오락가락 하면서 자주 망설였고 그 탄식의 심연도 깊어갔다. 바깥세상이 혼란 스러울수록 그는 역사와 철학의 이런저런 텍스트 속으로 도피했고 그 안에서 길을 잃어버린 채 막막해지는 시간이 잦았다. 유년의 안식처로 여전히 휘황한 신의 은총으로서 캠퍼스 주변의 자연환경은 꽤 아름답고 부드러웠다. 억압하지 않고 다만 그의 내면을 억압하는 것들을 찬찬히 떠올려주던 그 사계절의 산하에 펼쳐지던 풍경과 그 속으로 뻗어나간 오솔길을 그는 잊기 어렵다. 그곳은 그의 고단한 정신이 안식하는 아늑한 망명지이자 다친 마음이 치유 받는 하나님의 품과 같았다. 그것들과 함께 그가 4년 내내 맛들인 노래와 합창의 동아리는 술과 담배가 왜 노래와 어울리며 낭만적일 수 있는지, 또 그런 청춘의 표상이 다양한 삶의 요소들을 어느 지점에서 어떻게 매개하는지, 대화는 왜 어렵고 겉돌 수밖에 없는지 드문드문 가르쳐주었다.

이 당시 그는 교인의 임무에 충실하고자 교회 예배에 정기적으로 참석하였고, 대학교 2학년 때 순복음교회의 울타리를 벗어나 탈주와 방랑의 습벽을 몸에 익히기 시작했다. 한 1년여 동안 열심히 활동한 대학생선교회CCC도 정동 채플의 그윽한 분위기와 함께 고요한 예배의 맛을 선사하기도 했지만 비사교적인 그의 천성 탓인지 그 울타리 안에서 오래 버티며 머물지 못했다. 관악산 기슭의 기숙사도 풍요한 자연으로 둘러싸인 고적한 공간이었지만, 서울 도심 한복판에 자리 잡은 정동 채플도 경건한 분위기를 풍기는 색다른 탈속세의 공간이었던 같다. 그러나 주일마다 이 양쪽 공간을 오가는 그의 시선에 포착되는 서울의 속세는 마냥 더럽고 혼란스러웠다. 때로 무턱대고 버스를 잡아타고 종점까지 가서 그 대도시의 변두리를 둘러볼 때나 좌판을 늘어놓은 노파들이 생계를 꾸려가는 시장 골목을 지날 때면 거룩한 초월의 세계가 이 적나라한 속세에 비해 지독한 가식이 아닐까 하는 의혹에 밤잠을 설치기도 하였다.

물론 감동적인 순간이 없었던 것은 아니다. 대학 3학년 어느 시점부터 봉천동의 한 장로교회로 적을 옮기면서 새로운 분위기를 경험하였다. 예배 때 설교를 들으면서 그의 가난한 마음이 왈칵 눈물을 쏟은 적도 있었고, 곰팡내 퀴퀴한 반지하 자취방의 문을 열 때 끼쳐오던 진한 고독의 훈기에 간절히 하나님을 부르며 그의 실존의 질곡으로부터 탈출과 해방을 꾀하기도 하였다. 하지만 바깥의 굴절된 현실에 감감한 교회의 모습에 자주 무기력감이 들었다. 청교도적 목사의 개인적 미덕이 구조적 악의 병폐를 치유할 수 없다는 좌절은 십자가의 예수가 성공으로 착색된 실패의 역사일지 모른다는 의문을 점점 더 냉소하는 심중에 심어주기도 하였다. 그는 이 찬란한 청춘의 초입에 최선을 다해 신실하지 못했고, 그렇다고 청마 유치환 식으로 독한 회의를 구할 지식의 체계를 세우지도 못한 어설픈 주변인이었다. 몇 차례의 서툰 연애 행각이 근사한 낭만적 추억 하나 건지지 못한 채 파국으로 치닫게 되면서 소심한 자살 흉내 역시 '행각'의 언저리를 맴돌 뿐 끝내 결실을 맺지 못하였다. 신앙이 삶의 위기, 실존의 심연 앞에 무기력하게 소문의 해프닝으로 전전하였지만, 그래도 그것은 벼랑 끝에 피어오르는 희망처럼 '궁극적 관심'을 상기시키는, 그의 몸이 겪어온 전통의 흔적이었다.

다행인지 불행인지 그는 대학 졸업을 앞두고 종교학과에서 개설한 과목을 통해 엘리아데Mircea Eliade의 큰 이름과 함께 신화라는 세계의 아득한 심연을 피상적이나마 접했고 슐라이어마허, 바르트, 틸리히, 본회퍼 등등의 서구 신학자가 누구인지 귀동냥 수준의 지식을 얻을 수 있었다. 전자는 정진홍 교수의 수업에서였고, 후자는 나학진 교수의 수업을 통해서였다. 그중에 본회퍼가 가장 훌륭해 보였고, 마침내 그에 대한 독서는 언젠가 한자 공부 차원에서 시작한 논어와 맹자 강독을 마감하고 신학대학원의 문을 두드리도록 정서적인 동기를 부여해주었다. 아마도 최초였을 이 시기의 신학 독서와 관련하여 그가 본회퍼를 자신의 신학적 영웅으로 추켜세우면서 당시의 독서 편력을 다소 과장해온 혐의가 없지 않지만, 이후에 발동한 열정이 빌미가 되어 그의 책 모두를 끈질기게 찾아 죄다 읽어냄으로써 초기 인연의 충실성에 부응하려 애쓴 흔적은 선연하다. 그 중에서 그의 중기 저작이 예표한 제자도의 삶은, 아마 본회퍼의 비극적인 죽음의 아우라가 끼친 후유증 탓이었겠지만, 영웅적 신앙의 감동을 얼핏 감지할 수 있는 기회로 다가왔다. 그러나 그보다 더 매혹적인 것은 그의 옥중서간이 조명한 '세속'의 개념, 그리고 '성숙한 세상'과 '종교 없는 기독교'의 전망이었다. 이러한 문구들은 적잖은

> 마지막 페이지를 덮고 나서야 그는 점심을 걸렀다는 걸 깨달았고, 블라인드 바깥에서 낮게 깔리고 있는 황혼녘의 황금빛 햇살이 책 표지 위로 가물거리는 순간을 감각했다.

충격과 함께 이후로도 내내 그의 삶에 현재진행형의 물음으로 현전하고 있다.

그가 고독에 시달리며 몸부림치던 그 시절, 한번은 깊은 밤 관악산 자락의 한 야산으로 들어가 오솔길을 헤매며 광기 어린 포즈로 자신을 학대하기도 했다. 자신과의 대결을 도발해보려는 심산에서였을 터이지만, 그는 멀리 가지 못한 채 몸에 훈장처럼 몇 군데 상처를 얻어 되돌아오고 말았다. 이청준을 만나 그의 모든 작품을 죄다 먹어 치우듯 읽어버린 기억은 그의 청춘에 새겨진 또 다른 기념비라 할 만하다. 이 역시 결벽스럽게 치른 정서적 홍역의 일종이었지만 이 작가의 지적인 탐구열과 격자식 소설 구조는 그의 메마른 감성에 지성의 불을 붙여준 요긴한 양식이었다. 한때 그의 작품을 죄다 긁어모아 남독을 일삼으며 일주일 정도 낮과 밤을 뒤바꾸어 살 정도로 그 열정이 치열했건만, 아, 이제 다 어디로 가버렸는지……「눈길」이란 작품을 되풀이 읽으면서 눈물을 떨어뜨리던 도서관 열람실의 그 춥던 공간, 이문열의 『젊은 날의 초상』을 읽고 무릎까지 눈이 쌓인 봉천동 고갯길을 홀로 넘어가던 그의 초상은 확실히 이 소설 주인공의 초상과 겹쳐져 그 백설천지의 세상이 일순간 희망의 표정을

달고 환해지던 기억도 선명하다. 제한된 독서의 어설픈 수준으로서 나마 문학을 사귀게 된 것은 이 시절 종교의 도그마에서 맛보지 못한 자유의 맛을 그에게 선사한 것이 틀림없다. 이후에도 오랜 유학생활에 지칠 때마다 말로써 생의 극단을 표현하며 그 말의 한계까지 넘어서려 몸부림치는 문학의 영양분은 그에게 안식이었고 위로였으며, 또 다른 차원의 구원으로 각인되었다.

두리번거림과 집적임: 신학 입문 이후

태평양을 건너가 시카고의 모진 바람을 견디며 지낸 11년 가까운 세월 동안 그는 명실공히 신학도였다. 더듬더듬 희랍어와 히브리어로 성서를 읽으면서 행간의 뉘앙스에 탄복하면서 공부의 기본기를 익히기 시작한 그 낯선 이방인의 초상은 춥지만 행복한 표정으로 그려진다. 그는 신학의 제반 영역에 대한 공부를 아주 기초적으로 다져나가면서 동시에 그 외국어에 묻어 있는 외국의 문화와 습속까지 어림짐작으로 눈치껏 익혀야 했다. 그는 조심조심 천천히 신학을 배워나갔다. 그리스도교 신학의 역사적 기원에 대한 궁금증이 그를 성서학 연구 쪽에 좀더 관심을 기울이게 했다. 모르던 것들을 많이 발견했고, 그 발견은 기쁨이면서 동시에 발견하지 못한 불확실성의 아득한 세계로 인한 두려움의 빌미가 되기도 했다. 어느 날 오전 무심코 JKM도서관으로 발길을 옮겨 우발적으로 빼든 책은 바울의 장막공 사역에 대한 롤런드 혹R. Hock의 연구 저서였다. 바울이 장막을 깁는 일로 생계를 이으며 선교를 했다는 그 짧은 기록을 밑천으로 제시한 꽤 근사한 해석의 풍경은 안광이 지배를 철할 만큼 매혹적인 세계였다. 마지막 페이지를 덮고 나서야 그는 점심을 걸렀다는 걸 깨달았고, 블라인드 바깥에서 낮게 깔리고 있는 황혼녘의 황금빛 햇살이 책 표지 위로 가물거리는 순간을 감각했다. 황홀한 체험이었고, 신비감마저 들었다. 그렇게 도서관과 기숙사와 교실을 오가면서 3년의 교역학 석사과정M. Div.이 흘러갔다.

박사과정에 들어가면서 점점 더 그는 계몽적 합리주의에 근간을 둔 앎의 힘을 실감하게 되었다. 특히 시카고 대학교 신학부The Divinity School의 학파적 배경 하에 '종교사'의 관점을 배우면서 그리스도교의 안과 밖을 동시에 조명함으로 그 소통적 상관관계의 의의에 안목을 열게 된 것은 그의 학문 이력에서 매우 중요한 수확이었다. 그는 지금도 절반은 추억에 기대어, 나머지 절반은 전문지식의 아우라에 이끌려, 시카고 대학교 스위프트 홀의 침침한 5층 골방을 종종 반추하며 희미한 미소를 피워 올린다. 산상수훈 세미나 과목에서 "심령이 가난한 자는 복이 있나니……"라는 한 구절을 놓고 몇 시간씩 경청하며 토론하던 그때 그 시절은 그가 걸어온 학문 탐구의 도상에서 가장 행복했던 시간으로 기억된다. 저 짧은 한마디에 소크라테스가 겹쳐지고 씨닉 철학자들의 행적이 반추되며, 유대교 랍비들의 어록들이 포개지던 그 앎의 고고학적 지층은 낯설다 못해 가히 경이로운 세계의 경험이었다. 태초부터 악이 존재했고 그것이 창세기 1장 1절을 기점으로 히브리 전통 속에 고대의 신화적 패턴을 변용하며 지속해나갔다는 논지를 담은 존 레벤슨Jon Levenson 교수의 책도 신정론에 대한 근본적 의문과 함께 이즈음의 가장 강렬한 독서 경험의 한 조각으로 남아 있다.

그러나 영어와 독일어, 불어, 희랍어, 히브리어 등 외국어로 빼곡한 텍스트의 마당에서 그의 시선은 자주 출렁였고 그의 의식은 점점 더 메말라갔다. 모국어에 대한 갈증은 외국어를 통한 학습의 심화에 비례하여 더욱 깊어져갔다. 그때마다 그는 레겐스타인Regenstein 도서관을 찾아 모국어로 된 신문 잡지 등의 한글 문장을 잡식성으로 탐하기 시작했다. 그렇게 시작한 잡스러운 모국어 독서는 로렌스 가 일대 한인 타운의 한 귀퉁이에 자리 잡은 조그만 한국어 서점에 주말마다 그의 발길을 머물게 했고, 주중에는 허기질 때마다 레겐스타인 도서관 5층의 동양학 서고를 찾게 했다. 거기서 그는 한국에서도 읽지 않던 한국어 도서들을 적잖이 찾아 읽었다. 역사나 철학 쪽도 있었지만, 문학 쪽이 압도적으로 풍요했다. 그는 한글로 직조된 운문과 산문을 찾아 정서적 결핍을 달래고자 게걸스럽게 탐하기 시작했고 침침한 서고를 현기증 나도록 누비다가 불현듯 적잖은 명편의 문장들로 짜인 책들을 만나기도 했다. 여름방학 내내 한산한 도서관을 출퇴근하듯 들르며 에어컨 바람을 위로 삼아 미당 서정주의 전집을 탐정소설 읽듯이 흥미진진하게 읽어가던 기억이 아직도 생생하다. 그의 시편들이 대개 끈적거리는 샤머니즘의 기운을 풍기며 느끼한 감을 준 데 비해, 그의 산문은 구질구질한 한국현대사의 숨은 증언들로 호기심을 당겼고, 산문에도 쫄깃쫄깃한 리듬이 있다는 걸 그의 책을 읽으면서 최초로 발견했다. 문체가 영혼의 무늬라는 진술이 과장된 추상적 진술이 아니라 매우 적확하고 구체적인 메시지를 담고 있다는 깨우침과 함께, 학문의 내공이 스타일리스트의 추구와 무관치 않다는 각성이 찬찬히 찾아들기 시작한 것도 이즈음부터였을 것이다.

오연한 앎의 세계조차 결국 체계의 산물이라는 생각은 미셸 푸코 Michel Foucault 를 만나면서부터 싹트기 시작했던 것으로 기억된다.

그 '만남'은 물론 그의 저서와 그의 저서에 대한 저서 및 단편적인 글들에 대한 인상비평적 감각에서 생겨난 직관적 만남이었다. 그러나 앎과 권력이 어디서 어떻게 매개되며 그것이 왜 필연인지에 대한 탐구와 일정한 확신은 이후 더 견고해져갔다. 결국 어떤 관점에서 어떤 전략과 의도로 앎을 재구성하느냐에 따라 기존의 앎은 해체의 과정을 밟을 수밖에 없고, 그렇게 볼 때 기존의 견고한 앎의 체계와 그것에 근거한 신념/신앙조차 회의와 반성의 대상일 수밖에 없다는 깨달음은 꽤 충격적이었다. 데리다Jacques Derrida와의 만남이 그 깨달음을 더 부추겼다. 그와의 만남은 근거리에서 신체의 냄새를 맡을 만큼 생생한 것이었는데, 그가 시카고 대학에 강연차 왔을 때 이 동양의 학도는 정확하게 그의 옆자리에 앉아 그의 프로필을 곁눈질하며 관상쟁이처럼 그를 관찰했다. 논찬자들의 외교적 상찬과 소개에 이어 등장한 그는 보들레르의 시 한 편에 대한 정밀한 분석과 풍요로운 해석으로 새로운 사상의 대양을 항해하고 있었다. 그리스 조각상 같은 데리다의 얼굴이 1시간 남짓 토해낸 깊이 읽기 전략에 그는 적잖이 탄복했다. 이렇듯 텍스트가 시간을 질료 삼아 탄주하는 해석의 지평은 무한이라는 심연을 머금고 있었다. 그로부터 그는 집적이며 두리번거리는 버릇을 몸에 담았다. 이 책에서 저 책으로 옮겨가며 접붙이고, 이 영역에서 저 영역으로 집적이면서 두리번거리는 지적인 소요와 직관적인 성찰의 연습들은 그에게 고단한 가운데 시적인 삶의 운치를 제공하면서 보헤미안 기질을 키웠을 것으로 짐작된다. 신학을 사색의 연금술이란 관점에서 조형하는 버릇도 이즈음에 생겨났을 듯싶다.

미국에서 머물던 11년쯤의 세월 내내 그는 틈나는 대로, 아니 때로 억지로 그 틈을 만들어 쏘다니고 걷기에 힘썼다. 걷는 자들마다 다독여야 할 깊은 상처가 있는 것이니 걸으면서 풍화되는 그 육체의 감각 속에 내면의 상흔이 점차 침전하는 이치를 타국의 사회생활을 통해 체득했던 셈이다. 일 년에 한두 차례는 멀리 나갔다. 광활한 미국의 대륙을 동서남북으로 누비면서 종단과 횡단을 반복하다보니 먼저 국립공원들이 섭렵되었고 차차 주립공원과 이름도 생소한 이런저런 무명의 자연들과 친숙해졌다. 그 가운데 그는 문명으로 찌든 이 세기에도 왜 자연이 가장 위대한 하나님의 잠언인지, 왜 가장 심오한 계시는 침묵으로 전달되는지, 왜 하나님은 바람 속에서만 감동하는 영혼을 키우는지 알 것도 같았다.

이민 교회에서 겪은 전도사와 부목사의 경험은 억압하고 억압받는 인간을 이해하는 데 요긴한 밑천이었다. 그리스도인이기 이전에 모두 욕망의 존재로서 비슷한 인간의 길을 걷고 있다는 사실! 이 평범한 사실을 비범하게 깨우치기까지 왜 그리도 오랜 세월이 걸려야 했는지…… 또 한 가지, 이민 사회와 이민 교회는 그에게 디아스포라의 영성을 인식하고 그것을 삶의 자리에 배양하기에 적절한 환경을 제공해주었다. 누구나 나그네로서 사는 세상인데, 거기서 주류와 비주류의 경계를 만들고 중앙과 변두리의 등급을 설정하는 인간의 일관된 욕망인즉 지독한 인정 욕구와 권력에의 의지에 붙잡힌 현대인의 초상을 대변할 뿐이었다. 기독교를 비롯한 종교의 욕망이 거기서 멀지 않았다. 각종 명분과 대의로 포장한 선민주의는 기실 혈통 가족주의의 연장선에서 그 이념적 빛을 발하고 있을 뿐 아닌가. 그것으로 대중을 선동하고 그 열정에 휘둘려 헌신을 빙자하는 종교적 행위의 이면은 서늘한 신학적 성찰과 함께 늘 넘어서야 할 함정이었던 것이다. 그의 그런 계몽적 인식은 이후 기독교를 내부에서 신 봉하면서 바깥으로 타자화하고, 제도권 기독교의 바깥에 서성이는 타자의 인자들을 내부로 영접하여 극진하게 환대하려는 비주류의 욕망으로 그를 이끌어왔다. 그의 이러한 학문적 뜨내기 성향이 오랜 이민 생활 가운데 나그네의 정체를 훌깃 살피고 뜨악해진 이력과 함께 서식하고 있는 건지 그는 모종의 확신 가운데서도 여전히 고개를 갸우뚱거린다.

중얼거림과 끼적임: 신학 저술 이후

여전히 전공 공부가 미진하고 외국어 실력이 짧은 상태에서 최종 학위논문을 마칠 수 있었던 것은 순전히 지도교수 한스 디터 베츠Hans Dieter Betz 박사의 은혜에 힘입은 바 컸다. 그는 이 노 교수가 보여준 사진 속의 오래 묵은 올리브 나무 한 그루에 시선이 박혔고, 겟세마네의 가장 오래된 흔적인 그 나무로부터 모종의 암시적 메시지를 챙겼다. 그 메시지는 그의 학위논문이 '죽음'과 부대끼는 방식과 연동된 것으로, 그 한 범례로서 예수가 치른 죽음의 경험과 내면 풍경에 집중하는 쪽으로 나가는 연구의 방향을 예고했다. 여기에는 그가 심신이 허약해지면서 시달리던 가위눌림과 유체이탈의 경험, 공포스런 환상의 체험 등이 결부되어 있었다. 결국 죽음이란 한계상황이 그의 연구 방향과 방법을 첨예하게 갈고닦았던 셈이다. 그로부터 어설프게나마 예수가 겟세마네에서 보여준 죽음의 경험과 그것을 내면화한 방식으로서 기도의 세계에 천착하여 논문을 만들어나갈 수 있었다. 고대 그레코-로마의 영웅과 현자들, 유대교의 랍비들, 동양의 선승 같은 이들이 고상하게 죽어가는 방식이란 견지에서 그들의 체험을 공유하며 그의 연구에 초대되었고, 비교와 검토 결과 그들은 적잖은 양식사적·문화사적 공통점과 차이점을 보여주었다. 연구의 막판은 죽어감의 인간학과 그 신학적 미학에 초점이 맞추어져 이로써 그의 학위논문은 역사와 실존이 교차하는 접점을 탐색해보는 작업으로 채워져갔다. 아울러 겟세마네의 신학적 유산이 이후 교회사 속에 산출된 예술 작품 가운데 어떻게 해석되어 나타나는지도 또 다른 꼭지로 설정되어 다루어졌다.

국내로 들어온 뒤 그의 연구는 자발적 '딴죽'의 의욕과 함께 시작되었다. 주로 자신의 최종 학위논문을 풀어 글을 쓰고 책을 만들어 그 분야의 전문가 행세를 하는 꼴이 그는 자폐적인 양 비쳐 못마땅했던가보다. 그래서 그는 국내 신학대학교 배경 없이 운 좋게 국내에서 직장을 얻은 뒤 그 한가한 배경을 활용하여 전혀 다른 방향에서 책을 만들어나갔다. 그렇게 교수가 되어 맞은 첫 겨울방학에 과잉 열정의 소산으로 쓴 첫 책이 『미지의 신을 위한 변명』이었고, 이 책은 편집적 오류에 대한 반성과 함께 보완하여 10년쯤 지난 뒤 『바울 신학 탐구』로 거듭나게 되었다. 이것이 인연이 되어 그는 바울의 대표적인 서신인 『로마서』에 두 권의 주석서를 상재하였고, 이후 바울에 대한 적잖은 논문을 생산해냈다.

학위논문은 그것을 제출한 뒤 10년이 더 흘러 그 공력의 틈새가 이완되며 허술함을 노출하기 시작할 즈음, 슬슬 풀어 일부는 번역 각색하고, 일부는 해체 분산하여 다시 한글로 재가공하였다. 또 다른 일부는 '수난신학'이라는 주제 하에 완전히 새로 보태 써서 『예수는 어떻게 죽었는가』라는 작품으로 빛을 보게 되었다. 예수의 죽음에 대하여 '왜'를 물으면서 한편으로 그 '죽임/처형'의 역사적 연원을 해부하고 다른 한편으로 그 죽음에 담긴 구속사적 차원의 공로를 교리적으로 재확인하던 기존의 신앙적·학문적 인습의 구조를 파탈하고자, 그는 이 책에서 예수를 죽음의 실존적 주체로 설정하여 '어떻게'라는 또 다른 해석의 잣대를 들이대보았다. 그것은 결국 죽어가는 과정에서 제출된 예수의 고뇌와 슬픔과 두려움이라는 인간적 정서와 그 내면 풍경에 함축된 신학적 인간학, 나아가 죽음을 매개로 펼쳐지는 신학적 미학의 세계를 두루 아우르고 있다. 한편, 겟세마네 기도의 모티프는 신약성서 전반의 기도 텍스트에 대한 분석과 해석의 작업으로 이어져 예수의 죽음에 대한 책과 병행하여 『마음의 빛을 부르는 기도—신약성서의 기도와 신학』으로 출간되었다.

예수에 대한 연구는, 기존의 역사적 예수 연구에 딴죽을 걸면서 그의 신학 사상에 집중하여 이른바 '예수 깊이 읽기'를 수행하는 차원에서 『묵시의 하늘과 지혜의 땅: 예수신학 비평』 『예수신학 탐구』 등의 저서로 결실되었다. 또한 바슐라르의 물질적 상상력과 과학철학적 연금술에 착안하여 『예수와 신학

> 라캉의 훌륭한 통찰대로 인간은 생각하지 않는 곳에서 존재하는 동물 아닌가. 아~ 어~ 하는 찰나의 발어사와 그 틈의 순간에 반짝이는 무의식의 심연 속에 외려 더 웅숭깊게 욕망을 풀어놓는 역설의 존재 아닌가.

적 상상력』『하나님 나라의 향연—신약성서의 사회복지론』을 저술하기도 하였다. 이 책들을 생산해내면서 그 틈새를 활용하여 왕년에 습득한 종교사의 관점에 기대어 집필한 저서가 『신약성서의 환생 모티프와 그 신학적 변용』이다. 그에게 상금으로 몇 푼의 용돈을 보태

준 이 책은 죽음 너머를 묵상하며 오랫동안 골몰해오던 '영혼의 형이상학'이란 화두가 어느 봄날 아름다운 한 동무와의 모악산행으로 마음 깊이 번지면서 만들어진 작품이다.

그는 글을 쓰면서 따분해질 때 자주 걸었고, 그의 그 걷기는 그의 상상력과 직관을 상큼하게 자극하곤 했다. 혼자서 중얼거리다보면 잡념이 한두 줄기 그럴듯한 아이디어로 풀려 나오고, 권태에 시달리다 아파트의 감옥을 벗어나 자정 무렵 동네 골목을 어슬렁거리다보면 몽유적 사색 가운데 중얼거림은 구체적인 언술의 질서로 재편집되면서 써야 할 글들의 건축공학적 설계도가 생겨나곤 했다. 이런 식으로 중얼거림은 끼적거림의 동작으로 전이되며 그의 잡스런 신학적 글쓰기의 밑천이 되어주었다. 하여 그동안 연구 실적을 관리하는 한국연구재단의 관련 사이트 http://kci.go.kr 에 등록해놓은 설익은 그의 연구 목록은 공저를 합하여 30여 권의 저서와 100여 편의 논문으로 남아 그간 10여 년 동안 움직여온 발바닥의 자취와 손가락의 동선을 증언해주고 있다. 최근에 그는 고독한 이방의 나그네 세월 동안 탐독한 문학 작품에 대한 향수를 질료 삼아 문화신학의 작업에 일조해보고 싶은 의욕이 불거져 『한국 현대시와 신학의 풍경』이란 책을 상재하였고, 일상과 에피소드야말로 영양가 높은 학문의 내실이란 소신 하에 제 몸의 감각이 아로새겨온 앎의 분신으로서 삶의 일상적 단편들을 묶어 5년 터울로 『발밑의 명상, 길 위의 신학』『하나님의 뒷모습』이란 제하의 신학 수상집을 발간하기도 하였다.

현재 출판사에 대기 중인 책으로 제임스 던의 『Jesus Remembered』를 번역한 『예수와 그리스도교의 기원』이 있다. 기존의 역사적 예수 연구가 산만한 실험을 거쳐 쇄말화된 결론으로 치닫거나 학자의 이념형을 투사하여 제조해낸 짝퉁 예수의 혐의가 짙은 상황에서 이미 출간된 상태에서 수정본을 기다리는 상권과 곧이어 나오는 하권이 빛을 보고 눈 밝은 학인들이 그 빛의 진가를 인정한다면, 예수 연구의 보수/진보 관점이란 게 기실 가짜 논제라는 사실을 깨닫게 될 것이다. 아울러, 인간이 자신의 가장 많은 시간과 에너지를 투여하는 잠과 꿈, 씻기, 먹기, 배설, 노동, 보행, 보기와 말하기, 사랑하기, 침묵과 몽상 등과 같은 일상의 생활 품목에 신학적 의미를 부여하는 『일상과 신학의 여백』이 출간됨으로써 그는 이 땅의 신학적 위기가 기실 우리 일상의 위기에 다름 아닌 사태를 진단하면서 신학이 생활의 현장에 착근하여 일상을 갱신하는 구체적인 에너지가 되길 꿈꾸고 있다. 그리고 1년 내에 또 다른 작품을 저술할 예정이다. 연구와 동시에 집필 중인 저작은 예수와 바울의 '스칸달론' 개념을 르네 지라르, 가라타니 고진, 알랭 바디우, 에마뉘엘 레비나스, 들뢰즈, 바슐라르, 프로이트, 융, 그르니에, 모스 등과 같은 서양 학자들의 지적인 담론과 접맥시켜 사회비평과 문화비평의 해석학을 개척하려는 시도로서 『신학의 스캔들, 스캔들의 신학』이 발효 중이다.

  향후 그의 공부는 주로 신학이라는 큰 범주 안에서 꼼지락거리며 성서라는 텍스트를 들락날락하겠지만, 예전에 맛만 보고 밀쳐둔 동양의 사상들을 좀더 깊이 헤집는 방향으로 나아갈 조짐이 보인다. 물론 단순한 호기심 차원이 아니라 연구의 일환으로 해석학적 외연의 확대와 참신한 연구 방법의 고안이란 면에서 이런 쪽의 탐구가 큰 도전이 되리라 기대한다. 뿐 아니라 근래 많은 에너지를 투여하는 영화를 필두로 인문학과 예술 전반의 관심 또한 소홀히 할 수 없는 요긴한 문화신학의 보고라 여겨지는 터라, 이런 방면의 공부와 연구가 지속될 것으로 예상된다. 공부는 공부하는 사람을 종종 중얼거리게 한다. 라캉의 훌륭한 통찰대로 인간은 생각하지 않는 곳에서 존재하는 동물 아닌가. 아~ 어~ 하는 찰나의 발어사와 그 틈의 순간에 반짝이는 무의식의 심연 속에 외려 더 웅숭깊게 욕망을 풀어놓는 역설의 존재 아닌가. 그 우발적 해프닝과 함께 중얼거림은 공부의 여정 속에 계속될 것이다. 그 중얼거림이 육화할 때 끼적거리는 손가락 사이로 글이 국수 가락처럼 뽑혀 나왔고, 앞으로도 그렇게 줄줄 삐져나오길 소망한다.

투덜거림과 민망함: 잡념의 근황

그는 틈틈이 읽으면서 놀고, 자주 걸으면서 생각한다. 그가 몸담고 사는 이 땅에서 신학이란 학문이 어떻게 건강하게 자생할 수 있는지, 그것이 어떻게 학교와 교회와 각종 공적 기관 및 조직, 또 그것을 엄호하는 각종 제도 따위의 자폐성과 배타성을 넘어 참신한 공부의 대상으로 비상할 수 있는지, 이 땅의 신학도와 신학자들은 어떻게 예의 버거운 장막들과 길항하면서 자신의 독립적인 학문의 여정을 개척할 수 있는지, 자신이 글로써 만들어내는 앎의 풍경과 담론의 질서가 어떻게 타자들과 공명하며 삶의 내실을 건사할 수 있는지, 서구 신학 일변도의 번역학 내지 이식 학문으로 전전하는 이 땅의 신학이 어떻게 더 이상 빌어먹지 않고 제 목소리를 살려 기존의 울타리를 탈주하며 이 세계의 지식 공간을 횡단할 수 있는지, 이를 위해 우리는 자신을 속박하는 인습적 규범과 얼마나 치열하게 버성기며 하나님 나라의 전망을 신학의 이름으로 이 땅의 구석구석에 체현할 수 있는지…… 이러한 질문들은 미완성의 해답과 함께 아마 그의 생명의 자취가 이 땅에서 가신 뒤에도 메아리처럼 오래 되풀이될 것 같다.

그에게는 독서의 지형을 원근법의 구도로 준별하면서 앎의 역사적·실존적 자리를 동시에 성찰하는 메타적 공부의 자세가 언제나 중요하다. 가능성 있어 보이는 동료 신학자들과 소박하게 어울리면서 대화하고 배우며 흔쾌히 교류하는 지성의 코이노니아는 여전히 갈급한 그의 일용할 양식이다. 신학이란 동네에서 범람하는 각종 사조와 유파, 그것의 밑절미로서 교단과 교리를 통섭하면서 그 차이에 민감하고 그 파동의 흔적에 정치하게 응답하는 소통의 해석학이 그에게는 늘 지속되어야 할 과제이다. 나아가 신학이 강단의 엘리트주의에 함몰되지 않도록 제각각 연구하고 계발한 지식은 이 땅의 밑바닥 삶의 자리에 부대껴 간단없이 그 역사적 효용성과 종말론적 타당성이 실험되어야 할 터이다. 이 땅의 신학자들이 한가하게 몇몇 유명한 이방 신학자의 이름을 주워섬기며 남들 이야기에 분요한 모습을 보면 많은 경우 그는 따분하거나 노여워진다. 서론에서 결론을 보는 하나 마나 한 이야기와 누구라도 할 만한 빤한 이야기로 허술한 담론의 몰골을 미봉하며 신학이란 이름으로 지루한 동어반복의 자맥질을 되풀이할 때 그의 속내는 탄식에서 절망으로 표정을 바꾸며 자주 구겨진다.

언어로 먹고사는 자칭 전문 학인들이 최종 날인하여 넘긴 글들 가운데 날림으로 작문하여 수많은 오문과 비문을 양산하는 것을 경험한 지난 4년 남짓의 편집 노동은 여전히 보상받지 못하고 있다. 그 소모적인 노동을 강요하는 글들은 마치 날이 빠져 들지 않는 칼을 휘두르는 헛손질로 헛폼을 잡으며 기득권으로 꿰찬 자리를 보전하려 전전긍긍하는 서글픈 피에로의 초상을 마주 대하는 듯한 황당한 느낌을 준다. 더욱 서러운 것은 그 초상화의 한 켠에 그 자신의 자화상 역시 이따금 너울거린다는 사실이다. 이렇게 투덜거리면서 더불어 민망해지는 이즈음, 그의 근황은 잡념과 권태 가운데 암중모색하는 헐렁한 모험과 유희의 날들이다. 그것은 여전히 갈 길이 먼 나그네의 현주소이기도 하다. 그렇게 정처 없이 살아 있으니, 그의 몸이 취하는 밥은 앎다운 삶, 곧 앎으로서의 삶에 기여해야 할 선교적 의무를 아예 외면할 수 없다.

각설하고, 엄살 같지만 여태껏 그는 그가 누구인지 잘 알 수 없었고, 지금도 여전히 잘 모른다. 그래서 틈틈이 촛불을 켜놓고 거울 속에 그 얼굴, 그 얼굴 속의 얼굴을 비추어보지만, 그라는 인간의 정체는 양파처럼 벗기어져가는 과정일 뿐, 그 마지막 열매는 깜깜한 미궁 속에 숨어 있다. 얼마 전 누군가 "당신은 눈보라 속에서도 꿋꿋이 잘 버티는 겨울나무 같고 섬세한 감수성을 지닌 시인 같다"고 달콤하게 속삭여주었을 때, 그는 엉큼하게도 그 비유법의 덕담이 그 이상형의 인간이길 은연중 소망했다. 제도권의 일원으로 그는 끊임없이 탈출을 꿈꾸며 무한한 자유를 갈망하지만 그는 그 자유에 한계가 있다는 걸 부인하지 않는다. 그 한계가 '타자의 얼굴'을 향한 윤리적 책임에 연유한다는 점을 깨닫기에 애써 마음의 틈새를 만들어 그런 쪽으로 애면글면 에너지를 할애하고자 한다. 그러나 인간에 대한 예의를 벗어날 정도의 부담으로 윤리적 이념형이 딱딱해지고 그것이 상투화된 도덕률로 변질되어 억압의 기제로 작용할 때, 그는 다시 도전하고 모험하고 새롭게 태어날 의욕으로 충만하다. 그 의욕이 머무는 꼭짓점에는 무한과 영원의 세계를 향해 소박한 견자이길 바라는 한 사내의 꾸준한 언어와 담론이 그 개념의 범주 너머로, 그 경계의 바깥으로 늘 약동하리라 기대해본다.

그는 자신의 신학이 길 위의 신학이길 꿈꾸고, 그 사색이 발바닥의 땅 속에 약동하는 명상이길 갈구한다. 하나님의 존재와 활동 또한 그처럼 그 일상의 세세한 발걸음으로 빛을 발하는 언약적 동반관계 속에 자리한다고 믿고 싶다. 하나님은 성서를 비롯한 모든 책들보다 더 크고 넓고 깊다고 언뜻 생각되지만, 그는 죽음 직전까지 언어와 문자의 세계, 그것으로 구축된 책들의 그 단조로운 흑백 공간을 떠날 수 없으리라는 불길한, 어쩌면 행복한 예감에 사로잡힌다. 그 잿빛 관념과 지식의 지평을 넘어 그에게 싱그러운 초록빛 잎사귀와 황금빛 열매의 삶은 요원할 뿐인가. 요동칠수록 늙음과 아픔으로 메말라갈 뿐인 삶, 종말을 향해 질주하는 그 몸의 시간, 그 시간과 더불어 일구어나가는 일상의 리듬…… 그 언저리에서 삶의 물질성은 애달픈 정신의 향유에 복무하니, 그 틈바구니로 어느 날 문득 죽음처럼 후련한 구원의 빛이 스며들리라.

시간이 회수하지 못한 기억

김진호
제3시대그리스도교연구소 연구실장

서강대학교 수학과와 한신대학교 신학대학원에서 공부했다. 한백교회 담임목사를 지냈고 『계간 당대비평』 편집주간으로 일했으며, 지금은 제3시대그리스도교연구소 연구실장으로 일하고 있다. 지은 책으로 『인물로 보는 성서 뒤집어 읽기』 『급진적 자유주의자들—요한복음』 『예수의 독설』 『반신학의 미소』 『예수 역사학』 등이 있으며 그 밖에 한국사회와 기독교를 살펴보는 많은 공저들이 있다.

입문

1980년대 중반, 심한 '정신의 공허감' 속에서 신학을 시작했고, 그 빈 곳을 채운 것이 민중신학이었다. 전투적 복음주의자에서 민중신학도로의 느닷없는 전환은, 선배 민중신학자들의 그것처럼 역사적 현실에 대한 체험에서 비롯되었다기보다는, 복음주의적인 신앙의 내적 자의식의 실패로 인한 것이었다. 직접체험에 앞서 인식의 반전이 일어나는 사유의 경로는, 선구자들의 반제도적 인식의 기록이 레퍼런스로서 남겨짐으로써 가능한 것이겠다. 그 기록을 통한 간접체험이 기억의 구성에 개입하고, 거기에서 새로운 직접체험의 여정에 들어서는 것은 선배들의 사투에 힘입은 후학들의 특권이다.

(거시)정치가 모든 담론 형식을 압도하던 시기였다. 일상은 없었고, 개개인의 욕망은 단순히 전체의 부분으로 해석되었다. 삶의 구석구석에서 벌어지는 일체의 폭력은 제국과 국가, 그리고 자본에 의한 폭력의 부분집합이었으며, 희망은 반제국, 반파쇼, 반독점의 제

도화, 그것에 다름 아니었다. 요컨대 이 시기 민중신학에 입문한 우리의 직접체험이란 이런 기조 아래서 형성되었다.

지배의 폭압성이 건재하던 시절, 저항은 게릴라적 성격을 지니면서 도처에서 나타났다 지하로 숨어들곤 했다. 정부의 물리적 통제는 강력했지만 그만큼 촘촘하지는 않았기에, 도처에서 다중적으로 생성 유포되는 저항의 공론장이 충분히 통제되지는 않았다. 수많은 학습 동아리들이 우후죽순으로 생겨났고, 치열한 갈등을 거치면서 많은 이들이 강한 신념과 체제 이론으로 무장하게 되었다. 노선 간의 확연한 대립선이 형성되었지만, 동시에 저항 담론 간의 상호 침투와 합의 또한 존재했다. 이런 와중에 그리스도교 신앙을 가진 청년들을 가장 혼란스럽게 했던 것은 다름 아닌 '정체성'의 문제였다. 저항의 해석들이 왕성하게 논쟁하면서 실천의 가능성을 탐색하던 그 시기에 민중신학을 포함한 저항적 신학들은 다소 지체된 듯한 양상을 띠었고, 새로운 실천의 형식들을 감당하지 못하는 분위기가 역력했다. 하여 많은 그리스도교 청년 활동가들이 교회와 기독교 사회운동기구들을 이탈하였다.

민중신학의 제2세대는 바로 이 시기에 역사의 무대 위로 등장했다. 그리스도교 청년 활동가들의 요청에 대한 응답의 형식이었다. 그리고 그것은 왕성하게 소비되었다. 한데 인식론의 문제에 집중하고 있던 민중신학의 마르크스주의적 버전은 이론적으로 너무 난해했고, 실천적으로 너무 추상적이었다. 중간적 요소의 필요성이 제기되었다. 이른바 '교재운동'이 1980년대 말경부터 도처에서 비교적 활발하게 벌어진 것이다. 그리고 이것은 중간적 존재를 낳았다.

나의 공적인 글쓰기는 성서 교재를 만드는 것에서 시작한다. 제1

성서(구약성서)와 제2성서(신약성서)의 안내서 두 권을 만드는 작업은 세 번에 걸친 팀의 재편성을 거치며 만 2년이 걸렸다. 노년의 약사 한 분이 안병무 선생의 『역사와 해석』 출간 10주년을 맞아, 새 시대에 맞는 개정판을 만들어달라고 적지 않은 기부금을 희사했는데, 건강이 좋지 않아 글을 읽기도 쓰기도 어려웠던 선생의 사정 탓에 우리가 그 일을 맡는 행운을 얻게 된 것이다.

한국신학연구소 측은 '새 시대의 기조'를 내용만이 아니라 형식에서도 담아내고자 했는데, 그것이 교양서에서 '교재'로의 전환으로 나타났다. 새로운 연구 성과를 담아내고 학습자들의 현장적 고민을 충실히 반영하는 공동의 학습교재를 만드는 것이 그 취지였다. 하여 집필자들은 공동체 운용 감각, 청년 단위의 현장 감각, 그리고 새로운 연구 성과를 읽어내는 감각 등을 갖춘 이들을 자격 요건으로 하여 선정되었다.

책은 출간되자마자 열렬하게 소비되었다. 교재운동이 최고조로 활성화되던 시기에 나왔고 모든 교재들을 대표했으며 가장 큰 혜택을 누리는 행운을 얻었다. 하지만 동시에 이 두 권 이후 이른바 교재운동은 급속히 시들해졌다.

사실 이 책들은 교양서로서는 성공했지만 교재로서는 실패했다. 대단히 많이 판매되었지만 기대와는 달리 공동학습용 자료로는 거의 활용되지 않았다. 모니터링 결과, 내용은 새로웠지만 현장 감각이 잘 반영되지 못했다는 평이 압도적이었다. 책을 마무리하며 자축 모임을 열던 날 우리는 자발적으로 후속 작업에 관해 얘기를 나누었는데, 그것은 실현되지 못했다.

하지만 흥미롭게도 각자는 자기 현장에서 그 작업을 개별적으로 계속했다. 김경호 목사는 자신이 설립한 강남향린교회(1993~)와 들꽃향린교회(2004~)에서 지속적으로 성서학당을 열었고, 그 10여 년간 교회에서의 임상 경험을 토대로 2007년부터 현재까지 4권을 출간하였으며, 총 9권을 펴낼 계획이다. 최형묵 목사는 『뒤집어보는 성서의 인물들』(한울, 2006), 『반전의 희망, 욥—고통 가운데서 소멸되지 않는 삶』(동연, 2009)을 펴냈는데, 이 책들도 그가 담임하는 천안살림교회(2000~)가 설립된 이래 계속되어온 수요성서읽기에서 시도한 것의 일부를 다듬은 것이다. 이 책들 역시 '함께 읽는 성서 시리즈'의 결핍된 영역인 현장성을 보충하고 있다.

지난해와 올해 출간된 나의 두 권의 책 또한 현장 감각을 구체화하고 확장하면서 저술된 것이다. 하나는 성서의 인물들에 관한 것으로, 성서 텍스트 속의 은폐 혹은 왜곡된 인물을 포스트 역사적 상상력을 통해 재현하고, 한국 근대성과 대면하려는 데 초점을 맞췄다. 다른 하나는 「요한복음」에 관한 것으로 초기 그리스도교의 반제도적인 아웃사이더의 신학적 문제 제기를 한국 근대성의 반제도적 아웃사이더의 신앙 가능성과 연관시키고, 제도적 그리스도교와의 대화가 어떻게 모색되어야 하는지를 묻고 있다. 이 책들은 한백교회 및 기타 기구들에서 수차례 강의하는 동안 내용을 거듭 보충하면서 쓴 것이다.

하여 이 모든 시도들은 '함께 읽는 성서 시리즈'의 결핍을, 각기 자신이 관여하고 있는 현장에 대한 문제의식을 개입시킴으로써 보충하는 것으로 설명할 수 있다. 김경호에게서 현장성이 '위기의 한국사회와 대안교회'라는 국면적 문제의식을 반영하고 있다면, 최형묵의 책들은 한국 근대성의 위기를 자본주의와 관련시켜 해석하면서 그것을 대안교회라는 국지적 현장과 어떻게 접맥할 수 있는지를 탐색하고 있다. 반면 나는 그리스도교 주변 혹은 외부의 반교회적인 문제의식과 대면하면서, 내가 담임하던 교회의 성격이라 할 수 있는 '반교회적 교회'의 정체성을 탐색하고 있다.

애기가 곁가지로 흘렀다. 다시 돌아가서 교재운동에 대해 좀더 얘기해야겠다. 이미 언급한 것처럼, 교재운동은 제2세대 민중신학과 그 독자인 그리스도교 청년 활동가 사이의 중간적 요소의 필요성에서 나온 것이다. 여기서 주목할 것은 이 책들의 집필자들이 처음에는 단순히 '중간적 존재'였지만, 집필의 체험과 그 이후의 과정에서 담론의 '제3의 주체'로 부상하게 되었다는 점에 있다.

'중간적 존재'는 한국 근대에서 주체의 조건이 아니다. 가령 '좌와 우'의 치열한 격전이 벌어지던 해방정국에서 중간적 존재는 '회색인'이라는 '난민적 존재', 곧 주체임을 박탈당한 유랑민에 다름 아니었다. 또한 한국 근대국가의 형성에 결정적인 기여를 한 권위주의 정권은 전근대와 근대의 극한적 이원대립의 틀을 대조시킴으로써 압축적 성장을 가능하게 했다. 게다가 성장을 위한 동맹의 이탈 가능성을 제어하는 주된 사회적 통제 장치였던 반공 규율 사회적 요소는 반공 대 용공의 이원대립의 틀을 전제함으로써만 실현될 수 있는 것이다. 이러한 권위주의적 성장 담론에 대해 '민주 대 반민주', 좀더 전위적인 영역에서는 '서구 근대성 대 동구 근대성'이라는 이원도식을 통해 저항 담론이 형성되었다. 영화 「효자동 이발사」에서 시사하고 있듯이 이 시기 가족/개체 대 국가 사이를 매개하는 중간적 존재로서의 '가장家長'은 자존적인 시민적 권리의 주체가 아니라 '국(가의) 장國長'의 뜻에 자기 자신을 동일시하는, 곧 국가의 발전이 나의 발전이라고 믿는 종속된 주체로서 그 이념형이 규정된다. 중간적 존재는 이렇게 상위의 주체에 귀속됨으로써만 이름을 부여받는 존재가 되는 것이다.

한데 이러한 이원대립의 틀은 군부 세력을 거세시키고 등장한 민주 정부들에서도 지속된다. 다만 과거는 사회 전체가 하나의 이원대립의 틀을 공유했다면, 이후에는 다중의 사회 형성적 주체들이 제각기 나름의 이원대립적 사유를 통해 민주적 제도화에 끼어들려 했던 것이라고 할 수 있다. 내가 기획자이자 필자의 하나로 참여했던 『우리 안의 이분법』은 이러한 이원대립적 인식 틀이 비단 정치적 제도만이 아니라 우리의 무의식적 내면성으로 견고히 자리 잡고 있다는 문제의식 위에서 그것의 너머를 상상하고 있다. 하여 우리 사회는 중간적 존재가 주체화될 가능성을 잠식하는 요인을 내장하고 있다고 할 수 있다.

그런 점에서 제2세대 민중신학도 유사한 양상을 보인다. '민주 대 반민주', '자본주의 대 사회주의'의 틀이 '현존하는 교회 대 새로운 교회', '낡은 신앙적 정체성 대 새로운 (유물론적) 정체성'의 대립을 통해 이른바 마르크스주의적 민중신학 담론이 구성되었던 것이다. 이것은 '악과 선'이라는 가치와 일대일 대응함으로써 양자 사이에서 다른 내용의 개입을 제약하고 있었다.

교재운동의 집필자들도, 적어도 그 책들이 쓰이던 때까지는 단순한 매개자의 역할에 지나지 않았다. 예컨대 집필자들에게 요구된 가장 단순한 과제는 민중신학자들을 포함한 진보적 신학자들의 난해한 텍스트를 활동가 대중이 독서할 수 있는 책으로 번안하라는 것이다. 그런데 독서 행위와 글쓰기 행위는 해석 과정과 분리되지 않는다. 무엇보다도 '글'은 이미지, 소리 등에 비해 행위 수행 중에 여운이 많이 남는 매체라는 점에 유의해야 한다. 요컨대 문자는 '보다 더 해석적'이라는 것이다. 그러므로 교재운동의 참여자들은 글쓰기의 과정에서 뜻하지 않게 해석적 주체로서의 잠재력이 크게 향상되었다.

하지만 그것만으로 이 시기의 교재운동이 중간적 존재의 주체화를 가져왔다고 하는 것은 지나친 확대해석이다. 왜냐하면 교재운동에 참여한 우리가 유일한 중간적 존재는 아니기 때문이다. 그 이전이나 이후에도 적잖이 있어왔던 것이다. 그렇다면 왜 하필 이 시기에 중간적 존재들이 글쓰기를 통해 주체화되었는가를 시대 맥락과의 연관성 속에서 해명하는 것이 필요하다. 요컨대 매우 해석적인 매체 행위를 수행하고 있음에도 그것을 억제하는 우리 사회 특유의 문화적 코드, 즉 중간적 행위자의 해석적 자율성을 제어하는 무의식적 내면성이 작동하는 사회에서, 중간적 존재들이 주체화되는 데는 다른 요인들에 관한 해명이 필요하며, 그것을 '시대성contemporarity'이라는 사회문화적 요소를 통해 살펴보겠다는 것이다. 나는 그것을 다음 세 가지로 나누어 설명코자 한다.

첫째로, 식민지 시대 이래 한국사회는 뿌리 깊은 탈전통de-tradition의 맥락 위에 있다. 이것은 아비에 대한 부정否定, 범사회적인 '고아의식orphan consciousness'으로 나타나곤 한다. 조선의 귀족이나 양반의 전통은 이제 고전 산책의 대상물에 지나지 않으며, '자수성가'한 통치자, 기업가, 목사 등이 지도자의 전형처럼 인식된다. 사회 곳곳에서 존경의 체계는 이러한 '기반 없는 성공'과 맞물려 형성되었다. 그런데 고아 의식이 언제나 일관되게 나타난 것은 아니다. 국면마다 보다 활발했던 시기가 있다. 가령 해방 직후, 한국전쟁 직후, 그리고 권위주의 정권 해체기가 그렇다.

1980년대 말, 특히 1990년대 전반기에 활발히 일어났던 이른바 '학술운동'이라는 새로운 지식운동도 바로 이런 맥락에서 이해할 수 있다. 주로 국내 석박사 과정의 대학원생들이 그 주역이었다. 이들은 1980년대 초부터 활발하게 일어난 소규모 공부 모임의 중간 지도력으로 활동했다. 바로 이 시기에 이른바 '사회과학 출판사'와 '사회과학 서점'들이라는 1980년대적 변혁 담론의 생산·유통 체계가 급속도로 활성화되는데, 이 새로운 매체적 상황 아래서 번역, 교재 생산, 대안적 이론 형성 등에 왕성하게 헌신했던 이들의 학문적 활동을 지칭하는 용어가 바로 이 시기에 사용된 '학술운동'의 함의라고 할 수 있다. 그 주역들은 자신들의 학문적 의의를 '과학성'이라고 주장했다. 기성의 학문 제도 속에는 그것이 결핍되어 있다는 것이다. 그런 점에서 과학성 주장은 이 시기 중간적 청년 연구자 집단의 '구별 짓기 La Distinction'의 담론적 요소였다. 하여 제도권에서 전수되는 학문과의 과격한 단절, 그리고 대안적 학문 활동에의 헌신이 이 시기 '학술운동'의 주된 양상이었다고 할 수 있다. 그것은 종종 대학이라는 학문 제도권에의 진입 자체를 거부하는 현상으로 나타나기도 했으며, 이것은 이른바 재야 학문 제도로서의 연구소 등을 낳기도 했다. 요컨대 이 시기는 학문 영역에서 활동한 중간적 존재가 '학술운동'이라는 새로운 운동적 주체로서 활발하게 일어나고 있었다.

둘째, 1992년 대선의 실패, 그리고 동구 사회주의권 체제의 몰락이 겹쳐지면서, 동독·소련 등의 마르크스주의 이론에 크게 빚지고 있던 1980년대적 비판 담론은 심각한 위기에 빠져든다. 이러한 사정은 1980년대적 학술운동 활동가들의 해석의 준거를 일시에 무너뜨리는 계기가 되었다. 새로운 준거를 발견해야 하고, 1980년대의 실패를 설명해야 했다. 이 과정에서 '국민의 정부'가 들어서고, 민주 정부 하의 국가가 주도하는 학술진흥 시스템 내에서 진보적 지식의 공간이 열리게 되면서 진보적 대항 담론이 권력과 융합하며 제도화된다. 이제 중간적 존재들은, 대학 제도 '안'으로 들어가

> '기억하는 이'와 '기억되는 이' 사이의 시공간적인 상호 대화 속에서 예수 사건이 재현될 때 그것이 다름 아닌 '역사의 예수'라는 얘기다. 하지만 나는 이때까지는 이 사실을 알지 못했다.

든 협소해진 '밖'에 남아 있든, 변화를 설명해야 했고 진보 담론의 가능성을 탐색해야 했다. 하여 이들은 다른 담론 형식과 내용을 개발하지 않으면 안 되는 새로운 해석의 주역으로 부상한다.

마지막으로, 1980년대 말 한국사회의 민주화는 산업 구조상의 급속한 변화와 얽히면서 제도화된다. 즉 내구 소비재 산업의 비중이 급격히 늘어나면서 한국사회는 빠르게 '소비사회'로 변모한다. 이것은 시장의 성격이 삶에 미치는 영향력이 대단히 강화되었다는 것을 의미한다. 은폐된, 금단의 지식을 생산 유통 소비하는 것이 결정적인 의미를 지니던 시대에 그것의 생산 유통에 종사하던 사회과학 출판사와 사회과학 서점들은 점차 (정치가 아니라) 시장의 논리에 더욱 의존하게 되었다. 대중의 독서 취향이 다중화되는 현상도 이와 맞물리면서 빠르게 변화하고 있었다. 결국 대중에게 독서의 재미를 주는 쾌락의 원리에 덜 적응한 지식생산자들의 담론은 협소한 공간에서만 생존할 수 있게 되었다. 많은 연구자들은 시장에 거의 영향을 받지 않는 정부 주도 학술진흥 시스템의 장 안으로 흡수되어 갔고,

나머지는 어떻게 해서든 시장에서 생존할 수 있는 대안적 지식의 공론장을 만들고 활동해야 하는 새로운 담론 형식과 내용의 주역으로 자리매김하지 않으면 안 되었다.

이상의 사회문화적 변화가 1990년대 이후, 1980년대적 대안지식의 매개자인 중간적 존재들을 새로운 담론의 주역으로 주체화하는 배경이다. 그리스도교의 경우도 이런 한국사회의 비판적 지식 현황과 크게 다르지 않다. 주로 교재운동의 일원으로 비판적 지식운동을 시작했던 우리도 마찬가지다. 나의 민중신학 입문은 이렇게 선배들이 이룩한 성과로부터 독자적인 담론의 장으로 옮겨가는 시기와 맞물려 있었고, 그러한 변화의 추동자라는 자의식으로 주체화되었다.

역사의 예수

'함께 읽는 성서 시리즈'의 집필진이 시행착오를 거듭하는 중에 대학원을 졸업했다. 4년 반 만이다. 이런저런 이유가 있었지만 졸업이 지연된 가장 결정적 이유는 석사 학위논문에 관한 계획이 난항을 거듭했던 탓이다. 논문계획서를 보고 안병무 선생은 불가능할 것이라고 경고했다. 하지만 고집을 꺾지 않고 호기를 부린 대가로 2년을 지불했다. 2년째 되는 초겨울, 천여 장에 달하는 메모 노트를 뒤로 하고 무조건 항복을 선언했다. 이후 대략 6개월간, 애초에 계획한 9개 장 중 하나를 택해 논문을 썼다.

예수 자신이 벌인 예수운동을 1세기 팔레스티나 민중운동의 하나로 해석하려는 시도였다. 사회운동 특히 고대의 민중운동에 관한 이론들을, 그 각각의 인식론적 맥락을 고려하지 않고 잡다하게 활용했고, 그러한 민중운동들이 일어나던 사회구조를 프랑스의 구조주의적 인류학을 빌려서 도식화했다.

  문제는 '역사의 예수'를 어떻게 발견할 것인가에 있었다. 안병무 선생의 명제가 중요한 단서가 되었다. '주객도식' 너머로 예수를 보자는 것이다. 즉 이제까지 모든 예수 연구의 방법론적 전제인 '개체로서의 예수'만을 주목하는 것이 아니라, 그 사건에 직간접으로 연루된 사람들과 함께 살펴야 한다는 것이다. 그들이 함께 얽힌 사건이 기억을 통해 재현된 것이 바로 '역사의 예수'다. 요컨대 '역사의 예수'는 기억 주체에 의한 '예수 기억Jesus-memory'의 문제인 것이다. 이러한 논리는 '단 하나의 역사적 진리로서의 예수'는 존재하지 않는다는 관점으로 이어져야 한다. '기억하는 이'와 '기억되는 이' 사이의 시공간적인 상호 대화 속에서 예수 사건이 재현될 때 그것이 다름 아닌 '역사의 예수'라는 얘기다. 하지만 나는 이때까지는 이 사실을 알지 못했다. 오히려 진정한 예수 기억이 있다고 믿었고, 그것을 「마르코복음」을 통해 찾고자 했다.

  「마르코복음」은 가장 오래된 복음서일 뿐만 아니라 구술적 문서다. 구술문학은 저자의 문학적 창작성이 제약되고, 대중의 집합적 기억의 검열을 통해 구성되는 텍스트다. 그러므로 이 복음서는 예수 기억을 발견하기에 용이한 텍스트다. 이때 이 복음서의 기억 주체는 '오클로스'다. 즉 「마르코복음」은 오클로스의 예수 기억이 문헌화된 것이다. 이러한 논리에서 「마르코복음」의 예수 기억의 우월성을 주장한 것이다.

  허술하고 산만하지만 나는 이 논문에서 독자적인 접근 방법을 고안해냈는데, 「마르코복음」의 예수 기억이 내포하고 있는 운동의 국면적 공간의 변화를 하나의 축으로 하고, 「마르코복음」의 예수 기억

속의 운동 참여자들의 역할 상의 분류와 그들의 사회적 위치를 연계시켜 예수운동 참여자들의 사회학적 해석 가능성을 발견하는 것을 다른 하나의 축으로 하여, 이 두 축의 연결 지점에서 예수운동의 사회운동적 의의를 발견하려는 것이다.

학위논문, 그것도 석사 학위논문이란 대개 그 주제로 공부를 시작하는 이의 고민의 흔적을 보여준다. 그 고민의 농도는 깊지만 대개 수준은 형편없는, 입문자의 서투름이 배어 있다. 그럼에도 이 출발선상의 흔적은 종종 그자의 평생을 이끄는 물음의 축이 되곤 한다. 내게서 '역사의 예수'에 관한 문제의식이 그렇다.

애초에 기획했던 것의 1/9을 떼어내어 석사 논문으로 제출했을 때, 나머지 8/9은 평생 조금씩 채우겠노라고 생각했다. 의욕이 넘치던 시절, 그것만으로도 10년은 족히 걸릴 거라고 생각했고, 아직 20대를 벗어나지 못한, 정신적 미성년자였던 당시의 내게 10년이란 전 생애에 대응하는 말이었다. 하지만 채 1년도 못 가서 그 계획은 천여 장의 메모 노트와 함께 폐기 처분되었다.

졸업 직후 학위논문을 조금 쉽게 풀어, 이곳저곳에서 강의를 하고 그 원고를 수차례 다듬으면서 최종 원고를 『실천적 그리스도교를 위하여—예수운동의 혁명성 연구』로 펴내는 호기豪氣만 넘쳐나던 때에 이미, 단지 논문이 아니라 그때까지의 나를 폐기하지 않으면 안 되는 '자기 파국'의 국면이 찾아와버렸다. 부실하고 불안정한 방법 같은 부차적 문제가 아니라, 역사 인식에 관한 보다 근원적인 회의에 빠져든 것이다.

역사의 예수에 관한 공부를 시작할 때, 그러니까 1987년경, 그 생각의 발원지는 안병무 선생이었다. 그의 글을 닥치는 대로 읽어댔고, 생각의 실마리를 잡았다고 생각했을 때 영어권 학계의 저널들을 통해 나의 눈길을 끄는 연구들을 심심치 않게 접할 수 있었다. 특히 사회학, 인류학 등과 교류하면서 저술된 글들이 눈길을 끌었다. 이러한 새로운 학제 간 시도들을 집중적으로 담아낸 저널 『Biblical Theology Bulletin』은 당시 서강대학교에서만 볼 수 있는 잡지였는데, 아무도 읽은 흔적이 없는 것이 많아 괜한 자부심에 젖어 탐독하곤 했다. 그런데 이 모든 예수 역사학적 논의들이, 그것들 덕분에 남보다 앞선 정보를 가졌다고 자신만만해하던 생각의 자산들이, 20세기 초에 저술된 루돌프 불트만Rudolf Bultmann의 저술들을 정독하던 1990년과 1991년 즈음 하나씩 무너지고 있었다. '역사학의 위기'라고 알려진 실증사학의 좌초에 관한 문제의식을 불트만의 글 속에서 비로소 접하게 된 것이다. 그리고 20세기 말 북미에서 활발하게 일어나고 있던 새로운 연구의 바람도, 근대 역사주의의 한계에 관한 역사철학적 물음을 회피한 채 전개되고 있다는 의혹을 떨쳐버릴 수 없었다. 더욱 문제적인 것은, 책을 쓰고 있는 나 자신이 그러한 한계를 반복하고 있다는 것이었다.

새롭게 세팅하지 않으면 안 되었다. 또 한 번 안병무는 실마리가 되었다. '사건'이라는 용어를 다시 주목하면서, 실증주의적 역사주의를 넘어서는 새로운 문제 틀로의 사유가 시작되었다. 불트만의 실존주의적 사건, 안병무의 사건, 또 미셸 푸코와 질 들뢰즈의 사건론 등에 머리가 어지럽게 뒤엉켜 있던 1990년대 중반, 북미의 예수 연구사를 소개하고, 그것을 민중신학적으로, 즉 사건론적으로 독해하고자 시도하고 있는 나의 해제가 포함된 엮음집을 펴냈다. 『예수 르네상스—역사의 예수 연구의 새로운 지평』은 이렇게 출간되었다.

새롭게 세팅한 나의 예수 탐구 기획은 저술을 하는 것이었다. 이제 민중신학적 사건론을 중심으로 나 자신의 예수론을 쓰겠다는 것이다. 주머니에는 차비도 없었으니, 책을 살 생각은 꿈도 꿀 수 없던 때였다. IMF 재앙에 직격탄을 맞아 무려 20퍼센트가 넘는 은행 이자로 매달 최저생계비의 절반도 안 되는 벌이를 바닥까지 강탈당하던 시절이다. 그 무렵 한국신학연구소를 퇴사하고 출판사를 시작한 이정희 선생이 연구비를 주겠으니 책을 써보라고 한 것이 생각나 터무니없는 나의 기획안을 얘기했고, 나만큼이나 세상 이치를 모르던 책벌레인 이정희 선생은 경제성이 전혀 없던 이 기획을 위해 선뜻 50만 원을 내주었다. 적은 금액이었지만, 이것으로 하루하루가 막막하던 시기에 한 달은 숨통 트고 살 수 있는 행운을 얻었다. 거의 10년 가까이 쓰고 고치고 다시 쓰곤 했던 원고를 최종 검토

> 기묘한 직장 생활이 시작되었다. 일터는 쉬는 공간이었고 집은 일터가 되었다. 돌아보면 3년 6개월간 원 없이 공부했다. 밤에 잠을 잤던 기억은 거의 없다.

하여 낸 책이 『예수 역사학: 예수로 예수를 넘기 위하여』이다.

이정희 선생은 내가 넘긴 원고의 원제와 부제를 바꿔놓았는데 이유는 너무 과격하다는 것이었다. 실제로 그 내용은 상당히 급진적인 문제의식을 담아내고 있었는데, 예수에 관한 하나의 기억의 계보인 「마르코복음」에서 재현된 예수를 통해서 '교회의 예수'와 '역사의 예수' 전체를 야유하고자 집필된 책이었기 때문이다. 다행히도 너무 과하게 난해한 내용 덕택에 거의 독자가 없었고, 따라서 비평도 없었다. 게다가 책을 가득 채우고 있는 이론들의 남발로, 일부에선 그

지적 허영 덕에 전문가 취급을 해주었으니 일거양득인 셈이다.

나의 세 번째 기획은 역사책을 쓰는 것이었다. 페르시아 시대부터 예수 당대에까지 이르는 일종의 '민중 형성사'적 역사인데, 『예수 역사학』에서 시도된 민중(오클로스)의 예수 기억을, 보다 광범위한 민중사적 맥락을 통해서 점검해보려는 것이다.

하지만 아직까지 이 작업은 시작도 못했고, 아마도 끝내 못하고 말 것 같다. 과거와 같은 열정이 식어버린 연구 조루증 탓에, 집중적인 연구가 필요한 작업을 시작할 엄두가 나지 않는다. 게다가 두 번째 책에 대한 불만족 때문에 상당 부분을 고치고 보완해서 개정판을 만들겠다고 허세를 부려댔으니, '그 너머'를 구상하는 것은 적어도 지금으로서는 생각할 수 없는 과제다.

그 무렵 저술된 나의 세 편의 논문은 탈교회적 관점에서 역사의 예수 연구에 대해 메타적 비평을 공세적으로 시도한 것이다. 한데 논의 과정에서 점차 그 비판이 부메랑이 되어 내게로 되돌아왔다. 『예수 역사학』, 그리고 이 책의 한계를 어느 정도 보완하고 있던 세 편의 논문들이 서구의 역사주의에 대해 신랄한 비판을 가하고 있음에도, 서구 중심적 역사주의의 유령이 나의 글 도처에서 이리저리 배회하고 있었다.

하여 『예수 역사학』의 개정판은 불가피한 숙제처럼 내게 부과되었다. 그 무렵 예수에 관한 몇 차례의 강의를 만들어 책을 수정 보완한 원고를 쓰기 시작했고, 초고 형태지만 절반 정도는 완성되었다. 이 강의 수강자들에게 개정본이 완성되면 종이 출판물 대신 웹에서 읽을 수 있는 형태로 공개하겠다고 공표한 바 있다. 하지만 나와 같은 제도권 밖의 연구자들은 그때그때 제기된 테마, 특히 사회적 이

슈와 관련된 당면 문제를 중심으로 글을 쓰지 않을 수 없다. 시의성이 약한, 보다 장기적인 연구 계획은 기회 닿을 때마다 관련된 강의를 만들어야 간헐적으로 조금씩 작업을 진행할 수 있다. 게다가 책을 구입할 여력은 없다. 그러니 인터넷을 뒤적이며 자료를 구해야 하고, 도서관에서 빌릴 수 있는 것만 참고해야 한다. 원하는 것을 구해 참고하는 게 아니라, 참고한 것에서 원하는 정보를 얻어내야 한다. 해서, 나의 작업은 긴 호흡을 필요로 한다. 한데 이제까지 대개 그랬듯이, 이렇게 오랫동안 진행하는 작업은 완성될 때에는 그다지 의미가 없는 경우가 많다. 특히 필자인 나 자신에게 말이다.

그런 우려가 최근 현실화되고 있다. 탈식민주의적 문제의식이 새로운 변수로 나의 생각을 동요시키고 있는 것이다. 한양대학교 비교역사문화연구소가 주관하는 '트랜스내셔널인문학대회'에 '역사의 예수 담론의 영토성: 서구 근대주의와 그 제국적 담론의 정치'라는 주제로 응모하여 발표할 기회를 얻게 되었다. 이 글을 준비하던 중에 심원 안병무 선생 기념사업회가 주관한 '제1회 심원 콜로키엄'에서 같은 제목의 글을 발표하였는데, 포스트콜로니얼 관점에서 예수 연구사를 메타 비평하는 작업의 시론적 연구라고 할 수 있다. 이것은 이제까지의 포스트역사주의적 문제의식을 수정하지 않을 수 없게 하였으니, 부분적으로 시도되었던 나의 개정 작업은 다시 재개정되어야 하는 필요에 직면하게 되었다.

한편, 그러는 중에 나의 예수 연구를 대중과 공유할 수 있는 형식으로 책을 집필하게 되었다. 『예수의 독설』이 그것인데, 이 책에 수록된 대개의 글이 한백교회에서 설교했던 것을 초고로 한다. 내게서 설교는 많은 경우 글의 출발점이다. 설교에서 출발한 것이기에 글들은 대체로 시대적 문제의식과 맞물리고, 설교가 연행되는 현장의 특성을 고려하게 된다. 또한 그 연행 과정에서 교인들과 교류하고, 넷 공간에서 설교의 또 다른 독자들과 교류한다. 때로는 신랄한 비평에 접하기도 하고, 또 때로는 무거운 침묵만을 되돌려 받게 되곤 하지만, 그 과정에서 나의 생각은 훨씬 발전할 기회를 얻는다. 아무튼 신학자로서의 나의 정체성의 근저에는 '역사의 예수'가 있고, 그 출발점에는 부실한 석사 학위논문이 있다.

제3세대

졸업 직후, 당시 학술운동의 한 극단적 전형을 따라 '학문 제도 밖'을 선택한 제자를 선생은 한국신학연구소로 이끌었다. 연구소의 '천안행行'에는 비판적 신학의 연구에만 집중할 수 있는 전문적 연구공동체를 의중에 둔 것이었다. 내가 입사했을 때는 땅 이외에는 아무것도 구비되지 않은 상태였지만, 연구터와 생활터의 토대를 마련하는 비전을 담은 그곳에서 제도권 밖의 학술운동을 꿈꾸는 삶을 시작해보라는 것이겠다.

하지만 현실에서 말단 평연구원이 공유할 수 있는 비전이란 없었다. 읽을 만한 책을 구하는 것도, 돌아가는 세계를 살필 여건도 척박했고, 청년의 조바심을 채워줄 만한 현장 개입적 접촉점도 제한적이었다. 경영 상태를 알 수는 없었지만, 막연히 종일의 업무인 번역을 벗어날 가능성이 별로 없다는 느낌으로 하루하루를 보내야 했다.

기묘한 직장 생활이 시작되었다. 일터는 쉬는 공간이었고 집은 일터가 되었다. 돌아보면 3년 6개월간 원 없이 공부했다. 밤에 잠을 잤던 기억은 거의 없다. 잠은 연구소에서 짬을 내서 잤다. 물론 주어진 업무 수행은 허술할 수밖에 없었다.

불성실하고 이기적인 직장 생활은 뜻밖에도 적지 않은 기회를 주었다. 무명의 연구자 지망생은 과분하게도 '함께 읽는 성서 시리즈' 두 권의 공동 저자가 될 수 있었고, 문턱 높은 『신학사상』에도 여러 차례 글을 쓸 기회를 얻었다. 게다가 석사논문을 출판하자는 제안을 받기도 했다. 신학계 당대 최고의 출판사에서 말이다.

한데 이 제안은 엉뚱한 곳으로 눈이 번쩍 띄게 했다. 몇 사람과 '작당'하여 개신교와 천주교의 소장 연구자와 활동가 일단을 모아, 1991년 '젊은 민중신학자들의 모임'이란 일종의 동인 모임을 출범시켰다. 출판운동을 함께 벌이자는 게 그 취지였다. 흥미롭게도 이들은 거의 모두 '함께 읽는 성서'를 포함한 각종 교재의 집필자들이었다.

그 무렵 한국사회에는 우리와 비슷한 연구 집단이 제도권 외부 혹은 주변에서 속속 등장하고 있었다. 그리스도교에서도 사정은 비슷했다. 젊은 민중신학자들의 모임, 가톨릭청년신학동지회, 기독교여성평화연구원 등에 청년 연구자와 활동가가 다수 모였다. 이 세 모임을 포함한 5개 그리스도교 단체가 결속하여 '기독교학술연대모임'이 만들어졌다. 여기서는 비슷하면서도 서로 다른 학술운동 여건을 나누고 사적 친밀감을 확대하기 위해 공동 워크숍을 수행했으며, 김영삼 정부가 정책화하고 있던 세계화 문제를 신학적으로 점검하고 대중과 생각을 나누기 위해 공개 심포지엄을 개최하였다. 중간적 존재들은, 다듬어지진 않았지만, 이렇게 새로운 시도들로 좌충우돌하며 신학적 자기 정체성을 모색했다. 이 연대모임은 훗날 제3시대그리스도교연구소(젊은 민중신학자들의 모임), 우리신학연구소(가톨릭청년신학동지회), 그리고 참여불교재가연대가 중심이 된 네트워크 연대 조직인 '개혁을 위한 종교인 네트워크'로 발전하는 인적·경험적 토대가 되었다.

제3시대그리스도교연구소는 매달 한 번씩 모여 연구 발표회를 갖고 밤새도록 속내를 털어놓으며 이야기하는 대화마당을 벌였으며 매주 공부 모임을 가졌다. 한편, 출판운동을 벌이자는 의도에 따라 개인 단행본 형식의 연속 간행물 '함께 보는 민중신학' 시리즈를 다섯 권까지 펴냈다. 또 부정기 간행물 형식의 동인지 『시대와 민중신학』을 발간하여 2010년 6월 현재 11호까지 펴냈다. 비록 의도와는 달리 출간되자마자 희귀본이 되는 운명을 맞아야 하지만, 이러한 독자적인 기획과 저술의 경험은 해석의 주체로서 우리 특유의 신학적 사유를 발전시키는 데 중요한 밑거름이 되었다.

1996년 동인 모임이 연구소로 확대 개편되어 제3시대그리스도교연구소가 출범하면서, 우리는 연구자적 자의식을 담아내는 나름의 이름을 사용하기 시작했다. 1997년 6월 9일, 연구소 창립 기념 심포지엄에서 나의 발제 글 「민중신학의 계보학적 이해―문화정치학적 민중신학을 지향하며」에서 '제3세대'라는 용어가 사용되었다.

세대별 민중신학 간에는 언술 형식과 내용에 있어서는 유사성보다 차이가 더욱 두드러진 것처럼 보이지만, '신학 하는 태도'에 있어서는 중대한 유사성이 있다. 세대론 외부의 민중신학이 대체로 현대 서구의 신학들과의 선택적 대화를 통해 신학 담론을 구성하는 경향이 있다면, 세대론적 민중신학 경향은 동시대 비판 담론과의 선택적 대화가 더욱 중요했다. 하여 민중신학의 주소를 전자가 현대신학 이론의 지형학에서 찾고자 한다면, 후자는 동시대 한국사회의 변화에 대한 비판적 담론의 지형학에서 찾는다. 이렇게 세대론은 한국사회의 위기에 대한 민중신학적 저항 담론 간의 '계보학적 연속성'을 묻고 있는 것이다.

그러므로 '제3세대'라는 분류학texonomy적 용어는 신학자의 분류가 아니라 '신학 하는 태도의 분류'인 셈이다. 하지만 '세대generation'라는 표현은 시선을 (앞과 뒤 사이의) '아무개'의 문제로 환기시킨다. 하여 나의 분류법은 끊임없는 오해를 낳았고, 심지어 갈등의 심정적 원인으로 작용하곤 했다. 단순히 편의상 사용되던 용어를 개념화하려는 순간 뜻하지 않게 수많은 연구자들을 민중신학의 경계 밖으로 밀쳐버린 셈이 되었기 때문이다. 민중신학 제2세대의 정신적 후손이었지만 단순히 중간적 존재, 대중과 연구자 사이를 중계하는 매개자에 지나지 않던 우리의 자의식을 주체화하기 위해 제2세대와는 다른 '제3세대'라는 용어가 필요했던 것인데, 민중신학의 정통성을 놓고 주도권을 선점해버리려는 권력 담론으로 해석된 것이다.

아무튼 제3세대 민중신학은, 위의 글 부제 속에 포함된 '문화정치학'이라는 표현처럼, 사회적 갈등과 권력화가 문화적인 형태로 재현되는 1990년대적 문제의식을 주목하고 있다는 점에서 1980년대와는 변별된 입지점을 가진다. 일상의 재현을 둘러싼 담론의 정치를 민중신학적 현실 이해의 주된 요소로 살피겠다는 것이다.

나의 용어로 말하자면, 1990년대 한국사회 변동의 키워드는 '민주화'와 '소비사회화'라고 할 수 있다. '민주화'란 전체주의적 체제를 해체하고 시민 개체의 주권을 확대하려는 정치사회적 제도화 과정을, 그리고 '소비사회화'란 시민적 주권이 소비의 형태로 실현되는 사회로의 변화를 의미한다. 여기서 소비의 주체란 자본주의적 욕망을 실현할 수 있는 능력을 통해 주체의 자의식이 구성되는 현상과 연결되어 있다. 이 두 키워드는 한국사회에서 '개인의 등장'과 '(소비사회적) 일상의 대두'라는 경험적 현실에 관한 지시어와 직결된다.

이러한 현실 이해에 기초하여 민중신학은 '시장화된 개인', '소비사회적 일상과 그 욕망'이 사회적으로 '낯선 것/존재에 대한 배타성'을 제도화하고 있는 것에 문제를 제기한다. 과거 권위주의 시대의 배제 시스템이 '제거elimination'를 작동 원리로 하였다면, 민주화 이후는 '망각forgetting'을 통한 배제 체제가 형성되고 있다는 것이다. 그것은 낯선 것에 대한 배제가 폭압적 정부나 야비한 자본의 기획만이 아니라, 시민사회의 동의consensus와 공모conspiracy를 수반하고 있다는 것을 의미한다.

이러한 시민사회에 대한 비평은 '적과 우리'라는 전통적인 저항 담론의 이분법적 틀을 가로지르면서 '성찰이 결여된 당파성'을 자기비판한다. 제2세대 민중신학 담론을 펼친 연구자들은 이 시기 민중신학을 '변혁의 신학' 혹은 '운동의 신학'이라고 명명하였다. 그것은 앞에서 시사하였듯이, 민중신학의 텍스트가 그리스도교 청년 단위의 운동을 위한 직접적인 지침서 역할을 했던 사정을 전제한다. 여기서 민중이 '프롤레타리아를 중심으로 하는 민중적 계급 연합'으로 재규정되면서 반제국 반파쇼 반자본 운동적 실천 이론이 구성되었다.

1970년대 민중신학이 스스로를 '증언의 신학'이라고 이름 붙였을 때도 사정은 유사하다. 이 시기 민중신학의 주요 소비 대중은 조직화되지 않은 지식인 대중이었다. 그들은 권위주의 체제가 서구의 민주주의를 결핍한 발전주의임을 비판하면서, 그 야만적 체제가 내장하는 이중의 '제거의 정치politics of elimination'를 폭로하고 은폐된 현실을 증언하였다. 이중의 '제거의 정치'란 시민권을 박탈당한 시민과, 시민권을 박탈당한 민중의 탈주체화의 정치적 장치를 의미한다. 전자를 가리켜 나는 '국민'이라는 용어를 사용하였는데, 이들은 자기의 꿈과 욕망을 '대주체'인 통치자의 그것과 동일시하는 존재, 즉 통치자에 예속됨으로써 주체가 구성되는 존재를 의미한다. 이들에게는 '제거'라는 폭력의 기제가 '예감'을 통해 작동한다. 반면 시민권을 박탈당한 민중의 탈주체화는 제거가 물리적으로 실행됨으로써 작동한다. 아무튼 이 둘, 곧 국민과 민중은 공히 국가 폭력에 직면하여 탈주체화되는 존재라는 점에서 이 시기 민중신학 담론에서 국민과 민중은 상호 연결된 혹은 연결되어야 하는 주체였고, 그 반대편에는 폭압적 독재 정권이 있었다.

요컨대 1970년대와 1980년대 민중신학은, '적'과 '우리'를 서사화하는 방식이 시대적 특성에 따라 달라졌음에도, '적 대 우리'라는 이분도식의 틀을 지님으로써 실천적 위상을 지니고 있다는 공통점을 갖는다. 하지만 1990년대 이후의 민중신학 제3세대가 그런 방식의 실천 이론을 모색하는 것은 난센스다. 민중신학 텍스트를 읽으면서 운동을 꿈꾸는 주체는 이제 거의 부재하기 때문이다. 민중신학은 '운동 없는 운동의 신학'을 펼쳐야 했다.

탈脫과 향向, 하나—교회

민중신학을 참조하는 운동이 부재하게 된 시대, 이제 새로운 실천 형식이 요청되었다. 그 하나가 '교회'라는 담론 공간을 매개로 하는 새로운 모색으로 나타났다.

　민중신학의 제3세대 연구자들 다수는 각기 '전형 없는' 교회의 가능성을 찾는 모험에 발을 들여놓았다. 김경호의 강남향린교회(1993~)와 들꽃향린교회(2003~), 최형묵의 천안살림교회(2000~), 정혁현의 한살림교회(1992~) 그리고 나와 양미강의 한백교회[1987~; 김진호(1994~2002); 양미강(2002~)] 등이 그렇다. 김경호는 그것을 '민중신학에 토대를 둔 교회'라고 명명하였는데, 확실히 이 교회들은 '더 민중신학적'이다. 전통적으로 구축된 틀이 교회의 전형으로서 전제되고 그 위에 민중신학이 어떻게 덧씌워질 수 있는지를 고민하는 것이 아니라, 민중신학을 통해 교회의 새로운 형식을 발견해보려는 시도들인 것이다. 그리고 그 중심에는 '그리스도교 중심주의'와 '교직자 중심주의', 이 두 교회적 권위 구조의 전형이 되는 요소를 해체하고 어떻게 새로운 것을 찾아낼 것인가의 문제의식이 자리 잡고 있다.

　나 또한 1994년, 계획에 없던 목회자의 길에 들어서게 되었다. 신학생 시절부터 함께했던 교회에서 그동안 내가 했던 것은 열성적 청년 신자에 다름 아니었다. 한데 어느 순간 교회는 파국으로 치닫고 있었다. 교인들이 썰물처럼 빠져나갔고, 손님같이 소극적 방관자였던 20대 청년들 외에는 남은 이들이 거의 없을 정도였다. 대안이 생길 때까지 임시 목회자가 되기로 했다.

　30대에 갓 들어선 '철없는' 목회자는 '준비 없는' 혹독한 여행길로 교인들을 초대했다. 20대 청년 몇과 의논해 내놓은 교회의 비전은 '소유의 해체', '권위의 해체', '장소의 해체'라는 '탈교회적 교회'의 모델 아닌 모델이었다. 그로부터 거의 2년간 우리는 '유목민'처럼 교회를 꾸려나갔다. 끊임없는 실험과 시행착오가 이어졌다. 점차 비전은 미래를 기획하는 것이 아닌 현재를 이해하는 것으로 해석되었다. 양적인 발전은 없었지만, 질적인 즐거움은 넘쳤다.

2년이 지난 어느 날, 안병무 선생에게 호출을 받았다. 선생이 교회에 출석한다는 조건으로 교회 공간을 제공하겠다는 한 교인에 관한 얘기를 하셨고, 당신은 나를 목회자로 지목하면서 교회 공간 구입비의 1/3을 교인들이 책임지게 하라는 제안을 하셨다.

애초에 선생은 1년만 목회를 하라고 권했다. 몇 달 뒤 나는 목사가 되겠다고 했고 선생은 만류했다. 하지만 이미 나는 결정을 내리고 있었다. 하여 전임전도사에서 담임목사가 되었고, 유목민 공동체의 교역자에서 정착민 공동체의 교역자가 되었다. 그리고 청년 교인들은, 유목민과 같은 삶을 '준비 없이도' 선택할 수 있는 나이를 넘어서, 삶의 정착지들을 향한 인생의 도정에 막 진입하는 시기를 맞았다.

선생은 이러한 이행을 '목회'라고 표현한 듯하다. 나는 이전과 이후를 구분하지 않고, 계속 목회자로서의 자의식을 이어가고 있다고 생각했는데 선생은 그것을 구분하고 있었다.

결론을 말하자면, 나는 '목회'를 했지만 '목회자'가 되지는 못했다. 그 변화를 이해하지 못했고, 어정쩡한 중간자로 경계 위에서 일관성 없는 모습으로 이리저리 동요하며 서 있었다. 하여 나는 목회자이면서 목회자가 아니었다. 교회 역시 교회이면서 교회가

> 나는 '목회'를 했지만 '목회자'가 되지는 못했다. 그 변화를 이해하지 못했고, 어정쩡한 중간자로서 경계 위에서 일관성 없는 모습으로 이리저리 동요하며 서 있었다.

아니었다. 그렇게 7년이 흘렀다.

1년 계획이 무려 7년이 되어서야 비로소 나는 대안을 발견했다. 양미강 목사가 취임한 것이다. 7년, 전임전도사 시절부터 계산하면 9년, 이 시간은 경계선 위를 휘청거리며 걷는 발길이 그리 동요하지 않을 수 있을 만한 충분한 기간이다. 나는 여전히 경계 위를 걷는다. 하지만 그 불안정함은 더 이상 동요의 조건이 아니다. '탈脫과 향向'은, 유목민적 삶과 정착민의 삶은 서로를 긴장하게 하면서 동시에 성찰하게 한다. 나는 그러한 배움, 신학적 성찰을 7년, 아니 9년간의 '교회살이'로부터 얻었다. 그것은 새로운 실천의 형식이며, 나아가 존재의 형식이다.

한편, 청년기를 지나 인생의 정착지를 확보하는 경쟁에 매진하며 살아가게 된 교인들, 그네들은 유목민에서 정착민으로 이행하는 인생의 방황기를, 비슷한 과정을 겪으며 살았던 교회와 함께 보냈다. 교회는 교인들에게 삶의 전형을 보여준 게 아니라, 함께 새로운 전형을 향하는 방황의 여정을 보낸 것이다. 그리고 7 또는 9년, 목회자로서의 나의 성찰처럼 교회도 교인들도 경계에 선 존재의 삶의 방식을 발견해갔다.

'탈교회적 교회'라는 한백의 자의식은 이렇게 형성되었다. 나의 후임 목회자인 양미강 목사는 그러한 경계에 선 교회를, 그러한 자의식을 제도화하는 데 성공했다. 그녀가 취임한 이후 9년이 지난 지금, 한백교회는 새로운 신앙의 전형을 꽤 성공적으로 형성하고 있다.

가령, 교역자나 신학자의 고유 영역에 일반 교인들이 참여하는 폭을 넓히고 또 그 반대로도 영역의 상호 침투를 가능하게 하는 다양한 시도들이 있다. 가령, 예배를 모니터링하고 기획을 주관하는 평신도 모임이 교인들의 다양한 참여를 조직하게 한다. 또 소모임들은 예배를 주관하여 설교까지도 담당하는 실험 예배를 모색한다. 한편 교인들이 스스로 찬송집을 주도하여 만들고 수차례 개정하는 새로운 전형을 만들어냈다. 그것은 자신들의 삶의 성찰에 개입하는 노래가 아니라면 어떤 노래에도 찬송이라는 지위를 부여하지 않는 신앙적 신념의 형성 과정이기도 하다. 또 최근 '하늘 뜻 나누기'라는 이름의 강론이 끝난 뒤에는 30분 정도의 토론이 이어지는 관행이 제도화되었다. 이것은 강론자가 '하늘 뜻'을 완결적으로 선포하는 것이 아니라, 교인들과의 대화를 통해 비로소 그 뜻이 완성된다는 취지다. 하여 네댓 명의 강론자들 각자는 사회를 해석하는 입장뿐 아니라 그리스도교 전통에 대한 태도에 있어서도 비판적 옹호론에서 급진적 해체론까지 다양하지만, 교인들과의 명시적인 대화를 거치지 않는 어떠한 주장도 선험적인 당위성을 가질 수 없다. 오직 회중의 검증을 통해서만 그것은 강론으로서 존중될 수 있는 것이다. 이러한 탈중심적이고 탈권위적인 교회의 신앙적 모색들은 음성 파일과 문서 파일 형식으로 넷 공간에 공개된다.

한편 선교비로 제3시대그리스도교연구소에 연구 용역을 주어 나를 포함한 5인의 연구자가 『죽은 민중의 시대 안병무를 다시 본다』를 공동 저술하게 하였다. 집필과 출간 사이에도 교인 대상의 토론회 5회, 제3시대그리스도교와 공동 주관한 공개 토론회 1회를 시행하여, 저자들의 독백이 아닌, 독자의 참여를 통한 대화로서의 책의 출간을 의미화하고자 했다.

또한 김경호의 '생명과 평화의 눈으로 읽는 성서' 시리즈(들꽃향린

교회)나, 최형묵의 『뒤집어보는 성서의 인물들』 『반전의 희망, 욥』(천안살림교회)과 같이, 교회의 프로그램에서 활용된 텍스트를 수정 보완하여 책으로 출판한 것처럼, 나의 책 『예수의 독설』(삼인), 『인물로 보는 성서 뒤집어 읽기』(삼인), 『급진적 자유주의자들―요한복음』(동연) 등도 교회에서 설교, 강의 자료 등으로 사용했던 것을 다듬은 것이다.

이상과 같이 제3세대 민중신학은 교회를 매개로 교회 밖 '익명의 대중'과 대안교회 혹은 '탈교회적 교회'를 소재로 하는 소통의 공간을 만들어내고 있다. 요컨대 이들 교회들은 교인들의 공동체라는 의미를 넘어서 대안교회 혹은 탈교회적 교회라는 함의를 갖는 하나의 담론으로 유통되고 있다. 하여 민중신학을 참조하는 그리스도교 운동이 부재하게 된 상황을 맞아, 민중신학적인 새로운 삶의 양식이자 운동의 양식으로 시민사회 속에 존재하고 있다.

탈과 향, 둘―비평의 발견

1990년대 말, 한백교회의 목사직은 계속하더라도 신학 연구자로서의 길은 포기하고자 했다. 제도권 밖의 공간에서 연구자로 살아가는 것이 너무 막막했던 탓이다. 여건이 더 나빠진 것은 아니다. 애초부터 좋았던 시절은 없었다. 그보다는 버티는 것이 힘에 부치게 되었다는 게 옳다.

다른 변수가 있다면 필경 경제적인 문제였을 것이다. IMF 재앙을 맞아 누구나 어렵던 시절, 나도 몹시 힘겨웠다. 고리대금 수준의 은행 금리는 경제적인 차원만이 아니라, 거의 모든 존재의 여력을 앗아갔다. 또 하나 이유를 들자면, 1998년 민중신학자 대토론회를 정점으로 그 전후의 민중신학자들과의 극한적 갈등 상황에서 공부에 대한 심한 자괴감에 빠진 탓도 있을 것이다. 아무튼 이 시기에 나는 신학을 포기할 뻔했다.

그리고 1998년 반전의 계기가 있었다. 그 무렵 계간 『현대사상』의 '오늘의 지성을 찾아서'라는 기획 시리즈에서 10명의 아웃사이더 지식인 가운데 하나로 선정되어, 그 잡지 7호(1999-1)에 대담과 글이 게재되었고, 그보다 앞서 출간된 같은 잡지의 특별중간호 『1998 지식인 리포트: 한국 좌파의 목소리 편』에 글이 실렸다. 그 어간 글을 발표할 매체를 상실했다는 좌절감에 빠져 있던 중인데, 한꺼번에 두 편이, 그것도 그리스도교권 밖 새로 막 부상하고 있던 계간지에 실렸으니 적지 아니 고무되었다. 새로운 지면이 열리게 된 것이다. 게다가 이 두 기획이 모두 꽤 성공하면서 그리스도교 영역 밖 담론 공간에선 순식간에, 터무니없지만, 그리스도교를 대표하는 아웃사이더로 인정받기 시작했다.

IMF 재앙은 사회 전반에서 구세대의 발언력을 심각하게 훼손시켰고, '국민의 정부'가 집권하면서 구태와 허위에 찬 '구지식'에 대하여 이른바 '신지식'을 향한 사회적 열망이 한껏 부풀던 때였다. 『현대사상』의 발 빠른 기획은 '낡은 세력'인 그리스도교를 향한 시민사회적 비판의식에 부합하는 그리스도교 지식인 하나를 필요로 했던 것이다. 유사한 기획이 잇따랐고, 어느덧 쉽사리 찾아지는 반그리스도교적 신학자의 반열에 올라 있었다. 『경향신문』이 기획한 '문화반란의 기수들', 『한겨레신문』이 기획한 '인문학 데이트'에서 그리스도교에 대해 문제 제기하는 그리스도교 지식인으로 연속 선정된 것도 이런 맥락에서다. 또 무크지 『현실과 과학』(1988~1991), 계간지

『이론』(1992~1997)을 잇는 한국 좌파의 정론지 계간 『진보평론』이 1999년 가을에 창간호를 펴냈는데, 이 책의 편집위원으로 6호(2000 겨울)까지 참여하게 되었다.

1990년대 중반 이후 한국사회에는 '비평critic'이 폭증하고 있었다. 여기서 말하는 비평이란 언술의 논리적 정합성과 보편성을 강조하는 '이론theory'에 비해, 평하고자 하는 '텍스트'(문헌적이든 사건적이든)의 담론적 효과를 주목한다. 이때 그 논리적 배후나 보편적 의의는 대개 생략된다. 하여 이론이 일종의 '주석commentary'적인 언술형식을 지니는 데 반해, 비평은 '에세이'적 형식을 띤다. 그것은 이론이 이론 전문가 집단과의 대화와 논쟁을 지향하고 있고, 비평이 시민사회와 대면하고자 제기되는 것이라는 점과 관련된다. 그런 점에서 비평은 평하고자 하는 텍스트 발화자의 주장을 다루는 것이 아니라, 그이의 말에서 말하지 않은 것을 보며, 말하지 않은 것에서 말을 발견하고자 한다. 나아가 그러한 비평적 에세이는 그 텍스트 저자를 넘어서 텍스트의 효과를 해석해냄으로써 시민사회의 감춰진 부조리함을 드러내고 '성찰reflexibility'을 촉구한다.

이것은 지배적인 말/텍스트의 표층적 주장에 대해 사람들이 의문을 제기하게 되었다는 것을 뜻한다. 앞에서 '국민'을, 지배자의 욕망을 자신의 욕망으로 동일시하는 집합적 주체로서 규정하면서, 이것이 권위주의 시대 시민성의 한 내용이라고 했는데, 반면 민주화라는 시대의 기조는 그러한 지배자의 말/주장을 자기화하지 않고, 오히려 그것과 교섭하고 협상하는 존재, 그러한 자존적 주체인 '시민'의 대두와 맞물려 있다. 이것을 달리 표현하면, 민주화 시대 시민은 지배자의 말/텍스트의 표층적 주장을 그대로 받아들이지 않고, 하나의 독자적인 해석자로서 읽는 존재이다. 그럼으로써 '해석자-시민'은 시민적 주체가 되는 것이다. 요컨대 민주화 시대의 시민은 이론가에 의존하지 않고 스스로 자기를 읽고자 하는 '독자'로서 탄생한다. 바로 그들에게 '비평'이라는 레퍼런스적 텍스트가 필요했던 것이다.

교회 혹은 그리스도교에 대해서도 시민사회는 해석적 개입을 원했고, 시민사회를 향해 제출된 비평을 위한 담론의 장이 형성되었다. 나에게 한국그리스도교에 대해 비판적인 논평을 쓸 수 있는 지면이 계간지, 격월간지, 월간지, 주간지, 일간지 등 다양하게 생긴 것은 바로 이러한 맥락과 관련이 있다. 수많은 매체들은 그리스도교에 대해 비평적 에세이를 쓰는 저술가들을 찾았고, 뜻밖에도 나는 그들이 쉽게 찾을 수 있는 비평가의 하나가 되는 행운을 얼떨결에 얻은 것이다. 종종 제도는 제도권 밖의 떠돌이를 원한다.

이 시기 나의 비평들은 주로 그리스도교 담론 속에 내장된 서구중심주의가 한국그리스도교에서 발현되는 양식을 폭로하고 문제 제기하는 방식으로 구성되었다. 하여 한국그리스도교만의 문제가 아니라 그리스도교와 서구적 제국의 논리가 서로를 규정하며 공존하는 자기증식 논리인 이른바 '승리주의'를 발본적으로 문제 제기하는 뼈아픈 자기 해체의 과정이 없이 그리스도교 신앙은 오늘 우리에게 유의미한 종교일 수 없다는 주장이었다.

그 연장선에서 계간 『당대비평』의 특집 '우리 안의 파시즘'에 기고된 「승리주의를 넘어서, 예수의 복원을 향해」는 이 기획의 엄청난 성공과 함께 나의 활동에서 중대한 기회를 선사했다. 이 잡지의 편집위원이 된 것이다. 당시 우리 사회의 어느 계간지보다 오로지 '기획력'만으로 승부하는 매체의 기획자가 된 것이다. 이것은 한편으로는 비평가로서 보다 적극적으로 시민사회의 담론 지형에 개입할 수 있는 지면을 얻게 된 것을 의미하며, 다른 한편으로는 비평가들의 비평을 기획하고 조직할 수 있는 위상, 즉 에디터로서 사회적 담론 형성에 끼어들 수 있게 된 것을 뜻한다.

『당대비평』 13호(2000 겨울)부터 20호(2002 가을)까지 8권을 만들었고, 이어서 21호(2003 겨울-봄 합본)부터 이 잡지가 종간되는 28호(2004 겨울)까지는 편집주간으로 참여했다. 그리고 편집위원이던 때 한 권, 편집주간이던 2년 동안에 무려 6권의 특별호 혹은 중간호 형식의 단행본을 만들었다. 종간된 이후에는 단행본 기획 모임으로 전환하여 현재까지 네 권을 펴냈다.

편집위원이라는 역할, 특히 편집주간의 직을 수행한다는 것은 더 이상 그리스도교에 한정된 비평가 혹은 기획자일 수 없다는 것을 의미한다. 오히려 동시대 한국사회를 읽어내는 안목을 필요로 한다. 더구나 비평이라는 장르는 미시적인 문제들을 주목하고, 거기에서 아무런 관계가 없는 듯이 보였던 현상들 간의 연계 고리를 읽어내며 그것에서 보다 넓은 차원의 위기를 해석해내는 안목이 필요하다. 긴 시간 동안 신학 영역 안에서만 생각을 펴왔던 자로서는 너무나 벅찬 일이었다. 표현도, 사람도, 생각의 방식도 낯설었다. 신학이 얼마나 고립된 섬 안에 갇혀 있는지를 실감하지 않을 수 없었다. 내 생애에서 가장 많은 독서를 했던 기간 중 하나가 바로 이 시기였다. 실은 독서만으로는 충분치 않다. 현장을 보고, 그것에서 읽을 것과 생각할 것의 단서를 찾아야 한다. 한 해에 4권의 책을 낸다는 것은, 게다가 특별호나 중간호 같은 단행본까지 펴낸다는 것은, 늘 시간의 부족 속에서 생각하고 일해야 한다는 것을 의미했다. 하여 매호 펴낼 때마다 무엇을 했는지 어리둥절한 상태였고, 늘 사후에 그 기획의 의의를 어렴풋이나마 이야기할 수 있을 뿐이었다. 얼떨결에 잡지의 편집위원과 주간이 된 것처럼, 4년간의 지식 기획자 생활도 얼떨결에 지나갔다.

이 4년간 잡지는 두 번 이사를 했다. 내가 관여하기 전에 한 번의 이사 경력이 더 있다. 잡지의 이력치고는 희귀한 경우다. 대개 잡지는 자금력 없이는 발행하기가 쉽지 않다. 비용은 많이 드는데, 판매 단가가 일반 단행본보다 낮으며, 시장에서 순환하는 시간도 짧다. 해서 대개는 경제적 어려움이 생기면 발행처를 옮기기보다는 공중분해되는 게 상례다. 게다가 『당대비평』은 소설 같은 시장성 있는 글을 실은 적도 없다.

더욱이 이 계간지의 가장 대표적인 기획자는 문부식 선생이다. 탁월한 기획자이지만, 그의 학력은 고졸이다. 그를 이어 주간직을 맡은 나 또한 박사 학위가 없으며, 그나마 한국사회의 각종 논쟁에 거의 관여하지 않았던 부실한 경력의 소유자다. 지식 담론의 한가운데서 소비되는 잡지의 주간이 번듯한 학력을 갖추지 못했다는 것, 그리고 잡지를 지탱해줄 출판사 또한 영세하다는 것, 이런 여건은 『당대비평』이 살아남기 위해 쓸 수 있는 거의 유일한 수단이 기획력 외에는 없다는 것을 의미한다.

흔히 '당비스럽다'라는 말이 종종 사용되었는데, 그것의 함의는, 한국사회의 보수든 진보든 제도화된 것, 사람들의 몸에 잘 안착되어 거의 거부감 없이 수용되는 것에서 이질감을 드러내고, 낯설고 잊어버린 것에서 친숙함을 발견하려는 담론의 스타일을 말한다. 『당대비평』이 하고자 했던 기획의 기조는 바로 이런 것이었다. 해서 『당대비평』은 내내 논쟁의 소용돌이 속에 있었다. 사람들을 불편하게 하는 잡지이기 때문이다. 요컨대 『당대비평』이 우리 사회에 남긴 기록은 '탈脫'의 이야기다. 그것은 변화하는 세계의 가능성에 관한 수많은 '향向'의 물결 속에서 '표류'하고 있는 자들의 기록이고, 삭제된 자들의 감추어진 흔적이다. 물론 '향' 외부의 '탈'은 존재할 수 없다. 그 외부는 비존재이며, 죽음이기 때문이다. 하여 '향'의 흐름 속에서, 그 끝의 경계 위에서 '탈'은 발버둥하며 흐름에 거스르려 버둥거리는 것, 그것이 『당대비평』인 것이다. 또한 바로 나 자신이 그러한 존재, 비존재의 존재이다.

지난 2005년 1월, 파란만장했던 저널북(저널+단행본) 계간 『인물과 사상』이 33호를 마지막으로 종간을 선언했다. 그 의미를 두고 지식사회는 다양한 해석을 시도했다. 조금 먼저 종간된 잡지에서 주간직을 맡았던 자로서 계간 『인물과 사상』과 강준만에 대해 논평해달라는 요청이 있었다. 「『인물과 사상』이후의 글쓰기는 가능한가?」에서 나는 강준만을 종이문자 시대에서 디지털문자 시대로의 매체환경 변화의 마지막이자 시작을 상징하는 존재로 해석한 바 있다. 그 유명한 '강준만 파일'은 바로 종이 스크랩의 산물이다. 그의 파일에는 우리 사회 지배층의 위선을 '성역 없이' 폭로하는 신랄한 정보들이 가득하다. 이러한 강준만 식 글쓰기는 대중에게 희열을 선사했고, 나아가 대중이 권력과 지식의 영역에 개입하고 감시할 근거를 제공해주는 일종의 '감시의 문서고'였다. 한데 바로 이러한 대중의 감시는 디지털전자미디어 사회의 도래와 더불어 커다란 진전을 이룩하게 된다. 즉, '강준만 파일'은 넷 공간을 통해서 회자되면서, 무수한 정보가 덧붙여지고 해석되면서 '확대 강준만 파일'을 만들어낸다. 즉, 강준만의 실제 문서고는 넷 공간 속에서 '위quasi-강준만'인 무수한 대중에 의해 '상상적 문서고'를 만들어낸 것이다. 그리고 강준만이 『인물과 사상』의 종간을 선언하며 그 문서고로부터 퇴장하자, 이제 대중은 스스로 넷 공간에 자기의 문서고를 만들고, 다른 대중과 교류하게 되었다.

그 어간 각 일간지들은 속속 '계간지 리뷰' 면을 없애기 시작했다. 빠른 속도로 계간지는 담론 형성적 지위를 상실해갔다. 사람들은 계간지에 귀를 기울이지 않게 되었고, 대중 미디어 기자들도 사회의 의제를 말하기 위해 계간지를 참조하지 않게 되었다. 바야흐로 계간지의 시대는 급속도로 저물고 있었다.

『당대비평』을 복간하려는 시도가 있었다. 사실은 마지막 권인 28호에서도 '종간' 대신 '휴간'이라는 표현을 사용했다. 여러 출판인들의 제안도 있었다. 하지만 구 『당대비평』 편집위원들은 계간지 대신 단행본을 만드는 기획 모임으로 재편하기로 합의했다. 그리고 앞서 말했듯이 네 권의 책을 펴냈다.

이제 다시 신학 영역으로 복귀했다. 2006년, 제3시대그리스도교연구소가 나를 연구실장으로 임명했다. 이후 많은 변화가 있었다. 그중에는 거액 후원자가 갑자기 나타난 것을 빼놓을 수 없겠다. 사무실도 생겼고, 기초 설비가 꽤 잘 갖춰졌다. 그리고 함께 상근하는 동료들이 생겼다. 하지만 내게는 이제까지 해보지 못한 역할이 부여됐다. 아니 그 역할이 무언지 알 수 없지만, 달라져야 한다는 안팎의 압박이 있었다. 누구도 그 상을 그릴 수는 없었지만, 이만한 기구의 운영자들에 관한 전제된 이미지들이 나를 규정하는 틀로 작용했다. 그럼에도 아웃사이더로 살아온 전력과 스타일을 아는 동료와 선배들은 여러 형태로 그런 변화에 익숙하지 못한 자를 돌보아주면서 무난한 운영이 가능하도록 안내하고자 했다.

하지만 1년 만에 그 후원자는 떠나갔고, 다시 우리만 남겨졌다. 나는 다소 독선적으로 지금의 상황을 익숙한 방식대로 되돌리려 했다. 소액의 회비를 내는 회원들을 모집했고, 그것에 전적으로 의존하면서 '경계를 걷는' 아웃사이더의 길을 선택했다. 20년을 버텨온 전력이 그리 호락호락한 것은 아니다. 우리만이 할 수 있는 일들이 적지 아니 있다. 지금은 바로 그것을 하고자 애쓰고 있다.

하나 더, 이제 민중신학의 내일을 맡아줄 후배들에게 줄 것이 조금 생겼다. 연구소도 그중 하나다. 나의 목표는 두 명의 상근자가 일할 수 있는 여건을 남겨주는 것이다. 지금은 꽤 가능성이 있어 보인다. 아웃사이더로 살아가기, 그다지 쉬운 일은 아니지만 불가능한 일도 아니다. 아니, 될 수 있을 것 같다.

고통의 현상학

후배들에게 남겨주고 싶은 또 한 가지는 제3세대 민중신학의 의의가 선배들의 그것보다 결코 부족하지 않도록 평가받게 하는 것이다. 나는 그 독보적 의의를 '고통'을 신학화하는 데서 본다. 우리 사회 어느 분야의 비판 담론보다도 고통의 현상을 더 깊이 이해하고 더 깊은 통찰을 담아내는 신학의 발견이 나의 목표다.

'고통'이라는 주제를 특별히 주목하기 시작한 계기는, 『당대비평』의 편집위원이 되고 나서 야심을 갖고 시작한 기획인 '연속 기획: 한국사회의 편견과 차별의 구조'와 관련이 있다. 14호(2001 봄)부터 시작해서 27호(2004 가을)까지 총 12주제로 46편의 글이 실렸다. 기획

취지는 우리의 일상 속에서 배제가 작동되는 현장을 '중층적으로 치밀하게' 읽어본다thick description는 데 있었다. 감춰진 편견과 차별을 발견하는 데 초점이 맞춰져 있었고, 그 현장의 증언, 현장 연구, 그리고 좀더 큰 차원에서 사회적 체계의 시각으로 읽어내는 연구 등을 엮어낸다는 취지였는데, 현장 연구가 거의 없는 우리 사회 지식의 현황에서 해당 주제에 맞는 연구자를 발견하기란 '하늘의 별 따기'와 같았다. 어떤 것은 아예 연구가 없다고 해도 과언이 아닐 정도였다. 해서 가장 많은 공이 들면서도 대체로 완성도는 높지 못했다. 그럼에도 이 기획은 내게 중요한 신학적 과제에 직면하게 했다. 즉 '고통'을 '치밀하게 중층적'으로 읽지 않고서는 민중신학일 수 없다는 것이다.

이데올로기는 고통을 다양하게 서사화한다. 이 많은 서사들 속에서 고통은 종종 '낭만화romanticized'되어 있다. 진보적 성향의 이데올로기에서 고통은 종종 '성화sanctification'된다. 그런데 이 기획을 진행하면서 지식인들과 시민사회가, 아니 나 자신이 고통을 낭만화하든 성화하든, 너무 쉽게 서사화하고 있다는 문제의식에 직면하지 않을 수 없었다. '날것의 고통raw pain'이라는 표현의 실재, 그 말의 현실에 다가가기가 얼마나 어려운지 절감해야 했던 것이다.

고통은 종종 언어를 왜곡하고, 기억을 왜곡하며, 관계를 왜곡한다. 하여 고통은 흔히 다른 것으로 전이되어 표현되며, 자기 학대나 타자를 향한 공격으로 나타나곤 한다. 혹은 민족주의든 반공주의든 공적인 언어로 변형되어 나타나기도 한다. 그러므로 고통을 읽는다는 것은 이렇게 복잡다단하게 왜곡된 현상을 드러내기 위한 치밀한 중층적 분석을 필요로 하는 것이다. 그런데 고통과 폭력의 피라미드

최말단의 존재들은 그 누적된 고통과 폭력의 체험을 묘사할 언어를 상실하였다. 나는 이런 체험의 재현 불능 상태를 사회적 실어증social aphasia라고 명명한 바 있는데, 민중을 이야기하는 주요 지점이 바로 여기라는 것이다.

『고통과 폭력의 신학적 현상학―민중신학의 당대성 모색』은 고통의 치밀한 중층적 읽기가 신학의 핵심적 요소임을 제기하는, 일종의 개론적 글이다. 여기서 '현상학'이라는 표현을 사용한 것은 이데올로기를 전제하지 않고 체험을 언어화할 필요성을 강조하고자 함이다. '고통의 민중신학적 언어화'를 안병무 선생의 용어로 말하면 '증언'이다. 곧 고통과 폭력의 현상학은 우리 시대의 문제의식으로 표현된 증언의 신학인 셈이다.

> 1990년대 이후, 민주화와 지구화의 시대, 시간은 민중신학의 지반을 붕괴시켰다. 모든 것은 그 시간에 의해 눈처럼 녹아버렸다. 하지만 아직 회수되지 않은 자들이 있다.

『당대비평』 23호(2003 가을)의 특집 '무능력, 가능성의 재앙에 대한 보고서'는 고통과 폭력의 현상학에 관한 문제의식으로 구성된, 개인적으로 애착이 가장 많이 가는 기획이다. 그 어간 '노숙'에 관심을 갖기 시작했고, 우연히 어느 노숙자의 개인사를 살피면서 문제의식이 발전하게 되었으며, 프랑스의 한 연구에서 얻은 착상에서 '무능력'이라는 키워드로 우리 사회를 읽어보고자 했던 것이다.

여기에 수록된 나의 글 「'카인 콤플렉스'와 무능력자 담론」에서 말하고 있듯이, '무능력'은 한 번도 우리 사회를 읽는 시선의 핵심이 되지 못했다. 그럼에도 무능력이라는 기표는, 그것이 사용되는 형식은 매우 유의미한 동시대적 징후를 담아내고 있다는 것이 나의 주장이다. 하지만 이 기획은 그야말로 난항의 연속이었고, 필자들의 생각을 견인하는 데도 실패했다. 누구도 말해보지 않은 주제인데, 그것으로 한국사회의 동학을 이야기하고 고통의 메커니즘을 드러내려 하니 모두들 글의 방향을 잡기가 여간 어렵지 않았던 모양이다. 하여 이 기획은, 나의 판단으로는 우리 시대의 의제로서 손색이 없는 것이지만 의제화하기엔 너무 낯선 것이었다.

무능력 담론을 살펴보면, 행위 수행 능력을 결핍한 무능력과 행위 수행 능력을 갖춘 이가 직면한 무능력으로 나뉘는 것을 볼 수 있다. 여기서는 후자가 주목의 대상인데, 그것은 최근의 담론에서 특히 많이 사용되는 것이기도 하고, 시민사회가 전통적인 무능력자인 전자의 고통에 무감각해지는 사회적 망각의 메커니즘이 바로 이 두 번째 무능력자 담론과 깊은 연관이 있기 때문이다.

참여정부 출범 당시, 민주화에 과잉 경도된 시민적 주체를 '참여'로서 담론화하려는 정부의 정책 기조에서 '비참여'에 대한 문제의식의 결핍을 제기한 바 있다. 21호(2003 겨울-봄 합본호)의 머리글 「'국민 참여' 시대의 비국민의 목소리」가 그것이다. 이 짧막한 문제 제기를 보다 깊게 다룬 게 「카인 콤플렉스와 무능력자 담론」이다. 실제로 국민의 정부와 참여정부, 두 민주정부 시대에 소득 양극화는 현저히 악화되었고, 이런 양극화의 가장 주된 요인인 비정규직의 비중도 급속도로 커졌다. MB 정부의 출범은 한국의 민주정부가 토대를 놓은 비시민 배제의 메커니즘을 현저히 악화시키게 된다는 것을 의미한다. 그런 점에서 민주정부-MB 정부는 서로 정적政敵이면서 동시에 공유하는 감각 체계를 갖고 있다고 할 수 있다. 지난해에 발표한 나의 글 「5·18 기억의 정치화와 민족—지구화 시대 민주화와 선진화 담론의 감각 체계」에서는 지식기반사회로 구조화되고 있는 현 상황에서 시민사회가 비시민에 대한 편견의 감각을 몸에 체화시키게 되는 현상에 대해 이야기하고 있다.

그러므로 시민사회의 사회적 망각의 메커니즘은 (시민권이 아닌) '인권'의 문제와 만나게 된다. 시민사회에서 배제의 공간, 곧 비시민의 일상 공간에서 벌어지는 과잉폭력 상황에 대해 시민사회는 그 고통과 폭력에 대한 비판적 감수성을 상실한 것이다. 그것은 포섭된 자와 배제된 자의 '담론 공간의 분리'가 보다 분명해졌다는 것을 의미한다. 담론적 공간의 분리가 발달할수록 물리적 공간의 분리는 불필요해진다. 해서 권위주의 시대의 배제주의가 선호한 '제거와 격리의 정치'는 점점 불필요해진다.

그런데 여기서 '담론적 공간 분리'가 보다 명료해졌다는 것은 근대국가의 내부에서 또 다른 국경이 형성되고 있다는 것을 함축한다. 강상중이 민주주의 사회에서 시민권을 둘러싼 일본사회의 동화와 포섭의 메커니즘을, 피히테Johann Gottlieb Fichte의 용어를 빌려 '내적 국경'이라고 말한 것을, 한국사회의 민주화 과정에서 형성된 (외적) 국경 내부의 담론적 공간 분리로 해석하는 것은 지나친 억측이 아니다. 근대국가는 국경 내부와 외부를 가르는 감성적 동일 자의식을 만들어냈다. '도덕 공동체moral community'라는 칸트Immanuel Kant의 용어는 바로 이러한 동일 자의식이 내포하는 상호 책임의 감정으로 해석할 수 있다. 한데 미국의 신실용주의 철학자 리처드 로티Richard Rorty는 도덕공동체적 동일 자의식이 실종되는 공간에서 인권의 문제를 제기한다. 바로 담론 공간의 분리 과정에서 내적 국경의 외부로 밀려난 이들에 대해 시민사회는 민족적 혹은 국민적 공조감을 망각하게 된다는 것이다. 하여 오늘 우리 사회의 인권 문제는 민주화 이후 형성된 담론적 공간 분리와 연동된 사회의 배제 메커니즘을 고려하지 않으면 안 된다는 것이다. 「국경들 너머의 짐승들 혹은 인간들—오늘의 인권 문제와 비판신학1 : 내셔널리티」는 바로 이것을 말하고 있다.

한국사회는 급속도로 양극화되고 있다. 빈곤층은 단지 경제적인 결핍만으로 충분히 규정할 수 없는 '빈곤의 문화'라는 그로테스크한 영역으로 재편되고 있고, 시민사회는 과거 개발독재 시대의 천민적 시민의 사회 규정적 힘이 서서히 약화되고 있다. 물론 여전히 천박한 시민성이 미치는 부정적 파급력을 무시할 수는 없지만, 주목할 것은 이른바 교양층으로서의 시민사회의 문화가 점점 더 강력하게 대두하고 있다는 것이다. 시민사회의 미학화, 교양화가 진행되고 있는 것이다. 이것은 사회가 점차 신사화gentrification되고 있다는 징후이다. 그런데 도심 재개발을 뜻하는 '신사화'라는 용어가 함축하고 있듯이, 이러한 징후는 시민사회라는 진공포장된 '이데올로기적 영역' 외부에 대한 배제를 더욱 견고히 하는 미학적 장치이기도 하다. 그런데 이러한 시민사회의 미학화로의 이행이 가장 적극적으로 수행되는 곳이 교회이다. 특히 내가 '후발 대형 교회'라는 이념형적 실체로 규정한 현상은 일부 대형 교회에서 일어나는 자기갱신운동과 관련되어 있는데, 이것에서 나는 한국의 시민사회에서 이른바 교양층의 자기 서사화, 특히 종교적인 서사화를 본다. 영화 「밀양」에 관한 신학적 평론인 「왜 교회는 그녀의 고통을 읽지 못할까」에서 나는 원작 소설인 「벌레 이야기」와 다르게 표현된 영화의 서사에서 교양층으로서의 시민사회의 등장을 한국 기독교라는 은유를 통해 묘사하고 있다는 점에 주목하였다. 그리고 여기에서 전가될 수 없는 고통에 직면한 이의 자기 파괴, 그 깊은 고통의 심연에 다가갈 수 없는 시민사회적 교양층의 문화를 읽어내고자 했다. 그리고 「민주화 시대의 '미학화된 기독교'와 한국 보수주의」를 포함한 일련의 연구들은 한국사회의 보수주의적 재편 가능성, 그리고 보수주의적 미학화의 디스토피아적 우울함의 시스템을 분석하고 있다.

권력에 회수되지 않고 걷기

사회의 보수주의적 미학에 심취할 수 없는 이는 새로 조성된 광화문 광장 벤치 언저리를 서성인다. 파리 아케이드를, 그 화려한 자본주의의 장밋빛 환영에 동화되지 못한 채 하릴없이 거니는 플라네르 flâneur(배회자)처럼 상념에 젖는다. 저 광장은 무너지지 않을 것처럼 견고해 보인다. 그 앞 홍보대 앞에서 춤추는 자본의 무희들을 흘깃 쳐다보며 점점 더 아름다워지는 외양의 문화를 거스르기가 벅차다.

하지만 전능한 권력의 무너지지 않을 것 같은 집은 결국 무너졌다. 그것은 약함 속에서 나오는 힘이고, 패배 속에서 드러나는 저력이다. 아무도 진혼곡을 부르지 않아도 죽음은 산 이들에게 진혼곡을 부르도록 호출한다. 「타인의 고통으로 지은 체제는 오래 지속된다고 해도 그 죽음의 냄새는 지워지지 않는다」에서 제기한 민중신학적 역사관은 이렇다.

이 멜랑콜리한 공간 저편, 어느 칙칙한 곳에 사람도 아니고 기계도 아닌 경계선상의 존재 레플리컨트 replicant(복제인간)가 잠입해 들어왔다. 전능한 권력이 회수하지 못한 레플리컨트가 그 칙칙한 공간에서 찾고 있는 것은 '기억'이다. 전능한 권력이 심은 위조된 기억이 아니라 체험을 통해 간직되는 몸의 기억이다(영화 「블레이드 러너」에서).

  1990년대 이후, 민주화와 지구화의 시대, 시간은 민중신학의 지반을 붕괴시켰다. 모든 것은 그 시간에 의해 눈처럼 녹아버렸다. 하지만 아직 회수되지 않은 자들이 있다. 그중에 민중신학도 끼어 있다. 시간이 회수하지 못한 한 민중신학도는 그 시간의 경계 위를 걷는다. 유랑자가 되어 휘청거리며 뒤뚱뒤뚱 걷는다. 고통과 폭력의 현상학이, 그의 발자취를 따라 곧 모래로 뒤덮일 사막 위에 기록을 시작한다.

분열된 삶들 사이에서

PSALME LXXXVII.
FVNDAMENTA EIVS.
A PSALME AND SONGE OF THE
SONNES OF CORAH.
ER foundacions are vpon the holy hylles: the Lorde loueth the gates of Sion more then all the dwellynges of Iacob. Very excellent thynges are spoken of the, thou cyte of God. Selah. I wyll thynke vpon Rahab and Babylon, wyth them that knowe me. Beholde, yee the Philistynes also, and they of Tyre with the Morians. Lo, there was he borne. And of Syon it shalbe reported, that he was borne in her, and the moost hyest shall stablish her. The lorde shall rehearse it, whan he wryteth vp the people, that he was borne there. Selah. The syngers also and trompetters shall rehearse. All my freshe sprynges shalbe in the.

박일준

지식유목민 | 감신대 기독교통합학문연구소 연구교수

감리교신학대학교와 동 대학원에서 공부했고, 보스턴 대학교 신학부(S.T.M.)와 드류 대학교(Ph.D.)에서 공부했다. 지금은 감리교신학대학교 기독교통합학문연구소 연구교수로 재직하고 있다. 『다시, 민중신학이다』『제3세대 토착화신학』『생명과 화쟁』『신학의 저항과 탈주』등을 공저하였고, 옮긴 책으로『신학과 기호학』등이 있다.

지나온 시간들을 이야기로 엮어낸다는 것은 삶의 사건들 '이후'의 일이다. 사건들 이후의 기억들은 통상 그 사건의 시간들을 배겨내고 살아남은 주체(들)의 기억들이어서, 언제나 살아남은 자의 기억들로만 채워지기 마련이다. 이는 곧 '내' 삶의 이야기는 한편의 진실로만 전달되는 것을 의미한다. 다른 한편의 진실, 즉 삶의 사건들을 통해 살아남지 못한 주체적 동기들에 대한 기억들은 기억의 저편으로 묻혀버린다. 그렇다면 삶에 대한 이야기와 고백은 어느 정도 진실과 거짓의 혼합을 동반한다. 지금 현재를 장악하고 있는 내 자아(들)의 주체(들)을 통해서만 전달되기 때문이다. 이를 그 이면의 진실로 표현하자면, 내 삶의 이야기의 진실은 내 삶의 이야기를 통해 억눌려진 그 무엇을 통해 진실성을 담보할 수 있지만, 억눌린 그 무엇은 내 이야기의 일관성을 통해 드러나지 않는다. 그 억눌린 진실은 내 삶의 이야기의 행간을 침노해 들어오며, 내가 말하는 이야기의 일관성을 위협함으로써 자신의 존재감을 드러낼 것이다. 그러니 삶의 이야기는 처음부터 '분열된 삶의 동기들 사이'로부터 창출되지만, 그 사이the between는 결코 드러나지 않는다. 그 사이는 정신분열증적 삶을 살아가는 사람에게 드러나는 '두' 삶의 사이처럼, 사이를 살아가는 사람에게만 열릴 뿐이다.

따라서 필자는 진실한 거짓말을 삶의 이야기로 엮어갈 수밖에 없다. 삶의 이야기를 엮어내고자 하는 기획은 정녕 삶의 내면의 진실을 꺼내어 솔직하게 나누고 대화해보자는 의도일 것이다. 그런데 발설되는 말들과 내면의 진실 사이의 간격과 거리를 진실의 정도로 측량하려는 정신들에게 말의 토대가 되는 내면의 진심이란 존재하지 않으며, 말(들)은 나(의 자아)와는 전혀 다른 우연적이고 사건적인 주체의 개입이라고 말하는 필자는 처음부터 '내 솔직한 내면의 이야기'에 방어벽을 치고 있는 것이든지, 진실보다 더한 진실을 말하고 있든지 둘 중 하나일 것이다. 내가 (글을 통해) 드러내는 '나의 삶'이란 필연적으로 거짓일 수밖에 없다고 하면서 시작하는 이 글을, 박일준이라는 개인의 '진실한' 삶의 이야기로 읽어야 하는지에 대해서 독자들은 처음부터 당혹스러워할 수 있을 것 같다. 내가 지금 거짓말하고 있다는 말을 믿어야 할까, 아니면 또 하나의 거짓말로 치부하고, 거짓말로 포장하여 내면의 진심을 드러내고 있다고 보아야 할까를 고민하게 될 것이기 때문이다. 이러한 고민은 인간을 외면/내면의 이원론으로 구분하여 도식화한 정신들에게 불순한 서론이 될 것이다. 하지만 순수성purity이란 존재할 수 없음을 기억하자. 순수하다는 것은 불순하지 않으며 혼합되지 않은 것을 의미할 터, 자아를 구성하는 수많은 주체들의 불일치와 논리적 불화를 하나의 이야기narrative로 엮어내는 것은 곧 이야기의 구조에 들어맞지 않는 주체들의 사건들과 음성들을 자아의 경계 밖으로 유배시키는 일을 자행한다는 것으로, 이야기를 통해 드러나는 이른바 나의 '진실'이란 드러나지 않는 나의 '은폐'와 비례한다. 진실/은폐의 혼합물로서의 이야기＝그것은 곧 거짓이다.

그런데 이 거짓말을 이야기로 지어낸다는 것이 생각만큼 쉽지 않다. 은폐를 철저히 숨겨야 하기 때문이다. 그리고 거짓말이 되기 위한 일관성의 토대로서의 '자아'를 창출해내는 것 자체가 삶 전체를 아우르는 포괄적 조망을 요구하기에 무성의한 일과성의 거짓말과는 격이 다르다. 결국 거짓말이 아닌, 혹은 아니라고 믿고 싶은 (삶에 대한) 거짓말은 관점perspective의 문제이다. 여기에 다소 일관성 있게 엮인 삶의 단편들은 결코 일관된 정신과 주체로 경험된 것들이 전혀 아니다. 하지만 이 이야기들을 엮어가는 행간의 '사이' 속에서 '일관성consistency'이 엿보이는 것은 늘 삶을 엮어가고자 하는 내 자아의 욕망이 강건하게 살아 있기 때문이리라. 그 일관성을 넘어, 삶이 주는 단편들과 편린들의 무/의미성들을 수긍하며 감사하려는 노력을 해보지만, 난 조건들을 통해 구축된 자아의 말 외에는 언어를 알지 못한다. 그래서 내 삶의 일관성을 구축하는 승리의 주체들의 이야기는 이 글을 통해 반복되는 한편, 그 일관성의 체재에서 억압당하고 배제된 주체들의 이야기는 이 이야기 속에서 '무의미' 혹은 '중복' 혹은 '불필요'한 것들로 존재할 것이다. 이 이야기를 일관된 삶의 진실에 대한 이야기로 읽든, 내 삶의 매끄러운 일관성의 폭력에 짓눌렸지만 그럼에도 불구하고 끊임없이 그 일관성에 저항하면서 새로운 탈주로를 개척하려는 저항의 이야기로 읽든 그것은 독자의 몫이다. 단지 내가 하고 싶은 말은 '내 삶의 이야기'는 어차피 '반칙'이고, 인위적인 노력의 산물이라는 것이다.

1966년 12월 28일생인 필자는 40년을 조금 넘긴 인생을 살았다. 40년의 기억이 동영상처럼 고스란히 보관되어 있는 것이 아니어서 내 기억 자체가 내 삶에 대한 이야기적 조작narrative manipulation이요, 은폐일 수밖에 없을 것이다. 가장 솔직하고 가장 진실한 이야기는 어쩌면 말할 수 없다는 자아/주체 구조의 슬픈 진리를 유념하면서 가급적 삶의 단편들을 엮어보고자 한다. 지금은 자칭 신학자라 명하면서 삶을 영위하지만, 내가 신학을 하게 된 동기는 너무나 조건적이었고 단순했다. 삶의 조건들에 대한 생리적 (자동) 반응이었다고나 할까? 대학에 들어가기 전의 내 삶 속에 담겨 있는, 그래서 지금도 큰 영향력을 행사하고 있는 기억 중 하나는 아버지에 대한 기억, 아니 정확히 말하자면 아버지의 부재와 현존에 대한 기억이다. 전남 농대를 졸업하신 아버지는 강원도의 큰 양반집 둘째 부인의 아들로 태어났다고 한다. 그 집의 자손들은 (내가 들은 기억으로) 사회의 훌륭한 사람들이 되었다고 들었고, 내 기억에 남아 있는 유일한 사람은 작은할아버지셨다. 그분은 의사였는데, 내 기억 속의 그분은 은퇴 후 강원도의 한 병원에서 원장을 일하고 있었다. 그 작은할아버지에 대한 기억 말고는 아버지의 집안 식구들에 대한 기억은 없다. 만난 적이 없었기 때문에. 서출로 태어난 형제에 대하여 그분들이 큰 가족애를 느끼지 않기도 했을 테지만, 아버지도 구태여 우리들에게 가문의 사람들을 이야기하거나 소개한 적이 없었다. 이러한 가족적 배경이 친족 간의 우애 관계에 대한 나의 부정적 시각을 길러냈

는지도 모른다. 개체의 이기주의가 친족 간에는 '이타주의'의 형식
으로 작용한다는 친족선택kin selection 이론은 그 이론을 알기 전부터
나의 마음속에 각인되어 있
던 인간의 행동 기제 중 하
나였다. 누군가를 위한 희
생과 헌신은 늘 그가 속한
족속이나 집단을 중심으로
행해지고, 그 집단의 외부
에 존재하는 '타인들'에게
그들의 협동과 희생과 헌신

> 아버지에 대한 이미지는 내가
> 믿는 하나님 신앙에 대해서도
> 의식적 무의식적으로 여전히
> 영향을 미치는 것 같다. 늘 부
> 재하기를 바라지만, 부재하기
> 때문에 그리운 존재—내겐 그
> 러한 존재가 아버지였다.

이란 곧 '집단 이기주의'의 작용에 불과하다는 평범한 진리. 가문의
수치이기에 한 번도 가족들로부터 따뜻한 연락 한 번 받지 못했던
아버지, 그는 추방자the outcast였다. 그리고 그 추방된 영혼의 아들이
나였다. 여기서 나는 '유교적 가족주의'가 결코 미화의 대상이 아님
을 뼈저리게 절감했다. 인간에 대한 높은 이상ideal은 있었으되, 그
이상이 도리어 그 이상을 충족시키는 데 장애가 되는 존재들을 억압
하고 착취하고 추방하는 기제의 일부로 작동한다면, 그 이상은 곧 '가
족 집단 내부'만을 위한 이상이다.

아무튼 농대 졸업 후 가문의 힘(?)을 빌려 경기도 의왕읍 고천리
에서 자그마하게 농사를 시작하셨던 아버지는 그해 한여름에 내린
서리 때문에 한 해 농사를 모두 실패하고, 그 길로 가족의 생계를 위
해 건설 현장에 뛰어드셨다. 맨손으로 뛰어드셨지만, 나름대로 성실
하게 일했는지 주로 자그마한 공사 현장의 감독으로 평생을 지내셨
다. 대기업 산하의 건설회사들이 시공하는 공사 현장의 소장은 많은

재물을 모으는 자리인지 모르겠지만, 자그마한 공사 현장들은 월급 외에 약간의 부가 수익이 주어질 뿐이다. 그리고 공사라는 게 일 년 내내 정기적으로 벌어지는 것이 아니어서, 아버지가 일하실 때에는 (주로 지방 공사가 많았던 관계로) 집에 안 계셨다. 그리고 일감이 없으실 땐 집에 계셨다. 이 시절, 내 학교 성적은 아버지가 부재할 때 올라가고, 집에 계실 때 떨어지는 묘한 역함수 관계를 맺고 있었는데, 아버지가 집에 계시다는 것은 곧 공사 일감이 없다는 것으로 우리 집이 경제적으로 어렵다는 것을 의미한다. 공사 현장에서 아버지가 일하실 때는 조금 여유 있게 생활하다 공사가 끝나면 또 정처 없는 실업자 가정의 생활을 감내해야 했는데, 가정의 경제적 불안정은 늘 내 학교 생활의 안정에 영향을 미치곤 했다. 아버지에 대한 이러한 이미지는 아마도 내가 믿는 하나님 신앙에 대해서도 의식적, 무의식적으로 여전히 영향을 미치는 것 같다. 늘 부재하기를 바라지만, 부재하기 때문에 그리운 존재―내겐 그러한 존재가 아버지였고, 늘 아버지가 안 계셔서 그리워하면서도 막상 집에 계시면 실업자가 된 아버지의 모습을 보기 싫어했던 나의 이기적인 욕망. 그래서인지 요즘도 늘 '대가들'을 겁 없이 읽고 비판하는 객기가 넘친다. 아버지의 권위를 경험해보지 못한 탓으로…… 아버지의 그림자가 없다는 것은 때로 비판 작업을 수행하는 데 장점이 되기도 하지만, 늘 머리를 숙이고 배움의 자세를 익히는 데에는 큰 단점이 된다. 늘 이 점을 유념한다. 무언가를 배우려 하기보다는 내 관점에서 보았던 전복과 탈출의 각을 견지하려는 자세가 나로 하여금 고정된 질서에 조화롭게 맞추어 생활하는 데 어려움을 야기시키기도 한다. 아마 그 탈주자의 자세를 극복하는 일은 아버지의 부재가 내 성장기에 드리운 유산들 중 하나인 것 같다.

　고등학교 시절, 집이 참 어려웠다. 그래서 등록금 부담을 약간이라도 덜어볼 요량으로 학교 밴드부에 들어갔는데, 그곳에서 보통의 학생들이 경험할 수 없는 세상의 단편들을 보게 되었다. 지금은 많이 없어졌지만, 그때만 해도 고등학교에 브라스 밴드부가 있었던 학교들이 많았고, 그들은 매주 월요일 아침 조회 시간에 그리고 시의 관제 행사에서 행진을 필요로 할 때 요긴하게 쓰임 받곤 했다. 내가 졸업한 안양의 신성고등학교에도 밴드부가 있었는데, 통상적으로는 인문계 고등학교에 진학할 성적이 안 될 뿐만 아니라, (부정적으로) 기여금을 낼 만한 여력이 없는 학생들을 대상으로 밴드부 입학을 권유했다. 안양은 당시 시험제로 고등학교를 들어갔고, 신성고등학교는 양명고등학교보다 조금 일찍 생겼고, 산하에 중학교를 두고 있던 관계로 당시 안양에서는 제일 좋은 고등학교였다. 그래서 밴드부라도 하면서 들어올 학생들을 모집하는 데 여력이 부족하지는 않았지만, 내가 입학한 연도에는 '밴드부'에 대한 악명이 자자해서 선뜻 필요한 숫자만큼 학생들을 모집하지 못했던 것 같다. 모든 이가 대학 진학을 위해 공부에 매진하는 인문계 학교 한복판에 대학에는 전혀 생각이 없고, 인생의 목표도 꿈도 없고, 그저 하루하루를 살아가는 재미로 삶을 이어가는 영혼들…… 밴드부를 한다는 특기장학생으로 들어왔지만, 말이 장학생이지 그들은 수업을 면제받았고, 아니 정확히 말하면 면제당하고 내내 연습을 해야 했다. 고된 연습은 상급생과 하급생 사이의 구타와 폭력 그리고 얼차려로 이어지기 마련이었다. 그렇게 얻어맞으며 뭉쳐진 10대 사내들의 '의리' 신화는 공고해지고, 사실 '밴드부'는 학교 내 폭력 서클 조직에 더 가까웠다. 나름대로 가정의 가난과 불화 때문에 학교 생활에 적응할 수 없었던 그들은 이미 그때 술과 담배에 찌들어 있었고, 자그마한 소망이 있다면 시내 폭력 조직의 일원이 되어 두각을 나타내어 20대 때 시내 유흥가 술집의 지배인이라도 되는 것이었다. 그들의 눈에 긴 머리와 문신은 동경의 대상이었다. 그들의 삶은 '소망의 탈출구'를 갖고 있지 못했다. 그래서 여자 친구에게 실연당했다는 이유로 자살을 한 친구도 있었다. 어차피 더 오래 살아도 소망을 찾을 것 같지는 않았기에…… 불행인지 다행인지 고2 중간쯤 행사 준비로 선후배 간의 불화가 있었고, 후배들이 집단 가출을 하는 바람에 학교는 사태 해결을 위해 밴드부 자체를 해산해버렸고, 나는 어둠으로부터 풀려났다. 하지만 이미 많은 시간 공부를 손에서 놓았던 머리가 학교 공부를 온전히 따라가기는 힘들었다. 중학교 시절엔 월등히 탁월하지는 않았지만 늘 상위 그룹에 속했는데, 1년 반의 공백기 동안 바닥으로 떨어진 나의 성적은 졸업할 때까지 영영 회복되지 않았다. 참고로 우리 세대는 대학 진학 때 내신성적을 반영하는 두 번째인가 세 번째 세대였다. 처음 10퍼센트 정도 반영하던 내신성적을 내가 대학 진학할 땐 무려 30퍼센트를 반영했다. 이때의 경험 때문에 난 대학 입시 때 내신을 반영하는 입시 제도에 반대한다. 한번 미끄러진 영혼에게 재기의 기회를 원천적으로 봉쇄하기 때문이다. 같이 밴드부를 하며 어울리던 고등학교 동창들 중 대학에 진학한 건 나 혼자였다. 감리교신학대학 종교철학과. 고3 담임 선생님은 목원대를 권하셨다. 그런데 어머니가 단번에 안 된다고 하셨다. 이유는 기숙사비와 등록금을 감당할 수가 없어서였다. 그러다 어머니가 감리교신학대학에

문의하셨고 여러 가지를 알아본 후에 나와 상의 없이 감리교신학대학에 입학 원서를 내셨다. 우여곡절 끝에 면접을 봤고, 합격하였다. 조금은 싱거운 진학 이야기. 너무 무목적적인 신학 입문 이야기이다. 나의 내신 등급은 최하위였다. 거기다 가출한 친구를 따라 나섰다가 학교에서 받은 정학 처분 때문에 출석 등급마저 최하위였다. 담임 선생님 왈, "너 내가 담임했던 아이들 중 '신화'다. 너 정도 내신 등급에 4년제 대학 가는 애를 본 적이 없다." 그렇다 난 '신화'다. 꼴찌의…… 그렇게 꼴찌로 시작한 대학 생활이었다.

그렇게 1년을 다니다가 휴학을 하게 되었다. 돈이 없었다. 휴학하고 공장에 들어갔다. 튜브를 만드는 작은 공장이었는데, 15만 원 월급에 점심 짜장면 값을 제하면 12만 5천 원을 받았다. 점심 값이 아까워 공장 앞에 사는 친구 집에서 점심을 얻어먹으며 6개월을 다녔다. 그 공장에는 나 말고 여러 아주머니들이 함께 일하고 있었는데, 그중 근처 교회의 사모님이 계셨다. 특별히 진지한 이야기를 나눈 적은 없었지만, 그분은 늘 어려운 상황 속에서도 하나님의 은혜에 감사하며 밝게 살아가셨다. 나보다 더 힘겨운 삶의 무게들이 느껴지는데도, 그분은 어떤 일에도 불평하시는 법이 없었던 걸로 기억한다. 어느 날 내가 신학대학에 다니는 학생임을 알고는 왜 여기 있느냐고 가벼운 질책을 하셨던 적이 있었던 걸로 기억이 난다. 여름 대목이 끝나면 한 번에 월급을 지불하겠노라는 공장장 말만 믿고 열심히 일했지만, 공장은 부도가 났고, 거의 한 푼도 받지 못했다. 월급 모아 복학하겠다고 마음먹었는데, 허사가 되고 말았다. 당시 고등학교 졸업 후 돈 벌러 다니던 친구들 중 하나가 나에게 '레스토랑'을 소개시켜주었고, 거기서 이른바 '웨이터'로 한두 달 있다가 끝내는 '바'로 옮기게 되었다. 돈 때문에. 웨이터로 12시간 정도 일하고 받는 돈이 15만 원 정도였는데, 바에서는 손님들이 주는 팁이 많으면 20만 원 정도 했던 것 같다. 거의 막장 인생이었다. 그러나 거기도 사람 사는 세상이었다. 밝은 대낮을 살아가는 사람들이 사람으로 여기지 않는 사람……

그곳에서 고등학교 때 친구들의 삶의 세계보다 더 어둡고 깊은 세계를 보았다. 여러 가지 개인적 이유들 때문에 웃음과 몸을 팔러 내몰려야 하는 인생들을 경험하였다. 남들은 손가락질하지만, 그들도 분명히 인간human being이었다. 감정이 있고, 인정이 있고, 고민이 있고, 눈물이 있고, 기쁨이 있고, 배신이 있고, 순정이 있는…… 그곳에서는 매일 스트립 쇼가 벌어졌다. 한번은 매우 멋지게 생긴 손님이 들어와 바로 무대 앞에 앉았다. 그러다 쇼를 하는 도중 그 손님이 먹던 과일 안주 조각을 쇼를 하는 여자에게 집어 던졌다. 추잡하고 더러운 쇼를 한다고. 그녀는 무대 옆 주방에서 벗었던 옷을 주섬주섬 입으며 말없이 눈물을 흘리고 있었다. 손님들에게 안주를 나르던 내 마음속에, 삶의 '고상함'이란 게 무엇인지조차 모르지만, 역겹게 느껴졌다. 그럴 거면 오지 않으면 되지. 그때의 기억은 나에게 삶의 외면과 내면은 철저하게 위선적으로 결합되어 있다는 지워지지 않는 인상을 각인시켰다. 지금도 삶은 위선 덩어리라 믿는다. 지식인이라는 허울 아래에 숨겨놓은 욕망을 은폐하기 위해 질러대는 수많은 미사여구들, 그건 말에 불과하다. 진실은 결코 드러나지 않는다. 진실은 언제나 거짓된 입술을 통하여 포장될 뿐이고, 명분은 욕망을 가리는 도구에 불과하다. 우린 욕망에 내몰려 살아갈 뿐 아닐까? 욕심과 욕망의 덩어리이면서도, 겉으로는 온갖 미사여구로 포장된 직함이 필요하고, 그렇게 화려한 미사여구들로 포장된 직함이란 곧 '돈'을 벌기 위한 도구에 불과하지 않은가? 돈을 벌기 위한 이기적 욕망을 위해 혹은 유전자가 각별한 애착감을 부여하는 자식들을 위해 살아가면서도, 늘 삶에 의미와 목적과 이상이 존재한다고 말한다. 그리고 그 이상과 의미를 통해 내 자리의 안정성을 확보한다.

그 지하에서 6개월을 일하고 난 뒤 드디어 등록금을 모았다. 복학계를 내려 할 즈음 입대 영장이 나왔다. 그리고 군대에 갔다.

1학년 때부터 내가 어두운 터널 같은 시간들을 보내고 있을 때 만난 형이 있다. 물론 신학교 선배이다. 왜 학교를 다니고 있을까를 고민하던 시절, 그 형은 늘 날 보면 그저 밥 먹으러 가자 했다. 그리고 그냥 따라갔다. 점심값이 없었다. 매일 학교에 갈 때면 어머니는 천 원씩을 주셨다. 나중에 안 사실이지만, 아침상을 차려주신 후 어머니가 한동안 안 보이실 때 그 천 원을 꾸기 위해 이집 저집을 다니러 나가신 것이다. 안양에서 서대문 충정로까지 좌석버스가 있었는데, 400원인가 450원인가 했던 것 같다. 왕복 800원을 빼면 200원이 남았다. 당시 학교 앞 허름한 분식집 '행자네'의 라면 값은 250원이었다. 그래서 늘 점심때가 되면, 지금은 동아리방이라 하지만 당시는 서클룸이라 부르던 곳에 가서 기타를 두드리곤 했던 기억이 난다. 그렇게 혼자 있을 때면, 그 형이 들어와 밥 먹으러 가자고 했다. 그렇게 먹고 마시게 할 때마다 형은 늘 '목회' 이야기를 했고 나보고 목사가 되라고 했다. 그 형이 지금은 서울의 크지도 작지도 않은 교회의 담임목사이면서, 칭찬도 많이 듣고 비난도 많이 받는다. 그러나 그 목사님은 지금도 내겐 형이다. 가족 중에 형이 없었던 나는 그렇게 늘 나를 먹여주던 형이 친형 같았고, 단 한 번도 학문적으로 깊이 있는 이야기나 신학적인 이야기를 해준 적은 없지만(했어도 내가 이해하지 못했을 것이다) 그 형의 손길과 배려를 통해 난 '소망'을 배웠다. 내 삶을 향한 소망이 아니라, 손길이 필요한 자들을 향해 손길을 내밀 수 있는 능력, 그 능력을 간구하는 간절함, 그 간절함 속에 하나님 나라가 존재하는 것 아닐까? 수많은 학문의 언설들이 쌓여도, 그 형이 내게 베푼 손길보다 의미 있게 다가오지 못한다. 전혀 다른 맥락에서 이루어진 이야기이지만, 누군가 그랬다 하지 않는가, 신학은 인간학이라고. 거대한 이상과 목적을 위한 신학이 아니라, 작고 구체적인 삶을 통해 보일 듯 말 듯 다가오는 작은 소망들, 바로 거기가 신학의 자리라고 생각한다. 신학적인 지식도 필요하고, 21세기를 이끌어갈 비전도 필요할 것이다. 그러나 낮은 자리의 작은 영혼에게 밥 한 끼를 통해 잠시의 안도감이나마 베풀 수 없는 실천력이라면 차라리 신학 없는 신앙이 보다 나은지

> 삶이라는 것에 대해서도, 신앙이라는 것에 대해서도, 하나님에 대해서도, 할 말이 없었다. 20대 후반 내 눈에 비친 세상의 불평등과 부조리, 그 한복판에 아무것도 없이 내팽개쳐진 내 영혼. 무엇을 위해 간구할 수 있을까⋯⋯

도 모르겠다. 난 요즘 우리 신학이 너무 부유해진 것은 아닌가 하는 생각을 가끔 해본다. 그래서 구태여 '유목민'이라는 정체성을 억지

로 붙여보기도 한다. 삶의 조건을 따라 이리저리 옮겨 다니지만, 아무것도 쌓아놓을 소망이 없기에 지금 이 순간 나의 가진 것을 기꺼이 나누며 '인정'을 품어가는 유목민처럼, 진정한 지식의 조건을 찾아 우리는 떠나야 할 것이고, 진정한 신학의 자리를 늘 이 체제 바깥으로 밀려난 사람들의 자리로 옮겨 거기에 장막을 쳐야 하지 않을까? 그런 이들의 삶이 우리 시선에서 사라질 때, 신학은 하나님의 얼굴, 즉 가난한 자의 얼굴을 잃는 것은 아닌가?

군 제대 후 무언가 목표를 두고 살아야 한다는 강박관념이 생겼고, 그래서 가난해도 늘 영어 원서를 끼고 도서실에 가서 살았다. 공부를 해야 한다는 생각이 특별히 강렬했던 것은 아니었다. 여러 친구들이 영화 보러 갈 때, 여자 친구 만나러 갈 때, 난 그런 일들조차 부담스러웠다. 돈이 없었다. 그러나 얻어먹긴 싫었다. 그래서 구차한 행색을 드러내느니 제본한 영어 책 하나 들고 도서실에서 살았다. 남들은 내가 학문을 향한 거대한 포부나 열정이 있는 줄 알았던 것 같다. 역시 사람 속은 그 누구도 모를 일이다. 공부를 하게 된 동기는 그저 갈 데가 없었기 때문이고, 가난했기 때문이었다. 물질로 가난했기 때문에 정신적인 빈곤함을 더욱더 배겨내기 어려웠던 것 같다. 머리마저 빈곤하면 존재의 이유조차 찾지 못할 것 같았다. 대학원 진학을 위해 영어 공부가 필요한 후배들 몇몇을 데리고 영어 스터디를 할 때 왠지 내가 존재감 있게 느껴졌다. 내가 좀 필요한 사람이라는 느낌이 좋았던 것 같다. 그저 닥치는 대로 읽고, 손에 먼저 잡히는 두꺼운 영어 책을 붙잡고 매일매일 시간을 채워갔다. 학문을 향한 열정이 아니라, 내 인생의 결핍이 자아내는 공백의 느낌을 채우기 위해서였다. 학문은 내게 그래서 '내 존재의 공백 그 자체'였고, 그 공백 자체의 공간을 형성하는 허공이었다. 지식은 내 주린 배를 채워주지 못했기에, 늘 배고픈 느낌이 당시 내겐 있었던 것 같다. 그 느낌에 책을 읽었지만, 학문은 내게 그 공백의 느낌을 지연시킬 뿐 채워주지는 못했다. 그때 화이트헤드A. N. Whitehead와 비트겐슈타인Wittgenstein의 책을 열심히 읽었던 것으로 기억한다. 특별히 비트겐슈타인의 『논리-철학-논고 Tractatus-Logico-Philosophicus』 말미에 쓰여 있는 말, "Whereof one cannot speak, therefore one must be silent"(§7), 즉 "말할 수 없는 것에는 침묵해야 한다"는 말이 내 머릿속에 깊숙이 남아 있다. 내게 비트겐슈타인의 말이 뼈저리게 와 닿았던 것은 아무리 책을 읽고 또 읽어도, 난 삶과 인생의 의미에 대해서 할 말을 찾지 못하고 있었기 때문이다. 당시까지 살아왔던 시간들에서 의미를 찾는 것은 하나님으로부터 버림받은 욥에게 의미를 찾으라는 것과 같은 말이었다. 차라리 아무 말도 갖다 붙이지 않는 게 더 나았다. 그 무엇에 대해서도 참으로 할 말이 없던 시절이다. 삶이라는 것에 대해서도, 신앙이라는 것에 대해서도, 하나님에 대해서도, 할 말이 없었다. 20대 후반 내 눈에 비친 세상의 불평등과 부조리, 그 한복판에 아무것도 없이 내팽개쳐진 내 영혼. 무엇을 위해 간구할 수 있을까……

세상의 복판으로 던져진 '나'—하이데거의 세상으로 기투된 현존재, 바로 그것이 나였다. 저들의 세계는 저들의 기준과 판단으로 돌아가고, 그 기준에 부합할 능력이 없었던 나는 늘 저들의 세계로부디 바깥으로 내던져진 추방자 같았다. 대학교 시절 (지금도 친한)

한 친구가 나를 위해 비싸고 맛있는 밥을 샀다. 내가 미안해할 것이라고 생각했는지, 나보고 일주일 동안 라면을 사란다. 나 사 먹을 라면 값도 없었는데. 부유한 가정의 장남이었던 그는 늘 남을 배려하는 따스한 마음씨를 가진 성실하고 충실한 청년이었지만, 그는 나와 같은 사람들이 살아가는 삶의 수준을 '상상'하지 못했다. 일주일 동안 나는 그를 피해 다녔고, 그는 내가 자신을 싫어한다고 오해해서 한동안 서먹했다. 지금도 그는 그때 내가 왜 그를 피해 다녔는지 모른다. 알면 뭐할까? 뼈저리게 느낀 게 있다. 우리 인간이란 '소통communication' 능력을 갖춘 유기체가 아니다. 늘 자신의 생각과 기준으로 세상을 구성할 뿐이다. '이해'한다는 것은 유교적 이상이나 국가주의의 이상처럼 늘 억압의 기제를 미화하기 위한 도구로 구실할 때가 더 많고, 진정한 이해란 '침묵'일 경우가 더 많다고 느낀다. 그 친구의 마음을 헤아리고 이해하려 하기보단, 차라리 말하지 않는 것이 그와 나에게 더 도움이 되었던 것 같다. 그때의 기억 없이 지금 스스럼없이 만나 밥을 먹으니 말이다. 어떤 기억들은 차라리 망각되는 게 사는 데 도움이 된다.

대학원에 진학해서 1년을 다니다 또 돈이 없어 휴학계를 냈는데, 안 된다고 해서 자퇴서를 냈다. 아무것도 할 일이 생각나지 않았다. 돈을 위해 내 육신을 굴리고 팔아야 하는 곳으로 다시 나가긴 싫었다. 문득 '독일어 공부'를 해야겠다고 생각했고, 이정배 교수님의 독어 성서 강독을 청강하기로 마음먹었다. ABCD도 제대로 못 읽던 나는 첫날 Bibel을 '바이벨'이라고 발음했다고 혼이 났다. 독일어로는 '비벨'이라고 읽는다. 학생 수가 많지 않아 독어 성서 강독은 폐강되었다. 하지만 선생님은 우리들 몇몇을 모아 계속해서 책을 읽었는데, 그때 읽은 책이 G. 타이센G. Theissen의 『진화론적 관점에서 본 성서적 신앙』이었다. 한두 명을 두고 1년을 지속해서 가르치던 선생님의 열정을 통해 난 처음으로 삶의 '의미'라는 걸 느껴보게 되었던 것 같다. 이미 빛나는 이상을 정해놓고, 그 이상에 맞추어 삶의 의미들을 찾아 나가는 '의미'가 아니라, 삶의 성실함과 땀으로 한 걸음씩 내디디면서 하루하루를 의미 있게 엮어나가며 의미를 구성해나가는 길을 보았다고나 할까? 폐강된 과목의 학생들을 모아 1년여를 열정으로 가르쳐주셨던 모습이 나에겐 선생이란 무엇인지를 가리키는 지표로 남아 있다. 그리고 밥도 사주셨다. 밥이 이상이었는지, 신학이 이상이었는지는 지금도 확실치 않다. 그러나 난 밥과 학문을 수행하는 길을 언뜻 경험한 것이다. 아베체데를 발음조차 못하던 내가 그 책을 끝까지 다 읽었고, 남산의 괴테하우스를 중급Mittel Zwei까지 다녔던 걸로 기억한다. 내가 '공부를 할 수 있다는 소망'을 갖게 된 때였던 것 같다.

그 후 복학하면서 선생님이 만든 '기독교통합학문연구소'에 참여하게 되었고, 그러면서 참 많은 공부를 했던 것으로 기억한다. 당시 읽었던 『신과 자연God and Nature』이라는 책은 나에게 종교와 과학 간의 역사적 상호관계에 대하여, 리프킨J. Rifkin의 『생명권 정치학Biosphere Politic』은 환경과 정치에 대하여, 타이센의 책은 진화론과 창조에 관하여 많은 질문거리를 남겨주었고, 폴킹혼John Polkinghorne과 카우프만Gordon Kaufman의 책은 종교와 과학의 대화 문제 그리고 신학 방법론의 문제를 숙고할 지평을 열어주었다. 특별히 판넨베르그W. Pannenberg의 책은 자연과학과의 대화 문제에서 '신학적 주체성'

의 문제를 볼 수 있는 눈을 열어주었고, 선생님이 이어가던 토착화 신학의 물음들은 유학 시절 탈식민주의의 담론들을 탐독하게 만드는 계기가 되었다.

지금은 특별히 연락을 드리고 있지 않지만, 학부와 대학원 시절 만난 김영민 선생님은 내게 이정배 선생님이 열어주었던 신학적 세계와는 다른 철학과 글쓰기의 세계를 열어주었다. 근대적 주체가 담지한 폭력성의 문제와 환원론적 사고방식의 문제를 현상학적 사유로 까발려주던 김영민 선생님의 학문 세계는 내 사유에 철학적 친화력을 더해주었다. 물론 그분의 글쓰기는 그때나 지금이나 나에겐 '절망'을 선물로 안겨주곤 한다. 도저히 따라 할 수 없는 글쓰기. 그래서 난 김영민 선생님의 철학과는 다른 길을 갔던 것 같다. 유학 시절 김영민 선생님이 자신의 글과 함께 편지를 보내주셨는데, 그때 내가 전에 보낸 편지를 언급하면서 "고등학문을 연마하는 지성인의 냄새가 풀풀 나는구먼. 난 이제 물의 세계를 지나 숲의 세계로 나아가는 듯하다"고 적어주셨던 생각이 난다. 지금도 난 고등학문을 선호한다. 그리고 고등어도 좋아하게 되었다. 결혼한 아내의 집안이 육식보다는 생선을 좋아하는 남해 출신의 집안이었고, 그래서 결혼 이후 생선을 먹게 되었다. 고등학문과 고등어, 난 김영민 선생님처럼 지적 채식주의자가 되지는 않을 것 같다. 내 삶이 잡스럽기 때문이다. 깔끔한 스타일을 연출하기보다는 손 앞에 놓여 있는 Zuhandenheit 것들을 섭취하며, 내 손바닥에서 세계를 꿈꾼다.

박사과정 시절 선생님인 로버트 코링턴 Robert S. Corrington 교수는 필자가 '인간human betweenness'의 문제를 붙들고 신학 하는 길을 모색하던 중 만난 스승이었다. 그는 'betweenness'라는 용어를 나와는 전혀 다른 맥락에서 사용하고 있었는데, 정신분석과 철학을 매개로 미국 자연주의의 신학을 유니테리언의 신앙을 배경으로 전개하는 그는 심각한 지병을 안고 살아가는 사람이었다. 조울증 때문에 하루에 18개의 알약을 복용해야 하는 그는 본인의 말로 맨 정신으로 살아가는 시간이 하루 예닐곱 시간에 불과하다고 했다. 약 기운이 몸에 퍼지면 멍해진다는 것이다. 그러면서도 자신의 생각을 글로 옮기며 살아가는 그는 '학문'은 단지 이론의 문제가 아니라, 살아나감과 자살 사이의 치열한 투쟁임을 보여주었다. 내가 지금까지 살아왔던 인생보다 더 많은 이야기가 담겨 있음을 알게 된 건 그의 자서전을 편집하면서, 그가 적은 삶의 이야기를 서너 번 읽고 나서였다. 내 인생만큼 소설 같은 인생이 없을 줄 알았다. 그래서 세상을 없는 자의 특권적 의식으로 거리낌 없이 냉소하고 비판하던 나에게 문득 살아가는 모든 사람은 각 사람 나름대로의 이야기를 갖고 있을 것이라는 생각을 갖게 되었던 것은 코링턴 교수를 만나 그의 이야기를 알게 되면서부터였다. 조울증으로 자살한 어머니에 대한 힘든 기억들을 풀어내면서, 자신의 조울증 안에 갇혀버린 인생을 우주 자연과의 신비 합일을 통해 탈주하려는 그의 영혼은 내 영혼의 쪽방에 새로운 빛을 던져놓았다. 무의미한 기계적 반응에 불과하던 나의 신학적 담론의 언어들은 '삶'이라는 문제, 인간이라는 문제를 좀더 갈등답게, 복잡하게 조망하기 시작했다. 노자와 장자의 초연한 도인 같은 삶의 해석이 구체적인 삶의 복잡성과 갈등들과 씨름하며 살아가는 삶의 이야기와 조우하지 않는다면, 그것은 그저 21세기 부유한 중산층의 지적 유희에 불과할 수 있다는 생각을 갖게 된 것이다. 그래서 유교적 격물치지의 '사이 관계성'을 중심으로 '사이로서의 인간human betweenness'을 조망하던 나는 성/속의 치열한 갈등과 분쟁들의 분기를 통해 '사이'를 조망하게 되었고, 그러한 갈등들이 배태해가는 '인간의 기만과 위선'을 다소 구체적으로 바라보게 되었다. 감사할 수 없는 상황 속에서 의미와 목적을 찾는 종교적 행위는 분명 위선적이고 기만적이다. 그러나 그 기만과 위선의 행위를 구체적 삶의 상황들 속에서 실천해내면서 사람은 삶을 살아갈 만한 어떤 것으로 창출해간다는 것을 코링턴 교수의 삶을 통해 보게 되었다.

공부를 시작한 이후, 늘 공부보다 삶이 더 어려웠다. 유학 시절의 고생이야 누구나 다 경험하지만, 특별히 집으로부터 경제적 후원을 받을 만한 형편이 되지 못했던 나와 아내는 고생이 많았다. 경제적 조건들 때문에 생기는 어려움보다, 그 빈곤으로 우리 마음속에 만들어지는 허탈과 궁핍의 야기가 우리를 더 어렵게 만들었다. 말 한마디 따스하게 나누기보다 빨리 마쳐야 한다는 강박관념에 매일 시간에 쫓겨 살았고, 아내는 새벽부터 저녁까지 우리의 경제를 위해 일을 하고 돌아와 지친 상태로 서로에게 짜증을 냈다. 마음으로는 미안해도, 얼굴을 마주하고는 한마디 말을 통해서조차 위로를 건네지 못하던 이상한 심리 상태. 그러한 정신적 분열은 학위를 마치기까지 계속되었고, 첫아이를 키우면서 안게 되는 생활의 짐들이 서로를 더욱더 감싸 안지 못하는 상황으로 치닫게 만들었다. 그러다가 문득 우리의 갈등이 우리 자신으로부터 비롯되는 것이 아니라, 삶의 조건들로부터 비롯되고 있다는 걸 알게 되었다. 각박한 삶의 환경이 황

폐화시킨 우리의 마음과 정신, 우리는 거기에 굴복하며 살아가고 있다는 것. 박사과정을 4년 만에 마친 나는 졸업식까지 거의 1년의 시간을 갖게 되면서 아내에게 (신학) 공부를 권했고, 그 1년 동안 꽃집 배달부로 일하며 경제와 가사를 떠맡았다. 신학을 해야 한다는 생각은 없었지만, 그래도 신학교가 등록금이 제일 쌌고 장학금도 제일 많았다. 내 인생은 조건의 산물이다. 그럼에도 불구하고 내가 아내에게 무언가 도움이 되는 일을 한다는 자부심, 그리고 배달한 꽃을 보며 피어나는 사람들의 웃음. 아, 신학이란 여기에 존재하는 것 아닐까 하며 배달부로 눌러앉고 싶은 생각이 들던 때도 있었다. 귀국해서 여기저기를 돌아다니며 강의하던 시간들, 때로 지쳐 힘들지만, 그러는 중에 혹시 내가 꽃집 배달부보다 못한 인생을 살아가는 것은 아닌지에 대한 회의감이 밀려올 때면, 다시금 일어나 내가 무엇을 위해 인생을 살아가고 있는지를 되뇌인다. 난 '소망의 배달부'여야 한다.

신학은 내 영혼 내면의 공백의 외면화였다. 수많은 차이와 다양성에도 불구하고 모든 사람은 생물학적·사회적·문화적 기반을 공유하며, 자신만의 삶의 무늬를 쌓아간다. 그 무늬의 이력들은 때로 삶을 새로운 지평으로 예인하는 해방의 깃발이기도 하지만 때로 삶을 조건의 산물로 억눌러버리는 억압의 기제가 되기도 한다. 내게 학문은 그 삶의 이율배반적인 위선을 드러내어 고발하는 한 방식이었고, 그렇게 까발려진 삶의 적나라함을 품고, '사이 the between'의 시공간을 관계로 엮어나가도록 만들어주는 나비이자 날파리였다. 장자의 꿈에 등장하는 나비, 이게 꿈인지 생시인지 묻도록 만들어주는 나비,

내 삶의 유기적인 습관들을 귀찮게 괴롭히며 삶에는 (어둔) 구석이 존재하며 그곳을 밝혀나가야 한다고 귀찮게 되뇌는 소크라테스의 날파리. 기존 체제에 익숙해지며 구축한 나의 기만과 위선의 논리를 성가시게 하며 끊임없이 내가 구축한 '논리적 체제'를 위반하여 넘어 들어오는 날파리와 같은 비상식적이고 비논리적인 울림, 자기 앞가림도 제대로 못하고 있으면서 세계를 가리켜야 하는 어색하고 궁색함, 그렇게 세계를 가리키면서 나의 몸짓은 나의 안주하고 정주하고 싶어 하는 정신 체제를 고발한다. 귀국한 후, 카푸토와 네그리 그리고 바디우와 들뢰즈 등의 글을 통해 내 가난한 몸짓의 이유를 조금이나마 심화시켜 이해할 수 있는 계기가 있었고, 그것은 곧

그러나 하나님께서 세상의 미련한 것들을 택하사 지혜 있는 자들을 부끄럽게 하려 하시고 세상의 약한 것들을 택하사 강한 것들을 부끄럽게 하려 하시며 하나님께서 세상의 천한 것들과 멸시 받는 것들과 없는 것들을 택하사 있는 것들을 폐하려 하시나니(「고린도전서」1장 27~28절)

라는 바울의 말로 압축된다. 없는 자들을 있게 하시고, 있는 자들을 없게 하시는 그분의 능력. 이 바울의 고백은 결코 기존 체제에 순응하며 자신의 빈약한 사도성을 변호하려던 야심가나 술사의 언사가 아니라, 삶을 통해 배어나온 무늬의 흔적이라고 여겨졌다. 아직 나의 '신학'과 '삶'은 텍스트에 머물러 있다. 이렇게 말하면서, 나의 텍스트는 언젠가는 그를 넘어선 콘/텍스트를 아우를 것이라고 고백하려는 것은 아니다. 데리다의 말처럼, "텍스트밖에는 아무것도 없다."

모든 것은 텍스트이며, 텍스트는 스스로를 이합집산시키면서 삶의 무늬를 엮어갈 따름이다. 단지 나의 텍스트가 주로 문자적 텍스트에 국한되어 삶의 텍스트들을 번역해내지 못하는 한계를 담지하고 있다는 것을 말하려 할 뿐이다. 삶의 텍스트들로의 번역은 '삶의 시간들'이 더 필요할 것이다. 텍스트는 기존의 문장 구조와 독법을 넘어서, 이독을 통해 차이를 낳아가는 요인들을 담지하고 있듯이, 내 자아self의 기존 경계를 비집고 허물며 침입해 들

> 내 삶의 신학이 가능하다면, 그것은 곧 내 이야기들 속에서 억압되고 배제된 그 타자를 찾아, 그의 타자성을 인정하고 그에게 음성을 회복시켜주는 일, 그래서 더욱더 내 이야기가 분열되어나갈 수 있도록 하는 일이다.

어오는 '주체the subject', 즉 내 삶의 차이와 지연을 창출해내는 주체는 늘 내게 내가 존재하지 않는 것들로 여겨왔던 것들을 존재에로 부르는 힘을 갖고 있고, 내 삶이 그 부르심에 대한 감수성을 유지할 수 있도록, 내 지식을 저장고에 축적하며 지적 포만감의 수단으로 삼지 않고 언제라도 그 부르심이 예인하는 지평으로 짊어지고 갈 '지식'을 준비하는 마음과 삶을 지닌 지식 유목민, 그 방랑하는 삶의 갈등과 긴장을 잃지 않고 신학을 수행한 사람으로 스스로를 기억할 수 있기를 소망해본다. 내 '삶의 이야기'는 이 현재형으로 마쳐야 할 것 같다.

신학은 신에 대한 학문이 아니라, 인간에 대한 학문이다. 신은 학문을 필요로 하지 않기 때문이다. 인간은 삶의 일관성을 통해 의미

를 부여하지만, 그 의미란 삶을 배겨내고 이겨낸 이들의 기억 아니겠는가? 따라서 자기가 베풀지 못한 사랑에 대한 변명이 그 의미에 동반될 수밖에 없을 것이다. 신학이 의미를 추구하는 한 신학은 신 앞에서 인간의 자기변명이 될 가능성이 농후하다. 때문에 신학은 인간의 자기변명의 경계를 넘어서서, 의미 있게 다가오지 못하는 사건들, 때로는 억압되고 비하되는 사건들을 기억remember하는 것이다. 그것은 내 기억 속에서 존재로 인정받지 못하는 사건들에게 다시금 '나'의 일원이 될 수 있는 멤버십을 부여하는 일이다. 이런 의미에서 신학이란 언제나 '저항의 학문'이다. 나의 인간적 언설의 일관성이 구축하는 매끄러운 의미의 폭력적 체제에 저항하여 인간적 체제를 탈주해나가는 길을 모색하는 학문, 그를 통해 인간들이 배제하고 추방하고 억압하는 존재들을 하나님의 택하신 백성으로 회복시키는 일 말이다. 그래서 바울은 하나님이 없는 자들을 택하신다고 했다.

그렇기에 신학은 삶을 정신분열증적 실재로 조망해야 한다. 삶의 정상성을 규정하며 의미의 경계를 구축해가는 인간의 언설들 사이사이마다 억압되고 배제될 수밖에 없는 무의미한 존재들, 그래서 정상인의 삶에 늘 귀신처럼 출몰하는 불합리하고 무책임한 존재들을 회복하고 치유하는 것. 그렇다면 신학은 삶의 정신분열증을 치유하는 작업일 것이다. 치유라는 말은 어쩌면 틀린 말인지도 모른다. 왜냐하면 정신분열증을 치유한다는 것은 곧 정신분열 증세를 없애서, 그 인격 주체를 정상인으로 되돌려놓겠다는 말이기 때문이다. 우리는 그 분열된 사이를 삭제할 수 없다. 내 삶의 이야기를 통하여 토해진 이야기들은 내 삶의 시간을 배겨낸 승리자의 기억이기 때문이다. 내 삶의 신학이 가능하다면, 그것은 곧 내 이야기들 속에서 억압되고 배제된 그 타자를 찾아, 그의 타자성을 인정하고 그에게 음성을 회복시켜주는 일, 그래서 더욱더 내 이야기가 분열되어나갈 수 있도록 하는 일이다. 그것은 곧 지금까지 서술된 내 삶의 이야기에 내 어머니의 이야기와 내 아내의 이야기를 비/일관적으로 덧붙이는 일이며, 지금까지 남성적으로 지켜왔던 삶의 리듬들을 그들의 이야기가 지닌 리듬으로 흩트려놓는 일일 것이다.

나는 누구인가?

PSALME LXXXVII.
FVNDAMENTA EIVS.
A PSALME AND SONGE OF THE
SONNES OF CORAH.

HER foundacions are vpon the holy hylles: the Lorde loueth the gates of Sion more then all the dwellynges of Iacob. Very excellent thynges are spoken of the, thou cyte of God. Selah. I wyll thynke vpon Rahab and Babylon, wyth them that knowe me. Beholde, yee the Philistynes also, and they of Tyre with the Morians. Lo, there was he borne. And of Syon it shalbe reported, that he was borne in her, and the moost hyest shall stablish her. The lorde shall rehearse it, whan he wryteth vp the people, that he was borne there. Selah. The syngers also and trompeters shall he rehearse. All my freshe sprynges shalbe in the.

박태식

대한성공회 신부 | 신약학

서강대학교 영문학과와 동 대학원 종교학과를 졸업했다. 독일 괴팅엔 대학교에서 신학 박사학위(신약성서학)를 받았다. 현재 대한성공회 사제로 장애인 센터 '함께사는세상'의 원장으로 일하고 있다. 또『월간 에세이』통해 에세이스트로 등단했으며, 월간『춤』을 통해 영화평론가로 입문하여 에세이스트와 영화평론가로 활동하고 있다. 지은 책으로『나자렛 예수』『타르수스의 바오로』『예수의 논쟁사화』『영화는 세상의 암호』등이 있다.

I   처음 신학을 하게 된 동기는 그리 분명하지 않다. 학부에서 부전공으로 종교학을 공부하던 중, '그리스도 신앙개론'이라는 과목을 맡았던 어느 신부님이 갑작스레 강의를 못하시게 되었고 대타로 강의실에 들어오신 분이 정양모 신부님이었다. 뭐라고 할까? 구름이 잔뜩 낀 날 등산을 하다가 한숨 돌리며 저 아래 마을을 보는데 갑자기 구름이 틈을 내주면서 마을 한가운데로 햇빛을 보내는 장관을 목도했다고나 할까? 신앙의 아버지이자 학문의 아버지인 정 신부님과의 만남은 그렇게 시작되었다. 그 뒤로 졸업을 할 때까지 종교학 과목을 42학점이나 획득했다. 전공과목 이수 학점이 46학점이었던 데 비하면 대단한 일이었다.

  졸업을 할 때쯤 앞에 두 가지 가능성이 있었다. 하나는 취직을 해서 산업사회의 역군이 되는 것이었고 다른 하나는 영문학 전공을 살려 미국으로 대학원 공부를 하러 가는 것이었는데, 일단 미국에 가는 쪽으로 방향을 잡았다. 유학 준비를 하느라 4학년 1학기를 다 보널 즈음, 불현듯 종교학 공부를 좀더 해보고 나서 유학을 가도 괜찮겠다는 생각이 들었다.

방향을 급선회해 종교학과 대학원에 진학했고, 그렇게 정 신부님과의 인연이 계속되었다. 대학원에서는 서인석 신부님, 장익 신부님, 김승혜 수녀님에게 수학했고 그때 학점 교환으로 혜화동 가톨릭대학에서 여러 과목을 들으며 박상래 신부님, 심상태 신부님, 오경환 신부님에게 정말 많은 것을 배웠다. 특히 박상래 신부님의 대학원 과목은 아직도 기억에 남는다. 영어, 불어, 독일어 텍스트를 동시에 펴놓고 강의하면서 수시로 헬라어, 히브리어, 라틴어 개념들을 설명했는데 혀를 휘휘 내두를 정도였다. 사실 그때 결정을 잘못한 것인지도 모르겠다. 필자도 언젠가 저렇게 될 수 있다는 허황된 꿈을 꾸게 되었으니 말이다. 정양모 신부님과 박상래 신부님의 경우 소신학교小神學校 출신이라 라틴어로 시까지 쓸 수 있는 분인데 필자가 팬스레 만용을 부린 것이었다.

석사를 마칠 무렵 정 신부님은 독일 유학을 권하셨고 구체적으로 튀빙엔 대학의 P. 슈툴마허 P. Stuhlmacher 와 괴팅엔 대학의 G. 스트레커 G. Strecker를 지목하셨다. 일단 뮌스터로 갔다가 한 학기 지나 신부님의 권유에 따라 괴팅엔 대학으로 전학을 했고 8년간 그곳에서 공부를 했다. 신부님의 충고에 따라 멋도 모르고 간 학교이긴 했지만 나중엔 참으로 탁월한 선택이었다는 생각이 들었다. 필자가 공부할 당시 신약성서학 교수로는 지도교수인 G. 스트레커와 E. 로제, H. 스테게만, H. 휘브너, G. 뤼데만 등이 포진해 있었고 성서학 오버 세미나와 콜로키움엔 가끔씩 H. 콘젤만이 출동하곤 했다. 한때 괴팅엔 대학 신학부엔 H. 콘젤만과 E. 케제만, J. 예레미아스가 동시에 교수로 있었고 그 이전으로 올라가 20세기 초에 종교사학파가 처음 시작될 때엔 부세, 하이트뮐러, 군켈, 브레데, 트뢸취 등이 교수로 있었다. 얼떨결에 신학을 시작했다가 독일까지 흘러 들어온 필자에겐 과분하기 짝이 없는 대학이었고 분에 넘치는 학풍이었다. 고전 언어학과 역사비평 연구의 본산에서 세계 최고의 교수들에게 배울 수 있었던 것이다.

II 사실 박사학위를 취득할 때까진 행운의 연속이었다고 해도 과언이 아니다. 노벨상을 40명이나 배출한 괴팅엔 대학의 신학부에서 한국 사람으로는 처음으로 신약성서학 박사학위를 받았으니 말이다. 하지만 그 시절만 해도 내 인생에 후반전이 아직 남았다는 사실은 전혀 감도 잡지 못하고 있었다. 조국이 나를 간절히 부르고 있다는 막연한 느낌만 있을 뿐이었는데, 실은 헛바람만 잔뜩 들어 있었던 것이다. 그리 긴 시간이 걸리지 않아 조국의 학계가 나를 그리 달가워하지 않는다는 사실을 알았기에 하는 말이다.

독일에서 학위를 취득할 때까지의 전반전이 그런대로 순탄한 편이었다면 그 후로 지금까지 후반전의 삶은 그리 내세울 게 없다. 신학대학의 취직과 해고, 신앙의 갈등, 평신도 신학자의 어정쩡한 삶, 다들 대한민국의 성서학계를 심각하게 고민하는 판에 생계나 걱정하고 있는 한심한 처지, 그리고 해고 과정에서 얻은 병 두 가지. 그렇게 10년을 좌충우돌하며 보내고 있던 참에 정 신부님은 다시 한 번 내 인생의 길잡이를 자청하셨다. '성공회 사제가 한번 되어보겠느냐?'는 것이었다. 20대 후반에 대학원에 진학하면서 가톨릭 사제의 길을 걷겠다고 찾아뵈었을 땐, "사람 사는 데는 다 똑같다"라고 적극 말렸던 분이 거꾸로 사제의 길을 권유하신 것이다. 이제 사람이 되었다는 뜻일까, 아니면 이렇게 해서라도 사람을 만들어보겠다는 뜻일까? 언젠가 여쭤보려고 벼르고 있는 참이다.

앞으로의 삶은 어떨까? 필자의 처지에 극적인 변화가 없는 한 대학에 자리를 잡는 일은 요원해 보인다. 그저 해직 교수, 17년째 시간강사, 늦깎이 사제 정도에 만족한다. 독일에서부터 갈고닦은 검약 생활엔 이미 이력이 난 상태고……

공부하고 글을 쓰는 방법은 석사 논문을 썼을 때나 지금이나 여전하다. 일단 성

> 앞으로 어떻게 살아야 그런대로 잘 살았다는 말을 들을까? 생각해보니 난감한 질문이다. 신학 공부와 강의는 천직인 것 같고 사제로서 살아야 하는 삶은 꽤 긴장감이 넘치는 편이다.

서 텍스트를 선택한 뒤에 이제까지의 연구사를 살펴보고 난 후, 역사비평 방법론에 따라 한절 한절 치밀하게 주석한다. 그리고 주석을 바탕으로 주제 설명을 한 다음 해석학적인 반성을 내린다. 그러다보니 자연스럽게 참고문헌도 많아지고 글도 길어지기 마련이다. 원고지 분량으로 150매를 넘기는 일이 다반사다. 필자에겐 이 일이 제격이다. 재미도 있고, 우울할 때 시간 보내기에도 적절하다. 며칠 동안 두문불출 집중해서 책을 읽고 글을 쓰다보면 내가 마치 저 유명한 독일의 신학자들처럼 대단한 사람이 된 기분이 들곤 한다. 사실 박사과정의 지도교수였던 G. 스트레커는 별명이 '일요일에도 일하는 사람'이었다. 주일날 저녁 시내에 들렀다 그분의 불 켜진 연구실을 보면 학문에 대한 심한 갈증이 나곤 했다. 자기만족의 지혜를 아직 깨닫지 못한 필자는 스승들 앞에서 여전히 갈증만 나는 처량한 신세

다. 작년에 가톨릭 출판사 한 곳에서 본격적인 「마르코복음」 주석서를 집필해달라는 부탁을 받아 요즘 한창 진행 중이다. 내심 EKK나 헤르더Herder 정도의 주석서를 꿈꾸고 있기는 하다.

다음으로 관심을 갖는 분야는 그리스도교와 타 종교 사이에 학문적인 접근을 해보는 일이다. 마땅한 자리가 없다보니 직책을 내걸고 타 종교인과 대화를 나누는 일은 불가능하고 그저 예수님의 가르침과 불교, 유교, 도교의 가르침에 공통점이 없을까 하며 이리저리 눈을 굴리고 있는 처지다. 그러다가 몇 년 전에 한국의 사상가로 제소리를 내는 분을 만났다. 다석 유영모! 놀라운 신앙과 사상을 지녔던 분이다. 이제까지 예수님과 다석의 사상을 비교하는 글을 한 편밖에 쓰지 못했지만(「하나님의 시간」, 『예수의 논쟁사화』, 늘봄, 2009, 168~197쪽) 앞으로 계속 도전해볼 생각이다.

III 학교에서 해고당할 때 막막했던 심정은 경험해본 사람 아니면 알지 못할 것이다. 결국 그때 발병한 이후 지금까지 골골하는 상태다. 집도 절도 없는 주제에 직장에서 쫓겨났고, 칼과 포크를 들고 앞에 놓인 접시에 소시지 좀 놓아달라고 애절한 눈빛을 보내는 어린 자식과 사회 적응 부적격자에게 시집와서 이게 무슨 고생이냐며 회한의 눈길을 보내는 아내 앞에서 능력 없는 가장이 쪼그라드는 것은 당연한 이치였다. 시간강사 생활 10년 만에 한 맺힌 유서 한 장 달랑 남기고 자살했다는 불쌍한 영혼의 서글픈 사연이 마냥 남의 이야기만은 아니었다. 그래서 길을 찾기 시작했다. 마침 1992년에 에세이스트로 등단한 전력이 있기에 영화평론을 해보기 시작했다. 필자의 첫 영화평론집인 『영화는 세상의 암호』 중 머리말을 옮겨보겠다.

   이 책은 강의 교재를 염두에 두고 쓰였다. 필자의 본업은 원래 신학이고 시간이 날 때마다 짬짬이 종교 관련 영화평을 써왔다. 영화감독이 돼보고자 했던 대학 시절의 욕심이 그런 식으로 연결되었던 모양이다. 그런데 언제부터인가 영화평을 부탁하는 잡지들이 하나 둘 늘기 시작하더니, 요즘은 도대체 본업이 무엇이고 부업이 무엇인지 모르는 신세가 되고 말았다. 필자에게 영화평을 실을 수 있는 기회를 준 『생활성서』『소년』『춤』『디다케』『서울스코프』『월간조선』 잡지사에 이 기회를 통해 감사를 드린다.

   영화평을 수년간 써오면서 신학·종교학 주제와 관계있는 영화를 강의 시간에 실험적으로 상영해보았다. 물론 간단한 영화평을 곁들여서 말이다. 그랬더니 의외로 반응이 좋아 욕심을 부려보기로 했다. 아예 '영화로 본 종교'라는 과목을 하나 개설하는 것이었다. 그 같은 필자의 생각과 가톨릭대 종교학과의 의도가 맞아떨어져 2003년부터 같은 제목으로 강의를 시작했고, 2004년에는 서강대 종교학과에서도 '종교와 문화'라는 강의를 제안 받았다. 일이 잘 풀려가는 셈이다. 책이 나오기까지의 간단한 배경이다.

   이 책은 작품들에 대한 간단한 소개서이다. 영화는 우리가 사는 세상을 직접 보여주기도 하고 넌지시 알려주기도 한다. 하지만 그렇게 머리에 모여진 세상 모습들은 우리 인생의 중요한 척도로 작용한다. 영화를 통한 간접경험이 우리의 삶을 보다 풍요롭게 만들어준다는 뜻이다.

   필자는 오래전부터 영화를 통해 세상을 보아왔다. 세상 곳곳을 찾아다니며 돌아가는 모양새를 알기에는 세상이 너무 넓은 까닭이다. 그래서 책의 제목을 『영화는 세상의 암호』라 붙였고 소제목들도 책 제목을 보다 세분하는 것으로 만족했다. 영화를 좋아하는 분들에게 도움이 되기를 바란다.

IV 앞으로 어떻게 살아야 그런대로 잘 살았다는 말을 들을까? 생각해보니 난감한 질문이다. 신학 공부와 강의는 천직인 것 같고 사제로서 살아야 하는 삶은 꽤 긴장감이 넘치는 편이다. 성공회 재속 사제는 비록 가톨릭 신부님들처럼 '독신'으로 살지 않고 수도회 사제들처럼 '청빈'을 서약하지 않는다. 그러나 주교 앞에서 한 '순명' 서약은, 비록 대외적인 약속이긴 하지만 자신을 옥죄는 구실을 단단히 한다. 평신도로 비교적 자유롭게 살아왔던 이전의 인생과 비교할 때 이제야 임자를 만났다는 생각이 들곤 한다.

성공회는 이른바 '중도'를 지향한다. 가운데라고 하지만 실은 극과 극을 모두 포용한다는 뜻이기도 하다. 그러니 필자가 어떤 신학적인 성향을 가졌다 한들 기댈 만한 넉넉한 공간이 성공회엔 있는 편이다. 필자에겐 참으로 다행스런 일이다.

필자에게 주어진 평생의 과제는 '예수 공부'이다. 하지만 예수 그리스도에 대한 교리적인 가르침에는 한계를 느낀 지 오래다. 일례로 '삼위일체' 강의를 한국과 독일에서 들은 바 있고, 니케아 신경을 라틴어와 헬라어로 분석해보았고, 그에 관한 책도 여럿 읽어보았고, 강의 때 용감하게 언급도 해보지만 여전히 이해를 할 수 없다. 가톨릭에선 이런 때 '믿을 교리'라는 용어를 사용한다. 머리 복잡해지니까 여러 말 말고 그저 믿으라는 말일 게다. 그런데 도대체 무슨 소린지 알아먹어야 믿지! 바울로 역시 "나는 영언으로 일만 마디를 하느니 다섯 마디라도 내 정신으로 말을 하고 싶습니다"(1고린 14:19)라 하지 않았는가? 그런 점에서 바울로는 필자의 훌륭한 스승이다.

예수님은 어떠한가? 그분 역시 우격다짐이 아니라 우리의 이성에 호소하여 하나님을 가르치신 분 아닌가? 같은 생각으로 쓴 『예수의 논쟁사화』에서 머리말을 옮겨보겠다.

'예수의 논쟁사화'는 오래전부터 필자의 관심을 끌어왔다. 합리적이고 과학적인 설명을 들어야 만족하는 현대인에게 역사의 예수를 설명하기에 아주 적합하다는 느낌이 들었기 때문이다. 쉴 틈 없이 제기되는 치밀히 계산된 질문들과 이론의 여지가 없는 현명한 대답들……논쟁사화는 우리의 지적 호기심을 시원하게 만족시켜준다.

예수 주변에 몰려들었던 사람들 대부분은 정규교육을 받지 못한 이들이었다. 그러니 예수에게 무슨 예리한 질문을 던질 수 있었겠는가? 세리, 병자, 창녀, 어부, 여자 등 죄인들의 처지가 다 그렇다는 말이다. 그런 상황에서 종교 지도자들이 예수의 논쟁과 대화 상대가 되었음은 당연한 이치다. 물론 제도권 종교 지도자들이 예수와 논쟁을 즐겼으니 그들이 예수를 동료로 여겼을 가능성도 얼마든지 있다. 하지만 예수는 그들과 달리 재야의 종교인이었다.

예수는 사제 집단인 사두가이파도 아니었고, 학자들을 주로 배출한 바리사이파와는 율법 해석에 거리를 두었으며, 종교적·사회적 지도층이었던 장로도 아니었다. 또한 동떨어진 곳에서 수도 생활에 정진했던 에세네파처럼 그리 경건해 보이지도 않았다. 그저 자신을 따르는 제자들과 이리저리 떠돌면서 하나님을 전하던 유랑 선교사였을 뿐이다. 그러나 한 가지 분명한 점은 이스라엘 백성 사이에서 예수의 인기가 엄청나게 높았다는 사실이다.

예수에게 위기감을 느낀 종교 지도자들은 힘을 모아 그분과 일행을 공격하기에 이른다. 그들에겐 넘어야 할 벽이 있었는데, 섣불리 물리력을 쓰다간 자칫 예수의 가르침과 행동을 제지하려는 것으로 비쳐져 민중의 폭동을 유발시킬 수도 있는 노릇이었다. 실제로 당시 이스라엘에는 예수와 같은 재야 종교 지도자들이 상당수 있었다. 알려진 인물로 세례자 요한과 유다와 튜다가 있는데 모두 제도권 종교 세력의 손에 제거되고 말았다.(마르 6:17~29, 사도 5:33~37)

종교 지도자들은 예수의 사이비 메시아 가면을 벗기기 위해 예수가 율법 규정에 걸려 넘어지게 만드는 방법을 택했다. 스스로 율법의 전문가로 여겼으니 이 방법을 쓰면 예수와 그 일행의 코를 납작하게 만들 수 있다고 여겼을 것이다. 종교 지도자들은 논쟁을 벌이면서 종교적, 정치적, 사회적, 문화적으로 까다롭고 민감한 질문을 제기했다. 그러나 예수는 넘치는 지혜와 막강한 화술로 무장된 선생이었기에 어떤 질문에도 거침없는 답변을 내놓았다. '예수의 논쟁사화'가 갖는 최고의 매력이다.

예수는 이상적인 지도자였다. 현대인은 무릇 권력과 지위를 앞세우는 지도자엔 저항감을 느낀다. 그보다는 오히려 무엇이든 지도자의 언행을 이성적으로 수긍할 수 있어야 동기가 부여된다. 지금은 비록 고압적인 자세의 종교 지도자들이 한국교회에서 판을 치고 있으나, 한 계단 내려와 이성에 호소하는 설득이 힘을 얻는 날이 반드시 오고야 말 것이다. 우리는 그때를 미리 대비해야 한다.

강의를 들은 학생들 중에 종종 자신도 신학 공부를 해보겠다는 경우가 있었다. 그때마다 적극 말렸다. 다행히 교단 배경이 있는 학생이라면 그나마 희망이 있지만, 총회장 아버지를 두지 못했거나 화려한 정치력의 지도교수도 없는 주제에 물색없이 나서는 경우, 장래에 혹 나타날지도 모를 또 한 명의 '생계형 신학자'를 어떻게 하든 말려야 했다. 그런데 세상은 참 묘하다. 대부분 충고를 무시한 채 "저도 선생님처럼 되어보겠습니다"라는 괴상한 말을 남긴 채 제 갈 길로 가고 말았다. 하기는 그렇게 용감하게 막나가는 학생들이 있어야 장차 다채로운 신학이 가능할 것이다. 필자는 그 희망에 산다.

V 마지막으로 필자가 『공동선』이라는 잡지에 기고한 글을 옮겨보겠다. 필자가 살아가는 삶의 지침쯤으로 생각해주면 감사하겠다. 글의 제목은 「나는 누구인가?」이다.

아브라함이 "그들에게는 모세와 예언자들이 있으니 그들의 말을 들어야 한다" 하고 대답하자, 부자가 다시 "안 됩니다, 아브라함 할아버지! 죽은 이들 가운데 누가 가야 그들이 회개할 것입니다." 그에게 아브라함은 이렇게 일렀다. "그들이 모세와 예언자의 말을 듣지 않으면, 죽은 이들 가운데서 누가 다시 살아나도 믿지 않을 것이다."(루가 16:29~31)

법정 스님의 화두

몇 달 전에 법정 스님이 입적하셨다. 스님이 돌아가시자 온 나라에 무소유 열풍이 일더니 급기야 유고집을 출판할 것인가 말 것인가, 만일 출판한다면 그 수익금을 어찌 사용해야 하나로 문제가 번져나갔다.

유고집 출판 문제가 대충 마무리될 즈음 천안함 사태가 터졌고 정부 발표에 따라 국가가 우왕좌왕하다보니 어느덧 스님은 우리 뇌리에서 사라지고 말았다. 진정 당신이 원했던 대로, 아무런 남김없이 그저 표표히 사라질 뿐이었다.

잘 아는 기자 출신 한 분이 잡지사에 있을 적에 법정 스님의 원고 담당이었다고 한다. 그런데 잡지사에 원고가 도착하면 스님은 곧 전화를 걸어 언제쯤 원고료가 나오는지 꼬치꼬치 캐물었고, 그런 일이 반복되다보니 '도대체 스님이라는 분이 왜 이리 돈을 밝히지?'라는 의문까지 들 정도였다. 결국 스님이 후원하던 학생들의 학자금 재촉 전화라는 내막이 밝혀지면서 스님을 더욱 존경하게 되었다고 전해주었다. 그리고 취재차 송광사에 들렀다가 받은 식사 대접과 불일암의 여러 가지 추억담까지 곁들여 접할 수 있었다. 한마디로, 법정은 깊이 존경할 만한 분이었다.

법정 스님은 선사였다. 산사에 틀어박혀 조용히 도를 닦는 분이라는 뜻인데, 그런 분은 으레 평생 씨름하는 화두가 하나 있기 마련이다. 스님의 화두는 의외로 간단해 그저 '나는 누구인가?'라는 짧막한 질문이었다. 어느 고승의 화두처럼 난해한 사자성어도 아니고, 논리를 파괴하겠다며 내던진 뜬금없는 부조리 언어도 아니었다. 그저 달랑, 나는 누구인가?

스님은 아마 이 질문을 매일 아침 자신에게 던졌을 것이다. 아니, 살아 숨 쉬는 매 순간 같은 질문이 머리를 맴돌았을지 모른다. 그러곤 대답했겠지. '무소유로 가리라!'

모든 질문에는 대답이 뒤따르고, 그 대답에 책임질 수 있을 때 주어진 질문이 화두로서 진가를 발휘할 수 있을 것이다. 그러니 언제나 똑같이 내뱉는 질문, 나는 누구인가?

부자 청년 이야기(마르 10:17~27)

부자 청년이 한 사람 있었다. 그는 영원한 생명을 얻어 구원받고 싶었다. 어느 날 갈릴래아에서 오셨다는 사람의 소문을 들었는데 사람들에게 곧잘 구원의 복음을 선포한다고 했다. 이를테면, 세리와 창녀와 병자 등 천벌 받아 마땅한 죄인들에게도 구원의 길이 열려 있다고 말씀하셨다는 것이다. 사실 이스라엘에서 구원받은 이의 대열에 들어가는 일은 쉽지 않았다. 613가지나 되는 복잡하기 짝이 없는 율법 규정을 하나하나 다 지켜야 하고 혹시 죄를 지은 경우 속죄의 제사를 바쳐야 했다. 말이 좋아 속죄의 제사지, 예루살렘 성전까지 가랴, 비싼 제물을 사랴, 제기를 준비하랴, 사제들에게 특별히 부탁을 하랴, 이만저만 까다로운 일이 아니었다. 결국 모든 게 돈과 시간과 노력의 문제였던 것이다. 그런데 예수라는 이는 모든 이들에게 공짜로 구원의 길을 열어준다지 않는가!

청년은 당연히 좋은 옷 갖춰 입고 예수를 찾아 나섰을 것이다. 그러니 누구라도 그 사람이 부자라는 사실을 단박에 알아볼밖에. 그는 예수님을 만난 자리에서 예를 갖춰 무릎까지 꿇고 여쭈어보았다. "제가 무엇을 해야 영원한 생명을 얻겠습니까?"(마르 10:17) 비록 이 질문은 청년에겐 개인적이었을지 몰라도 실은 우리 모두의 질문이기도 하다. '과연 제가 무엇을 해야 구원을 받겠습니까?'

예수님은 십계명의 4, 5, 6계명, 즉 인간 섬김을 강조한다. 그런데 청년은 예수님의 대답을 과소평가한 듯했다. 너무도 당당하게 '자신은 어린 시절부터 그 계명들을 충실히 지키고 있다'는 답을 하지 않았는가. 비록 본문엔 나오지 않았지만 청년의 거리낌 없는 대답 뒤에 잠시 침묵이 흘렀을 것이다. 그러더니 예수님의 입에서 다음과 같은 말씀이 떨어졌다. "당신에게 한 가지가 부족합니다. 가서 가진 것을 모두 팔아 가난한 사람들에게 주시오."

예수님은 청년에게 있는 재산을 팔아 가난한 이를 도우라고 말씀했다. 하지만 이 요구는 재산의 쓰임새와 관련된 결과를 보여줄 뿐이고 실제로는 부자 청년에게 사유재산권의 포기, 즉 재산에 대한 집착을 포기하라고 말씀한 것이다. 그래서 예수님은 재산의 반이 아니라 전부라고 강조했다. 청년에게는 당연히 청천벽력과 같은 명령이었고 그 말씀 한마디에 그만 수심 가득한 얼굴로 돌아서고 말았다. 모든 부자에게 사유재산이란 존재의 이유였기 때문이다. 슬프게 돌아서는 청년의 뒤꼭지에 대고 하신 말씀이 저 유명한 "부자가 하나님 나라에 들어가는 것보다는 낙타가 바늘귀로 빠져나가는 것이 더 쉽습니다"(25절)이다.

나는 누구인가?

신약성서에 또 한 사람의 부자가 나온다. "어느 부자가 있었는데 그는 자주색 옷과 고운 아마포 옷을 입고 날마다 즐겁고 호화롭게 살았다"고 한다. 예수님이 말씀하신 '부자와 나자로의 비유'(루가 16:19~31)는 이렇게 시작한다. 그가 날 때부터 부자였는지, 아니면 열심히 돈을 벌어 부자가 되었는지 모르나, 아무튼 그 부잣집 문간에는 나자로라는 이름의 거지가 버티고 있었다. 그는 아마 매일 아침 같은 자리로 출근했을 것이다. 부자의 자비심과 호의를 기대하면서…… 예수님의 비유를 보면 이야기가 진행되어가는 상황을 미리 짐작하기 힘든 경우가 종종 있다. 실제로 끝까지 읽어보고 내용을 한참 숙고해보아야 그나마 해석의 실마리가 잡히는 경우가 대부분이다. '부자와 나자로의 비유'도 그런 범주에 속한다.

비유에서 특히 눈길을 끄는 부분은 마지막 장면이다. 부자는 지옥에 가고 나자로는 천당에 간 후 빚어지는 비극적인 장면 말이다. 지옥 불에 시달리던 부자는 아브라함에게 간청한다. 제발 죽었다 부활한 이들을 자신의 친지에게 보내 지옥의 참상을 현장감 넘치게 묘사해달라고, 그래서 나와 같은 어리석음을 범하지 말라고, 그 말을 들으면 저들이 반드시 회개할 것이라고. 그러나 아브라함은 냉정하게 거절한다. "모세와 예언자들의 말을 듣지 않는다면 아무리 죽은 이가 돌아가 충격적인 말로 지옥을 증언해도 믿지 않을 것이다."

사실 아브라함의 말씀은 전적으로 새겨들을 만하다. 잠시 멈추어 서서 세상을 조금만 둘러보아도 많은 증거들이 있기 때문이다. 비유에 등장하는 대로 굳이 모세 시대로 돌아갈 필요조차 없다. 현대의 성인들로 추앙받는 마더 테레사, 도로시 데이, 돔 헬더 카마라, 막시밀리안 콜베, 헨리 나우엔, 디트리히 본회퍼, 마틴 루터 킹 목사 등이 있으니 말이다. 하지만 그런 종교적인 인물 말고도 주변에서 본받을 만한 분들을 얼마든지 찾을 수 있다. 추측건대, 신부님들과 교우들 중에도 많이 있을 것이다. 증거들은 예나 이제나 차고도 넘친다. 아예 거기에 '국경 없는 의사회'도 하나 보태볼까?

부자와 그의 후손과 친구들에게도 기회는 충분히 있었다. 정작 문제는 다 알면서도 이리저리 한눈파는 사이에 그만 죽고 만다는 데 있다. 영국의 풍자문학가 버나드 쇼는 묘비명에 "우물쭈물하다가 내 이럴 줄 알았지"라는 말을 남겼다고 하지 않는가! 그러니 살아 숨 쉬는 순간순간 우리는 철저히 따져보아야 한다. 나는 누구인가?

공포와 무관심

마틴 루터 킹 목사가 미시시피 주에 가서 남부의 백인 유지들 앞에서 연설한 적이 있었다. 흑인이 동등한 권리를 찾으려는 노력에 동참해달라는 호소였는데, 한 부분만 옮겨보겠다.

남부는 큰 가능성을 갖고 있습니다. 남부에는 선한 의지를 가진 백인들이 수없이 많이 살고 있습니다. 그러나 아직 그들의 목소리를 들을 수 없습니다. 그들의 행동도 아직은 불분명합니다. 그들의 용기 있는 행동도 아직은 눈에 안 띕니다. 이 수백만의 백인들에게 요청되고 있습니다. 용기 있는 발언을 하라는 요청입니다. 이 시대는 그들의 리더십을 필요로 하고 있습니다. 역사는 기록할 것입니다. 지금의 사회변혁 시기에 엄청난 비극이 벌어지고 있다고. 이 비극은 악한 사람들의 흉악한 말이나 폭력적인 행동이 아니라 선한 사람들의 침묵과 무관심에 대한 기록입니다. 그리고 장차 우리 세대는 뼈아픈 후회를 하게 될 것입니다. 이 모든 비극은 어둠의 자녀들의 악한 말과 행동뿐 아니라 빛의 자녀들의 공포와 무관심에서 비롯된 것이라고 말입니다.

우리 시대의 어느 부자도 아마 다음과 같은 변명을 할 것이다. 나는 법에 저촉되지 않는 한도에서 누구보다 열심히 노력했다. 그 결과 큰 집과 별장을 구입했고, 멋진 차를 샀고, 자식들을 유학 보냈고, 말년에는 아내와 함께 대서양 크루즈 여행을 할 참이다. 평생 노력에 대한 당연한 보상이다. 나는 최선을 다해 살았다. 누가 나에게 돌을 던질 수 있을 것인가?

예수님은 비유를 통해 약자에 대한 침묵과 무관심도 심판받기에 알맞은 죄라고 말씀한다. 무소유 자체는 중요하지 않다. 오히려 빈티만 날 뿐이다. 무소유가 일구어내는 가치가 중요하다. 거지 나자로에게 무관심했던 부자는 지옥에 갈 자격을 충분히 갖추고 있었다.

말과 삶의 격차 줄이기

권연경
숭실대 기독교학과 교수

서울대학교 영문과와 미국 풀러 신학교(M.Div.)를 졸업하고, 예일 대학교 신학부(STM) 및 런던킹스칼리지(Ph.D.)에서 신약성서학을 공부했다. 현재 숭실대학교 기독교학과 교수로 재직하고 있다. 지은 책으로 『행위 없는 구원?—새롭게 읽는 바울의 복음』 『네가 읽는 것을 깨닫느뇨?』 『로마서 산책』 등이 있으며, 옮긴 책으로 『예수의 정치학』이 있다.

Song of Innocence

나는 1965년 경남 함양의 산골에서 태어나, 세 살 무렵 이촌향도의 바람을 타고 부산으로 이사했고, 고등학교를 마칠 때까지 한 동네서 살았다. 취학 전 내 인생의 황금기는 검정 고무신을 신고, 동네 친구들이랑 숲 속 빈터에서 치약을 돌려 짜 먹거나, 형이 받아온 빳빳한 상장으로 딱지를 만들었다 어머니께 '박살' 나거나, 팔각성냥을 갖고 놀다 집을 태워먹을 뻔하기도 하면서 보냈다. 검정 고무신이 운동화로 바뀌긴 했지만, 초등학교 시절도 별걱정 없는 순진무구한 시간의 연속이었던 것 같다. 온순한 성격에, 공부도 운동도 적당히 잘하는 평범한 '범생이'의 삶이었다.

초등학교 시절부터 고등학교를 졸업하고 상경할 때까지, 학교와 집 외에 나머지 시간의 대부분은 교회에서 보냈다. 교인들 대부분은 '촌'에서 올라와, 배운 건 없지만 열심히 일하며 생계를 꾸리던 소박한 분들이었다. 그런 분들이 나의 주일학교 선생님들이었던지라, 내가 받은 주일학교 교육은 늘 하나님 사랑과 이웃 사랑이라는 기본을 넘어가지 않는 소박한 수준의 것이었다. 한때는 이 시절에 배운 게 별로 없다고 생각하기도 했지만, 철이 들면서는, '우리가 안다고 자랑하는 많은 것들이 실상 몰라도 사는 데 전혀 지장이 없는 것들'이라는 사실을 깨우쳐준 소중한 시간이라 여기게 되었다.

Song of Experience

중학생이 되면서 문제가 생기기 시작했다. 순진한 마음으로 배워 그렇게 믿었던 진리가 꼭 실천되는 것은 아님을 알게 되면서였다. 이른바 말과 삶의 간격을 보기 시작한 것이다. 나는 교회에서 하나님 사랑과 이웃 사랑을 배웠고, 정말로 그걸 믿었다. 하지만 그걸 내게 가르쳤던 교회는 정작 그러지 못했다. 자연 혼란스러웠다. 내가 그런 분들에게서 '배운' 신앙이 정말일까? 가르친 사람도 지키지 않는 것이 진리이기는 어렵지 않을까? 이런 질문은 '온순한' 나를 상당히 전투적인, 적나라하게 말하면 '꼬박꼬박 대드는' 사람으로 바꾸어 놓았다. 교회에 대해, 세상에 대해 화가 났다. 그래서 교회에서는 전도사님, 목사님들과 자주 다투었고, 학교에서는 수시로 선생님들께 따지며 대들다 가정방문을 당하곤 했다. 그러다 고2 때는 실망감이 깊어 학교를 관두려 했다. "그래도 학교는 다녀야 한다"는 부모님의 완강함 때문에 뜻을 이루진 못했지만. 고3이 끝날 무렵, 조금만 노력하면 세상이 참 좋은 곳이 될 거라는 순진한 기대가 비현실적이라는 것을 깨닫던 날, 혼자 하염없이 눈물을 흘리다 잠들었던 기억이 난다. 교회에 대한 비판과 복음에 대한 회의는 대학 시절에도 계속

되었다. 늘 착실한 복음주의 청년의 모습과 비판적 회의주의자의 모습이 교차하는 모양이었지만, 갈수록 후자가 더 두드러져갔다. 대학 2학년 때는 혹시나 하는 마음으로 하숙집 근처의 여러 교회를 전전하면서 기대와 실망을 반복하기도 했다.

귀향

대학 3학년 무렵 '결국 아닌 것 같다'는 결론에 이르렀다. 교회에서 내 인생의 많은 부분을 소비한 사람으로서, 기독교가 진리가 아니라는 결론은 금세 학교뿐 아니라 인생 자체가 허망하다는 느낌으로 이어졌다. 그래서 세 번째로 (고등학교 때 한 번, 들어간 과가 마음에 안 들어 재수하느라 한 번, 그리고 이번에) 학교를 그만둘 생각을 하고 휴학계를 냈다. 하지만 당시 내가 속한 선교단체의 지도교수였던 손봉호 교수님은 그런 나를 호되게 야단치며, 학교 행정실에 전화를 걸어 아직 처리되지 않은 내 휴학 서류를 찢어버리게 했다. 평소 같았으면 대판 싸워야 할 형국이었지만, 그러질 못했다. 오히려 야단을 맞으면서 '이 말씀을 들어야 한다'는 생각이 강하게 들었고, 말씀이 끝날 무렵 나는 순한 양이 되어 있었다. 그리고 내 머릿속에는 지금까지 '의분'이라 여겼던 나의 많은 행동들이 '교만'이라는 새로운 제목으로 하나씩 하나씩 떠오르고 있었다. 너무도 부끄러웠지만, 이는 긴 '돌아옴'의 중요한 계기가 되었다.

 기독교 복음을 다시 확신하게 된 일은 여러 요인들이 함께 얽힌 긴 과정이었지만, 결정적인 계기는 단순했고, 설명이 쉽지 않다. 그냥 자고 일어나니 사람이 달라져 있었다. 당시 온갖 고민에 머릿속이 복잡하던 나는 오랫동안 불면증에 시달렸다. 새벽 늦게 겨우 잠이 들고, 느지막이 지끈거리는 머리로 일어나곤 했다. 그런데 하루는 잠이 깼는데 마음이 더없이 상쾌했다. 시계를 보니 아침 6시였다. 나도 모르게 찬송을 흥얼거리고 있었다. 그때부터 나는 참 신앙이 좋은 사람이 되었고, 자연 내가 행동하는 방식도 많이 달라졌다. 아내를 비롯한 그 시절의 친구들은 이때를 '권연경의 코페르니쿠스적 전회'로 기억한다. 이때 나는 난생처음 소망이라는 말의 의미를 느끼기 시작했다. 세상에서 추론한 가능성이 아닌, 하나님을 향한 믿음에서 생겨나는 희망이 가능하다는 것을 처음 깨달았던 것이다. 똑똑함이 아니라 사랑이 최고의 가치라는 것을 절감한 것도 이때였다. 예전에는 '나이브하고' '어리석다'고 생각했던 것들이 오히려 진짜였다. 어리석은 것은 바로 나였다.

> 아버지의 모습은 언어적 설득과는 전혀 다른 방식으로 복음의 가능성을 느끼게 했다. 눈을 떠서 그것을 볼 수 있기까지는 더 많은 시간이 필요했지만 말이다.

신앙 회복의 과정에는 성경도 중요한 역할을 했다. 성경을 읽으며 늘 질문이 많았고, 그 질문들은 복음 자체에 대한 물음과 뒤섞여 항상 나를 괴롭혔다. 때로는 한 구절의 말씀이 한 달 내내 뇌리를 떠나지 않고 나를 괴롭힐 때도 있었다. 그러나 어느 순간 나름의 깨달음이 오고, 그때 나는, 구름 뒤에서 햇빛이 살짝 비치는 것처럼, 뜻 모를 자유를 느끼곤 했다. 어쩌면 이런 소소한 경험들이 아직 임계점에 도달하지는 못했지만, 실은 내 삶의 변화를 가능케 했던 실질적 요인으로 차곡차곡 축적되고 있었던 것일지도 모른다. 사실 자고 나니 사람이 달라졌던 그 무렵에도 나는 로마서를 공부하고 있었으니 말이다.

아버지

많은 사람들이 그렇겠지만, 내 성장과 신앙의 과정에도 아버지의 자리가 컸다. 여섯 살 무렵, 성냥을 갖고 놀다가 다락에 불을 내 자칫 집을 다 태워먹을 뻔했을 때, 아버지는 내 인생 처음으로 용서가 무엇을 의미하는지 몸으로 느끼게 해주었다. 교회의 위선을 비웃으며 오래도록 신앙을 회의하던 시절, 배운 건 없지만 학벌 좋은 그 어떤 사람들보다도 더 일관성 있고 (적어도 내가 보기엔) 현명했던 아버지의 삶은 그가 믿는 복음이 '그래도 진짜일지 모른다'는 가능성을 붙들게 만든 유일한 희망의 끈이었다. 내가 말을 잘하게 되면서 아버지의 한계를 넘었다고 생각했지만, 사실 아버지의 모습은, 말 한마디 없이, 높이 치솟은 내 말과 바닥에서 기는 내 삶 사이의 격차를 가장 적나라하게 드러내주었다.

언젠가 성경 대신 토끼의 생김새를 본문 삼아 설교하던 목사님께 따지며 대들다가(그해가 토끼해였다), 급기야는 (창피한 기억이지만) 삿대질을 하며 "목사님은 하나님의 종도 아니에요!"라고 해버린 적이 있었다. 말하자면 '권 장로 댁 막내'가 대형 사고를 친 셈인데, 그날 밤 아버지는 그런 나를 야단치는 대신 밤새 나와 함께 울면서 교회를 향한, 그리고 세상을 향한 나의 울분을 다 받아주었다(내 기억 속에서 아버지가 눈물을 보였던 세 번 중 마지막이었다. 어린 동생이 죽었을 때와 큰형이 사고를 당했을 때가 나머지 두 번이다). 그때 아버지가 내게 했던 말씀의 요지는 "말로 따지면 네가 하는 말이 백 번 옳지만, 말이 맞다고 해서 그것을 말하는 행동이 늘 옳은 것은 아니다"라는 것이었다. 물론 그때는 그 말씀의 진의를 제대로 이해할 수 없었다. 하지만 아버지의 그런 모습은 언어적 설득과는 전혀 다른 방식으로 복음의 가능성을 느끼게 했다. 눈을 떠서 그것을 볼 수 있기까지는 더 많은 시간이 필요했지만 말이다.

신학 수업

신앙의 회복은 해답이기도 했지만, 새로운 물음이기도 했다. 복음이 가짜라면 차라리 설명이 쉬운데, 복음이 진짜라니 오히려 더 어려웠다. 복음이 진짜일까 가짜일까를 두고 벌이던 내 속의 씨름은 그때부터 '진짜인데 왜 이 모양일까?'라는 더욱 당혹스런 질문으로 바뀌었다. 그때부터 나의 사고는 복음을 텅 빈 말의 수준으로 타락시키는, 복음을 삶과 나누어놓으려는 일체의 시도들과의 대결이라고 할 수 있다. 나중에야 의식하게 된 일이지만, 자연 이러한 관심사는 내 성경 읽기의 가장 중요한 화두로 혹은 내 신학적 상상력의 원천으로 작용했다. 내가 본문을 읽으면서 갖고 들어가는 선이해先理解요, 나의 읽기를 채색하는 해석학적 관점이 된 셈이다.

사람들이 왜 신학을 하게 되었냐고 물으면, 대개 "남들이 하라고 그래서"라 대답한다. 대학 졸업이 다 되어가도록 별생각이 없던 차에, 주변 사람들이 갑자기 내게 신학을 권유하기 시작했다. 의지하던 목사님들, 교회의 좋은 어르신들, 여러 해를 함께 어울렸던 학교 선교단체의 친구들이 모두 작당이라도 한 듯, 같은 소리였다. 마침 공동체를 통해 역사하는 성령의 인도에 관해 많은 생각을 하던 차라, 그것이 공동체를 통한 하나님의 목소리라 생각했다. 이렇게 대답하면 "후회한 적이 없느냐?"는 물음이 종종 따라붙는데, 의례적 의미의 '환멸감'을 제외하면 선택 자체에 대한 후회는 없었던 것 같다.

이런저런 이유로 한국의 신학교들 대신 목회학 석사과정 M.Div.부터 바로 유학을 갔다. 매사추세츠 주의 고든콘웰Gordon-Conwell과 LA의 풀러Fuller 두 학교를 거친 석사과정M.Div.은 시종일관 신학적 촌놈의 개명 과정이었다. 채플 시간 목회 상담 교수님이 설교에 앞서 비틀스의 「렛 잇 비Let It Be」를 틀어주는 것에 충격을 받았고, 칼빈이 전부인 줄 알고 살다가 실은 루터가 훨씬 더 거물이라는 사실을 발견하고선 속았다는 생각을 했다. 오순절이나 동방정교, 심지어 안식교 출신의 교수님들을 통해 다양한 신앙 형식을 맛볼 수도 있었다. 하지만 이 시기의 가장 큰 화두는 성경관이었다. 지금은 휘턴 대학Wheaton College에 가 있는 그레고리 빌Gregory Beale 교수로부터 성서 해석 방법론을 배우면서, 성서 해석이 얼마나 많은 땀을 필요로 하는 작업인지를 절감하며 주눅이 들었다. 또 성서 비평을 배우기 시작하면서 지금까지 품어왔던 소박한 성경관과의 씨름이 불가피했고, 이를 지적으로, 신앙적으로 소화하는 과정은 (지금도 그렇지만) 여간 어려운 것이 아니었다. 물론 성경신학을 계속 공부하면 밥값은 하겠다는 것을 확인한 것도 하나의 수확이라면 수확이었다.

신학 석사과정ThM(STM)을 했던 예일Yale에서의 1년 반은 또 한 번의 개명 체험이었다. 브레버드 차일즈Brevard Childs, 웨인 믹스 Wayne Meeks, 리앤더 켁Leander Keck, 루이스 마틴J. L. Martyn 등, 이른바 '유명한' 학자들과의 만남은 그 자체가 하나의 공부였다. 한때 골수 칼빈주의자였지만 이젠 '인간의 전적 부패' 말고는 아무것도 안 믿는다며 껄껄 웃던 믹스 교수는 신앙적 입장 때문에 성경의 본문을 억지로 맞출 필요가 없다는 사실을 깨닫게 해주었다. 언젠가 「누가복음」-「사도행전」에 속죄신학이 (거의) 없다는 학자들의 통설에 '보수 본능'이 자극되어, 누가에게도 속죄신학이 중요함을 증명하겠다고 긴 페이퍼를 썼다. 이에 대한 긴 평가의 끝에 믹스 교수는 "사실 누가는 바울이 아니잖아. 그렇지? After all, Luke is not Paul, is he?" 하는 물음을 달았다. 이 물음을 곱씹으며, 나는 내 성경 읽기가 많은 부분 텍스트의 해명이 아니라 텍스트를 이용한 내 입장의 정당화였다는 사실을 절감했다. 「로마서」시간, 불독을 연상시키는 외모로 "동양인 입장에서 우리 서구인들의 편견을 좀 깨우쳐달라"고 주문하며, 또 학생들의 입에서 재미있는 답이 나올 때마다 "네가 하나님 나라에서 멀지 않도다. You are not far from the Kingdom of God." 하며 격려하던 리앤더 켁 교수도 기억에 남는다.

대학자들의 겸허함도 큰 깨우침이었다. 루이스 마틴 교수와 「갈라디아서」수업 시간에, 나는 아는 것도 없으면서 질문이 많아 계속 손을 들어 '시비를 걸곤' 했다. 나중에는 마틴 교수가 "이런 회개할 줄 모르는 학생 같으니라고! You, unrepentant Yon!" 하며 농담을 할 정도였다. 마지막 날 내 유치한 질문들을 잘 받아주어서 고맙다고 인사를 드렸더니, 그는 이렇게 대답했다. "배움이란 서로 주고받는 거지. 나도 자네에게 감사하네. Learning is mutual. I thank you." 몇 해 후, 박사 학위논문을 보내드리겠다고 전화를 드렸다. 논문에서 선생님의 「갈라디아서」해석을 많이 비판했다고 '사과'(?)했더니 그 대답이 또 걸작이었다. "그래? 좋은 일이지. 비판이야 받을수록 오히려 좋은 것이니까. Oh, very good. I need all the criticisms I can get." 보이는 것 아래 거대한 빙산의 존재를 느끼게 하는, 예상치 못한 답변들이었다.

미국과는 달리, 3년 내내 논문만 쓰는 영국에서의 박사과정은 혼자만의 시간이었다. 그래서인지 논문 작성 과정은 주석이라는 형식을 통해 나의 신학적 경향을 분명히 인식하고 표현해보는 중요한 경험이 되었다. 지도교수는 학문적 성과도 그렇지만, 오히려 사람 좋기로 더 유명했던 그레이엄 스탠턴Graham Stanton 교수였다(중간에 케임브리지Cambridge의 레이디 마가렛 석좌교수Lady Margaret Professor가 되어 나는 런던과 케임브리지를 오가며 공부했다). 본래 논문의 주제는 「갈라디아서」 6장 2절의 '그리스도의 법'이라는 표현이었다. 「갈라디아서」 전체에 걸쳐 대척 관계에 서는 것처럼 보이는 그리스도와 율법이 갑자기 하나로 엮이는 현상을 해명하려는 것이었다. 이를 위해 우선 「갈라디아서」 본문을 계속 읽으며, 현대 학자들의 견해를 더듬고, 또 그리스도와 율법의 관계에 관한 사도교부들의 글을 읽기도 했다. 그런데 쉽게 진도가 나가지 않았다. 이렇게 답답해하던 중 깨달은 것이, 내가 갖게 된 「갈라디아서」 이해가 대부분 학자들의 견해와 어긋난다는 사실이었다. 학자들은 갈라디아의 위기를 칭의에 관한 교리적 위기로 간주하고, 바울이 실현된 종말론이라는 교리적 무기로 이 문제를 해결하고 있다고 본다. 하지만 그렇게 되면 3~4장의 신학적 논증과 5~6장의 윤리적 권면 사이의 균열을 피할 수 없는데, 이를 해결하기 위한 학자들의 시도는 설득력 없는 말장난처럼 보였다. 나는 그것이 없는 문제를 만들어냈기 때문이라 여겼다.

> 오히려 우리의 현실은 빗나간 공짜 의식, 곧 본회퍼가 말한 '값싼 은총'의 문제가 아닌가? 그렇다면 그에 대한 처방을 구성하는 것이 책임 있는 신학의 임무가 아닌가?

내가 보기에 「갈라디아서」 전체에 걸쳐 바울의 사고는 교리적 판단보다는 실천적 문제로 기울고, "의의 소망을 기다린다"는 그의 말에 요약되어 나타나는 것처럼(「갈라디아서」 5장 5절), 그의 관점은 시종일관 선명한 미래종말론적 경향을 드러내는 것이었다. 이 문제를 해결하지 않고서는 다른 주제를 건드릴 수 없다고 판단하여 1년 반이나 지난 무렵, 나는 논문 주제를 바꾸는 모험을 감행했다. 선생님은 이런 나의 결정을 염려했지만, "그렇다면 해보라"며 기회를 주셨다. 그 뒤 약 2년의 시간을 보내고 결국 「갈라디아서의 종말론Eschatology in Galatians」이라는 제목의 논문을 완성하게 되었다. 기존 학설을 뒤집는 위험한 논문이었지만, 일체의 수정 요구 없이 깔끔하게 심사를 통과했고, 그 후 2004년 이 논문은 그사이 출판된 연구들을 약간 보충하여 독일 튀빙겐의 모어지벡Mohr Siebeck 출판사에서 간행하는 WUNT(Wissenschaftliche Untersuchungen zum Neuen Testatment) 시리즈 가운데 하나로, 『갈라디아서의 종말론Eschatology in Galatians: Rethinking Paul's Response to the Crisis in Galatia』이라는 제목으로 출판되었다.

박사과정 이후

논문을 마친 후, 미국에서 하다 만 아내의 석사과정 공부를 위해 다시 뉴욕으로 돌아갔고, 나는 약 3년에 걸쳐 목회를 했다. 영어 예배와 부교역자 노릇을 겸하는 역할이었다. 학위논문 자체가 이미 그랬지만, 이 기간 동안의 목회 경험은 '교리에 민감한 신학자 바울보다는 성도들의 신앙적 건강에 민감한 목회자 바울이 우선'이라는 나의 생각을 더욱 공고히 해주었다. 그러니까 박사학위 과정에서의 공부와 그 후 목회의 시간은 그전부터 내 핏속에 흐르던 깨달음, 곧 교리보다는 실천적 삶이 우선이고, 그래서 신약성서 역시 신학적 정교함보다는 삶의 거룩함을 추구하고 있다는 사실을 분명히 느끼게 해준 귀한 경험이었다. 물론 이런 실천적 관심은 제자도 개념이 두드러지는 복음서나 행위에 대한 강조가 선명한 공동 서신들에는 선명하다. 하지만 은혜와 믿음으로 요약되는 바울의 초상은 이런 실천적 관심과는 다분히 긴장 관계에 있다. 그래서 바울신학자로서 나의 충동은 바울의 편지들을 다시 읽으며 그의 관점이 근본적으로는 「마태복음」이나 「히브리서」나 「야고보서」의 관점과 다르지 않음을 확인하면서, 바울이 정작 말하고자 했던 복음의 요체가 무엇인가를 선명하게 해명하는 것이었다.

좀 성급히 나온 감은 있지만, 『행위 없는 구원?—새롭게 읽는 바울의 복음』은 그러한 작업의 첫 표현이었다. 구호성 신학에 물든 보수적 분위기 속에서 이 책은 많은 오해를 받았고, (지금도) 그로 인한 고생이 적지 않다. 한편으로는 바울 서신의 논증 자체를 따라 사고하는 데 익숙지 않은 풍토 때문이기도 하고, 피상적 교리가 복음의 요체처럼 신성시되어온 분위기 때문이기도 하다. 책의 내용은 모른 채(논증 자체를 제대로 이해하지 못하는 목회자들이 많다), '도발적인' 제목에 '실족'한 사람들도 많다. 그 제목이 칼빈의 기독교강요에서 따온 것이라고 해명하면, 잠시 당황하다 새로운 공격 루트를 찾는 이들도 있다. 나는 바울 서신을 있는 그대로 읽어보자고 제안한 것이지만, 대부분의 답변은 "종교개혁 신학과 다르다"거나, "가톨릭과 비슷하다"는 식의 동문서답이었다. 무엇보다 답답한 것은 우리가 아직도 칼빈이 상대했던 그 적들과 싸우고 있는 것처럼 착각하는 역사적 무감각이다. 오늘날의 교회에 '공로주의'가 문제가 되기나 하는가? 그런데도 우리는 왜 아직도 칼빈의 공식을 암송하며 거기에 목을 매고 있는 것일까? 오히려 우리의 현실은 빗나간 공짜

의식, 곧 본회퍼가 말한 '값싼 은총'의 문제가 아닌가? 그렇다면 그에 대한 처방을 구성하는 것이 책임 있는 신학의 임무가 아닌가?

반면, 직업적 신학인들 아닌 신자들의 반응은 대부분 호의적이었다. 책을 읽고 강의를 들으며 해묵은 물음이 해결되어 감격하는 이들도 많았고, 극소수지만 책을 읽으며 유사회심 체험을 했노라고 고백한 사람도 있었다. 그러니까 삶 속에서 신앙을 고민하며 성경을 읽는 이들과의 대화가 당회실에서 성경을 읽는 이들과의 대화보다 더 실속 있고 수월했던 셈이다. 이는 성도들의 성숙을 방해하는 가장 큰 걸림돌이 이른바 '성직자'라는 나의 판단을 더욱 공고히 해준 경험이 되었다.

그 뒤 『복음과 상황』에 '성경과 해석'이라는 제목으로 연재했던 글을 모아 『네가 읽는 것을 깨닫느뇨?』(2008, SFC)라는 책을 냈다. 성경을 최종적 권위라고 고백하면서, 그 성경을 내 마음대로 해석한다면, 이는 내 생각에 성경의 권위를 입히는 해석학적 우상숭배가 된다. 여러 가지 성격의 글이 뒤죽박죽이지만, 전반적으로 그러한 관심이 반영된 글들이다.

신학적 관심과 직업적 필요가 더해져, 간간이 바울 서신에 관한 논문들도 썼다. 내 상상력 자체가 그렇게 프로그램된 탓이겠지만, 대부분이 바울 복음의 실천적 성격과 미래종말론적 흐름을 강조하는 것들이다. 아전인수 격으로 말하자면, 바울의 '신학'에 민감하고, '실현된 종말론'을 좋아하는 현대의 학적 경향은 불가불 정작 바울의 본문으로부터 빗나가는 경우가 많은데, 나의 작업은 그런 비틀림을 지적함으로써 본래의 바울에 다가가보자는 노력인 셈이다.

한국교회라는 발등의 불이 너무 뜨거워서 서구 학계에 대한 낭만적 관심은 많은 부분 끊어버렸지만, 그래도 작년에는 「고린도후서」의 '보증'(아라본)에 관한 성령론 논문을 대표적인 신약학 저널인 『뉴 테스터먼트 스터디스New Testament Studies』지에 싣기도 했다(「고린도후서에 나타난 보증으로서의 아라본 'Arrabon' as Pledge in Second Corinthians」). 또한 부탁을 거절하지 못해 『성경신학사전』(IVP, 공역), 『예수의 정치학』(IVP), 『부활』 등의 책을 번역하기도 하고, 지금도 마감에 허덕이며 앤서니 시슬턴Anthony Thiselton의 「고린도전서」 주석 번역을 마무리하고 있다. 또한 영국 SPCK 출판사의 의뢰를 받아 내년 봄까지 인터내셔널 스터디 가이드International Study Guide 시리즈의 「사도행전」(약식) 주석을 저술하기로 했다. 성도들에게 도움이 될 것이라는 명목하에 좀더 대중적인 신학 잡지에도 자주 글을 쓰는 편이고, 나름의 책임 의식으로 종종 『매일성경』 같은 성경묵상지의 본문 해설을 맡아 쓰기도 한다.

나가는 말

나는 이 글의 제목을 '말과 삶의 격차 줄이기'라고 붙였다. 나의 친구들은 글에 대한 나의 뿌리 깊은 불신을 잘 안다. 나와 세상을 바꾸지 못하는 글의 무기력함에 실망한 탓이다. 혹은 아름다운 글이 우리의 지저분한 삶을 덮기 위한 위선적 장치로 둔갑하는 것이 싫었을 수도 있다. 집요한 종교적 열성이 내 구린 구석을 감추기 위한 음험한 몸짓일 수 있는 것처럼 말이다. 바울이 율법을 무기력한 '글자'로 규정했던 것처럼, 물론 나 역시 글에서 그런 것을 기대하지 않는다. 비슷한 관점에서, 나는 신학이 그 자체로 가치 있는 노력이라고 생각하지 않는다. 인문학자 내지는 역사학자로 자신을 규정하는 신학자들도 많지만, 내 입장에서 신학의 가치는 철저히 실용적이다. 철학이 신학의 시녀라면, 신학은 교회의 시녀다. 물론 세속적 욕망에 굽실거리는 시녀가 아니라, 본질적인 의미에서 교회를 섬기는 역할이라는 뜻이다. 신앙적 고백은 삶이라는 열매로 확인되는 것이라는 예수의 말씀처럼, 신학의 가치는 그 신학이 산출하는 삶의 변화로 평가되는 것이 마땅하다. 복음 속에서 율법이 제자리를 찾듯, 말과 생각의 체계로서의 신학 역시 삶이라는 실천적 문맥 속에서 그 나름의 거룩함을 지킬 것이다.

바울은 복음을 부활의 생명으로 정의한다. 물론 타락한 욕망의 노예가 된 이 세상에서 부활의 생명은 '잘나가는 인생' 대신 십자가라는 역설적 형태로 드러난다. 하지만 생명은 생명이다. 십자가지만, 빈 무덤의 빛 아래서 되돌아보는 십자가요, 죽음의 수단을 넘어 새로운 삶의 길로서의 십자가다. 물론 이는 말의 문제라기보다는 삶의 문제다. 그리고 우리가 흔히 느끼는 것처럼, 신앙적 물음의 본질은 지적 탐구를 넘어 실존적이고 실천적인 몸부림인 경우가 많다. 사람마다 주어진 임무와 그릇이 다르겠지만, 나는 신학자로서 내 책임의 소재를 여기서 찾는다. 신학적 패배주의와 자기 합리화가 성행하는 세태에 복음이 약속하는 부활의 생명을 선명하게 가리킴으로써, 그리스도인들이 겪는 영적 순례와 씨름에 힘을 북돋우는 역할이다. 얼핏 일선 목회자의 결심처럼 들리기도 하지만, 우리가 말하는 신학이라는 것이 애초에 바울을 비롯한 목사님들의 이야기가 아니었던가! 내가 하는 일들이 그런 역할에 조금이라도 다가가는 것이 된다면, 그것이 내 작은 인생의 밥값은 되지 않을까 싶다. 별것 아닌 글을 읽어주고 귀한 생각을 나누어준 분들께 감사를 드린다.

나는 왜, 어떻게 신학을 하는가?

```
PSALME LXXXVII.
FVNDAMENTA EIVS.
A PSALME AND SONGE OF THE
SONNES OF CORAH.
```

ER foundacions are vpon the holy hylles: the Lorde loueth the gates of Sion more then all the dwellynges of Iacob. ❧ Very excellent thynges are spoken of the, thou cyte of God. ❧ Selah. ❧ I wyll thynke vpon Rahab and Babylon, wyth them that knowe me. ❧ Beholde, yee the Philistynes also, and they of Tyre with the Morians. ❧ Lo, there was he borne. ❧ And of Syon it shalbe reported, that he was borne in her, and the moost hyest shall stablish her. ❧ The Lorde shall rehearse it, when he wryteth vp the people, that he was borne there. ❧ Selah. ❧ The syngers also and trompetters shall rehearse. ❧ All my freshe sprynges shalbe in the.

채수일
한신대 총장 | 선교학

한국신학대학교(한신대학교의 전신)와 연세대학교 연합신학대학원에서 공부하고, 독일 하이델베르크 대학교에서 신학 박사학위를 받았다. 독일 뷔르템베르크 주교회에서 한국기독교장로회 파송 선교사로 사역했고, 함부르크 대학교 선교아카데미 연구실장을 역임했다. 1991년 귀국하여 한국신학연구소장을 거쳐 1997년부터 한신대학교 교수로 부름을 받았으며 세계교회협의회 국제위원회 위원, 한신대학교 총장으로 봉사하고 있다. 지은 책으로 『역사의 양심, 양심의 역사』 『21세기의 도전과 선교』 『에큐메니칼 선교신학』 등이 있으며, 옮긴 책으로 테오 순더마이어의 『선교신학의 유형과 과제』 『미술과 신학』 등이 있다.

부르심, 그리고 나의 삶과 신학 여정

1.1. 일제강점기에는 곡창으로, 해방 후에는 미군 공군기지로 잘 알려진 군산은 항구이다. 『태평천하』를 쓴 소설가 채만식과 시인 고은의 고향이기도 한 군산은 째보선창가 비린내, 기지촌 여성, 인구에 비해 세계에서 가장 밀집도가 높은 교회당들이 넘치는 곳, 문화라고는 찾아보기 힘든 상업도시, 자연재해가 거의 없고 만경평야가 인접한, 비교적 평온한 곳이었다. 고른 계절만큼이나 나의 청소년기도 평온했다. 어려서부터 품었던 꿈은 군인이 되는 것이었다. 명예를 존중하고, 자신의 몸을 가볍게 던질 수 있는 군인의 삶이 어린 눈에 멋져 보여 공군사관학교에 가려고 했다. 그러나 고등학교 2학년 때, 아버지가 중풍으로 쓰러지고 가세가 갑자기 기울었다. 생활능력이 없는 어머니와 아직 어린 두 동생이 있었다.

그때 가장 가까운 친구가 나를 교회학교 고등부로 초대했다. 나를 그리스도인으로 만든 그 친구에게서 신앙 이상의 것을 배울 수 있었다. 고전음악과 문학에 눈을 떠 닥치는 대로 듣고 읽었다. 유치환, 윤동주, 서정주 시인은 물론 라이너 마리아 릴케, 타고르, 톨스토이, 슈테판 츠바이크, 월간지 『기독교사상』과 『현대문학』도 빼놓지 않았다. 로빈슨의 『신에게 솔직히』는 내가 고등학생으로 접한 그리스도교와는 전혀 다른 그리스도교를 일깨워 혼란스럽게 했다. 신학이 무엇인지 모르지만 막연히 신학을 공부하여 신부가 되겠다는 생각으로 천주교를 찾아갔지만, 자격조차 없다는 말을 듣고 돌아와야 했다. 1970년 어느 신문의 신춘문예 당선작 「어떤 행렬」이라는 작품이 눈에 들어왔다. 나중에야 소설가가 한신의 선배이신 백도기 목사님이라는 것을 알았지만, 「어떤 행렬」은 본회퍼가 말한 '타자를 위한 존재'로서의 그리스도인의 삶이 어떤 것인지를 보여주었다. 그래서 신학을 하기로 결심했다. 그런데 문제는 교인이 아닌 부모님을 설득하는 일과, 그러면 도대체 어느 대학에 가야 신학을 공부할 수 있는지조차 전혀 모르고 있었다는 것이다.

한신을 만난 것은 지극히 우연한 일이었다. 방학이 되어 고향 교회로 내려온 한신대 선배 한 분이 신학이면 한신이지 어디 다른 대학을 가느냐며 원서를 사서 보냈다. 부모님께는 친구 만나러 간다고 하고 서울에 올라와 선배가 보낸 편지 한 장을 들고 수유리 한국신학대학교(한신대학교의 전신)를 찾아가는데 버스 여차장이 "수유리 내려요" 하는 말을 나더러 내리라는 줄 알고 황급히 버스에서 내린 것이 엊그제 같다. 그런데 벌써 40년이 지났다.

1.2. 나의 한신 재학 기간은 1970년부터 1974년까지 유신 체제가

절정에 이른 시기였다. 한 해도 거르지 않고 시위와 휴교가 반복되었는데, 권위주의 정권에 도전하면서 역사의식을 얻게 된 것이 소중한 기억이다. 무엇보다 인상 깊었던 일은 교수님들과 학생들이 모두 삭발, 단식투쟁을 했던 것이다. 시위에 참여한 학생들을 제적시키라는 정부 당국의 명을 따르지 않고 끝까지 학생들을 지키다가 마침내 폐교 위기에서 학교를 구하기 위해 어쩔 수 없이 제적시킨 날, 교수님들은 교기를 찢고 학생들과 함께 삭발했다. 전투경찰들이 예배당 안까지 들어와 학생들을 끌고 갈 때 교수님들은 절규했다. 교수와 학생 사이의 뜨거운 신뢰와 함께 고난을 나누는 정신이야말로 지금도 한신의 위대한 정신적 유산이라고 생각한다. 무엇보다 나의 삶을 바꾼 것은 학문으로서의 신학이었다. 안병무 교수님에게서 절제된 학문 언어를, 서남동 교수님에게는 시대에 대한 예민한 감수성과 민중에 대한 사랑을, 강원용 목사님으로부터는 대화의 철학을 배울 수 있었던 것이야말로 가장 행복한 기억이다.

 그러나 신학교 1학년 시절, 나에게 처음 충격을 준 신학자는 샘 킨Sam Keen이었다. 당시 하버드 대학교 신학대학 교수로 『새로운 신학New Theology』이라는 문고판 책을 통해 일약 세계적인 명성을 얻으며 새로운 신학운동을 했던 그의 책, 『춤추는 신To a dancing God』 때문이었다. 나는 한 번도 하나님이 춤을 추는 분이라고 배운 적이 없었다. 그런데 샘 킨은 하나님이 우리가 우리에게 가까이 있는 것보다 더 가까이 계시며, 우리가 우리를 아는 것보다 더 우리 자신을 잘 알고 계신 분임을, 우리가 기뻐할 때 함께 노래하고 춤추고 기뻐하시며, 우리가 슬퍼할 때 함께 우시는 분임을 깨닫게 해주었다.

 오랫동안 인간의 몸은 신학적 성찰의 대상이 아니었다. 그것은 인간의 신체성, 특히 여성의 신체성을 죄악시한 교회신학의 전통 때문이다.[1] 특히 이원론에 기초한 그리스 철학이 신학의 패러다임이 된 이후 신학의 육체 경멸은 이데올로기가 되었다. 금욕주의 전통은 부분적으로 육체 경멸을 제도화했고, 육체에 대한 그리스도인의 이중 윤리를 만들어냈다. 신체에 대한 그리스도교의 억압적 전통과 이중 윤리적 구조에 대한 비판은 이미 여성신학의 시각에서,[2] 그리고 성 억압이라는 범죄사의 시각에서 그리스도교 역사를 정리한 칼하인츠 데쉬너Karlheinz Deschner에 의해서 시도되었다.[3]

'몸의 정치'를 자신의 철학적 화두로 설정한 정화열은 철학의 탈 육체화를 '인식 지배, 혹은 코기토cogito를 추구하는 데카르트의 인식론적 철학의 지배가 물려준 근대적 유산의 특징'으로 지적하면서, 탈 육체성, 자아 중심성, 시각 중심성이라는 이런 근대의 유산이 지금까지도 논리 중심주의적 철학에 영향을 끼치고 있고, 이것은 결과적으로 '사상의 남성화'를 초래했다고 지적한다.[4]

---

[1] 물론 여성의 신체성을 긍정하는 전통이 여성신비주의 운동에서 지속된 것은 사실이다. 특히 빙엔의 힐데가르트(1098~1179)는 우주를 사랑으로 잉태된 유기체로, 다시 말해 우주를 일종의 질로 묘사하면서 그 중심에 놓인 알에서 모든 것이 태어나는 것으로 이해했다. 그녀는 성행위나 월경 중에 사람이 일으키는 반응, 약초와 자연의 변화에 대한 기록을 남김으로써 몸에 대한 신학적 성찰과 치유와 선교의 관련성에서 주목받을 인물이라고 하겠다. 참고: 브루노 보르체르트, 『초월적 세계를 향한 관념의 역사』, 262~263쪽; Ruhbach/Sudbrack, *Christliche Mystik-Texte aus zwei Jahrtausenden*, 123~130쪽.

[2] 메리 데일리, 『교회와 제2의 성』, 30~33쪽 참조; 강남순, 「새로운 희망의 신학-제3의 종교개혁을 향하여」, in: 한국기독교학회 엮음, 『여성신학과 한국교회』, 159~203쪽 참조.

[3] 금욕주의 전통이 어떻게 성을 억압하고 윤리적 이중구조를 만들었는지는 Karlheinz Deschner, *Das Kreuz mit der Kirche-Eine Sexualgeschichte des Christentums*, 82~102쪽 참조.

[4] 정화열, 『몸의 정치』, 241쪽, 248쪽.

사정은 근대 이후 신학의 발전에서도 마찬가지다. 여성신학과 포스트모던 신학이 나오기까지 인간의 몸, 육체성을 화두로 삼은 신학은 거의 없었다고 해야 할 것이다. 정통주의 신학은 말할 것도 없고 자유주의 신학과 변증법적 신학, 해방신학에 이르기까지 인간의 몸이 신학 주제로 등장한 적은 없었다. 그런데 샘 킨은 1970년대 신학의 지평에서 '몸'을 자신의 신학적 주제로 삼음으로써 보수적 교회에서 신앙을 배워온 나에게 몸에 대해 신학적으로 새롭게 이해할 수 있는 눈을 뜨게 해주었던 것이다. 그는 『춤추는 신』에서 "세련된 신학자들의 부정에도 불구하고 기독교는 결코 육체를 정신보다, 그리고 감각을 마음보다 낮게 평가하는 낡고 영구적인 이원론을 떠날 수 없었다. 소규모의 진전이 있음에도 불구하고 역사와 구원에 관한 기독교적 이해 안에 육체성이 위치하는 것에는 아직도 뿌리 깊은 우려가 작용하고 있다"고 말하면서, 프로테스탄티즘은 치유를 말할 때조차 '보이거나 느껴지거나 손으로 만져지는 무엇이 아니라, 하나님의 말씀을 듣는 데서 오는 것', 그런 의미에서 '귀'가 구원의 기관이지 몸 전체는 아니라는 전통에 굳게 서 있다고 지적한다.[5]

샘 킨은 구원의 이원론적 한계를 극복하기 위해 구원의 총체성, 전인성을 말함으로써 몸을 긍정하고, 구원의 신체성을 주장하려고 한다. 샘 킨은 이런 신학을 '내장 신학'이라고 말한다. '듣는 감각'보다 '만지는 감각'에 무게중심을 두는 '내장 신학'은 성스러움을 "먼 것보다는 가까운 것, 특별한 것보다는 일상적인 것, 수입된 것보다는 토속적인 것 속에서 발견"하려고 한다(샘 킨, 『춤추는 신』, 207쪽). 종

---

[5] 샘 킨, 이현주 옮김, 『춤추는 신』, 대한기독교서회, 1977, 185~186쪽.

교개혁 이후, 프로테스탄트 신학이 말, 개념, 교리, 관념 등으로 구성된 것은 변함이 없다. 학문으로서의 신학은 여전히 언어를 필요로 하기 때문일 것이다. 그러나 샘 킨은 신학 언어를 육체 안에서 재발견할 것을 제안한다. 그것은 달리 말해 '은혜의 일상적 근원'의 발견을 의미한다(샘 킨, 『춤추는 신』, 208쪽).

그렇다면 우리가 육체 안에서 읽을 수 있는 신학 언어는 무엇이고, 은혜의 일상적 근원으로서의 몸을 어떻게 이해해야 한단 말일까? 샘 킨은 구체적 단서를 제공하지 않는다. 다만 베트남 전쟁의 참혹성에 전율하는 자신의 몸과 베트남 민중의 고난의 일체성, 주사를 맞는 아기를 보고 몸을 움츠리는 어머니의 모습에서 드러나는 자아와 타아 사이의 내장의 연결을 말하고 있다(샘 킨, 『춤추는 신』, 198쪽). 구체적이고 상황적이고 역사적인 인간의 신체성, 고통받고 죽을 수 있는 몸이야말로 보편적인 신학 언어라는 것이다. 물론 샘 킨은 고통받는 몸만이 아니라 '춤추는 몸'을 말한다. "원시종교는 믿어지는 것이 아니었다. 그것은 춤추어지는 것이었다"는 아서 다비 노크A. D. Nock의 말을 인용함으로써 그는 성과 속, 은혜와 일상성의 일치를 통한 육체 긍정의 길을 예시하려고 하는 것 같다(샘 킨, 『춤추는 신』, 208쪽).

1.3. 몸의 긍정을 배운 후, 나는 결혼을 했다. 대학 재학 중이어서 경제적 능력도 없고 아직 철도 없을 때 혼인을 했고 우리는 첫아이를 얻었다. 그런데 아기가 뇌성마비를 안고 태어나 두 차례의 머리 수술도 받았지만 상태는 갈수록 나빠져갔다. 하나님께 매달렸다. 아기만 살려달라고, 그러면 뭐든지 하겠다고, 목사도 되겠다고 외쳐보았다. 하지만 하나님은 아무런 응답이 없었다. 그러다가 어느 날 라

이너 마리아 릴케의 『기도 시집』에서 아래와 같은 시를 읽었다.

> 당신을 찾는 이들은 저마다 당신을 시험합니다.
> 그리고 그렇게 당신을 찾은 사람들은 당신을
> 그림과 몸짓에다 묶어놓습니다.
>
> 그렇지만 나는 대지가 당신을 이해하듯
> 그렇게 당신을 이해하렵니다.
> 나의 성숙과 더불어
> 당신의 왕국도
> 성숙합니다.
> 나는 당신을 증명하려는
> 어떤 허영도 당신에게 바라지 않으렵니다.
> 시간이란 당신과는
> 다른 것임을
> 나는 알기 때문입니다.
>
> 나를 위해 어떤 기적도 행하지 마소서.
> 종족에서 종족으로 이어지며
> 더 선명해지는
> 당신의 법칙을 시인하소서.

기적 속에서 하나님을 찾던 일을 멈출 수 있었다. 신앙이란 것도 결국 한 인간이 성숙한 만큼 자란다는 것도 알게 되었다. 장애아를 우리 가운데 보내신 그분의 뜻이 무엇인지 조금은 알 수 있을 것 같을 때, 아기는 우리 곁을 떠났다.

1.4. 견디기 어려운 현실을 군대에 가는 것으로 도피하려고 했다. 해병대에 자원하려고 했다. 그런데 갑자기 친구가 대학원으로 공부하러 가자는 것이다. 아내도 강력하게 거들었다. 신학교 은사의 사모님이 서남동 교수님에게 배워야 한다고 권했다. 그것이 연세대학교 연합신학대학원(1974~1976년)으로 가는 계기가 되었다. 나는 서남동 교수님의 의과대학, 간호대학 조교로 일하게 되었는데, 그 기간에 서남동 교수님이 해직되셨다. 해직 후에도 논문을 지도해주셨고, 내게 로즈메리 레드포드 류터 Rosemary Redford Ruether를 소개했다. 류터의 『메시아 왕국 The radical Kingdom』은 나의 신학적 사유의 기틀을 마련하는 데 결정적인 계기가 되었다. 이른바 역사 거꾸로 보기, 반주류의 역사에 관심을 기울이게 된 것이다.

아직은 '민중신학'이 구체화되기 전이었고, 나는 한국을 방문한 제임스 콘 James H. Cone을 통해 흑인해방신학을, 위르겐 몰트만 Jürgen Moltmann에게 희망의 신학을, 요한네스 메츠를 통해 정치신학을, 구스타보 구티에레즈 Gustavo Gutierez를 통해 라틴아메리카 해방신학을 배웠다. 또 석사논문을 해방신학으로 제출했다.

연신원에서 잊을 수 없

> 개념화된 추상적인 언어가 아니라, 쉬운 민중 언어로 신학하기, 모순으로 가득 찬 인간의 삶이 제기하는 문제에 대해 응답하는 신학을 하기 위해선 신학자가 선 자리가 중요했다. 그 자리가 내겐 한국이었다.

는 두 분의 선생님을 만났다. 한 분은 류동식 교수님이고 다른 한 분은 한태동 교수님이다. 류동식 교수님에게서는 '신학의 멋'을, 한태동 교수님에게서는 '공부는 스스로 하는 것'임을 배웠다.

아직 학생이고 버는 것도 없는 가장인 내게 선배 한 분이 '크리스챤아카데미' 중간집단 교육에 참여하겠냐고 물었다. 돈이 없어도 관계없다는 말에 교육을 받았다. 이것이 내가 '크리스챤아카데미' 강원용 목사님을 만나는 계기가 되었다. 아직 멀리서만 만났지만 후에 청년사회 간사, 군목 제대 후 대화 프로그램 간사로 가까이에서 강 목사님을 경험할 수 있었다. 대화적 실존, 경계인의 모습을 볼 수 있었다.

1.5. 1982년 내가 속한 기장 교단과 파트너 교회였던 독일 교회(뷔르템베르크 주교회) '선교와 외쿠메네' 하일브론 지역에서 선교사로 일하도록 초청을 받았다. 1991년 귀국하기까지 거의 10년을 독일에서 지낸 것이다. 독일 교회는 60년대 이후, 선교가 유럽 교회의 일방통행이 아니라 쌍방통행이고, 늙은 교회가 젊은 교회로부터 배워야 한다는 각성을 실천하기 위해 이른바 제3세계 파트너 교회로부터 선교사들을 받은 것이다. 나는 전 세계 교회에서 온 동료 목사들과 처음으로 '외쿠메네'가 무엇인지를 온 삶으로 경험할 수 있었다. 예수 그리스도 안에서 인종과 피부색, 신학적·교파적 전통의 차이를 넘어 한 형제자매라는 것, 다양성 안에서의 일치가 얼마나 아름다운 것인지를 배울 수 있었다.

한 3년 일하다가 독일 팀장 렌스티히Rennstich 박사의 도움과 외쿠메네 담당 총무 아놀드Arnold 목사의 허락을 받아 일하면서 공부를 시작했다. 하이델베르크를 선택한 것은 순전히 우리 집에서 가장 가까웠기 때문이다. 팀장은 선교학을 권했다. 선교학이 무엇인지 한국에서 배워본 적도 들어본 적도 없어 망설였지만, 일단 교수를 만난 다음에 결정하자고 생각했다. 테오 순더마이어Theo Sundermeier 교수님을 찾아갔다. 자기는 한국을 잘 모르기 때문에 지도할 수 있을지 모르겠다며 주저했다. 아니 교수가 늘 학생을 가르치기만 하냐, 학생에게서 배울 수도 있는 것 아니냐, 나를 통해 한국을 아는 것도 좋지 않겠냐고 말했더니 흔쾌히 박사과정 세미나에 나를 초대했다. 구상하는 논문을 발표해보라는 것이었다. 박사과정 학생들에게 논문 초고를 발표했고, 그것이 그대로 받아들여졌다. 논문은 로즈메리 레드포드 류터의 『메시아 왕국』에서 받은 신학적 상상력을 근거로 '한국적 콘텍스트에서의 메시아 희망'으로 작성해 제출했다. 선교학이 무엇인지도 모르고 시작했지만 나는 순더마이어 교수를 통해 선교학이야말로 경계 초월적 학제라는 확신을 갖게 되었다. 순더마이어 자신도 튼튼한 종교학적 지식을 기초로 좁은 의미의 선교학의 학제를 끊임없이 넘어섰다. 후에는 미술과 신학과의 관계에까지 관심이 확장되었다.

독일 남부 뷔르템베르크 주교회에서의 계약 기간이 끝나갈 무렵, 함부르크 대학 선교 아카데미에서 외국인 연구실장을 찾는다기에 지원, 귀국 전까지 3년 동안 함부르크에서 독일 목사 후보생 교육을 했다. 독일 개신교협의회, 독일 선교부, 북엘베 주교회 선교회 등에서 지금까지 교분을 유지하는 좋은 친구들을 만난 것도 내게는 큰 기쁨이다.

함부르크에서의 계약 기간이 끝나갈 무렵, 독일 친구들은 독일 선교부 아시아 담당 총무나 함부르크 대학 신학대학 사강사私講師로 올 것을 권했다. 그사이 안병무 교수님은 귀국하여 아우내 마을로 이전한 한국신학연구소를 책임 맡아 새로운 신학운동을 해달라고 간곡하게 부탁했다. 스승의 부탁을 거절하기도 어려웠지만, 귀국을 결심하게 된 또 다른 신학적 이유가 있었다. 그것은 '모든 새로운 신학운동은 중심부가 아니라 변두리에서 시작된다'는 확신 때문이었다. 이른바 신학의 중심부라는 독일에서 10여 년을 독일교회에서 일도 하고 신학을 배우고 가르쳐보기도 하면서 깨달은 것, 그것은 '사투리로 신학 하기'였다. 개념화된 추상적인 언어가 아니라, 쉬운 민중 언어로 신학 하기, 모순으로 가득 찬 인간의 삶이 제기하는 문제에 대해 응답하는 신학을 하기 위해선 신학자가 선 자리가 중요했다. 그리고 내게 그 자리는 한국이었다.

1.6. 1991년 여름, 귀국했다. 한국신학연구소가 천안 아우내 마을에 있어 천안에 집을 얻었다. 한국신학연구소를 아우내 마을에 건설하기 위해 돈도 모아야 했고, 한국신학의 발전을 위한 학술 활동과 출판도 해야 했다. 견디기 어려울 만큼 힘든 세월이었지만 돌이켜보면 가장 활발하게 글도 쓰고 신학적 성찰을 한 시기이기도 했다. 그러나 가장 아프고 깊은 상처는 은사였던 안병무 교수님과의 결별이 남겼다. 아우내 마을 건설이 끝나고 나는 한국신학연구소를 떠났다. 그러고는 이른바 고학력 실업자가 된 것이다. 연구소장 시절에도 급여를 제대로 받은 적이 별로 없었기 때문에 생활이 어려운 것은 그럭저럭 참으면서 이것저것 닥치는 대로 했다. 시간강사, 기독교방송 진행사회, 번역 등도 하다가 한신대 교수 초빙에 응했다가

탈락하는 아픔도 겪었다. 어디에 있든지 어떤 교회든지 오라고 하면 무조건 목회하러 간다고 결심하고 교회를 찾고 있을 때, 한신이 나를 불렀다. 방외의 신학에서 강단 신학으로 돌아온 것이다. 그리고는 제도권 신학자로서 벌써 13년이라는 세월이 흘렀다.

신학은 왜 하는가?

2.1. 얼마 전, 한 여성 구약학자와 이야기를 하다가 "최초의 신학자는 누구일까?"라는 질문을 했다. 놀랍게도 그녀는 에덴동산의 뱀일 것이라고 말하면서 이 점은 미국의 여성 신학자 트리블Phyllis Trible의 입장이기도 하다고 말했다. 까닭을 물으니, 뱀이 처음으로 하나님의 말씀을 해석했기 때문이라는 것이다. 신학 과제의 하나가 '말씀의 해석'에 있다면 그녀의 말대로 뱀은 최초의 신학자임이 분명하다.

창조 설화에 등장하는 뱀은 "하나님이 만드신 모든 들짐승 가운데서 가장 간교했다"(「창세기」 3장 1절)고 한다. 그렇다면 설화자가 생각하는 뱀은 악마적 세력의 상징이 아니며, 사탄의 상징은 더욱이 아니다. 설화자는 뱀을 하나님의 피조물로 생각함으로써 악을 외부에서 온 세력으로 인격화시키지 않고 있다. 또 뱀을 통해 악의 기원을 설명하려고 하지도 않는다. 뱀은 단순히 다른 짐승보다 더 영리하다는 점에서 구별될 뿐이다.[6]

그러나 뱀은 하나님의 말씀을 해석하기보다는, 전적으로 왜곡하고 있다. 하나님은 "동산에 있는 모든 나무의 열매는 네가 먹고 싶

---

6 게르하르트 폰 라트, 『창세기』, 국제성서주석1, 한국신학연구소, 1981, 92~93쪽.

은 대로 먹어라"(「창세기」 2장 16절)고 말씀하셨는데, 뱀은 "하나님이 정말로 너희에게 동산 안에 있는 모든 나무의 열매를 먹지 말라고 말씀하셨느냐?"고 질문한다. 뱀은 하나님의 말씀을 왜곡할 뿐만 아니라, 전혀 진실이 아니라고 주장한다. 하나님은 그 열매를 먹는 날에는 그들이 "반드시 죽을 것이다"(「창세기」 2장 17절)고 말씀하셨는데, 뱀은 "너희는 절대로 죽지 않는다"(「창세기」 3장 4절)고 말한다. 하나님께서 열매를 먹지 말라고 하신 것은 하나님의 질투 때문이라는 것이다. 인간이 하나님처럼 되는 것에 대해 하나님이 질투하시기 때문이라고 주장한다.

뱀은 거짓을 말하지도 않았고, 그렇다고 진실을 말하지도 않았다. 여기에 뱀의 사악함과 교활함이 있는 것이다. 뱀은 자기가 원하는 대로 행동할 것을 촉구하지도 않는다. 뱀은 인간이 전적으로 자유로운 결단을 내리도록 충동을 불러일으켰을 뿐이다.

만일 뱀이 최초의 신학자라면, 우리는 뱀에게서 말씀을 왜곡하는 신학자의 전형을 찾을 수 있을 것이다. 말씀의 왜곡은 하나님을 모독하는 신성모독죄다. 자신의 주장과 뜻을 관철하기 위해 하나님의 말씀과 뜻을 의도적으로 왜곡하는 신학자들은 옛날에도 있었고, 지금도 있고, 앞으로도 있을 것이다.

거짓도 말하지 않고, 그렇다고 진실도 말하지 않는 뱀은 냉혹한 신학자, 무관심한 신학자이다. 이들은 학문 자체를 위한 학문을 하는 신학자, 객관성과 전문성의 가면 뒤에 숨어서 가장 학문적 신학을 한다면서 뿌리내리고 있는 자신의 현실에 무관심하고, 신학을 개인적 욕망 충족의 도구로 삼는 신학자의 전형일 것이다.

『어린 왕자』로 잘 알려진 앙투안 드 생텍쥐페리는 이런 인물의 전형을 '세계를 기록하는 자'와 '지리학자'를 통해서 보여준다. 『어린 왕자』를 심층심리학적으로 분석한 오이겐 드레버만Eugen Drewermann 은 '상아탑 속의 학자', '탁상공론가', '근엄한 예복 착용자'의 모습을 보여주는 이들에겐 "논리의 지평과 실존의 지평이, 학문의 중요성과 지식의 정확성이 분열되어 있다"고 지적한다. 그리고 이들에겐 "바깥의 현실적인 삶은 공허한 시간 낭비로 여겨진다. 이들은 고상하게 학자적인 거리를 유지하면서 판단의 기술만을 맡는 쪽을 스스로 선택하든지, 또는 요청받든지 한다. 이렇게 판단 강박증에 사로잡혀 있는 것, 체험을 단지 다른 사람이 체험한 것에 대한 보고에서 지식을 얻는 것으로 격하시키는 것은 그가 지니고 있는 천박한 방법론적 신중성으로는 뚫고 들어가 볼 수 없는 현실에 대한 영원한 굶주림이라는 결과로 판정난다. 그는 기생적인 대리 인생을 살고 있을 뿐이다.

마젤란Ferdinand Magellan은 남아메리카에서 항로를 찾다가 바람이 없어 괴로움을 받으면서도 전망 없는 희망을 갖고 세계에서 가장 넓은 거친 대양을 계속 배를 몰고 나아갔다. 발견자나 탐구자는 이러한 사람이다. 이에 반해 교수는 파생적 실존의 테두리 안에서 낯선 지식을 목록으로 만들고 지도로 그린다.[7]

조금 장황하게 인용했지만, 오이겐 드레버만은 신학자가 실존적 참여 없는 대리 인생을 사는 지리학자로 전락할 위험을 날카롭게 지적하고 있다.

---

[7] 오이겐 드레버만, 김경희 옮김, 『어린 왕자의 심층분석—장미와 이카루스의 비밀』, 지식산업사, 1998, 49~50쪽.

그러나 말씀의 해석은 여전히 신학의 중요한 과제 가운데 하나이다. 해석자의 삶이 뒤따르지는 못할망정, 말씀을 자기 정당화를 위해 도구화하거나, 타인을 공격하기 위해 왜곡하는 것이야말로 신학자가 빠지기 쉬운 치명적 유혹이다. 이 유혹은 뱀의 이빨보다 무섭고, 뱀의 독보다 파괴적이다. 이들은 다른 사람을 죽일 뿐만 아니라, 마침내 자기 자신마저 파멸시키기 때문이다.

2.2. 나는 성서에서 또 다른 최초의 신학자가 있다면, 그는 야곱이라고 생각한다. 까닭은 야곱이 처음으로 하나님의 이름을 물었기 때문이다(「창세기」 32장 29절).

구약성서의 세계에서 이름은 매우 중요했다. 고대인들은 이름이 공허한 것이 아니라, 사람의 이름이건 장소의 이름이건 그 이름을 담지하는 사람과 장소가 긴밀한 관련성을 가지고 있다고 생각했다. 즉, 이름에는 그 이름의 담지자의 본질적인 요소가 내포되어 있다는 것이다(폰 라트, 『창세기』, 360쪽).

히브리인들은 이름과 그 이름이 가리키는 현실 사이에 존재하는 차이점을 느끼지 못했다. 이름은 하나의 생생한 현실을 지칭하는 또 하나의 생생한 현실이며 그 현실에 대해 작용하기 때문이다. 그런 의미에서 이름을 바꾼다는 것은 운명을 바꾸는 것과 마찬가지였다. 얍복 강가에서 천사와 겨루어 이긴 다음 이름을 이스라엘로 바꾼 야곱이 대표적인 인물이다.

그런데 우리를 더욱 놀라고 당황스럽게 하는 것은 장자이며 사냥꾼으로서 건장한 체격에 선한 마음을 가진 에서가 아니라, 인격적으로 모순 덩어리이고 교활하고 매우 이기적이며 살아남기 위해서 잔머리를 굴리는 비열한 야곱을 왜 히브리인 역사 설화자는 축복의 계승자로 해석하고 있는가 하는 것이다.

우리는 이 비밀을 해결하기 위해서 먼저 히브리인 역사 설화자가 비열하고 교활하며 이기적이고 매우 현실적이며 모순으로 가득 찬 야곱의 인격을 전혀 숨기지 않고 드러내고 있다는 것에 주목해야 한다. 설화자는 성품이나 인격에 관심을 기울이지 않는다. 설화자의 관심은 누가 하나님을 찾느냐는 것이다. 자신의 운명을 바꾸기 위해 누가 하나님과 씨름하느냐는 것이다.

에서가 축복의 계승자가 되지 못한 이유를 설화자는 그가 장자의 명분을 경홀히 여긴 데서 찾지만, 우리는 에서가 꼭 그랬다고 생각하지 않는다. 오히려 에서는 이렇게 생각했을지 모른다. '장자직이라는 것이 내가 판다고 약속했다고 해서 팔려지는 것인가? 장자직이란 생물학적으로 결정된 질서이기 때문에 어떤 경우에도 변경할 수 없는 운명이 아닌가!' 장자로서의 기득권은 생득적으로 결정된 운명이었고, 에서는 그것을 의심할 필요가 없었으며, 굳이 지켜야 할 것으로, 쟁취되어야 할 것으로 생각하지 않았던 것이다. 이미 운명으로 보장된 자신의 삶을 위해 그가 해야 할 일은 아무것도 없으며, 단지 주어진 기득권 안에 머물러 있으면 된다고 생각했을지 모른다.

그렇다. 현실을 숙명으로 받아들이는 사람, 세상이 나를 바꾸는 대로 순응하기는 하지만, 내가 세상을 바꾸겠다고는 생각하지 않는 사람, 운명에 도전하지 않는 사람은 하나님을 찾지 않는다. 에서가 축복의 계승자가 되지 못한 것은 그가 바로 이런 사람이었기 때문이다.

그렇다면 세상에서 선하게 인격적으로 산다는 것이 아무 쓸모 없는 일이란 말인가? 야곱처럼 교활하고 수단과 방법을 가리지 않고,

악착스럽게 이기적으로 살아도 하나님만 찾고 믿으면 결과적으로 복 받은 삶을 사는 것이 된단 말인가?

> 신학은 왜 하는가? 가장 직접적인 대답은 교역자가 되기 위해서라고 말할 수 있다. 그러나 나는 궁극적으로 신학은 하나님의 얼굴을 뵙기 위해 하는 것이라고 생각한다. 그리하여 마침내 하나님을 찬미하기 위해 신학을 하는 것이다.

그렇지 않다. 야곱은 인격적으로 흠이 많은 사람이었고, 야곱은 그것을 스스로 잘 알고 있었다. 형 에서를 만나기 위해 고향으로 가는 길목에서 두려움과 불안에 떨면서 야곱은 기도한다. "할아버지 아브라함을 보살펴주신 하나님, 아버지 이삭을 보살펴주신 하나님…… 주께서 주의 종에게 베푸신 이 모든 은총과 온갖 진실을, 이 종은 감히 받을 자격이 없습니다."(「창세기」 32장 9~10절)

그리고 야곱은 형과 아버지를 속인 죄과에 대한 벌을 죽을 때까지 받았다. 야곱은 외삼촌의 속임수에 빠져 7년의 노동 착취와 20여 년의 종살이를 감수해야 했고, 천사와 씨름하다가 불구가 되었다. 세겜에게 자기 딸 디나가 성폭행을 당하는 것을 보아야 했고(「창세기」 34장 2절) 베냐민을 낳다가 자기 아내 라헬은 목숨을 잃었으며(「창세기」 35장 18절) 사랑하는 아들 요셉을 노예 상인에게 잃고(「창세기」 37장 28절) 기근 때문에 굶어 죽게 되자 이집트로 식량을 구하러 자식들을 보내야 하는(「창세기」 42장 1~2절) 실로 파란만장한 삶을 살았다. 그의 삶이 얼마나 파란만장했는지는 이집트 왕 바로 앞에서 한 고백에서 드러난다. 나이가 어떻게 되는지 묻는 바로 왕에게 야곱은 이렇게 말한다. "이 세상을 떠돌아다닌 햇수가 백 년 하고도 삼십 년입니다. 저의 조상들이 세상을 떠돌던 햇수에 비하면, 제가 누린 햇수는 얼마 되지 않지만, 험악한 세월을 보냈습니다."(「창세기」 47장 9절)

그렇다. 야곱은 130여 년 동안 진실로 험악한 세월을 보냈다. 형과 아버지를 속인 죄에 대한 보응을 그는 충분히 받았다고 할 수 있다. 야곱은 불안하고 왜곡된 인격을 가지고 있었지만, 그는 그의 인격의 심층부에서 언제나 하나님의 도움을 호소했고, 그의 삶의 깊이에서부터 하나님을 찾은 사람이었다.[8] 그리고 이스라엘의 하나님 야훼는 자기를 찾는 이들에게 자신을 드러내시고, 자기에게 호소하는 기도에 응답하신다. 하나님은 번뇌에 몸부림치며, 불안해하고, 도피하고 싶어 하며, 그럼에도 불구하고 마땅히 살아야만 하는 생의 과제를 부둥켜안고 고민하는 자, 하나님의 도움이 아니면 어찌할 바를 모르는 그런 자들을 위하여 거기 우리의 역사 안에 들어와 활동하시는 분이다. 하나님의 도움이 필요 없는 자, 하나님의 은총 없이도 살아갈 수 있는 자에게 하나님은 나타나지 않는다(김이곤, 『신의 약속은 파기될 수 없다』, 165쪽).

야곱 이야기의 숨은 뜻은 바로 여기에 있다. 성서가 야곱의 얼룩진 인격을 전혀 감추지 않고 그대로 노출시키는 것은 도덕적 완전이 아니라, 하나님 앞에서 정직하게 자기 삶을 사는 인간, 현실을 바꿀 수 없는 운명으로 순응하는 것이 아니라, 현실에 도전하여 운명을 바꾸는 인간을 통하여 하나님의 구원의 약속사가 계승된다는 것을 증언하기 위한 것이다.

---

8 김이곤, 『신의 약속은 파기될 수 없다』, 한국신학연구소, 1999, 165쪽.

2.3. 그리고 마침내 야곱의 인격은 그의 생애에서 가장 위기의 순간에 결정적으로 변화된다. 그 변화는 환도뼈가 위골되는, 그리하여 절름발이가 되고, 남자로서의 힘의 근원이 무너지는 것을 대가로 한 것이다. 그리고 야곱은 이스라엘이라는 새 이름을 얻는다. 야곱은 더 이상 옛 사람이 아니다. 새 이름을 주신 분이 하나님이듯이, 야곱을 새로운 인간으로 만드신 분도 하나님이시다. 전적으로 새로운 삶의 근원은 인간이 아니라 하나님 자신에게 있다. 하나님이 야곱을 이스라엘로 변화시킨 것이다. 그러나 운명 같은 현실에 도전한 것은 야곱이었다. 그리하여 도저히 바뀔 수 없을 것 같은 현실, 운명을 변화시킨 것은 야곱 자신이었다.

기도하는 사람은 하나님을 감동시키려고 하지만, 하나님은 기도하는 사람을 변화시킴으로써 세상을 변화시킨다. 야곱은 삶의 결정적인 순간에 기도했고, 그때마다 하나님을 만나 그곳에 제단을 쌓았다. 일찍이 하나님의 얼굴을 본 사람이 없었고, 또 하나님의 얼굴을 본 사람은 죽었지만, 야곱은 하나님의 얼굴을 보고도 목숨을 잃지 않은 사람이 되었다(「창세기」 32장 30절). 그래서 그곳 이름을 '브니엘(하나님의 얼굴)'이라고 붙였고, 야곱이 절뚝거리며 브니엘을 지날 때 해가 솟아올라 그를 비춘다(「창세기」 32장 31절). 천사와 목숨을 건 투쟁에서 바뀐 건 야곱 자신만이 아니다. 해가 솟아올라 밝아진 세상도 이미 옛 세상이 아니다. 운명을 이긴 사람에게 현재는 과거의 연장이 아니다. 현재는 하나님의 축복이 약속된 가능성이다. 이 약속에 의지하여 자신의 삶과 현실을 변화시키는 사람들은 야곱처럼 하나님의 얼굴을 뵙게 될 것이다.

신학은 왜 하는가? 가장 직접적인 대답은 교역자가 되기 위해서라고 말할 수 있다. 그러나 나는 궁극적으로 신학은 하나님의 얼굴을 뵙기 위해 하는 것이라고 생각한다. 그리하여 마침내 하나님을 찬미하기 위해 신학을 하는 것이다.

신학은 어떻게 하는가?

3.1. 그렇다면 신학은 어떻게 하는가? 하나님의 이름을 물으면서 환도뼈가 위골되도록 씨름하면서 하는 것이라고 나는 생각한다. '하나님, 당신의 이름은 무엇입니까?' 이 질문과의 씨름이 비록 우리에게 깊은 상처를 남길지라도 이 질문을 끌어안고 쉬지 않고 대결하는 것, 나는 이것이 신학 하는 길이라고 믿는다. 우리가 하나님의 이름을 물으면서 씨름하는 동안 우리가 비록 고독하고, 상처받고, 방황하겠지만, 마침내 하나님의 얼굴을 뵐 수 있기를 희망한다. 중요한 점은 이 씨름을 상품화하여, 스스로 장사꾼으로 전락하지 않는 것이다. 다시 오이겐 드레버만으로 돌아간다.

> 무엇보다 신학의 영역에서, 신의 말씀이 신에 대한 학설로, 신의 체험이 신에 대한 학문적 지식으로 뒤바뀐 것을 속임수라며 그 정체를 폭로한 사람은 키르케고르S. Kierkegaard였다. 그는 예수가 가난하였고 멸시받았으며 살해당했다는 것을 구원의 복음으로 알리는 사람들이 부유하게 살며 존경받고 인기 속에서 산다는 것이 도대체 어떻게 가능할 수 있는지에 대해 물음을 던졌다……
> 이것뿐이겠는가? 시인, 화가, 음악가 가운데 가장 위대한 인물들은 종종 헝클어진 신경과 동시대인의 몰이해로 괴로움을 받으면서 가난의 밑바닥에서, 광기의 심연에서 살아가는 반면, 그들이 죽으면 곧 박

사 지망생이나 강사가 몰려와 보들레르, 차이콥스키, 고흐가 얼마나 훌륭했는가를 보여줌으로써 자기 출세의 토대를 닦고 자기 밥벌이의 수단으로 삼는다. 이러한 몰정신적 정신인들은 작품 없이 믿음을, 세계 체험 없이 세계관을 논하는 것으로 만족해한다.(오이겐 드레버만, 『어린 왕자의 심층분석―장미와 이카루스의 비밀』, 51~52쪽)

'몰정신적 정신인', 이것은 신과의 대결 없이 신을, 절망 없이 희망을, 죽음 없이 생명을, 십자가 없는 부활을 선포하는 '몰신학적 신학자'와 다르지 않다. 신학의 위기는 그것이 자칫 '뿌리 없는 사상의 바자회'로 전락하는 데 있다. 신학 언어가 시장가치에 의해 가격이 정해지는 상투어로 타락하고, 신학자가 생텍쥐페리가 제시한 '사업가', '중독자', '허영에 사로잡힌 사람', '유행하는 것의 가로등 점등부', '망상에 사로잡힌 왕'으로 전락하는 것을 우리는 경계해야 한다. 신학의 위기는 신학자의 위기이다.

　오늘 우리는 한국으로부터 새로운 신학적 목소리가 더 이상 들리지 않는다는 평가를 받고 있다. 그것은 오늘 우리가 살고 있는 한국과 세계의 상황이 더 이상 신학적 성찰을 필요로 하지 않기 때문이 아니다. 어쩌면 한국은 지금 지구에서 가장 역동적인 변화를 겪어가는 나라의 하나일 것이다. 문제는 이 엄청난 시대의 도전과 대결하면서 함께 신학 작업을 하지 못하는 데 있다. 대부분 '가로등 점등부'처럼 스스로의 일에만 바빠 서로 대화하고, 서로에게서 배우면서 새롭고 풍요로운 신학운동을 함께해가지 못하는 것이 유감스럽다.

3.2. '신학', 다시 말해 '하나님 배우기'는 어떻게 하는 것인가? 라

는 질문은 이제 막 신학 공부를 시작한 신학도에게만이 아니라, 평생 신학을 공부한 신학자에게도 쉬운 질문이 아니다. 신학을 공부하는 사람들마다 저마다의 공부 경험과 방법을 가지고 있어 모든 사람에게 똑같이 적용되는 방법은 아마도 없을 것이다. 지금부터 말씀드리려고 하는 나의 경험도 지극히 개인적이고 단편적이다. 꾸준히, 깊이 그리고 열심히 공부하지는 못했지만, 신학의 길에 들어선 지 40년이 되어가는 지금에 이르러 신학 공부와 관련하여 깨달은 것을 여러분과 함께 나누려고 한다.

물론 학문으로서의 신학을 공부하는 방법에 대한 좋은 안내서가 많이 있다. 이런 안내서들이 갖추고 있는 공통점의 하나는 신학 공부를 위해서는 무엇보다 언어에 대한 감수성과 수사학적 능력을 길러야 한다는 것이다. 특히 성서 언어, 곧 히브리어와 헬라어를 무엇보다 먼저 배워야 하고, 신학사와 교회사를 공부하기 위해 라틴어도 배워야 한다. 현대 서구 신학을 공부하기 위해서는 영어와 독일어도 해야 한다. 그러나 우리는 한국의 신학도이기 때문에, 외국어 못지않게 우리말과 글에 대한 공부를 배나 더 해야 한다. 외국어 못 하는 것은 부끄러워하면서도 정작 모국어 말하기와 글쓰기 실력이 형편없는 신학도가 좋은 설교자가 될 것을 기대하기 어렵기 때문이다.

그리스도교 신학이 지난 2천 년 동안 주로 서구에서 발전되어왔기 때문에, 신학 전통을 이해하기 위해 서구 신학을 공부해야 하지만, 비서구권 그리스도인들과 교회의 신학적 작업에도 관심을 기울여야 한다. 지금은 어떤 거대 담론적 신학도 없고, 학파를 형성할 정도로 위대한 신학적 산맥이라고 불릴 만한 신학자도 없다. 이것은 모든 신학이 콘텍스트의 규정을 받으며, 스스로 보편적 신학이라고 주장할 수 있는 어떤 신학도 있을 수 없다는 것을 의미한다. 신학이 명실상부하게 에큐메니칼 시대에 들어선 것이다. 모든 신학은 대화 가운데 있다. 이것은 우리가 우리 자신의 신학 현장에 충실하게 신학적 작업을 할수록, 우리 신학이 에큐메니칼 대화를 더 풍요롭게 한다는 것을 의미한다.

나는 언어에 대한 민감한 감수성과 수사학적 능력, 철저하게 우리의 신학 현장에 충실하면서도 세계의 신학과 대화하는 에큐메니칼 정신을 신학 공부하는 방법으로 제시했다. 신학이 학문으로서 진보적으로 가르쳐지는 곳에서는 어쩌면 충분하지는 않을지라도 마땅히 실천되어야 할 방법일 것이다.

3.3. 그러나 이것은 '신학은 어떻게 하는가?'라는 질문에 대한 충분한 대답이 아니다. 까닭은 신학, 곧 '하나님 배우기'는 캔터베리의 안셀무스 Anselm of Canterbury (1033~1109)가 『프로슬로기온』에서 말했던 것처럼, '믿기 위하여 이해하려고 노력하는 것이 아니라, 이해하기 위해 믿을 때' 가능하며, 또 '믿지 않는다면 이해할 수 없는' 학문이기 때문이다.[9] 이 명제는 한편으로 믿음과 이성이 서로 배제하지 않는다는 것을 의미하지만, 다른 한편으로는 신학, 곧 하나님 배우기는 내가 하는 것 같지만, 사실은 전적으로 하나님 편에서 시작된다는 것을 의미한다.

---

9 캔터베리의 안셀무스, 박승찬 옮김, 『모놀로기온 & 프로슬로기온』, 대우고전총서 3, 아카넷, 2003, 182쪽.

캔터베리의 안셀무스는 이렇게 기도한다.

> 당신을 찾도록 저를 가르치시고
> 당신을 찾는 이에게 보여주소서. 왜냐하면
> 당신께서 가르치시지 않으면, 저는 당신을 찾을 수도 없고,
> 당신께서 자신을 보여주시지 않으면, 발견할 수도 없기 때문입니다.
> 당신을 그리워하면서 찾게 하시고,
> 찾으면서 그리워하게 하소서.
> 사랑하면서 발견하게 하시고,
> 발견하면서 사랑하게 하소서.
> (캔터베리의 안셀무스, 『모놀로기온 & 프로슬로기온』, 181쪽)

오늘 우리가 신학을 공부하는 것은 그것이 어떤 계기에서, 또 언제, 어떻게 시작했는지와 관계없이 하나님께서 우리로 하여금 그분을 찾도록 부르셨기 때문이다. 언제 우리는 그분을 찾을 수 있을까? 캔터베리의 안셀무스의 고백처럼 하나님께서 자신을 보여주시지 않으면 우리는 그분을 발견할 수 없다. 그러므로 우리는 신학하는 동안 다만 그분을 그리워하면서 찾고, 찾으면서 그리워할 뿐이다.

그리하면, "구하여라, 주실 것이요, 찾으라, 찾을 것이요, 문을 두드려라, 열어주실 것이다"(「마태복음」 7장 7절)라고 말씀하신 그분께서 자신을 우리에게 보여주실 것이다. '사랑하면서 발견하고, 발견하면서 사랑하는' 과정이 신학의 길이다. 하나님 배우기는 우리가 하는 것이다. 그분이 그분의 얼굴을 우리에게 보여주시기까지, "마음을 다하고, 뜻을 다하고, 힘을 다하여 주 하나님을 사랑"(「신명기」 6장 5절)

하는 것이 우리가 할 일이다.

3.4. 자, 그렇다면 우리의 과제인 신학은 어떻게 하는 것일까? 하나님 배우기는 무엇으로 하는 것일까?

첫째, 나는 신학은 '귀'로 하는 것이라고 생각한다. 먼저 '말씀'을 듣는 데서 시작한다는 것이다. 예수께서는 제자들에게 골방에서 기도하라고 말씀하셨다.(「마태복음」 6장 6절) 하나님이 우리에게 오늘 말씀하시는 것이 무엇인지를 귀 기울여 듣기보다는, 하나님을 향해 자신의 욕구만을 일방적으로 전하는 것은 기도가 아니다. 말을 많이 해야 하나님께서 들어주실 것이라고 생각하여 빈말만 되풀이하는 사람은 이방 사람들이다.(「마태복음」 6장 7절) 그들은 하나님의 정원에 사는 사람이 아니다.

하나님을 거대한 폭풍과 위대한 기적에서 찾는 사람들이 있다. 그러나 하나님은 파라오의 거대한 신전에서가 아니라, 시내산의 작은 떨기나무에서 자신을 모세에게 보여주셨다. 이세벨을 피해 호렙산 동굴에 숨었던 엘리야가 절망적으로 하나님을 찾았을 때, 하나님은 "산을 쪼개고, 바위를 부순 크고 강한 바람 속에서도 아니고, 지진과 불 속에서도 아니고, 부드럽고 조용한 소리로 말씀하셨다."(「열왕기상」 19장 12절)

하나님의 말씀은 우리 귀를 막을 때, 들리는 소리이다. 바깥세상의 온갖 소음과, 우리 내면으로부터도 쉬지 않고 들려오는 중얼거림에 귀를 열어놓고서는 들을 수 없는 소리이다. 그러므로 신학은 입과 귀를 막고서야 들리는 하나님의 말씀을 듣는 훈련과 함께 가야 한다.

둘째로 나는 신학은 '입'으로 하는 것이라고 생각한다. '기록된 말씀', 곧 성서는 낭송되어야 한다. 경전을 가지고 있는 종교적 전통에서—그것이 불교건, 유대교건, 이슬람이건, 그리스도교건 모두—경전은 언제나 낭송되었다. 그것은 낭송의 힘 때문이었다. 낭송은 기억에 도움이 될 뿐만 아니라, 낭송 그 자체가 힘을 갖고 있다. 그러므로 신학을 공부하는 사람은 성서를 낭송하는 습관을 가져야 한다.

하나님이 말씀하시기를 '빛이 생겨라' 하시니, 빛이 생겼다(「창세기」 1장 3절). 말해진 말씀은 창조의 능력을 지니고 있다. 또 말씀은 육신이 되었다(「요한복음」 1장 14절). 신이 인간이 된 성육신도 말씀의 사건이었다. 그러므로 신학을 공부하는 사람은 하나님의 말씀을 두려운 마음으로 증언해야 한다. 설교를 신변잡기, 시사평론, 코미디 수준으로 전락시키는 것을 경계해야 한다. 또 하나님의 말씀을 적대자를 공격하기 위해 악용하거나, 자신을 정당화하기 위해 이용하는 것은 신성모독이다.

신학은 선교, 곧 그리스도를 입으로 증언하는 데서 시작한다. 오순절 성령강림 사건은 '외국어 은사'로 시작되었다(「사도행전」 2장 1~4절). 예수 그리스도의 십자가 죽음과 부활을 증언하기 위해 주어진 은사였다. 신학은 선교와 함께 시작되었고, 선교에서 완성된다.

끝으로 신학은 '눈'으로 하는 것이라고 생각한다. 전통적으로 「욥기」의 주제는 신정론이라고 생각했다. 의로운 사람이 왜 고통을 당하고 고난을 받는지에 대한 현실의 질문과 그에 대한 신학적 응답을 다룬 문학적 전형이라는 것이다. 그러나 나는 「욥기」가 우리가 제기한 질문, 곧 신학은 어떻게 하는 것인지에 대해서도 대답한다고 본다. 험난한 시련을 겪은 후, 욥은 다음과 같이 고백한다. "주님이 어떤 분이시라는 것을 지금까지는 제가 귀로만 들었습니다. 그러나 이제는 제가 제 눈으로 주님을 뵙습니다."(「욥기」 42장 5절)

"지금까지는 제가 귀로만 들었습니다"라고 표준새번역은 말하지만, 공동번역에 의하면, "당신께서 어떤 분이시라는 것을 소문으로 겨우 들었는데, 이제 저는 이 눈으로 당신을 뵈었습니다"라고 한다.

나는 신학 하는 궁극적 목적, 아니 신앙의 궁극적 목적도 하나님의 얼굴을 뵙는 것이라고 생각한다. 그리하여 그분을 찬미하는 것이라고 생각한다.

「시편」 기자는 인생의 가장 큰 비통함이야말로 '주께서 얼굴을 감추시는 것'(「시편」 88장 14절)이며, 복 있는 사람들은 '주의 빛나는 얼굴을 보면서 살아간다'(「시편」 89장 15절)고 말한다. 마침내 주의 빛나는 얼굴을 보는 것은 회복과 구원을 의미한다(「시편」 80장 7절).

캔터베리의 안셀무스가 말했던 것처럼, 우리는 하나님께서 자신을 우리에게 보여주실 때 그분을 볼 수 있다. 그러나 그렇다고 해서 우리가 신학을 공부하는 동안 단지 '귀'로만, '소문'으로만 그분을 만나지 않기를 바란다. 우리의 신학 공부가 단순히 하나님에 대한 소문을 듣는 것으로 끝날까 두렵다. 하나님의 얼굴을 보기 위해서 우리는 하나님을 사랑하면서 찾고, 찾으면서 사랑해야 한다. 이것이 신학은 어떻게 하는가에 대하여 내가 찾은 대답이다.

지금은 우리가 청동거울 속에서 영상을 보듯이 희미하게 보지만, 언젠가 우리는 하나님과 얼굴을 마주 볼 것입니다. 지금은 내가 부분밖에는 알지 못하지마는, 그때에는 하나님께서 나를 아신 것과 같이,

나도 온전히 알게 될 것입니다.(「고린도전서」 13장 12절)

사도 바울의 말씀이다. 이 말씀을 나는 지금도 신학 공부를 하고 있는 나의 발등을 비추는 등불로 삼고 있다.

사랑과 그리움으로 이어가는 길

PSALME LXXXVII.
FVNDAMENTA EIVS.
A PSALME AND SONGE OF THE
SONNES OF CORAH.

ER foundacions are vpon the holy hylles: the Lorde loueth the gates of Sion more then all the dwellynges of Iacob. Very excellent thynges are spoken of the, thou cyte of God. Selah. I wyll thynke vpon Rahab and Babylon, wyth them that knowe me. Beholde, yee the Philistynes also, and they of Tyre with the Morians. Lo, there was he borne. And of Syon it shalbe reported, that he was borne in her, and the moost hyest shall stablish her. The lorde shall rehearse it, whan he wryteth vp the people, that he was borne there. Selah. The syngers also and trompetters shall he rehearse. All my freshe sprynges shalbe in the.

차옥숭
이화여대 인문과학원(탈경계 인문학연구단) 연구교수

이화여자대학교 기독교학과와 동 대학원에서 신학을 공부하고 독일 프랑크푸르트 대학교에서 종교학(Ph.D.)을 공부했다. 전주한일장신대학 교수로 일했으며, 현재는 이화여자대학교 인문과학원 연구교수로 재직하고 있다. 지은 책으로 『한국인의 종교 경험: 무교』 『한국인의 종교 경험: 천도교 대종교』 등이 있으며, 공저로 『한국인의 생명사상의 뿌리』 『동아시아 여신 신화와 여성 정체성』 등이 있다. 편저로 『기독교사 자료집』, 역서로 『오늘의 신학 무엇인가』가 있다. 논문으로 「종교 다원주의 사회에서 종교간 대화와 협력에 관한 연구」 「한국 신흥종교에서 살펴본 여성의 종교성」 「함석헌의 모성성의 주춧돌 위에 세워진 씨알, 생명 사상」 등이 있다.

나는 2남 5녀 중 여섯째로 태어났다. 아버지는 장로셨고 우리는 교회 안에서 살았다. 교회 안에는 마루가 있고 방이 여러 개인 큰 집이 한 채 있었는데, 그 집에 목사님 가정과 전도사님 가정, 그리고 우리 가정이 살았다. 교회의 큰 정원 뒤편에 있던 작은 집에는 교회를 돌보는 집사님이 살고 계셨다. 정원에는 백장미가 아름답게 피어 있고 대문 옆 고목에는 능소화가 아름답게 피어 있었던 기억이 난다.

나는 어려서부터 병약했다. 아버지는 나에게 늘 '기도로 살린 딸'이라고 말씀하셨다. 어릴 때 돌림병이 돌아 주변의 어린아이들이 죽어나갔던 적이 있는데, 나도 병에 걸렸단다. 아버지는 열이 오르고 숨이 넘어갈 듯 쌕쌕거리는 나를 품에 안고 교회 안에 들어가 한참을 기도했다고 한다. 그러고 난 뒤 아무 소리도 들리지 않아 혹시 죽었나 놀라서 나를 들여다보았더니, 몸에 피어올랐던 열꽃이 다 수그러들고 편안한 숨을 쉬고 있었다는 것이다.

어려서는 으레 어머니, 아버지의 새벽 기도 소리에 깨어나곤 했다. 병치레가 많았던 나 때문에 둘째 언니는 1년 동안 휴학을 하고 나를 간호했다. 칠남매 중 밑으로 셋은 주로 둘째 언니의 등에서 자랐다. 성악을 했던 언니는 어머니가 많이 아프셨을 때도 서슴없이 서울에서 내려와 동생들을 돌보고 어머니를 간호했다.

언니는 참 따듯한 사람이었다. 거지들을 집으로 불러들여 상을 차려주곤 했다. 어느 날 언니에게 대접을 받았던 젊은 청년 하나가 감사의 뜻으로 갈치 꾸러미를 들고 찾아와 집안 식구들이 놀란 적이 있다. 지금은 갈치가 비싸지만, 그때는 갈치와 꽁치가 제일 싼 생선이었다. 그런데 그 착한 언니는 37세에 일찍 세상을 떠났다. 그 때문에 어머니는 두고두고 눈물을 많이 흘리셨다. 어머니에게는 친구 같은 딸이었고, 나에게는 늘 어머니 같은 언니였다.

아버지는 고등학교 교사였는데, 집안은 그리 풍족하지 못했다. 우리 형제들도 많았을 뿐만 아니라 다른 군식구들까지 있었기 때문이다. 당시는 전기 공급이 원활치 않아 일반선과 특선이 있었다. 일반선은 낮에는 들어오지 않고 일정한 밤 시간에만 들어왔다. 그래서 빨리 어두워지는 겨울 저녁 시간에는 석유 램프를 켜놓고 희미한 불빛 아래에서 저녁 식사를 하곤 했는데, 얼마 안 되는 쌀에다 콩나물이나 아니면 시래기를 잔뜩 넣은 밥을 먹곤 했다. 그때 어린 우리 밥그릇에는 좀더 쌀을 많이 퍼주시고, 어머니 밥그릇엔 언제나 쌀은 찾아보기 어려울 정도로 시래기만 담으셨던 것을 잊을 수가 없다. 자식들에게 아낌없이 내주시기만 했던 어머니의 사랑…… 나는 어머니의 마음이 하나님의 마음이라고 생각한다.

나는 병약해서 학교는 밥 먹듯 빠졌지만, 교회는 열이 나서 집에서 못 가게 만류를 해도 고집을 부리고 출석했다. 나보다 체격이 좋은 동생은 어디가 아프다고 해도 별로 신경을 안 썼는데 내가 아프다고 하면 집안 어른들 걱정이 대단했다. 덕분에 학교에 가기 싫으면 꾀병을 앓고 학교에 가지 않은 적도 있었다. 우리 집에서 제일 작고 뼈대도 약해 어머니는 나를 보면 "전쟁 중에 배 속에서부터 못 얻어먹어서 생기다 말았다"고 안쓰러워하셨다.

키가 작아 초등학교에 입학해서 3학년 때까지는 두 줄로 설 때든 한 줄로 설 때든 제일 앞에 섰다. 고3 때는 척추가 잘못되어 통증이 왔다. 의사 선생님이 엑스레이 판독을 잘못하고 척추 결핵으로 오진하여 매일 주사를 맞았는데, 주사를 맞은 엉덩이가 너무 아파서 제대로 앉지도 못하고 잠도 엎어져서 자곤 했다. 게다가 고기를 조금이라도 먹으면 온몸에 두드러기가 나고 위경련도 잦아서 부모님께 참 많이 걱정을 끼쳐드렸다.

나는 책 읽기를 좋아해서 방학 때나 아플 때는 누워서 집에 있는 책을 가리지 않고 읽었다. 그렇다고 집에서 얌전히 책만 보는 그런 아이는 아니었다. 몸이 조금만 괜찮아지면 산과 들로 뛰어다니는 걸 좋아했고, 여자아이들보다는 남자아이들과 뛰어놀았다.

아버지는 50년대 중반부터 '사마리탄'이라고 하는 고등학생과 대학생들의 모임을 이끌었다. 선한 사마리아인이 되자는 취지에서 만들어진 모임이었는데, 전주에 있는 고등학생과 대학생들이 토요일이면 집으로 와서 아버지가 하시는 강의도 듣고 토론도 했다. 일찍이 나는 아버지에게 여운형 선생님, 김규식 박사님, 조봉암 선생님, 이런 분들의 이야기를 듣고 자랄 수 있었다.

중도 노선을 걸었던 아버지는 한국전쟁 직후 혼란기에는 감옥에 수감되어 사형선고를 받았다가 구사일생으로 살아나기도 했다. 호적에 이른바 빨간 줄이 올라가 있어서, 아버지는 마지막에 교장 선생님으로 퇴임하기까지 30년 넘게 교직 생활을 유지했지만, 오빠들은 취직 시험에 합격을 하고도 마지막 신원 조회에서 떨어지곤 했다. 나도 독일 유학을 떠날 때 내가 한 일들도 문제가 되었지만, 아버지의 전력 때문에 신원 조회에 걸려서 결국 부장검사 두 사람의 보증을 받고서야 출국할 수 있었다.

고등학생이 된 나는 '사마리탄'에 들어갔다. 여름 수양회 때면 서울에서 대학을 다니는 선배들도 내려와서 참여를 했다. 박형규 목사님, 양호민, 지명관 교수님 등이 내려와서 주제 강연도 해주셨다. 아버지와 오랜 친구였던 강원용 목사님의 배려로 좋은 분들이 내려와 주제 강연을 해주셨다. 지금도 나는 당시 일주일에 한 번씩 사마리탄 모임에 참여한 사람들이 매일 밤 10시가 되면, '오늘도 그리스도의 마음을 품으려고 애쓴 시간이 있었는가?', '오늘도 한적한 곳을 찾아서 기도하였는가?', '오늘도 화가 났을 때 기도하

> 결국 졸업식도 못 하고 나는 정보부를 거쳐 서대문 형무소에 수감되었다. 군사재판을 받기 전까지 서대문 형무소 독방에 있으면서 면회도 운동도 일절 허락이 되지 않았다.

는 마음으로 풀어버린 적이 있었는가?', '오늘도 민족과 동지를 위해서 기도하는 시간을 가졌는가?' 등 명상과 고백의 내용을 가지고 함께 반성하며 이야기 나누던 시간들을 기억한다.

나는 정치적인 의식에선 빨리 눈을 떴던 것 같다. 덕분에 고등학교 때 갑자기 훈육 선생한테 불려가서 일주일 내내 벌을 선 적도 있

다. 데모를 주동할까봐 사전에 학생들과 격리시키기 위한 조처였다. 1970년 대학교 1학년 때부터 전태일 씨 사건으로 혜화동 서울대 앞에 가서 데모하기도 했고, 전태일 씨의 일기 필사본을 읽고 많이 울기도 했다. 그 필사본은 일기를 빼앗길까봐 손으로 옮겨 적은 것인데, 필사하면서 흘린 눈물자국으로 얼룩져 있었다. 지금의 남편이 도망 다니면서 나에게 맡겨놓은 것이었는데 나는 그것을 기숙사에서 읽으면서 많이도 앓았다. 그리고 노동문제에 관심을 갖고 열심히 뛰어다녔다. 사마리탄 선배들이 서울로 유학을 오면 의당 강원용 목사님이 계시는 경동교회에 나갔는데, 나는 박형규 목사님이 계신 제일교회에 나갔다.

그 당시 학교 공부는 관심 밖이었지만 선생님들의 사랑은 참 많이 받았다. 대학교 4학년 내내 휴교령이 빈번하게 내려지던 때, 나의 은사였던 현영학 선생님의 연구실에서는 선후배들이 모여 주변 상황들에 대한 이야기를 나누곤 했다.

2학년 때, 위수령이 내려지고 대학교엔 군대가 들어왔다. 그때 이른 새벽 기숙사에 있는 나를 사감 선생님이 깨우셨다. 밑에서 누가 찾는다는 것이었다. 내려가보니 당시 교무처장이었던 함홍근 선생님과 교학처장이었던 호재숙 선생님이 기다리고 계셨다. 나는 영문도 모른 채 두 선생님이 몰고 온 차를 타고 후문에 있는 서광선 선생님 댁으로 갔다. 나를 특별히 배려한 것이었다. 그리고 학교는 문을 닫았다.

오후 늦게 찾아오신 현영학 선생님께 울면서 대들었던 생각이 난다. "이런 상황에 교수님들은 뭐하시는 겁니까? 학생들은 다 자퇴하고, 교수님들은 다 사표 내고, 총장 선생님도 사직하셔야 되는 것 아닙니까?" 그렇게 말하며 우는 나를 물끄러미 내려다보시다가 무겁게 문을 닫고 나가던 선생님의 모습을 지금도 잊을 수가 없다. 철없는 제자의 말에 얼마나 마음이 아프셨을까.

그러고는 김옥길 선생님의 배려로, 그 당시 사감으로 계시던 한명숙 선생님과 강옥진 선생님이 나를 전주에 있는 집까지 데려다주셨다. 그러나 집도 안전하지는 않았다. 전주 집보다는 전주에서 떨어져 있는, 아버지가 교장으로 일하시던 학교의 교장 관사가 더 안전할 것 같았다. 그러나 이미 그곳에 정보과 형사가 다녀갔다는 이야기를 학교 수위분에게 들었다. 나는 결국 다시 서울로 올라왔다. 학교가 다시 문을 열었을 때 김옥길 선생님이 나를 총장실로 불러서, 나그네의 옷을 벗기기로 시합을 벌이는 해와 바람 이야기를 들려주셨다.

한번은 아버지가 서울에 올라오셨는데, 서울대 법대를 다니다가 '자유종' 사건으로 수배를 받고 도망 중이던 지금의 남편을 소개했다. 그 사람을 만난 후에 아버지는 "체격도 왜소하고, 돈도 없는데…… 단지 마음의 눈이 곱게 열려서 내가 허락하지"라고 말씀하셨다. 나는 그 기억을 마음속에 따뜻하게 간직하고 있다. 참으로 감사했다. 아버지는 나에게 좋은 선생님이셨다. 법학을 공부했고 교회 장로이기도 했던 아버지는 평생을 믿어온 그리스도교를 제대로 공부하고 싶으시다며 정년을 2년 남겨두고 63세에 사표를 냈다. 그러고는 신학 공부를 하신 뒤 목사가 되었다. 신학 공부를 시작한 지 얼마 되지 않았을 때 "내가 10년만 젊었더라면…… 이렇게 재미있는 공부를……" 하시던 말씀이 생각난다.

대학교 4학년 때는, 전교생 8천 명 중에 4천 명이 김옥길 선생님이하 여러 교수님들과 함께 대강당에 모여서 구국 기도회를 드리기도 했다. 또 우리 학생들이 내놓았던 성명서를 전적으로 지지한다는 교수들의 시국 성명이 나왔다. 그때 『동아일보』 만물상에는 '그 스승에 그 제자들'이라는 타이틀로 기사가 실리기도 했다.

김옥길 선생님은 당시 데모를 주동했던 우리 몇 친구들이 다칠까 봐 총장 공관에 열흘 동안 머물게 하면서 보호해주셨다. 그리고 정보부장이 이후락에서 신직수로 바뀌고 안심할 수 있겠다 싶어졌을 때 우리를 밖으로 내보내셨다. 집으로 돌아가는 우리들에게 "지금은 너희들이 이 나라를 위해서 할 수 있는 일이 이거라고 생각하겠지만, 10년 후에 만났을 땐 너희들이 이 나라를 위해서 어떤 일을 하고 살아가는지 꼭 보고 싶다"라고 말씀하셨다. 이때 나는 가슴이 덜컹 내려앉는 기분이었다. 솔직히 10년 후에 내가 어떻게 살아가고 있을지를 모르니까 말이다.

돌이켜 보면 참으로 많은 사랑으로 살아온 시간들이었다. 결국 졸업식도 못 하고 나는 정보부를 거쳐 서대문 형무소에 수감되었다. 군사재판을 받기 전까지 서대문 형무소 독방에 있으면서 면회도 운동도 일절 허락이 되지 않았다. 책만 있으면 얼마든지 살 수 있을 것 같은데 하는 아쉬움이 컸다. 마침 여사 소장이 기독교학과 출신이어서 성경책만이라도 넣어달라고 부탁했다. 그는 신구약도 아닌, 신약 성경을 하나 넣어주었다. 그때처럼 성경을 감동으로 읽은 적이 없었던 것 같다. 읽고 또 읽으면서 참 많이 울었다.

창문을 통해서 '소제'하는(똥 푸고 주변 청소하는) 재소자들을 만날 수 있었다. 그중 노씨 성을 가진 여자를 잊을 수가 없다. 나는 지금도 그에게 미안한 마음을 가지고 있다. 맑은 눈을 가지고 있던 노

양. 왜 감옥에 들어왔는지 묻지는 않았지만, 그 맑은 눈을 보면 큰 죄를 지은 게 아니라는 확신이 들었다. 그를 보면서 나는 많은 생각을 했다. 나는 어쩌다가 좋은 가정에서 태어나 교육받고 정치범으로 들어와 있지만, 다른 재소자들은 어쩌다가 불행한 환경 속에서 태어나 이러저러한 죄를 짓고 들어와 있는 것 아닌가. 결국 하나님이 보시기엔 내가 더 큰 죄인일 수도 있지 않겠는가? 이런 생각에 많이 울기도 했다.

내가 국가전복내란음모죄로 3년 징역에 5년 집행유예로 출감하는 날, 노 양은 화장실에 달린 높게 난 창문을 통해서, 운동장 쪽에서 얼굴은 보이지 않는데 "언니, 오늘 나간다면서요? 꼭 면회 오세요" 하면서 엉엉 울었다. 나는 꼭 면회 오겠다고 약속을 했다. 그러곤 그 약속을 지키지 못했다. 내 삶에서 두고두고 후회되는 일 중의 하나다. 그렇게 사는 게 아니었는데. 아무리 출소 직후 바로 정보부에 들어가 다시 찾아가지 않겠다고 했어도 그 약속만은 꼭 지켰어야 하는 건데 하는 자책이 마음을 아프게 한다.

감옥에서 만난 잊을 수 없는 또 한 분이 있다. 내가 노 양이나 다른 재소자들과 통방을 한다는 게 알려지면서, 바깥이 보이지 않게 창문을 높이 낸 방으로 옮겨졌다. 나는 독방에 있었지만 다른 재소자들은 작은 방 하나에 16명씩 갇혀 힘들게 지내고 있었다. 그 당시 복도 건너 앞방에 사형수 할머니 한 분이 계셨다. 할머니는 이북에서 간첩으로 넘어와 사형 선고를 받고 사형 집행을 기다리고 있었다. 입술이 까맣게 변해 있었는데 나는 할머니를 볼 때마다 가슴이 너무 아팠다. 할머니는 나에게 "차 양, 꼭 통일이 되어야 해" 하고 당부하셨다. 하지만 어리석은 나는 "할머니, 하나님을 아세요?"를 반복했다. 곧 돌아가실 할머니께 하나님을 알게 해드리고 싶었기 때문이다.

할머니는 젊었을 때는 독립운동을 열심히 하셨고, 해방 후 남북이 갈린 후에는 하나밖에 없는 남쪽의 아들을 생각하면서 남파되어 왔다고 하셨다. 그러나 그 아들도 어머니를 신고하지 않은 죄로 감옥에 갇혔으니, 할머니는 면회 올 사람이 하나도 없었다. 그것이 너무 가슴 아파서 나는 출감 후에도 그 할머니를 위해 끊임없이 기도했다. '그 할머니는 신앙을 가지고 있지는 않지만, 이기적으로 산 삶이 아니고 이 민족을 위해서 열심히 사셨던 분이니 버리지 마시라'고 '당신 품에 안아주시라'고 기도했다. 어려서부터 배웠던 생각, 곧 예수를 모르면 구원받을 수 없다는 생각이 나를 괴롭혔다. 그러던 어느 날 하나님은 그분을 결코 버리지 않으셨을 거라는 생각이 들었다.

그 후 지장보살 이야기는 나의 사고에 지평을 열어주는 또 하나의 계기가 되었다. 석존 생시 승가 살림을 도맡아서 했다는 지장은 서원하기를, 모든 사람들이 도솔천으로 들어오기 전에는 혼자만 가지 않겠다고 했다. 그리고 석존이 세상을 떠나자 지장은 승가를 떠나 그 당시 인간 대접도 받지 못하던 불가촉천민들이 사는 곳으로 갔다. 추위에 떠는 그들에게 옷을 다 벗어주고 너무 추워서 땅을 파고 자신의 몸을 묻었다고 해서 얻어진 이름이 바로 지장이다. 그곳에서 그들과 살다가 죽었다는 지장의 신화는 아름답다. 지금도 도솔천 문 앞에서 수문장이 제발 이제 그만 들어가시라고 권유해도 모든 사람들이 들어오기 전에는 들어가지 않겠노라고 눈물을 흘리며 기다리는 보살로 회자된다.

그 이야기를 알게 되면서 나는 이웃 종교에 대해서 마음이 열리기 시작했다. 십자가에서 돌아가시면서 자신의 발에 못을 박고 손에 못을 박고, 옆구리에 창을 찌르는 사람들을 향해서 "주님 저들이 몰라서 그랬사오니 저들을 용서해주십시오" 하고 기도하는 그분의 모습 속에서 나는 신성을 느끼고 그분을 주님이라고 고백한다. 사랑 자체인 그분이, 이타적인 삶을 살았거나 살신성인하는 많은 비그리스도인들에게 "너는 나를 몰랐으니까 안 돼!"라고 내치지는 않을 거라는 확신이 들었다. 만일 그렇지 않은 분이라면 나는 그러한 하나님을 버릴 것 같은 생각이 들었다.

또 한 분, 이건호 선생님. 선생님은 당시 이대 법정대 학장이었다. 함께 수감되었던 사람들은 다 한승헌 변호사님이 변호를 맡았는데 나는 강원용 목사님의 부탁으로 이건호 선생님이 맡아주셨다. 특별면회를 오신 날 나는 한복으로 바꿔 입을 생각을 안 하고 수의를 입은 채로 선생님을 만났다. 3월 중순이 지났는데도 눈이 펄펄 내리고 있었다. 1년 내내 온기가 없는 방에, 그것도 기결수가 아니라고 운동조차 시켜주지 않아 내 발에는 항상 얼음이 박혀 있었다. 그래서 자다가 일어나면 발바닥이 아파 걸을 수가 없어 화장실 문 앞까지 엉금엉금 기어가서 일어나곤 했다. 그러니 춥기는 하고 한복보다 수의가 따뜻하니 의당 그렇게 입고 나갔던 것이다.

그러나 선생님을 만나고 내 생각이 짧았음을 후회했다. 수의를 입고 나타난 내 모습에 선생님은 마음 아파하셨다. 별로 나눌 이야기도 없었는데 한번 보고 싶어 특별면회를 신청하셨다고 했다. 그리고 헤어질 때는 복도를 따라 걸으면서, 내가 뒤돌아보며 "선생님 저 아무렇지도 않아요"라고 손을 흔들며 인사를 해도 내가 안 보일 때까지 꼼짝 않고 서 계셨다. 출감해서 인문대학장실로 현영학 선생님을 찾아뵙던 날, 선생님도 함께 나를 기다려주셨다. 현 선생님께서 "어디 우리 옥숭이 손 한번 잡아보자" 하며 내 양손을 꼭 잡아주셨을 때 옆에서 빙그레 웃으시던 선생님은, 면회소에서 나와 헤어지던 날 눈물이 나서 혼났다고 말씀하셨다.

나는 대학을 졸업하고 한국기독교교회협의회KNCC에 공보 담당으로 들어갔다. 그 당시 월급이 2만 5천 원이었는데, 하숙비 2만 원을 빼고 5천 원으로 생활하기가 빡빡했다. 가끔 총무로 일하셨던 김관석 목사님이 불러 용돈을 주시곤 했다. KNCC에서 일하다가 감옥에 들어갔다가 나와서, 나는 '크리스챤아카데미'에 파트타임 직원으로 들어갔다. 그리고 대학원에 진학했다. 대학원 첫 등록금은 강원용 목사님이 대주셨다.

대학원을 졸업할 때쯤 김관석 목사님이 부르셨다. KNCC 장학금으로 미국에 유학을 가서 공부 좀 하고 오지 않겠느냐는 제안을 하셨다. 그때 나는 철없이 건방을 떨었다. "내가 기독교윤리를 전공하고 있는데 공부할 수 있는 가장 좋은 장이 한국이 아니겠습니까?"라고 말씀드리고 사양을 했던 것이다.

그 후 강원용 목사님이 장학금을 줄 테니 남편과 독일에 가서 공부를 하고 오라고 말씀하셨다. 조심스럽게 그 말을 꺼내자, 남편은 지금 나라가 어떤 상황인데 유학 가서 편하게 공부를 할 수 있겠느냐며 한마디로 거절했다. 나는 강 목사님에게 그대로 전할 수는 없고, "감사하다고 전해달라고 했습니다. 하지만 지금은 상황이 여의치 않아서……"라고 말씀드렸다. 목사님은 "도대체 보내고 싶은 놈들은 안 가겠다고 하고, 보내고 싶지 않은 놈들은 보내달라고 하니……"라고 하시며 박사과정이 싫으면 펠로십으로라도 다녀오라고 하셨다. 그러나 남편의 반응은 똑같았다.

그 후 박정희 대통령의 갑작스런 죽음 후에 찾아온 80년 봄, 모든 것이 잘 풀릴 것 같은 분위기에서 왜 지금 이런 좋은 때 유학을 가느냐는 주변 사람들의 이야기를 뒤로하고 유학을 떠났다. 처음 유학을 갈 때 나는 독일어 공부나 하고 와야겠다는 생각을 했고, 남편은 법학을 했으니 경제학을 더 공부하고 싶었던 것 같다. 남편은 프랑크푸르트 대학의 경제학과에 적을 두고 그 당시 독일 노총과 프랑크푸르트 대학이 함께하는, 한국에서 말하는 '노동대학'에 들어갔다. 합숙을 하면서 보름에 한 번씩 주말에 집에 들르는 강행군을 하는 코스였다.

나는 프랑크푸르트 대학 종교학부에 들어갔다. 그곳에서 지도교수 요릭 슈피겔Yorick Spiegel을 만났다. 종교학부는 가톨릭, 개신교 신학, 종교학, 이렇게 셋으로 나뉘어 있었다. 처음에는 기독교윤리를 공부하려고 했는데 히브리어, 라틴어, 그리스어를 다 요구했다. 그 언어들을 다 독일어로 익히고 패스하려면 시간이 무한정 걸릴 것 같았다. 다행히 종교학을 하려면 한 가지만 하면 된다고 했다. 그래서 종교학으로 바꿨다. 라틴어를 두 시간 동안 독일어로 옮기는 시험을 봤는데 그때처럼 떨어본 적이 없는 것 같다. 그 당시 우리 학부에서 스무 명 정도 시험을 봤고 딱 두 명 합격했는데, 그중에 내가 끼어 있었다.

나는 지도교수님에게 사랑을 참 많이 받았다. 남편은 공부를 마친 뒤 아이를 데리고 먼저 한국으로 돌아갔고, 나는 혼자 남아 3년 동안 논문을 썼다. 내가 혼자 있는 동안 지도교수님은 크리스마스 등 특별한 일이 있을 때마다 나를 집으로 불러주셨다. 사모님과 아들 내외 그리고 선생님과 함께 시골 조그마한 교회 크리스마스 예배에 참여했던 기억들이 지금도 따뜻하게 남아 있다. 학위가 끝났을 때는 근교의 분위기 있는 레스토랑에 나를 데려가서 축하한다고 맛있는 음식을 사주시기도 했다. 또 한번은 갑자기 담낭의 돌 때문에 염증이 생겼는데, 공개토론회 일정을 미룰 수 없어 나는 그 통증을 참고서 공개토론회를 마친 뒤에 담낭제거 수술을 받았던 적이 있다. 그 후유증으로 무력감에 빠져 있던 나에게 찾아오셔서 "너는 무엇이든지 할 수 있다"고 용기를 주기도 하셨다.

2002년, 16년 만에 마부르크 대학 초청으로 국제학술대회에 논문을 발표하러 독일에 갔을 때 나는 지도교수님을 찾아뵈었다. 지도교수님은 뇌출혈로 뇌수술을 두 번 받아 거동이 불편하셨다. 교수님 대신 나를 배웅하던 사모님이 문 앞에 서서 흐느껴 우시던 모습이 아직도 눈에 선하다. 많이 외롭고 힘드셨던 것 같다.

> 독일에서 공부를 하면서 공부의 맛을 알았던 것 같다. 혼자 3년 동안 있는 것은 무척이나 외롭고 힘든 일이었다. 딸아이 생각에 나뭇잎 떨어지는 것만 봐도 눈물이 주르륵 흘렀다.

부지도교수였던 하인즈 로어Heinz Roehr는 종교학을 가르쳤는데, 시를 쓰는 분으로 로자 룩셈부르크의 커다란 사진을 교수실 방문 앞에 붙여놓고 있었다. 그분은 심장병을 앓고 있었는데, 내가 건강이 괜찮으시냐고 물으면 "옥숭, 걱정하지 마. 네 논문이 끝날 때까지는 안 죽을 테니까" 하시면서 웃었다. 내가 한국으로 돌아온 후에도 오랫동안 시를 써서 보내주셨다.

사실 대학을 졸업할 때까지만 해도 학문을 하겠다는 생각이 전혀 없었다. 그랬다가 감옥에 들어가서 공부를 해야겠다는 생각을 했다.

하지만 대학원에 들어가서 졸업할 때까지는 결혼을 해서 아이를 가지고 공부하고 논문을 썼기 때문에 더는 공부하고 싶은 생각이 없었다. 남편은 제적당하고 제대로 된 직장도 없던 때라, 임신한 채 밤늦게까지 영어 번역을 하면서 헛구역질에 몸이 부어오르던 힘든 상황에서 계속 학문을 하고 싶다는 생각을 하기는 쉽지 않았다.

대학원 논문 심사 때 심사하는 선생님 세 분 다 계속 공부를 했으면 좋겠다고 말씀하셨다. 나는 고개를 저으면서 안 하고 싶다고 말했던 기억이 난다. 아이를 낳기 열흘 전에 논문 심사를 받고, 그리고 만삭이 된 상태에서 제출할 논문들에 도장을 받으러, 그 당시 인문대학장실로 현영학 선생님을 찾아가는데, 선생님이 나를 발견하고 뛰어나와 논문 보따리를 받아들고 들어가셨던 생각이 난다.

독일에서 공부를 하면서 공부의 맛을 알았던 것 같다. 혼자 3년 동안 지내는 것은 무척이나 외롭고 힘든 일이었다. 어린 딸아이 생각에 도서관 창밖의 나뭇잎 떨어지는 것만 봐도 눈물이 주르륵 흘렀다. 밤이면 잠자리에 누워, 공부를 끝내고 돌아가 공항에서 딸아이의 자그마한 몸을 꼭 끌어안는 상상을 하면서 잠들곤 했다. 힘들면 기도하고 성경 읽고 기숙사에서 학교로 그리고 도서관으로 돌면서 열심히 살았다. 학교는 박사학위 논문을 쓰는 학생들에게 도서관 안에 있는 방을 빌려주었다. 방이라야 책상 하나, 책꽂이 하나, 그리고 옷을 걸 수 있는 정도의 작은 칸막이 방이었으나, 도서관 책들을 마음대로 가져다놓고 볼 수 있는 편리함이 있었다.

나는 그곳에서 책을 읽는 맛에 빠져들었다. 논문 막바지에 나는 학교 도서관에서 책을 읽다가 문득 학위가 아무것도 아니어도 그것이 수단이 되어서 평생을 책과 더불어 살 수 있겠구나 하는 생각과 더불어 형용할 수 없는 기쁨이 잔잔하게 밀려오던 순간을 잊을 수 없다. 그래서 누가 왜 공부를 하게 되었느냐고 물으면 나는 '팔자'라고 말한다. 지금도 글 쓰기 전에 책을 볼 때가 제일 좋은 시간인 것 같다.

논문은 두 종교 이상을 비교해서 써야 했기 때문에 19세기 말 한국에서 농민전쟁을 이끌었던 동학사상과 16세기 독일의 농민전쟁을 이끌었던 토마스 뮌처Thomas Münzer의 사상을 비교 연구하고 싶었다. 그러나 지도교수는 동학사상과 그 당시 독일인들에게 관심을 끌고 있던 민중신학을 조명해주기를 바랐다. 나는 「한국의 민중신학 형성에 미친 동학운동의 영향Der Einfluss der Donghak-Bewegung auf die Ausbildung der Minjung-Theologie in Korea」이라는 제목으로 논문을 썼다.

공부를 하고 한국에 돌아와서는 이 대학 저 대학 보따리 장사를 시작했다. 장장 11년을…… 그리고 참으로 다양한 과목을 가르쳤다. 서울대 종교학과에서는 6년 동안 일반종교사, 세계종교사상사, 신비주의, 현대종교론, 종교학 방법론, 종교와 문화 등을 가르쳤다. 대학의 이러저러한 사정으로 다양한 과목을 가르쳤지만 감사하게 생각한다. 그 이후 어떠한 종교학 관련 과목을 가르칠 때도 별로 겁이 나지 않았던 것 같다. 한신대 대학원·서울대·성균관대 사회학과에서는 종교사회학을, 서강대·이화여대·가톨릭대·감리교 신학대학·장로회 신학대학 등에서는 비교종교학, 세계종교사, 한국종교의 이해, 종교와 여성, 무속학 등을 강의했다. 경제적으로 어렵기도 해서 강의는 거절을 안 하고 했다. 강의 요청은 많아서, 많을 때는 1주일에 24시간도 했고 아무리 못해도 평균 15시간은 했던 것 같다.

한일장신대학 교수로 11년 6개월 재직했다. 이때가 제일 편안하고 여유 있는 시간을 보냈던 것 같다. 그곳에서 나는 큰 대학 학생들을 가르치는 재미와는 다른 많은 감동을 받을 수 있었다. 공부는 못해도 다른 사람들의 어려움과 고통을 나눌 줄 아는 학생들의 열린 마음에 오히려 나 자신을 돌아보곤 했다. 학교를 그만두고 난 후에도 제일 걸리는 것이 학생들이었다. 학생들에게 최선을 다하지 못했다는 자책감과 미안한 마음에 그리움까지…… 많이 힘들었다.

그 시기를 돌이켜 보면 은총의 시간을 은총의 시간인 줄 모르고 지냈던 것 같다. 밤늦게까지 공부를 하다가 연구실을 나오면 풋풋하게 풍겨오던 흙냄새. 여름이 다가오면 주변의 숲에서 울어대던 소쩍새 울음소리. 송홧가루 날리는 철, 유난히 소나무가 밀집해 있던 연구동 옆에 있는 숲에서 바람이 세차게 불면, 노란 송홧가루가 눈이 쏟아져 날리듯 바람에 흩어져 날리던 아름다운 광경들. 도덕경 강의를 밤늦게까지 하고 별 보러 가자고 학생들을 데리고 학교에서 조금 떨어진 어두리 저수지에 갔을 때 반딧불이 나무에 총총히 앉아 있어 세상에서 가장 아름다운 크리스마스트리 같아 숨죽여 환호했던 행운의 시간들. 논어 강독을 하기 위해 전날 밤을 꼬박 새워 옥편을 찾아가며 한자 한자 새겨가지고 와서는, 시간이 부족해서 아침 8시부터 12시 반까지 쉬는 시간도 없이 강행군을 하는데도 군소리 한마디 없이 열심히 해주었던 착한 학생들. 너무나 그립다. 그렇게 강행군을 해서 논어는 1년 만에 끝낼 수 있었다. 그곳에 있는 동안 종교학 관련 과목 이외에 나는 도덕경, 논어, 대학, 중용을 강독했다.

독일에서 돌아와 얼마 안 있어서 「노장사상老莊思想의 무위無爲 개념에 대한 연구」라는 글을 서울대에서 나오는 논문집에 올린 적이 있다. 그 글을 준비하면서 참 많이 부끄러웠다. 한문을 모르니 1차 자료가 아닌 다른 사람이 주석해놓은 2차 자료들만을 가지고 글을 써야 하는 부끄러움이 얼마나 크던지. 독일에서 글을 쓸 때는 느끼지 못하던 부끄러움이었다. 그래서 한문 공부를 시작했다. 처음에는 마음이 급하니 초조했다. 언제 공부를 해서 1차 자료를 읽을 수 있나 하는 생각에서였다. 그때 나는 '그래 지금부터 10년이다. 10년 동안 꾸준히 하면 되겠지' 하고 생각했다. 그렇게 생각하니 마음의 여유가 생겼다.

천자문부터 시작했다. 한문 공부를 함께 시작하는 사람들 중에 내가 제일 나이가 많았다. 나는 선생님에게 일주일에 60자씩 외워서 시험을 보자고 제안을 했다. 선생님은 흔쾌히 허락을 했지만 다른 학생들의 불평 소리를 들어야 했다. 시험을 치를 때 나보다 머리가 훨씬 영민한 젊은 친구들이 오히려 글자를 빠트리거나 틀리는 경우가 많았다. 나는 한문을 배우는 일이 절실하여 더 노력할 수밖에 없었기 때문이었을 것이다. 명심보감, 사자소학까지는 다 외워서 시험을 보았다. 이후 맹자, 논어, 대학, 중용을 공부했다.

그다음 서경에 들어가니 정말 어려웠다. 하던 것을 멈추고 성균관대 이동준 선생님이 제자들과 함께하던 한국철학연구회에서 최치원의 『사산비명四山碑銘』부터 읽었다. 그리고 『율곡선생만언봉사栗谷先生萬言封事』『주자무신봉사朱子戊申封事』『퇴계선생자성록退溪先生自省錄』『율곡선생전서栗谷先生全書』『화담급문제현집花潭及門諸賢集』『정암선생문집靜菴先生文集』『포은선생집圃隱先生集』『삼봉집三峰集』『유경類經』및 『동의보감東醫寶鑑』『녹문집鹿門集』『수심결修心訣』『진심직설眞心直說』『전습록傳習錄』등을 1995년 3월부터 2003년 12월까지 강독이 이어지는 동안 특별한 일이 없는 한 열심히 참여했다. 그러면서 많은 것을 배울 수 있었다.

솔직히 1986년 독일에서 돌아와 방학도 없이 열심히 살았다. 책상에 앉아서 자료를 분석하기만 한 것이 아니라, 현장을 뛰어다니면서 많은 사람들을 만나고 배우면서 감동도 하고 나 자신을 성찰도 하면서 살아왔다.

그동안 많은 논문을 썼다. 최근에는 이화여대 인문과학원 탈경계 인문학연구단 어젠다와 관련해서 논문을 쓰다보니 「국제혼인 이주여성 피해실태의 원인분석과 해결방안 모색」(담론 201, 2008), 「전쟁폭력 여성-오키나와 전장의 기억을 중심으로」(아시아연구, 2009) 등 전공과는 무관한 글을 쓰고 있다. 다른 학문 분야를 넘나들며 작업을 하다보니 그 재미 또한 쏠쏠한 것 같다. 그동안 개인적으로 관심을 갖고 있던 여신 신화에 관하여 공동 연구물 『동아시아 여신 신화와 여성 정체성』(이화여대출판부, 2010)이 출판되었다. 한국, 중국, 일본 여신 신화를 묶었는데, 나는 한국의 여신 신화를 맡아서 집필했다.

그래도 그동안 지속적인 관심을 갖고 연구해온 분야는 종교 경험이다. 10년 넘게 굿장을 다니면서 굿의 종류대로 의미를 분석하고 무당의 경험뿐만 아니라 제가 집 식구들의 경험까지 담아서 『한국인의 종교 경험: 무교』(서광사, 1997)를 출판했다.

황해도 내림굿에서 구전되어 오래전부터 내려오는 무가의 내용 중 "행여 원수진 사람 있거든 하해같이 용서하시고 내리 사랑하소서……!"라는 구절이 있다. 나는 무당이 신딸에게 방울과 부채를 던져주고 덩실덩실 춤을 추며 부르는 노랫가락을 무심코 듣다가 이 내용을 접하면서 그리스도교의 전유물로 알았던 원수 사랑이 오래된 한국 무가에 전승되고 있다는 것에 충격을 받았다. 신어머니가 신딸의 머리를 올려주며 내리는 공수의 내용 또한 충격적이었다. "욕심 없는 맑은 마음으로 없는 사람 도와주고, 길 모르는 사람 길 가르쳐 주고, 외로운 사람 벗이 되고, 병든 사람 고쳐주고……"

그 후 『한국인의 종교 경험: 천도교 대종교』(서광사, 2000), 『한국인의 종교 경험: 증산교 원불교』(서광사, 2003)가 나왔다. 앞으로 『한국인의 종교 경험: 불교』『한국인의 종교 경험: 그리스도교』가 나올 예정이다.

내가 종교 경험을 연구한 이유는 종교 연구에서 종교 경험의 중요성과, 종교를 역동적으로 살아 움직이게 하는, 그래서 종교가 인간 삶의 궁극적인 해답 체계로서, 근원적인 요소로서 자리 잡게 하는 종교 경험에 대한 관심에서다.

윌리엄 제임스 William James는 모든 종교 현상은 궁극적으로는 종교인들의 경험이 총체적으로 빚어낸 현상이며, 인간이 성스러운 것을 무엇이라고 부르든지 간에 그것과 연관시켜서 자기 자신을 이해하려고 하는 한, 종교는 인간 개개인들이 고독한 가운데 표현한 감정들, 행위들 그리고 경험들을 의미한다고 보았다. 결국 종교의 바탕을 이루는 것은 종교 경험이다. 조너선 스미스 Jonathan Smith의 말처럼 종교가 인간의 의미 세계를 만들어가는 하나의 양식이며, 종교를 연구한다는 것이 '사람 됨의 진실'을 발견하려는 인간의 열정과 드라마를 살피는 것이라면, 종교 경험이 구체적으로 표현되는 실제적인 삶의 현장을 이해하지 않고 책상머리에서의 관념적이고 형이상학적인 연구만을 통해서는 완전한 종교 연구가 이루어질 수 없다는 생각에서 구체적인 삶의 정황 속에서 빚어지는 다양한 종교 경험에 관심을 기울였다.

이러한 연구를 통해 인간의 존재론적 물음과 관련된 종교의 궁극적인 의미를 찾는 일뿐만 아니라 한국인의 공통된 종교 심성을 고찰해보고 싶었다. 또한 다종교 상황 속에서 이웃 종교인들에 대해 바르게 이해하도록 돕고 싶었다. 무엇보다 신학대학에서 학생들을 가르칠 때 이웃 종교들에 대한 이해의 폭을 넓히는 데 도움이 되고 싶었다. 실제로 학생들에게 이웃 종교들의 중요한 가르침을 소개하고 그들의 경험을 소개하면, 인간 경험이라는 데서 오는 공통된 경험들이 낯설지 않다는 것을 알게 되고, "우리들 경험하고 똑같네" 내지는 "비슷하네"라는 반응을 보이며 쉽게 마음을 여는 것을 보았다.

나는 많은 종교인들을 만났다. 그들과의 만남을 통해서 그들과 나 사이를 갈라놓았던 경계가 무너져 내리는 것을 느낄 때가 있었다. 특별히 불교인들을 만났을 때 그랬다. 현장 스님(대원사 주지)을 만났을 때 "사랑과 자비심이 깊어지면 지옥의 중생의 고통이 내 고통으로 느껴져 혼자 극락에 갈 수 없는 것 아니겠는가. 지옥이 비기 전에 극락에 가지 않겠다는 서원을 한 지장은 부처의 원력이 인격화된 것이라고 생각한다. 마더 테레사 수녀가 죽어가는 사람들의 임종을 지켜봐주고 임종의 순간 편안함과 안식을 주었던 것이 바로 사랑의 힘이다. 그가 인도에서 빈민들을 위해 살았던 것은 죽으면 천당에 가기 위한 것이 아니라 죽어서도 지옥의 고통을 없애기 위해 그들의 고통을 나누는 것이 아니겠는가. 그것이 하나님의 사랑이 아니겠는가. 그렇지 않다면 이기심의 발로로 멈추지 않겠는가. 종교적인 삶은 업을 정화해나가야 하는데 종교의 이름으로 또 다른 업을 쌓아가고 있다. 모든 종교인이 진실하게 탐구하고 접근하려고 할 때 진실한 종교를 만나고 진실한 스승을 만날 수 있다고 생각한다. 자기를 알려면 자신을 깨고 자기의 틀에서 벗어날 수 있을 때 진실한 자기를 알 수 있듯이 갇혀 있으면 집단 이기주의에서 벗어나지 못한다. 자기 종교의 틀에서 벗어나 벽을 없애고 연기적인 존재를 인식하고 서로의 생명을 살리는 일을 할 수 있었으면 좋겠다"는 말을 들으면서 솔직히 현기증이 났다.

그리스도교 전통이 내 삶에 진정한 의미 부여를 해주었던 모든 것들이 그의 말에 그대로 담겨 있었다.

거기에 비구니 스님들을 만났을 때의 겸손함이란…… 출가한 지 60년이 지났다는 혜혜 스님(경주 홍륜사)과 광우 스님(혜화동 정각사)은 "내가 가진 것이 하나도 없어서 보여줄 것이 하나도 없어요"라고 말하며 맑은 미소를 지었다. 그분들의 모습을 보면서 "불교에서 말하는 열반은 생명이 단절된 죽음의 저편에 따로 존재하는 세계를 말함이 아니고 부조리하고 무분별한 실재(백팔번뇌)를 받아들이고 그것을 조화시킨 생명력을 말하는 것입니다. 무無의 인식에서 반야般若를 밝히는 힘이 열반인 것입니다"라는 지허 스님의 말이 떠올랐다.

"처음 선방에 앉은 선객이 유식하면 유식할수록 화두에 대해서 분석적이에요. 그러나 선방의 연륜이 더해가면, 자신도 모르는 사이에 지식과 함께 분석이 떠나가고 그 자리에 무식과 함께 화두가 들어 있음을 알게 되지요. 이때 비로소 선객이 되는 것이지요. 유무에 얽매인 세간의 화두는 마침내 선객을 백치가 아니면 천재 쪽으로 끌어놓는데, 백치는 백치성 때문에 고통에서 해방되고 천재는 천재성 때문에 번뇌에 얽매이지요. 그래서 대우大愚는 대현大賢이 되고 대고大苦는 대탈大脫이 되지요"라는 내용이 담긴 지허 스님의 『선방일기』를 읽고 어느 7월 선암사에서 조금 떨어진 곳에 있는 금둔사로 스님을 찾아갔다.

 스님과 이야기를 나누는 동안 오후 내내 장대비가 계속 내렸다. "인간을 해탈시키는 그 기연이 기적처럼 오는 것은 아니지요. 고뇌의 절망적인 상황에 이르러 끝내 좌절하지 않고 고뇌할 때 비로소 기연을 체득하여 해탈하는 것이지요"라며 열다섯 살에 출가해서 칠십을 바라보는 나이까지 살아온 삶을 잔잔히 들려주셨다. 산사에 어둠이 짙게 내려서 스님과 하직하고 빗속을 달려 전남 순천에서 서울까지 오는 길 내내 나는 대부분의 선객들이 붙드는 화두인 시심마(是甚麼, 이게 무엇이냐?)를 붙들고 있었다. 시심마가 불교에서는 경상도 사투리로 '이 뭐꼬'로 통한다. 하루도 못 가서 놓아버릴 화두지만 '나'를 알고자 하는 불자들의 치열하고 철저한 삶의 모습을 보고 나면 반성과 함께 '나'를 그렇게 돌아보게 된다.

 몇 해 전 여름방학에 나는 그리스, 터키, 이집트, 이스라엘을 방문했다. 다종교 상황 가운데서 3대 유일신교인 유대교, 그리스도교, 이슬람교가 어떻게 갈등하고 대응하며 또 적응해왔는지를 연구하기 위해서 그곳의 연구소를 방문하고 현지인들을 만났다. 직접 보고 듣고 자료를 수집하기 위한 것이었다. 이스라엘을 방문했을 때는 공항에서부터 검문 검색이 심해서 여간 불쾌하지 않았다. 특히 그리스도인들이 성지, 성지 하는데 나에게는 성지로서 특별한 감응이 없었다. 팔레스타인 사람인 예루살렘 대학 교수 두 사람, 외무부의 출판국장이라는 유대인 랍비를 만났는데 그들은 각각의 어려운 상황을 이야기했다. 가톨릭에서 세 종교가 대화도 하고 같이 먹고 잘 수도 있는, 그리고 그러한 것을 연구하는 연구자들이 머물다 가는 숙박 시설을 갖춘 커다란 공간을 마련하고 있어서 그곳을 방문했지만, 그곳 원장의 설명으로는 잘 활용이 되지 않는 게 분명했다. 물밑으로라도 3대 종교들이 평화를 위해서 힘쓰는 모습을 보고 싶었으나 보지 못했다.

하루는 현지에서 공부하고 있는 어떤 목사님의 안내로 예루살렘 이곳저곳을 돌아다녔다. 예수께서 채찍을 맞으셨다는 성당에 들렀을 때 우연히 한국에서 온 가톨릭 수사 한 분을 만났는데, 그날 오후 4시부터 그곳에서 십자가의 길을 따라가는 예식이 있다고 알려주었다. 그것은 채찍 맞은 기념성당에서 시작하여 골고다를 거쳐 처형당한 곳의 기념성당까지, 예수가 십자가를 메고 가다 잠시 쉰 곳 등 예수가 십자가를 메고 간 길, 이른바 비아 돌로로사 Via dolorosa를 따라 가는 예식이었다.

나는 예식에 참여하여 채찍 맞은 성당에서 출발하여 예수께서 십자가를 메고 처음 쉬셨던 곳에 당도했다. 그때 갑자기 설움이 저 밑바닥에서부터 올라오는데, 예식에 참여한 외국인들 사이에서 감정을 자제하지 못하면 부끄러운 일이라고 생각하며 스스로의 감정을 통제하려고 아무리 애를 써도 소용이 없었다.

구레네 사람 시몬이 십자가를 지던 곳 등 사연이 있는 곳마다 멈추어 간단한 미사를 드리고 처형당한 자리에 세워진 성당까지 가는데, 나는 계속 울면서 따라갔다. 처형당한 성당에서는 가슴에 통증이 심하게 오는 경험을 했는데 전혀 생각지도 예상치도 못한 경험이

> 예수를 따른다는 것, 그의 제자가 된다는 것은 역사의 현장 한가운데서 십자가에서 고통당하고 계시는 그분의 고통에 동참하여, 미움과 죽임을 사랑과 생명으로 뒤바꾸는 일에 나를 던지는 것임을……

었다. 처형당한 성당에 그려져 있는 그림 중에 십자가에서 처형되어 숨을 거둔 예수를 어머니 마리아가 비통한 얼굴로 어루만지는 모습, 그 옆에 막달라 마리아가 바라보는 모습이 가슴을 저리게 했다.

다음 날 아침 일찍 나는, 어제와 조금 다르겠지 하는 생각으로, 처형 기념성당에 갔다. 그러나 그 통증이 그대로 심하게 밀려왔다. 성당에서 나와 토요일이어서 조용한 예루살렘 성을, 그분이 제자들과 그곳을 거닐면서 하신 생각과 말씀들을 상상하면서 3시간 동안 이곳저곳 걷는데, 그분의 숨결이 바로 곁에 있는 것처럼 가깝게 느껴졌다. 그리고 그분은 아직도 미움과 증오와 전쟁이 지속되는 역사의 현장 한가운데 서 계시며 미움과 증오와 전쟁이 계속되는 한 그분은 십자가에서 피 흘리고 계신다는 생각을 했다. 그때만큼 십자가의 의미를 곰곰이 되씹어본 적은 없는 것 같다. 예수를 따른다는 것, 그의 제자가 된다는 것은 역사의 현장 한가운데서 십자가에서 고통당하고 계시는 그분의 고통에 동참하여, 미움과 죽임을 사랑과 생명으로 뒤바꾸는 일에 나를 던지는 것임을……

인도에서 불교의 성지를 방문했을 때 인류의 위대한 스승인 석존을 생각하면서 조용히 최대한의 예의를 갖추어 행동은 했지만 예루살렘에서의 예상치 못했던 감정의 변화 같은 것을 느끼지는 못했다. 평생을 의지하며 살아왔던 기도의 대상이었던 예수는 나의 님이었다. 그리고 나는 그분을 통해서 하나님을 본다.

나는 그동안 만난 많은 종교인들을 통해, 나를 온전히 내어주려는 삶, 나의 기운을 청정하게 하여 모든 생명과 소통하고 화해하는, 그래서 모든 생명이 밝고 맑은 청정한 삶을 살기를 바라는, 진정한 종교인의 모습을 보았다.

나는 '종교는 보편적 진리를 말하기 위해서 가장 구체적이면서도 개방적이어야 한다는, 무색무취의 보편성만 주장하는 추상적 종교 통일론이 아닌, 개별 종교의 특성을 바르게 드러내면서 보다 큰 화음과 아름다움을 이뤄내는 교향악단 연주와 같아야 한다'는 함석헌의 종교 다원론적 접근에 동의한다.

"신은 나의 자아와 내 이웃의 자아가 일치하는 유일한 장소이다. 따라서 신은 내 이웃이 자기 자신을 사랑하는 것처럼 내가 그를 사랑할 수 있게 해주는, 그것도 그의 현재 있는 모습 그대로를 사랑하게 해주는 유일한 장소이다. 바로 이와 같은 이유 때문에 이웃을 사랑하지 않는다면 나는 신을 사랑할 수 없다. 신은 나를 이웃과 접촉하게 해주는 내 '자아'의 초월자이기 때문이다"라는 파니카R. Panikkar의 말을 다시 한번 깊게 생각해본다.

나이를 먹으면서 나는 나와 너, 인간과 자연, 종교와 종교 사이의 경계가 희미해져가는 것을 느낀다. 요즘에는 생태에 관심을 갖기 시작하면서 인간이라는 종을 포기할 수 있을 때 지구의 전체 생명이 오래 지속될 거라는 생각과 함께 종교도 슬그머니 내려놓고 싶어진다.

계절 탓일까? 학교 교정을 걷다가 무심코 날아와 발밑에 내려앉는 낙엽을 주워들고 문득 죽음을 생각했다. 인간의 존재론적 물음에서 삶과 죽음에 관한 물음만큼 절실한 것은 없을 것이다. 나를 향한 내적인 성찰과 밖의 세상을 향한 외적인 관심을 어떻게 조화시키며 살아가느냐 하는 문제들이 나에게 남아 있는 과제이다.

존재의 근원과 그 본질에 관한 물음을 두고 진정한 앎이란 아무것도 모른다는 무지를 깨닫는 것, 그것이 바로 진정한 앎이라는데 나는 아직도 세속적인 육체와 정신의 유무에 얽매여 있다. 삶과 죽음, 그 뒤, 그 속, 그 너머에 있을 피안의 영원을 그리워하며……

끝으로 지금까지 유지해오고 있는 내 생명은 내가 평생을 믿고 의지해온 그분의 사랑, 부모님의 크신 사랑, 가족들의 사랑, 은사 선생님들의 사랑, 주변의 많은 분들의 사랑, 그리고 다른 생명들의 죽음에 기대어 살아왔다. 그리고 뒤돌아보면 그리움만 남아 있다.

결국 나는 사랑과 그리움으로 이어온 길을 다시 사랑으로 채우고 그리움으로 이어갈 것이다.

나의 삶과 신학

```
PSALME LXXXVII.
FVNDAMENTA EIVS.
A PSALME AND SONGE OF THE
SONNES OF CORAH.
```

ER foundacions
are vpon the holy
hylles: the Lorde
loueth the gates of
Sion more then all
the dwellynges of
Iacob. ⁕ Very
excellent thynges
are spoken of the,
thou cyte of God.
⁕ Selah. ⁕ I wyll thynke vpon
Rahab and Babylon, wyth them that
knowe me. ⁕ Beholde, yee the Philis-
tynes also, and they of Tyre with the
Morians. ⁕ Lo, there was he borne.
⁕ And of Syon it shalbe reported,
that he was borne in her, and the moost
hyest shall stablish her. ⁕ The lorde
shall rehearse it, whan he wryteth vp the
people, that he was borne there. ⁕ Se-
lah. ⁕ The syngers also and trompet-
ters shall he rehearse. ⁕ All my freshe
sprynges shalbe in the.

양재훈

기독교대한감리회 목사 | 협성대 신약학 교수

고려대학교 영어교육학과와 협성대학교 신학대학원(Th.M.)을 졸업하고, 캐나다 맥마스터 대학교에서 석사(M.A.)를, 영국 쉐필드 대학교에서 박사학위(Ph.D.)를 받았다. 현재 기독교 대한감리회 정회원 목사이며 협성대학교 신학대학 신약학 교수로 재직하고 있다. 지은 책으로『공존—성서의 눈으로 보는 다문화 사회』가 있으며, 논문으로 「'One of the Twelve' and Mark's Narrative Strategy」「Norman Jewison and Melvyn Bragg's Jesus in 1973 and Mark's Gospel」「Ask, Seek, and Knock–A Reconsideration of Matthew 7:7~12」 등이 있다.

한 알의 밀알

나는 감리교 목사인 아버지와 평범한 주부인 어머니 사이에서 태어났다. 내가 이 세상에 태어난 것은 이른바 하나님의 은혜였다. 그것이 아니었다면 어쩌면 나는 이 세상 빛을 보지 못했을 것이기 때문이다. 나의 성장뿐만 아니라 신학도의 길을 걷게 되는 모든 여정에는 소설 같은 우리 집안의 내력이 그 밑바탕에 깔려 있다.

본디 우리 부모님은 모두 전라남도 신안군 비금도라는 섬사람이셨다. 때는 일제강점기였다. 선교사를 통해서였는지 어찌어찌하여 그 섬마을 오지에까지 기독교 복음이 전해졌다. 당시 씨족 중심의 오지 섬마을 사람들에게 기독교라는 것은 서양 종교이고 낯선 것이라 누가 예수를 믿는다는 것이 그저 신기한 일이었다. 그런데 그 비금도 가산리 마을 우리 양씨네 집안에 며느리가 하나 있었는데, 그분이 예수를 믿었던 분이다. 그곳에서 유일하게 예수를 믿는 사람이었던 것 같다. 이 양씨네 집 며느리의 이름은 모르겠으나, 사람들은 그분을 모세네라고 불렀다고 한다. 그분에게 자식이 있었는데 예수를 믿은 이후부터 그 자식을 모세라고 불러서 그랬던 것 같다.

  그 며느리는 그저 평범하게 농사일도 하는 섬마을 시골 아낙으로, 그분이 예수를 믿은 이후로 맨날 찬송하고 기도하고 하면서 열심히 신앙을 이어갔나보다. 그래서 양씨 집에서 모세네 아주머니를 서양 귀신 종교 믿는다고 쫓아내버렸다. 집에서 쫓겨난 모세네 아주머니는 남의 밭둑 한구석에 움막을 짓고 밭주인의 품팔이 노릇을 하며 그 밭에서 날마다 생계를 이어갔다. 그 밭은 같은 동네 김씨네 밭이었다. 얼마를 그렇게 사셨는지는 모르겠지만, 어느 날 그 김씨 밭주인 집에 새로 처자가 시집을 오게 되었다. 새댁은 그 집에 시집을 온 후 밭에 와서 일을 하게 되었고, 모세네 아주머니는 새댁에게 복음을 전했다. 마침내 김씨 집안 새댁이 우리 양씨 집안에서 쫓겨난 모세네 아주머니로부터 복음을 전해 받아 예수를 믿게 되었고, 그 김씨 집안 새댁으로 인해 김씨 집안이 모두 예수를 믿게 되었다. 그 김씨 집안 새댁이 바로 나의 외할머니다.

은혜로 주어진 생명

이로부터 오랜 세월이 흘러 우리 부모님이 서로 선을 보고 결혼을 하게 되었다. 그때까지만 하더라도 아버지는 아직 예수를 믿지 않으셨다. 그런데 두 분이 만나 결혼한 이후 어머니 덕분에 아버지는 깊은 신앙심을 가지게 되셨다. 그런데 예수를 믿는 며느리가 들어와서 집안에 예수를 전하니 우리 양씨 집안 조부모께서는 무척 못마땅하셨나보다. 결국 모세네 아주머니처럼 부모님은 예수를 믿는다는 이유로 집에서 쫓겨나 힘들게 사셨다. 당장 갈 곳이 없는 신혼부부는 교회에서 마련해준 임시 거처에서 머물렀고 얼마 후 겨우 사글셋방 하나를 얻어 사셨다.

그때까지만 하더라도 아버지는 평범한 직장인이셨다. 그런데 누나가 태어난 이후 아버지는 그만 폐병에 걸리셨다. 요즘은 안 그렇지만 옛날만 해도 폐병은 사람의 목숨을 앗아가는 무서운 병이었다. 지독한 가난과 굶기를 밥 먹듯 하는 그 삶에서 당장 헤어 나올 길은 없었다. 그래서 어머니는 갓난아기인 누이를 데리고 처가로 내려갔고 아버지는 홀로 외로운 투병 생활을 하셨다. 제대로 먹지도 못하고 피골이 상접한 아버지는 더 이상 그 비참한 삶을 견딜 수 없어 동네 뒷동산에 목을 매러 가셨다. 걸어갈 힘도 없어서 한참을 기어가다시피 하여 겨우 뒷동산에 오른 아버지는 그렇게 짧은 인생을 마감하는 것이 너무나 서러웠나보다. 그래서 목을 매기 전에 신세타령 겸하여 기도를 올렸다고 한다. 그런데 한참을 그렇게 서럽게 한탄도 하고 애걸도 하면서 기도를 하는 중에 아버지는 몸이 이상함을 느끼셨다고 한다.

이른바 기적을 체험하신 것이다. 아버지는 갑자기 힘이 솟는 것을 느꼈고, 사실인지 과장이 조금 섞인 것인지는 모르겠으나 뒷동산에서 뛰어 내려오셨다고 한다. 어찌 된 일인지는 모르지만 분명한 것은 그때부터 아버지는 폐병에서 깨끗하게 나으셨고, 어머니는 갓난아기인 누이를 데리고 다시 올라와 함께 사실 수 있게 되었다. 그리고 그로부터 몇 년 뒤에 내가 태어났다. 죽음의 문턱에까지 갔다가 기적을 체험하고 다시 살아 오신 아버지는 그때부터 자신의 삶을 하나님께 드리기로 결심했고, 직장을 그만두고 신학을 배우기 시작했다. 뿐만 아니라 새로운 생명을 얻은 이후 얻게 된 자식을 하나님의 일을 하도록 하겠다면서 서원을 하셨다. 그 서원이 바로 나였고, 부모님은 어린 나에게 너는 하나님의 일을 위해 드려진 사람이라고 늘 말씀하셨다.

부모님의 서원과 나의 소원

아버지가 기적적으로 살아나고 신학을 하셨다고 해서 예수 믿는 사람 쫓아내는 데 이력이 난 우리 양씨 집안이 하루아침에 달라질 리는 만무했다. 아버지가 신학교에 다니실 때는 여러 가지 어려움이 많았다. 직장을 그만두고 신학을 하시니 당장 먹고사는 문제가 걸려 있었고, 그래서 어머니는 일을 하셔야 했다. 그런 처지에서 어린아이들이 있는데도 조부모님은 무척 냉정해서 아무런 도움도 주지 않으셨다. 다섯 살도 채 안 된 너무 어릴 때 일이라 기억이 어렴풋하지만 그 당시 직장을 다니던 나의 외사촌 누님들과 교회분들이 번갈아가면서 나를 돌봐주었던 기억이 난다.

 내가 일곱 살 즈음에 아버지에게 좋은 길이 열렸다. 강원도 홍천 감리교회에서 아버지를 전임 사역 전도사로 부른 것이다. 제법 큰 교회라 사택부터 시작해 모든 것을 책임져주는 자리였다. 그때부터 나의 삶은 참으로 풍요로웠던 나날이 이어졌다. 비록 전도사였지만 인정 많고 신앙심 깊은 시골 교인들은 깍듯이 대접을 하면서 뭐든지 먼저 좋은 것으로 챙겨주었다. 천 명 정도 되는 아주 큰 대형 교회에 목회자라고는 담임목사님과 아버지뿐이었다. 더구나 정으로 사는 시골 교회라 모든 교인들의 생활을 일일이 다 챙겨야 했기에 부모님은 매일 심방을 다니셨고, 그 어린 나이에 내가 제일 많이 했던 말은

"엄마 아빠는 지금 출타 중이신데요"라는 말이었다. 출타라는 말뜻도 모르면서 말이다.

시골 교회이고, 그 옛날 정이 많은 교회 시절이라 우리 집은 매일같이 교회 중고등부 학생과 청년들로 북적댔다. 딱히 할 일이 없어도 그냥 전도사님네라고 와서 마치 자기 집인 양 자기들끼리 놀고 모임도 하고, 마당에 한가득 열린 포도도 따 먹고, 부모님이 안 계시면 우리 남매들 밥도 챙겨주고 공부도 봐주곤 했다. 그야말로 우리 남매는 교회 베이비시터들 손에서 자란 셈이다. 정이 넘치는 교회, 목회자라고 극진히 대접해주는 교회, 철마다 가장 좋은 먹을거리를 늘 사택에 채워주는 고마운 교회. 나에게 있어서 교회의 이미지는 늘 따스하고 정이 넘치는 곳이었다.

그럼에도 불구하고 아직도 기억나는 어린 시절의 한 장면은, 여우비가 내리던 어느 늦은 오후, 사택 바로 옆에 있던 교육관 2층에서 신작로 쪽을 바라보며 부모님이 심방을 마치고 오시기만을 하염없이 기다리던 내 모습이다. 아무리 교인들이 잘해주어도 부모의 자리를 대신할 수는 없었다. 그리고 나와 놀아줄 부모를 빼앗아 간 것은 교회라는 생각이 늘 내 마음 한쪽에 있었고, 목회자라는 직업이 좋은 것도 있지만 늘 자기보다는 남들을 먼저 생각해야 하고, 아무리 화가 나도 항상 남에게 웃음으로 친절해야 하며, 모든 잘못을 자기 탓으로 돌려야 하는 직업이라는 생각이 내 부모님의 모

> 개인적 체험과 소명, 그리고 하나님께 대한 서원 때문인지 아버지는 코흘리개 유치원생인 내게 커서 무엇이 되겠느냐고 틈만 나면 물으셨다. 나는 늘 아버지의 그 질문을 싫어했다.

습을 통해 내 안에 각인되었다.

개인적 체험과 소명, 그리고 하나님께 대한 서원 때문인지 아버지는 코흘리개 유치원생인 내게 커서 무엇이 되겠느냐고 틈만 나면 물으셨다. 나는 늘 아버지의 그 질문을 싫어했다. 왜냐하면 아버지가 원하는 답을 알고 있었기 때문이었다. 아버지가 원하시던 답은 '목사'였다. 그러나 그 직업은 내가 너무나 되기 싫었던 것이었다. 왜냐하면 목사가 되면 자기 자신이나 가족도 뒷전이고, 남의 비위 맞추고, 늘 손해 보는 모습과 연결되었고, 나는 그렇게 살기 싫었다. 그러나 나는 아버지를 실망시키고 싶지도 않았다. 그래서 나름대로 머리를 짜낸 것이 바로 감리교 신학교의 총장이라는 것이었다.

사실 고작 유치원생이었던 내가 감리교가 뭔지, 신학교가 뭔지, 총장이라는 게 뭔지 어찌 알았겠는가? 그래도 아버지가 때늦게 감리교단의 신학교를 다니셨기에 주위들은 것이 있었던 것 같다. 교수님도 있고 이것저것 있는데 총장이라는 것이 말도 좀 다르고 제일 높은 것 같았기에 나는 거기서 해결책을 찾았다. 아버지가 커서 무엇이 되겠냐고 물으시면 나는 항상 감리교 신학교의 총장이 되겠다고 했다. 내가 이렇게 답하면 아버지는 '내 아들은 목사가 된다'는 것으로 대답을 들으시는 것이고, 반면에 나는 '목사 말고 총장'이라는 것으로 대답을 하는 것이었다. 사실 나의 아버지는 지금도 내가 신학과 교수 노릇을 그만두고 일선에서 목회를 하길 바라신다. 그러고 보면 아버지는 내게 속으셨던 것이다. 말 그대로 동상이몽이었다.

가장 행복했던 나날들, 시골에서 키운 큰 꿈

아버지와의 동상이몽은 그렇게 계속되었다. 그러던 가운데 초등학교 3학년부터 5학년까지 나는 작은 교회의 담임목사로 나가신 아버지를 따라 작은 시골로 이사를 갔다. 이 2년 반 동안의 시간이 지금까지 내 인생에서 가장 좋은 시절이었다. 하루에 두어 번 버스가 들어오는 강원도 시골 마을에서 나는 야생 소년이 되어 나무, 산, 들, 새, 곤충, 짐승들, 하늘, 냇물 등을 벗 삼아 자연 속에서 마음껏 뛰어놀았다.

늘 열정에 넘치던 아버지는 쓰러져가던 그 시골 교회를 일으켜 세우셨다. 그런 아버지였으니 하나밖에 없는 아들도 당신같이 목회를 하는 목사로 만들겠다는 꿈이 작아지기는커녕 더 커져만 갔다. 하지만 비록 어렸지만 나도 못지않게 잔머리를 써서, 종종 아버지의 소원을 확인시킴으로써 안심시켜드리곤 했다. 그것은 지금 생각하면 웃긴 일인데, 비록 말도 안 되는 글줄이지만 가끔 설교를 써서 아버지께 보여드리고 평을 받는 것이었다. 여전히 아버지는 내가 현장에서 목회를 하길 원하셨고, 나는 그 대안으로 잔머리를 짜내어 품었던 학자의 꿈을 조금씩 진지하게 키워가기 시작했다.

늦게 신학을 공부하셨기에 아버지의 서재에는 늘 책이 많았고, 집에 TV도 없던 터라 마땅히 놀 거리가 없던 나는 밖에서 놀지 않는 시간에는 아버지 서재에서 책을 보며 놀았다. 나는 주로 성경이나 예화집 책이나 목회자를 위한 월간 잡지에 나오는 재미난 이야기를 많이 접할 수 있었다. 방학 때가 되면 나는 집 뒷마당에 텐트를 치고 혼자 캠핑을 했는데, 아버지는 내게 쪽 복음서 한 권당 몇 백 원씩 돈을 주시며 매번 성경을 읽게 했다. 잔머리를 좀 굴리던 나는 「마태복음」처럼 긴 성경은 돈을 더 주셔야 한다면서 흥정도 했고, 아버지는 군말 없이 돈을 주시며 성경책을 읽게 했다. 또한 예화집이나 위인전을 통해 알게 되었던 슈바이처, 프뢰벨, 페스탈로치, 파브르, 웨슬리 등 유명한 인물들은 나의 우상이 되었는데, 특히 이들이 모두 목사의 집에서 태어난 사람들이라는 게 너무나 신기했다. 그래서 나도 이들처럼 위대한 인물이 될 수 있겠다는 꿈을 키우게 되었다. 또한 이들처럼 목사 아들이나 손자들이지만 꼭 목사가 안 되어도 훌륭하게 될 수 있다는 확신도 들었다.

활짝 열린 고생문과 반항

늘 현재에 만족할 줄 모르던 아버지는 한창 재미있게 커가던 시골 교회를 뒤로하고 춘천에서 건물 2층에 세를 들어 교회를 개척하셨다. 지금 생각하면 씁쓸한 웃음을 짓게 하는 기억이 있는데, 바로 창립예배를 드리던 때다. 그날 교회는 어디서 왔는지 낯선 교인들로 그득했다. 그런데 그 예배가 끝나고 첫 주일이 되었을 때 그 많던 교인들은 다 사라지고 우리 다섯 식구만 둘러앉아 예배를 드렸던 것이다. 나는 그게 너무 당혹스러워서 어머니에게 우리 교인들 다 어디 갔냐고 물었고, 그때 어머니는 그 사람들은 우리 교인이 아니고 우리 교회의 창립을 축하하기 위해 다른 교회에서 오신 손님들이라고 말씀해주셨다. 그 말은 내 인생에 고생문이 활짝 열렸다는 것을 의미하는 말로 들렸다.

홍천에서 누리던 풍족함은 사라지고 손바닥만 한 단칸방에서 다섯 식구가 오글오글 모여 사는 그 삶은 끔찍하게 느껴졌다. 틈만 나면 부모님은 엘리베이터도 없는 아파트 단지 계단을 걸어 오르면서 일일이 대문을 하나씩 두드려 전도지를 나눠주셨다. 토요일이나 주일 오후면 예술적 기질이 풍부한 아버지는 아코디언을 메고 아파트

놀이터를 돌아다니며 아이들을 불러 모아 전도를 하셨고, 나는 약장수 같은 그런 아버지가 너무 창피했다. 길바닥 구석에 버려진 우리 교회 도장이 찍힌 전도지를 보면 한편으로는 마음이 무척 아프기도 했다. 목사의 길이라는 것은 내게 있어서 쓸데없이 사서 고생하는 비참한 삶으로 느껴지기 시작했고, 어느 날 나는 밥을 먹다가 밥상에 수저를 내팽개치면서 "나 목사 안 해!"라고 외치고 집을 뛰쳐나오기도 했다. 잔머리를 굴리며 대충 아버지의 마음을 상하지 않게 해드리는 것도 인내의 한계에 다다랐던 것이다.

그래도 아버지는 가족보다는 교회를 먼저 생각하셨던 것 같다. 하나님이 그 열정과 고생을 불쌍히 보셨는지 아버지는 교인 하나 없는 맨바닥에서 3년 만에 교회를 건축할 정도로 교회를 성장시키셨다. 그러나 그것이 우리 남매들에게 있어서는 좋은 것만은 아니었다. 2차 증축 당시 나의 누나는 고3이었는데 부모님은 뒷바라지는커녕 교회 건축 현장에서 주무시며 기도를 하셨고 우리 삼남매는 그냥 알아서 공부했고, 대학도 알아서 갔다. 그래도 신앙 교육만큼은 철저했던 부모님은 한문 성경을 읽혀서 한문 공부를 시키셨고, 영어는 영어 성경으로 공부를 시키셨다. 지금 나의 성경 지식은 초중등 학생 시절 이렇게 얻은 것이다.

포섭당한 대학 시절

나는 중등부 시절부터 주일학교 보조교사를 비롯하여 온갖 교회 일은 다 앞장서서 했다. 하지만 그건 고생하시는 부모님을 기쁘게 해드리기 위해 초중고교 시절에 늘 부모님의 착한 아들이 되려고 노력했기 때문이었지, 내 신앙심이 깊어서 그랬던 것은 아니었다. 그러다보니 내가 대학에 들어갈 즈음 내 담임선생님을 비롯해 주위의 모든 사람들은 내가 당연히 신학대학에 들어갈 것으로 여기고 있었다. 나는 주변의 그런 시선이 너무 싫었고, 도리어 내가 왜 신학을 하냐고 대들기도 했다. 결국 나는 모든 사람들의 예상을 깨고 일반 대학에 진학했다. 물론 나 자신에게는 전혀 이상한 결정도 아니었지만 말이다.

내 신앙의 회심은 대학 1년 때 생겼다. 내가 대학에 입학할 당시 아버지는 강원대학교 IVF 이사였고, 우리 교회 청년부 지도교사도 IVF 간사였고, 청년부 대부분도 IVF에서 활동하는 학생들이었다. 그러니 내가 대학에 들어가기도 전에 이 사람들이 고려대학교 IVF에 연락을 넣어서 입학과 동시에 나는 수배를 당하는 꼴이 되었다. 결국 도망치다가 억지로 동아리에 끌려온 나는 반강제로 대학생 선교 단체에 몸담게 되었다. 그런데 이들이 나를 데려다가 시킨 성경 공부는 가장 기초적인 전도용 교재였다.

하나님은 누구고 죄란 무엇이며 성경이 무엇인지 가르치는 그 성경 공부에 나는 무척 자존심이 상했다. 이래 봬도 모태신앙, 목사의 아들, 중등부 시절부터 주일학교 교사, 중등부·고등부 회장까지 두루 역임하고, 영어나 한문도 성경을 통해 뗄 정도로 성경을 줄줄 꿰는 사람인데 나를 뭘로 보고 이러나 하는 생각이 들었던 것이다. 그러나 그들은 내 모든 배경을 완전히 무시하고 불신자 취급을 하며 신앙 교육을 시켰다. 그런데 사실 그들은 내 화려한 치장 속에 숨어 있던 초라하기 그지없는 내 밑바닥 신앙을 제대로 본 것이었다. 결국 대학 초년 시절 밑바닥부터 다시 시작한 신앙 교육 덕분에 나는 비로소 믿음과 신앙, 내 삶에 대해 진지한 고민을 했고, 열정적인 신앙인이 되어가기 시작했다.

다시 시작된 방황과 새로운 출발

그러나 80년대 말, 고려대 앞에서는 매일 데모와 최루탄이 끊이지 않았다. 대학에 입학한 지 한 달밖에 안 되었는데 학교는 휴교령이 내려져 문을 닫았다. 나의 일 년은 그렇게 사회와 나 자신에 대한 신앙적 고민으로 채워졌고, 그것이 나를 너무 괴롭혔다. 결국 나는 일 년을 마치고 학교를 떠나 군대에 갔다. 그러나 복학을 하고 돌아온 학교는 너무 달라져 있었다. 90년대로 들어선 학교는 포스트모던이라는 이름으로 제각기 자기 갈 길을 가는 사람들로 붐비고 있었고, 내 신앙의 모체였던 IVF는 강력한 투쟁으로 사회 참여를 외치던 회원들이 자기들의 노선을 따라 새로운 단체를 만들어 나간 덕분에 사라지고 만 것이다. 졸지에 나는 이도저도 아닌 사람이 되어버렸고, 그렇게 나는 IVF와 헤어지게 되었다.

　대학을 졸업할 즈음 나는 내 진로를 고민했고, 당시 제일 잘나가던 직종인 방송국 PD라는 일이 나를 혹하게 만들었다. 그래서 열심히 언론고시도 준비하고 언론 관련 수업도 듣곤 했다. 그러나 나의 아버지는 내가 그 길로 가면 방탕한 생활을 하게 될 것이라면서 무척 싫어하셨다. 그러면서 태국에 있는 잘 아는 선교사님네로 나를 보내셨다. 나는 대학 시절의 마지막 방학을 배낭여행이라도 하면서 머리도 좀 식힐 겸 흔쾌히 길을 떠났다. 그런데 그건 우리 아버지의 계략에 넘어간 것이었다. 아버지는 그 선교사님에게 내가 머무는 동안 잘 포섭하라고 몰래 부탁을 하셨고, 거기에서 나는 그만 당하고 만 것이다. 결국 나는 모 방송국에서 들어온 방송 기자 제안을 거절하고 결국 신학대학원에 진학을 했다. 지금 생각하면 참 잘한 결정이었다.

나의 스승 김영봉 목사님

나는 늘 두 가지 축복을 받았다고 생각하는데, 하나는 윗사람을 잘 만나는 것이고 다른 하나는 시기를 잘 만나는 복이다. 신대원에 입학하면서 나는 좋은 스승과 친구를 만났는데 바로 김영봉 목사님이다. 선교사님에게 설득을 당한 터라 신대원에 가서 선교학을 전공하려고 했는데, 김 목사님의 신약학 수업을 듣고 성서를 재발견하게 되어 결국 전공을 바꾸었다. 귀가 얇은 나는 선교학을 하더라도 성서를 먼저 잘 알아야 한다는 주변 사람들의 말에 또 넘어간 것이다. 하지만 도리어 잘한 결정이었다. 그분을 만나 성서를 배우면서 나는 성서가 그렇게 재미있는 것인 줄 새삼 깨닫게 되었기 때문이다. 게다가 그분이 지향하는 신학과 신앙은 말도 안 되는 극단적 보수도, 너무 개방적이어서 전통적 신앙에서 너무 벗어난 것도 아닌 합리적이고도 열린, 그래서 상식과 말이 통하는 스타일이었다. 나는 그것이 참으로 마음에 들었다. 내가 대학 시절 IVF를 처음 겪었을 때와 비슷한 마음이 다시금 생겨났다.

신대원 시절에 나는 성서학 공부 재미에 푹 빠졌다. 풀리지 않는 말씀을 한 학기 내내 파고들며 공부하던 것과, 매일 밤 10시만 되면 기숙사에서 동기생들 몇 명과 모여 돌아가면서 설교를 하며 예배를 드리고 예배 후에 그 설교를 놓고 목소리 높여 토론하던 것, 연구 페이퍼를 쓰면서 새롭게 발견해나가는 재미는 정말 무엇에 비할 수가 없었다. 특히 김영봉 목사님과의 복음서 주석 세미나 시간은 3시간 내내 말씀을 가지고 둘이서 깊은 토론을 나누던, 내 기억에 가장 좋은 신대원 시절의 추억으로 남는다.

외국에서의 새로운 삶

신대원 마지막 학기를 마치고 나는 1998년에 캐나다로 유학을 떠났다. 김영봉 목사님이 학위를 한 곳이라 그냥 그리로 간 것이다. 그러나 신대원을 졸업할 즈음부터 내 인생에 어려움이 닥치기 시작했다. 당시 IMF가 터져서 경제적으로 무척 타격을 받게 된 것이었고, 하필 그때에 아버지가 담임하시던 교회 재정 집사님이 교인들을 대상으로 사기를 쳐서 교회가 풍비박산이 나, 교인의 3분의 1만 남고 모두가 뿔뿔이 흩어지게 된 것이다. 그 집사님은 여기저기에서 고소를 당해 유치장에 계속 들락거렸고, 교회 차량 구입 할부금 천여만 원을 몰래 빼돌려 교회도 피해를 입었다. 그때 아버지는 사례비 삭감을 하고 그 집사님을 교회에서 고소하는 대신 개인 적금을 깨서 그 천여만 원을 대신 갚아주겠다고 하셨다.

그 돈은 내가 유학 갈 때 쓸 돈으로 기대하고 있었기에 나는 큰 좌절감과 분노를 느꼈다. 하지만 부모님은 그냥 그렇게 하셨다. 하나님이 대신 챙겨주실 거라는 대책 없는 말만 남긴 채 말이다. 당장 나의 유학 계획에 차질이 생겼다. 그런데 학기 시작을 얼마 남기지 않고 캐나다 학교에서 편지가 두 차례 연이어 날아왔는데, 처음에는 학비 감면을 주더니 둘째 편지에는 전액 장학금을 약속했다. 나는 안도의 한숨을 쉬었고, 부모님은 그것 보라는 듯한 모습이었다. 또 비행기 값과 몇 달간의 방세는 다행히 그때 마침 처음 생긴 감리교 교단 유학생 장학생으로 선발되어 받은 돈으로 충당해서 나는 유학을 떠날 수 있었다. 그 방세가 떨어질 즈음에 그곳 한인 교회 목사님의 도움으로 파트타임 전도사 사역을 맡아서 경제적 도움을 입었다. 뿐만 아니라 고맙게도 그 교회에서 심 집사님이라는 분이 2년 동안 개인적으로 경제적 후원을 해주었다.

나의 유학 시절은 어려운 가운데 하나님의 도우심을 체험하는 순간으로 이어졌다. 캐나다에서 석사를 마치고 나는 영국으로 떠났다. 영국에서도 내 주변에는 항상 좋은 사람들이 생겨났다. 성숙한 인격을 가진 교인들과 학교 동료들, 높은 학식과 깊은 신앙을 가진 나의 교수님들은 힘든 유학 생활을 도리어 즐겁고 재미있게 만들어준 사람들이다. 또한 그곳에서 공부하는 동안 나는 성서학과 문학뿐만 아니라 미술, 음악, 영화, 건축, 과학 등과 신학이 소통하는 것에 대해 눈을 뜨기 시작했다. 단지 신학이라는 것이 성서를 파고들고 기도와 예배 출석에 열심을 내도록 교회를 돕는 게 전부가 아니라, 세상과 소통하는 것이 신학이 해야 하는 중요한 과제임을 알게 되었다.

축복과 시련

영국에서 공부하는 동안 영국 감리교회에서 비지팅 미니스터visiting minister 자격으로 사역을 했다. 그때 내가 돌보던 영국 교인들은 참으로 신실하고도 성숙한 인격을 가진 그리스도인들이었기에 그들과 했던 신앙생활은 너무나 행복했다. 지금도 그렇지만, 영국 교회는 목사가 부족해서 몇 명의 목사들이 그 지방의 여러 교회를 돌봐야 했기에 일손이 많이 부족했다. 그래서 내가 학위를 마칠 즈음에 그들은 영국 감리교회로 소속을 옮겨서 목회 사역을 해달라고 제안했다. 그들을 돌보는 목회자라고 한다면 내가 우려하는 목회에 대한 그런 어려움은커녕 도리어 행복할 것만 같았기에 흔쾌히 그러겠다고 했다. 목회를 죽도록 싫어했던 나는 그들 덕분에 어느덧 목회를 그리워하는 목사로 변해 있었다.

그러나 영국이라는 나라는 모든 것이 느리게 진행되기로 유명하다. 결국 그곳 행정 일이 늦어지는 바람에 나는 새로운 비자 갱신을 할 수 없어서 학위를 마치고 한국으로 돌아왔다. 한국에 온 이듬해 나는 모교의 교원으로 임용되었다. 그러나 첫 학기를 시작하자마자 이단 시비에 휘말려 어려움을 당했다. 학술진흥재단에서 받은 막달라 마리아에 대한 연구 제목이 그분들 맘에 들지 않았던 것 같다. 협박과 위협을 받기도 했지만 결국 구체적 내용이 출판되지 않아서 그냥 넘어가게 되었다.

하지만 내가 잘못된 말을 한다고 생각이 들지 않았기에 나는 그 연구를 세상에 내놓았고, 결국 그들은 그 이듬해에 내가 쓴 글을 근거로 내세우면서 다시금 나를 교단 이단 재판에 넘겼다. 이번에는 좀 센 편이었다. 두 차례에 걸친 이단 재판에서 모두 무혐의를 받았지만, 다른 목적이 있던 그들은 나를 좀처럼 가만히 두지 않았고 학교 측의 행정을 문제 삼아 법원에서 재판을 받게 하였다. 지금 생각해도 도무지 이해가 되지 않는 일이지만, 하여튼 그해 여름에 나는 결국 학교에서 나와야 했다. 물론 그해 가을학기에 다시 새로 임용이 되긴 했지만 말이다.

학교에서 어려운 일을 당했을 때 나의 가족들은 무척 힘들어했고 주변분들은 고맙게도 많이 걱정해주셨지만, 사실 나는 그들이 염려하는 것만큼 그다지 힘들지 않았다. 그것은 바로 산상수훈의 말씀 때문이었다. 임용 첫해의 시련과 둘째 해의 시련 모두 봄에 벌어졌는데, 하필이면 그때가 모두 사순절 기간이었고, 그 기간에 내가 가르치던 것이 산상수훈이었다. 산상수훈의 말씀은 내게 그 모든 일을 어떻게 대해야 할지 좋은 가르침을 주었고, 힘들 때마다 나를 쓰러지지 않도록 도와준 나의 힘이요, 위로가 되었던 말씀이다.

힘든 일을 겪으면서 가장 먼저 경제적 어려움이 닥쳤지만, 캐나다 유학을 떠날 때와 유학 생활 가운데 내가 체험했던 하나님은 내게서 걱정을 없애주셨다. 도리어 어려운 가운데 예수의 가르침대로 사는 연습을 더욱 하게 되었고, 이것을 통해 산상수훈의 말씀을 더욱 깊이 알게 되었다. 특히 미워하지 않는 법과 용서와 화해에 대해 많이 고민했다.

> 산상수훈은 내가 어떻게 살아야 하는지 말해주는 삶의 표준이며, 나로 하여금 그렇게 살도록 노력하게 만드는 신앙과 신학적 채찍이기도 하고, 내가 예수 그리스도를 만나는 거룩한 장소이기도 하다.

그러나 그 고민은 그리 쉽게 해결되는 것은 아니었다. 교문에서부터 못 들어오게 해야 한다고 대놓고 말하며 상처를 주던 그들에게서 어려움을 당할 때는 사랑과 용서를 하는 문제로 많이 고민했는데, 전세가 역전되고 나니 정의를 세우는 문제로 많은 유혹을 받았다.

문제가 다 해결되고 나를 궁지로 몰았던 그분들이 도리어 궁지에 몰리자 이번에는 내 주변에서 그분들을 법적으로 응징하라고 부추겼다. 용서와 사랑을 말하는 내게 하나님의 정의를 말하면서 그 반대편 사람들은 내 등을 떠밀었고, 나는 너무나 혼란스러웠다. 그들의 말이 너무나 설득력이 있었기 때문이다. 그러나 '정의라는 미명하에 내가 지금 복수를 하는 것이 아닌가?'라고 자문했을 때 나의 신앙적 양심이 자유롭지 못함을 느꼈고, 결국 산상수훈에서 가르치는 대로 그냥 무식하게 살기로 했다. 비록 여러 가지 현실적인 삶의 문제에서 많은 고통과 손해를 보긴 했지만, 모든 일이 마무리될 무렵 하나님은 내게 좋은 선물을 주셨다. 산상수훈에 대한 연구로 학술진흥재단에서 연구 기금을 받았고, 그 난리를 겪으면서 산상수훈 연구로 쓴 논문이 『익스포지토리 타임스 Expository Times』에 실렸고, 또 다른 논문 하나가 해외 학술지에 실린 것이다.

나의 삶과 신학

어려움을 처음 겪은 2005년부터 산상수훈은 내 삶의 중요한 기준이 되어왔다. 억울한 일로 인해 잃은 것도 많지만 그로 인해 배운 것과 얻은 것은 훨씬 더 많았다. 그 어려움의 시간들은 내게 고통이 아닌 고난이었고, 예수 그리스도의 가르침을 따라 사는 법을 많이 연습하도록 만들어준 좋은 시간이었다. 2006년부터 나는 산상수훈에 대한 책을 쓰고 있다. 특히 나는 감리교 목사로서 웨슬리 목사가 기독교의 모든 진리가 여기에 담겨 있다고 할 정도로 중요하게 여기면서 감리교의 핵심으로 말했던 산상수훈에 대한 그의 해석을 연구하고 있다. 지금 이 작업은 4년째 계속되고 있으며 앞으로 3년 정도 더 공을 들여서 2012년 즈음에는 마무리할 계획이다.

산상수훈은 내 신학과 삶의 첫 번째 큰 전환점이 되어준 주제이다. 많은 훌륭한 신앙인들이 겪은 것에 비하면 나의 신앙과 경험은 너무나도 보잘것없는 것이다. 그래서 그 일들을 주저리주저리 늘어놓는 것이 도리어 무척 부끄러울 지경이다. 그러나 그 일의 경중을 떠나서 그 당시 내 삶을 이끌어준 말씀이었기에, 그리고 그 가르침의 내용이 나에게 있어서는 아직도 온전히 내 것이 되지 못하고 계속 고민하고 노력하는 진행형 단계이기에 앞으로도 고민하고 노력해야 할 나의 신학적 과제이기도 하다. 그러나 산상수훈은 내가 비록 그 가르침대로 다 살지는 못한다 하더라도 적어도 내가 어떻게 살아야 하는지 말해주는 삶의 표준이며, 나로 하여금 그렇게 살도록 노력하게 만드는 신앙과 신학적 채찍이기도 하고, 내가 예수 그리스도를 만나는 거룩한 장소이기도 하다.

앞으로 내가 공부해야 할 숙제들

산상수훈이 내가 공부하고 내가 실천하려고 노력해야 하는 평생의 과제라고 한다면, 내가 또한 관심을 두고 이루고자 애쓰고 싶은 것은 신학과 세상의 소통이라는 과제이다. 우리 남매는 예술적 기질이 다분한 아버지 쪽 피를 이어받았고, 나도 예술 분야에 많은 흥미를 느껴왔다. 그래서 나는 이런 모든 것들이 나의 신학 공부와 만날 수 있는 접촉점을 나름대로 찾게 되었고, 이러한 것들을 통해 세상과 기독교가 소통하는 데 도움을 주는 것이 내가 앞으로 해야 할 일이라는 생각이 들었다.

내가 관심을 가지고 있는 것은 다양한 예술 매체를 통한 성서학 연구이다. 그래서 영화 작품, 만화책, 발레, 문학 작품, 음악 작품, 판소리, 미술 작품 등과 같은 것으로 연구를 하고 있다. 이러한 문화적 양식들은 내가 즐기는 것이기도 하지만, 사실 요즘 사회가 많은 관심을 가지고 있는 것이기도 하다. 그러나 그저 이러한 것들만 연구하고 관심을 가지는 것은 아니다. 내게 있어서는 성서 말씀 자체에 대한 연구도 중요하다. 소통이라는 것을 말하려면 소통의 방법과 더불어 소통의 내용도 중요하다는 생각 때문이다. 내가 늘 관심을 가지는 것은 이 두 가지이다. 그래서 학교에서 과목을 개설할 때 나는 매 학기 두 가지를 함께 내놓는데, 하나는 복음서 성경 말씀을 주석하는 고전적 과목이고 다른 하나는 문화라든지 성경 공부 교재 개발, 혹은 설교 등과 같이 말씀을 소통하는 방법에 대한 고민을 하는 과목이다.

문학적 양식과 성서학을 함께 아우르는 학제 간 연구는 중요한 작업이기도 하지만 자칫 아마추어리즘이라는 부끄러운 잘못을 범할 소지도 다분히 있다. 이런 한계를 극복하기 위해서 나는 그 분야의 전문가들에게서 책이나 강의 등을 통해 많은 도움을 받는다. 물론 그 분야에서 평생을 연구한 이들에 비하면 나의 연구는 조악하여 그들의 눈에 시답지 않은 곁눈질 정도로 보일 수도 있을 것이다. 하지만 외부에서 들려오는 목소리와 외부에서 바라보는 시각이 종종 신선한 생각을 제시할 수도 있기에 이러한 학제 간 연구는 학문적 발전을 위해서라도 계속되어야 한다고 나는 생각한다.

배움의 벗님들에게

요즘 한국교회와 신학교를 생각하면 마음이 적잖이 답답하다. 이러한 답답함은 나뿐만 아니라 많은 기독교인들이 느끼는 바일 것이다. 교회는 갈수록 비어가고 목회자들은 힘들어하고 있다. 대학원 학위 수여식과 입학식 즈음에는 항상 내 마음이 무겁다. 저 졸업생들이 나가서 목회를 할 생각을 하니 내 눈앞이 캄캄해지고, 새로 입학하는 학생들의 모습을 봐도 저들에 대한 걱정과 더불어 한국교회의 미래에 대한 걱정이 마음 그득하다. 나는 신학을 하고 목회자가 되겠다고 다짐하며 신학교에 입학하려고 하는 이들이나 신학교에서 공부하는 신학도들에게 꼭 당부하고자 하는 말이 몇 가지 있다.

나는 먼저 이들이 인격과 지성과 영성에서 높은 덕을 쌓도록 노력했으면 좋겠다. 나는 교회에서 젊은 남녀들을 소개해줄 때 믿음이 좋다는 것을 제일 큰 것으로 치며 그것만 보고 미래를 기약하도록 하는 모습을 많이 봤다. 그러나 아이러니컬하게 들릴지 모르지만, 나는 '저 사람은 믿음이 좋다'라는 말보다 '저 사람은 훌륭한 인격을 가진 사람이다'라는 말을 더 중요하게 본다. 왜냐하면 나는 목사의 아들로서, 또한 목사로서 수십 년을 살았고 수많은 교인들을 겪으면서 훌륭한 신앙인이라는 것을 보장해주는 것은 흔히 교회에서 말하는 '믿음'이 아니라 '인격'이라는 것을 깨달았기 때문이다. 훌륭한 인격을 가진 신앙인은 믿음이 좋다. 그러나 믿음이 좋다는 말을 듣는다고 모두 훌륭한 인격을 가지고 있는 것은 아니다. 그리고 요즘 한국교회가 세상으로부터 험한 말을 듣고 손가락질을 당하는 주된 원인은 바로 많은 교인들이 이른바 '믿음'은 좋으나 '인격'이 갖추어지지 않았기 때문이다.

훌륭한 인격을 갖춘 기독교인, 무례하지 않은 기독교인, 이기적이지 않은 기독교인, 다른 이들을 배려할 줄 아는 기독교인, 상식이 통하는 기독교인. 나는 신학생과 목사들 먼저 이러한 기독교인들이 되었으면 좋겠다. 그들이 먼저 이렇다면 다른 교인들도 본을 받아 따라올 것이 아니겠는가? 이들이 목회 현장에서도 교인들에게 이런 기초적인 성숙한 시민 교육부터 시켰으면 좋겠다. 교회가 욕을 먹는 이유는 교회라는 단체에는 잘하지만 세상에는 함부로 하기 때문이다. 교회 건물 안에는 천사들만 모였는데 왜 그 천사들은 사회에서 그리도 더러운 욕을 먹어야 하는가? 요즘 교회의 모습에서 나는 예수를 빙자하여 모인 사교 클럽이나 계 모임을 보는 것 같아 마음이 아프다. 이런 모습을 보면 그 옛날 예수께서 하셨던 '고르반corban' 이야기가 왜 가슴 아프게 떠오르는지 모르겠다.

나는 신학도나 목회자들이 지성을 좀 갖추었으면 좋겠다. 학생들을 가르치면서 느끼는 것인데, 해가 갈수록 학생들이 왜 이리 공부를 게을리하는지 모르겠다. 교회 사역을 핑계 대면서 공부를 뒤로 미루는 학생, 교육전도사에게 부흥회 때 차량 운행시킨다고 학교 수업을 빠지도록 강요하는 목회자들을 보며 나는 교회의 어두운 미래를 보는 것 같아 마음이 아프다. 과제물을 하면서 표절을 버젓이 하는 신학생들의 그 버릇은 목회 현장에서는 남의 설교 표절로 그대로 이어진다. 그러나 그 신학생들이나 목사들은 부끄러움을 모른다. 그래서 한국 교인들도 부끄러움을 모르는가보다. 노력하지 않고 쉽게 넘어가려고 하는 못된 버릇, "꿩 잡는 게 매"이고 "모로 가도 서울로만 가면 된다"는 정신으로 살아가는 것이 얼마나 부끄러운 것인지 모르는 신학생들과 목회자들. 이런 것 때문에 한국교회의 미래는 어둡다. 땀 흘려 공부하지 않는 목사에게서 성도들은 무엇을 배우겠는가?

나는 신학도와 목회자들이 영성을 쌓기 위해 노력했으면 좋겠다. 영성이라는 용어가 너무 광범위하고 모호하기도 하다. 그러나 내가

> 나는 성서를 연구하는 성서학도로서, 성서를 연구하는 것은 그 말씀에 대한 실천적 고민과 이어지는 것이며, 신학을 한다는 것은 결국 하루를 살아가는 것이라고 생각한다.

생각하는 영성은 실천적 영성이다. 이것은 결국 처음 말했던 인격의 문제와도 직결되는 것인데, 나는 삶의 한가운데서 배어나오는 그 실천적 영성은 하나님과의 깊은 사귐에서 출발하는 것이며, 그것이 영성이라고 생각한다. 이것은 딱히 새롭거나 특별한 것도 아니다. 우리 기독교가 지난 2천 년 동안 수없이 받아왔던 가르침이다. 예수 그리스도의 가르침대로 살고자 노력하는 삶. 하나님과 나누는 깊은 사귐. 그곳에서 우리는 실천적 신앙의 힘을 얻고, 실패에서 위로를 얻고, 좌절에서 일어설 용기를 얻고, 기쁨과 희망과 안식을 얻는다. 우리는 산상수훈의 마지막 부분에서 예수께서 하나님과의 사귐에 대한 가르침(「마태복음」 7장 7~11절)의 결론으로서 일상에서의 더불어 사는 삶에 대한 가르침(7장 12절)을 제시하시는 이유에 대해 깊이 생각해보아야 한다.

나는 성서를 연구하는 성서학도로서, 성서를 연구하는 것은 그 말씀에 대한 실천적 고민과 이어지는 것이며, 신학을 한다는 것은 결국 하루를 살아가는 것이라고 생각한다. 나의 짧은 지식과 얕은 영성, 설익은 인격이 늘 내게 있어서 부끄러운 자화상이다. 그러나 '겉 사람은 낡아가지만 속사람은 매일 새로워'지도록 나는 오늘도 애를 쓰고 있다. 예수의 가르침이 늘 내게는 부끄러움을 남겨주지만, 그래도 포기할 수 없는 것은 나는 그분의 선하심을 신뢰하고 있기 때문이다.

신학을 살고, 삶을 신학하고

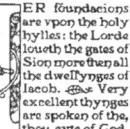

김정숙
감신대 교수

감리교신학대학교 신학과와 동 대학원을 졸업하고, 미국 Pacific School of Religion, a member school of Graduate Theological Union at Berkeley, CA.에서 M. Div. & M.A., Garrett Evangelical Theological Seminary에서 조직신학/여성신학으로 Ph.D.를 받았다. 현재 기독교 대한감리회 정회원 목사이며, 감리교신학대학교 조직신학 분야의 여성신학 조교수로 재직하고 있다. 공저로『다문화와 여성신학』과 역서로『여성목회와 권위』가 있으며, 논문으로「21세기 페미니즘, 페미니스트 신학의 지형도」「사랑과 자유의 관계 존재론: 캐서린 모리 라쿠나의 실천적 삼위일체 신학 방법론」등이 있다.

어릴 적 사진이 별로 없는 나는 그 시절의 추억도 거의 없다. 옛 기억을 되새기고자 지나온 삶의 흔적을 찾아 나섰지만, 쉼 없이 흐른 세월 탓에 과거의 나를 찾고자 하는 노력은 별 성과를 거두지 못했다. 나는 1959년 12월 18일 원효로 한 병원에서 태어났다고 한다. 그러나 인생의 시작인 출생과 마지막인 죽음의 기억은 전적으로 자신이 아닌 타인의 것이기에 내 어린 시절의 기억이 시작되는 곳은 내가 자란 신당동의 집과 그곳에서 멀지 않은 곳에 있던 시온감리교회다. 부유하지는 않았지만 그렇다고 어린 나의 어깨를 짓누를 정도의 어려움이나 가난은 느끼지 못했던 시절이다. 세 들어 살던 신당동 집의 조그만 앞마당에 피었던 분꽃과 담장에 피었던 나팔꽃이 정겨웠던 이미지로 남아 있고, 장난꾸러기 동생과 나를 향해 떠들지 말라고 야단치던 주인집 할머니의 목소리도 어렴풋하다.

교회 크리스마스 행사 때 천사들이 입는 새하얀 드레스에 왕관을 쓰고 무용하는 주인공 역할은 변호사 할아버지를 둔 뒷집 친구에게 넘겨야 했고 짧은 치마에 흰색 스타킹을 신고 단체 무용을 하며 처음 가난의 비애를 경험했던 기억, 나는 갈 수 없었던 유치원을 남동생은 그것도 집 밥상에는 오르지 않던 소시지와 계란말이 반찬의 도시락을 가지고 색동유치원을 향해 가는 것을 부러워하며 투정했던 기억. 그 정도의 가난과 그 정도의 불편함이 애잔하고 아름다운 추억으로 어우러진 과거가 내가 기억해낼 수 있는 가장 어린 시절의 모습이다. 송충이가 많아 학교 가기가 두려웠던 기억, 급식으로 나눠주던 옥수수빵을 받기 위해 분홍색 빵 주머니를 만들어 갔던 기억, 새로 산 실내화를 잃어버리고 혼날까봐 울며 찾아 헤맸던 기억이 어렴풋하게 떠오르는 홍인초등학교. 하지만 홍인초등학교는 3학년까지만 다녔고, 그 이후로 나는 초등학교를 두 번 더 전학했다.

많은 사람들이 부모가 된다는 것이 무엇인지 배우지 못한 채 부모가 되고, 누구든 처음부터 어머니와 아버지로 존재했던 것은 아니지만, 사람들은 때로 어린 자식들에게 부모가 어떤 존재인지 깨닫지 못한 채 부모가 되는 것 같다. 어른이 된 우리는 어린 자식에게 부모는 그들 세계 전부이며 우주 전체라는 엄청난 사실을 깨닫지 못한 채 엄마가 되고 아빠가 되어 때론 어린 자식들에게 불완전하고 일그러진 태초를 제공하기도 한다. 초등학교 시절의 내 경우도 그랬다. 초등학교 3학년 나를 지탱해주던 우주는 금이 가고 깨어져버렸고 반쪽으로 일그러진 세계 속에서 나는 점점 내성적이 되어갔고 말수가 없는 아이로 변했다. 학교가 끝나면 나는 집으로 곧장 가지 않았고 친구의 부모가 사찰집사로 일하고 있던 한 장로교회에 들러 아무도 없는 예배실에서 구석에 있던 캐비닛 속의 책들을 꺼내서 읽다가 어둑어둑해서야 집에 들어가곤 했다.

그 시절엔 왜 그렇게 선생답지 못한, 되지 못한 선생들이 많았을까? 오로지 가난한 부모를 둔 이유로 기성회비를 내지 못했던 어린 학생들을 망신 주고, 공부 못한다고 뺨을 때리고, 떠든다고 슬리퍼를 벗어 아이들의 뺨을 치기도 했던 도무지 선생답지 못했던 선생들을 보며 '내가 이다음에 어른이 되면 저들을 이해할 수 있을까?' 도저히 이해할 수 없었던 나의 한계를 나이 탓으로 돌렸던 기억이 난다. 선생이라는 이름이 어울리지 않던 그들을 이해할 수 없었던 이유가 어린 나이 탓만은 아니었다는 것을 어른이 되어서야 확실히 알게 되었지만, 어쨌든 어린 시절 내가 위로를 받고 감화를 받고 꿈을 키워나갈 수 있었던 만남은 살아 있는 사람과의 만남이 아니라 캐비닛 속에서 숨 쉬고 있던 죽은 이들과의 만남이었던 것 같다.

초등학교 시절 나에게 교회라는 곳은 주일날 하나님을 예배하러 가는 곳이라기보다는 평일에 홀로 캐비닛 속의 책들을 읽으며 나만의 세계를 꿈꿀 수 있었던 나의 아지트였다. 어린이들을 위해 위인전을 많이 구비해두었던 캐비닛에서 나는 실로 많은 인물을 만났고, 그들로 인해 나의 가슴은 행복으로 풍선처럼 부풀었다 빠지곤 했다. 그중 그 어떤 인물보다도 어린 내 영혼을 사로잡았던 이는 인도의 영웅 간디였다. 간디의 책을 읽으며 어린 내 가슴은 꿈으로 부풀었고 이다음에 나는 꼭 간디 같은 사람이 되어 간디 같은 남자와 결혼을 하리라 다짐하곤 했다. 그 후로 세월이 흐르고 흐른 지금 나는 간디 같은 사람도 되지 못했고 간디 같은 남자를 만나서 결혼하는 성과를 이루지도 못했다. 하지만 적어도 어린 시절 만났던 간디는 일그러진 우주 속에서 왜곡될 수 있었던 나의 어린 시절을 지탱해준 귀한 만남이었다. 물론 간디 자신은 자신이 살았을 때만 좋은 일을 한 것이 아니라 죽은 후에도 좋은 일을 했다는 것을 모르겠지만 말이다.

학창 시절 한때 문학소녀 소년이 아니었던 사람이 어디 있겠는가? 뭔가에 몰두할 수 있고 돌파구가 필요했던 중학교 시절 내가 찾은 출구는 학교 공부가 아닌 이러저러한 통속소설과 문학책이었다. 그 시절 나는 도스토옙스키를 만났고 모파상과 스탕달, 입센과 워즈워스의 세계를 접했고 하디와 호손, 레마르크와 지드 등 여러 작가를 만났다. 많은 책들을 독파했던 시절이었다. 작가의 섬세한 감정 묘사에 빠져 밤이 새는지 모르고 책을 읽다가 다음 날 수업 시간에 꾸벅꾸벅 졸기 일쑤였던 나를 친구들은 책벌레라고 놀렸다. 책 내용에 빠져 밥을 먹다 국그릇을 엎고, 생각에 잠겨 걸어가다 전봇대에 부딪히거나 돌에 걸려 넘어지기 다반사였다. 5원을 깎아달라는 말을 못해 심부름 갔다 그냥 빈손으로 돌아오고, 손에 쥔 돈을 무심코 버려버리고는 왔던 길을 다시 찾아 헤매는 바보짓 하기가 한두 번이 아니었던 그 시절, 당시 내가 얻은 명예로운 별명은 전라도 사투리로 제대로 못 보고 실수를 잘한다는 말뜻을 가진, 말하자면 별로 똑똑하지도 재빠르지도 못하고 상황 판단을 잘 못하는 어리바리한 사람에게 붙여주는 '뻘대'라는 칭호였다.

내가 선택하지도 동의하지도 않았지만 어쩔 수 없이 갈 수밖에 없었던 실업계 고등학교 생활은 내성적이었던 나를 염세주의 성향을 가진 사람으로 만들었던 것 같다. 대학을 보낼 수 없다는 이유로 실업계 학교를, 집에서 가깝다는 이유로 나를 위해 추천된 학교는 성북동에 있는 동구여상이었다. 바위동산과 등나무가 어우러진 언덕 위에 자리 잡은 동구는 깨끗하고 아름답고 좋은 학교였지만, 아직 어린 우리에게 주어진 내일은 꿈과 낭만, 이상과 진리를 추구하는 대학이 아닌 생존을 위한 치열한 삶의 현장이었다. 직업인을 양성하는 척박하고 메마른 학교 분위기에 나는 적응하지 못했고, 단순하고 기계적인 실습 위주의 수업에 심지어 돈 세는 연습까지 시켰던 학교 수업을 나는 경멸했고, 그런 학교에 다닌다는 사실이 부끄럽기만 했다. 수업 시간에 나는 이해하지도 못하는 『실존주의는 휴머니즘이다』 『구토』와 같은 책을 꺼내놓고 읽다가 걸려 망신을 당하기도 했는가 하면 고등학교에 다니는 동안 나의 가방 속에는 늘 쇼펜하우어의 『자살론』이 들어 있었다. 물론 그렇다고 내가 읽은 책을 이해했다거나 자살할 의도나 용기가 있었다는 것은 아니다. 그저 원하지 않았던 곳, 그래서 만족할 수 없었고 행복하지 않았던 고등학교 시절이 나만의 것이 아니었다는 것을 작년 11월에 먼저 하늘로 간 친구의 장례식에서 처음 알게 되었다. 고등학교 졸업 직후부터 지금까지 반창회 모임을 계속하고 있는 한 친구에게 많은 학생들이 그 시절 행복하지 않았다는 사실과 유난히 화가가 된 졸업생들이 많다는 사실을 전해 들으며 어쩐지 두 사실이 무관하지 않으리라는 생각이 들었다. 아름다운 바위동산의 왕자바위에 누워 드높은 하늘을 우러러 보아도 그저 가슴이 먹먹하기만 했던 그 시절, 그곳에서 나는 함께 했던 일곱

명의 친구들을 만났고 지금까지 그 만남을 이어가고 있다. 한 명은 스페인에 그리고 한 명은 작년에 하늘나라에 먼저 보내고 남은 우리 모두는 인생의 원숙기에 들어선 중년으로 변했지만 지금도 지속되는 가끔의 만남은 여전히 바위동산에서 함께 이야기를 나누던 그 시절로 데려가곤 한다.

사르트르라는 철학자는 인간은 자유를 선고받은 존재, 자유에로 운명 지어진 존재라고 한다. 서로 융합할 수 없을 것 같은, 그래서 적대적일 것 같은 두 개념, 운명과 자유를 '선택'이라는 개념으로 엮어 모순적인 인간 실존의 특성으로 규명한 것이다. 그러나 모든 인간이 선택이라는 자유를 통해 더 나은 삶을 지향할 수 있을 만큼 그렇게 모두가 자유로울 수 있으며 주체적일 수 있을까? 그가 말한 자유가 힘으로서의 자유가 아닌 부조리와 모순에서의 자유를 말한다고는 하나 역시 자유는, 특히 더 나은 삶을 향한 선택의 자유는 힘과 무관할 수 없을 것 같다. 20대에 들어선 나에게 내 자신의 운명을 선택할 만한 그런 선택의 자유는 주어지지 않았다. 상황은 종종 주체이고자 하는 나를 압도하고 규정해버렸으며 나 자신을 위해

> 나름대로 진지하게 열심히 기도했건만 남들처럼 환상을 본 것도 아니었고 음성을 듣거나 방언을 받은 것도 아니었다. 하나님의 은혜는 나를 비켜서 가버린 것 같았다.

선택할 수 있는 자유를 앗아가버렸다. 자신의 운명보다 더 큰 무엇인가에 의해, 신에 의해 내던져진 운명적 실존 앞에 인간이 행할 수 있는 가장 큰 자유, 그래서 신을 거부하고 선악과를 따는 자유, 그래

서 내 삶의 자유로운 주체가 되는 유일한 자유가 자신의 삶을 끝내는 것이라면 역으로 반항보다는 아부를 택하는 것도 자유가 아니겠는가? 비록 약자가 취할 수 있는 비굴한 선택일 수도 있지만 말이다. 어쩌다 아주 가끔씩 참석했던 예배 시간에 하나님은 전능하시고 무엇이나 하실 수 있으며 우리의 기도를 들으신다는 목사의 설교를 들었다. 간절한 기도는 하나님이 들으시고 반드시 응답하신다는 것이다. 나는 가장 간절한 기도를 하기로 결정했다. 신을 가장 감동시킬 수 있는 기도, 더 나아가 신에게 약간의 부담을 줄 수 있는 기도, 바로 금식기도를 하기로 하고 나는 오산리에 있는 금식기도원으로 향했다.

나는 그때 이후로 지금까지 「구주의 십자가 보혈로」 「마음에 가득한 의심을 깨치고」 등 기도원에서 많이 부르는 찬송가를 거의 부르지 않는다. 물론 '보혈'이라든가 '속죄'라든가 하는 신학적 이슈에 딴죽을 거는 것은 아니다. 지옥이 있다면 아마도 내가 갔던 기도원, 그런 곳과 비슷한 모습을 하고 있지 않을까? 여러 가지 문제와 병으로 삶의 한계에 부딪힌 이들이 모여들어 곡기를 끊고 울부짖어 기도하는 이들의 모습과 이불과 옷가지가 널브러진 천막 성전의 모습은 마치 지옥을 연상시켰고 지금도 속죄와 보혈의 찬송이 나올 때면 배고픔과 고통 속에 처절하게 신에게 매달리는 극한 인간의 모습이 함께 오버랩되어 떠오르곤 한다. 나는 그곳에서 금식기도라는 이름으로 열흘 동안 물만 마시며 굶었다. 배가 고프고 먹을 것이 어른거렸지만 열흘 후에 이루어질 기도의 응답과 신이 베풀어줄 기적을 기대하며 견딜 수 있었다. 간디와 같은 인물이 되기 위해서는 먼저 법대를 가야 하고 인류 평화에 기여할 수 있는 길을 모색하고, 그러기 위해서는 지금 내가 처한 환경이 기적적으로 바뀌어야 하고 그 같은 엄청난 기적의 역사를 위해 열흘쯤 굶는 것은 아무것도 아니라고 생각했다.

열흘을 꼬박 굶은 후 보따리를 들고 마치 개선장군처럼 하산한 나는 이제 곧 일어날 기적을 기다리기만 하면 되었다. 집에 돌아오자마자 꿈속에서 아른거렸던 새우깡 한 봉지를 사서 먹으며 홍해가 어떻게 갈라질지를 흥분된 마음으로 기다렸다. 그러나 하룻밤을 자고 나도 또 다른 하루가 지나도 홍해는 갈라지지 않았고 바위에서 샘물이 쏟아져 나오지도 않았고 천지가 개벽되는 일은 결코 일어나지 않았다. 단 한 가지 변한 게 있다면 전날 먹은 새우깡으로 좁쌀 같은 것이 빨갛게 잔뜩 솟은 내 얼굴만 세숫대야만큼 부어 있었다. 내 삶에는 아무 일도 일어나지 않았고 아무것도 변한 것이 없었다. 기적은 일어나지 않았고 내가 굶으면서 아뢰었던 그 기도들은 하나도 이루어지지 않았다. 왜 그랬을까? 어디서 뭐가 잘못되었을까? 하나님의 마음을 흡족하게 해드리기에는 부족한 기도였을까? 신앙심이 신실해 하나님께 순복한다는 마음에서가 아니었다. 단지 그대로 포기하고 단념하기에는 다른 돌파구가 없었기에 나는 다시 한번 신의 자비심에 호소하기로 결심하고 또다시 보따리를 꾸려 오산리로 향했다.

나는 또다시 열흘을 굶었다. 뭣도 모르고 했던 지난번보다 더 힘에 겨웠고 물도 삼키기 어려웠다. 남들은 방언을 받았다, 병 고침을 받았다, 성령세례를 받았다, 응답을 받았다고 기뻐했지만 그 어떤 경험도 나의 것은 아니었다. 나름대로 진지하게 열심히 기도했건만 남들처럼 환상을 본 것도 아니었고 음성을 듣거나 방언을 받은 것도 아니었다. 하나님의 은혜는 나를 비켜서 가버린 것 같았다. 열흘이 지나 집으로 오는 길에 죽을 한 그릇 먹었다. 죽을 한 수저 뜰 때 한두 방울 나왔던 눈물이 버스를 타고 돌아오는 길에는 걷잡을 수 없이 흘러내렸다. 남이 볼까 창피해 연신 닦아내던 눈물이 더 이상 주체할 수 없을 정도로 쏟아져 어찌할 수가 없었다. 눈물이란 원래 몹시 슬프거나 기쁘거나 감정에 연루되어 흐르는 것이 보통이거늘 당시의 내 감정과는 전혀 상관없는 눈물이었다. 어찌 된 일인지 간절히 기적을 기대하던 마음도, 기도가 응답되기를 기다리던 마음도 사라져버렸다. 버스 창밖에 펼쳐지는 풍경이 너무 아름다워 보였고, 그 이전에는 본 적이 없었던 것처럼 "하나님께서 보시기에 좋았더라!"라고 탄성하신 그 새로운 세상이 내게 펼쳐지는 듯했다. 나와 상관없는 거리의 낯선 노숙자로 인해 그때처럼 가슴 절절이 아파본 적은 단 한 번도 없었다. 나와 무관한 거리의 걸인으로 인해, 늘 있었고 그래서 늘 보아왔던 일상의 모습에 나의 의지와 감정과는 연루되지 않은 눈물을 흘리며 하나님의 심정이 어떤 것이라는 것을 나는 태어나서 처음 헤아리고 느낄 수 있었다. 나의 감정과 의지, 나의 의도와 생각과는 무관했던 그때의 모든 경험이 아마도 다른 사람들이 말하는 은혜 체험이 아니었나 생각된다.

그 이후에도 나의 삶은 달라진 것이 없었다. 다람쥐 쳇바퀴 도는 것과 같은 생존을 위한 일상은 계속되었다. 다른 점이 있다면 이전보다 더 교회 생활, 기도 생활을 열심히 했다는 것이다. 나는 매일 밤마다 가까이에 있던 교회 지하 기도실에서 기도라는 소통 수단을 통해 하나님을 간절히 찾았다. 마치 야곱이 얍복강 가에서 하나님의 사자와 밤을 맞도록 씨름하였듯이 나는 내 하나님과 대면하여 한 판 씨름을 하듯 기도했던 시절이다. 예수를 믿지 않는 사람들, 불교인들은 다 구원받지 못하고 지옥에 간다는 말을 들었을 때는 그들을 어찌하실 것이냐는 호소와 항변의 눈물로 내 마음에 답이 올 때까지 기도했던 적도 있다. 지금보다는 믿음이 훨씬 착하고 순수했을 때의 일이다. 나는 그렇게 매일 밤 한 시간씩 하나님께 기도하고서야 집에 와서 잠을 자는 생활을 6년 동안 우직하고 성실하게 계속했다. 그러는 가운데 내 생각과 삶의 가치관이 바뀌었고 신학을 공부해야겠다는 생각을 자연스럽게 갖게 되었다. 세상에게 가장 멋있고 가치 있는 학문이자 가장 심오하고 넓은 학문이 신학이라고 여겨졌다. 그렇게 해서 들어간 학교가 감리교신학대학이었으며, 나는 나보다 예닐곱 살 어린 학생들과 함께 신학 수업을 받았다.

감신에서 시작한 신학 수업은 나에게 새로운 세계를 열어주었다. 영어와 독어, 체육은 늘 C, D를 면치 못했고 어쩌다 받은 A⁺가 하필이면 공산주의 비판이었지만 새롭게 접하는 신학의 세계는 나에게 큰 기쁨을 주었다. 학생 시절 우리는 많은 교수님들에게 수많은 수업을 듣고 배우지만 결국 남는 것은 구체적인 내용보다는 그 수업에 대한, 그리고 그 선생님에 대한 전체적인 이미지인 것 같다. 학부를 다니며 가장 강렬한 이미지로 각인된 수업은 변선환 교수님이 강의하시던 조직신학 수업이었다. 도스토옙스키의 문학과 키르케고르의 철학과 폴 틸리히의 신학의 경계를 넘나들며 3시간이 넘어도 끝날

줄 모르고 불처럼 뿜어내며 열강하시던 교수님의 수업 내내 나는 매료되었고 황홀했다. 졸거나 컴퓨터로 인터넷을 보거나 휴대폰으로 문자를 보내는 일이 어찌 가능할 수 있단 말인가. 열강하시는 명강의에 푹 빠져 시간 가는 줄 모르게 수업을 들었던 나는 내 수업에서 내 눈을 피해 인터넷을 보고 조는 학생을 향해 야단치다가 불현듯 미안한 마음이 들어 사과한 적이 있다. "우리 선생님의 강의는 모두를 수업에 몰입되고 빠져들게 했는데 나는 여러분을 인터넷에 몰입하게 하고 졸음에 빠지게 하니 여러분 탓이 아니라 내 탓인 것 같아 미안하다. 나도 열심히 노력하면 언젠가 그분처럼 그렇게 여러분을 수업에 몰두할 수 있게 하는 명강의를 하지 않을까 희망한다"고 말하며 학생들과 함께 웃었던 적이 있다. 정말 언젠가 나도 그런 강의를 할 수 있을까? 자문해보지만, 사실 자신이 없다. 그렇게 나는 조직신학을 사랑하게 되었고, 전공으로 계속 공부하게 되었다.

신학 수업을 통해 새로운 세계에 눈을 뜨기 시작했으나 내 신앙고백의 대상이 되시는 하나님은 늘 하늘에 계셨다. 그리고 전지전능한 능력으로 인간의 사사로운 일에 관여하여 때로 기도에 응답하기도 하고 벌을 주기도 하나, 때로 잔인할 정도로 인간의 고통에 무심하며 역사의 불의에 침묵하고 때로 인간의 희생을 제물로 요구하기도 하는, 이해할 수 없으나 거역할 수 없는 힘의 상징으로서의 신이었던 것 같다. 반정부 반미 민주화 운동의 열기가 한창이었던 80년대 중반의 학교 분위기는 사회 상황과 무관하지 않아 시위가 많았던 때였다. 학부 학생들이 모일 수 있는 유일한 공간, 아마도 부잣집 정원 크기보다 작은 감신 앞마당 아레오바고에서 수업을 마친 오후 어느 날, 학생들이 모여 노래를 부르고 있었다.

> 우리들에게 응답하소서 혀 잘린 하나님
> 우리 기도 들으소서 귀먹은 하나님
> 얼굴을 돌리시는 화상 당한 하나님
> 그래도 내게는 하나뿐인 늙으신 아버지
>
> 하나님 당신은 죽어버렸나
> 어두운 골목에서 울고 계실까
> 쓰레기 더미에 묻혀버렸나 가엾은 하나님
> 얼굴을 돌리시는 화상 당한 하나님
> 그래도 당신은 하나뿐인 민중의 아버지

　후에 민중복음성가라고 알게 된 이 노래를 처음 들었을 때 마치 뒷머리를 맞은 것처럼 내 귀는 먹먹해지고 가슴은 내려앉았다. 존재론적 충격의 순간이었다. 혀가 잘리고 귀먹어버리고 화상 당한 채 쓰레기 더미에 묻혀버린 처참하고 가엾은 하나님을 고백하는 이들은 누구이며, 이들이 그렇게까지 고백할 수밖에 없었던 그 하나님은 누구란 말인가. 강의 시간에 수업을 통해 경험할 수 없었던 존재론적인 충격 가운데 그렇게 고백할 수밖에 없는 이들이 바로 민중이며, 억압과 빈곤 속에서 고통으로 울부짖는 자식들을 그저 바라만 보아야 하는 무능하고 못난 그 하나님이 민중의 하나님이라는 것을 알게 되었다. 하늘에 계신 전능한 하나님에게 향했던 나의 신앙은 쓰레기 더미에서 울고 있을 하나님을 찾기 위해 땅으로 향했으며, 암하레츠

am ha-arez의 민중과 인간 폭력에 의해 십자가에 죽을 수밖에 없었던 민중 예수를 찾기 시작했다. 하늘을 배제하지는 않았지만 천상으로만 향해 있던 나의 시야를 땅으로 돌리게 한 사건이었고, 초월의 영역과 내재의 영역을 어떻게 함께 어우를 수 있을 것인가를 고민하기 시작하는 계기가 되었던 경험이다.

그 당시의 감신은 지적인 욕구와 진리에 목마른 학생들에게 생수를 공급해주는 것과 같이 다양한 신학적 주제를 마음껏 고민하고 공부할 수 있는 터전을 마련해주었다. 감신의 선생님들은 신학생들이 편협하고 배타적인 신앙에서 벗어나 다원화된 문화 속에서 진지한 변증가가 될 수 있도록 포괄적이고 깊이 있는 신학적 토대를 마련해주었던 것 같다. 그 같은 자유롭고 진솔한 감신의 신학적 환경 속에서 신학생들은 모든 종류의 신학을 다 접할 수 있는 특권을 누렸다. 플라톤과 아우구스티누스와 아퀴나스 등 고대 정통신학에서부터 신정통주의와 신스콜라주의, 토착화 신학과 해석학적 신학, 다원주의 신학, 생명신학과 평화신학, 해방신학과 민중신학, 근대와 후기근대 신학에 이르기까지 내가 갖출 수 있는 폭넓은 신학적 양식을 나는 이미 감신에서 접할 수 있었다. 비록 신학적 깊이까지는 갖추지 못했지만 바르트도 제대로 모르면서 바르트밖에 모르는 그래서 바르트를 왜곡시킨 배타적 발티안이 되거나 타 종교를 향해 무식하게 무차별적 난타를 해대는 무지막지한 폭력적 기독교인이 되지 않을 수 있었던 것은 당시 폭넓게 마음껏 신학을 공부할 수 있도록 신학적 토양을 허락한 감신의 선생님들 덕분이었다.

감신 대학원을 다니던 어느 토요일 오후였다. 여느 때 같으면 교육전도사로 봉사하던 교회에서 일할 시간이었다. 그런데 무슨 이유였는지는 기억나지 않지만 그 토요일엔 교회에 가지 않아도 되었고, 그래서 나는 황금 같은 토요일 오후를 대학원 도서관에 머물 수 있었다. 다른 대학원생들 역시 대부분은 전도사들이었기에

> 고백이란 한 인간의 내면 안에만 침잠해 있던 극히 개인적이고 주관적인 문제를 타인의 시야로 이끌어 객관화시키고 나만이 아닌 모두의 문제로 만드는 것임을 처음으로 경험했다.

도서관은 텅텅 비어 있었다. 나는 책을 보다가 커피 한 잔을 마시려고 대학원 앞마당으로 나왔고, 은행잎이 노랗게 물들어가던 앞마당의 아름다운 원탁에 홀로 앉아 커피를 마셨다. 대학원 위의 운동장에서도, 아래로 보이는 웰치 앞에서도, 그리고 아레오바고에서도 어느 누구도 찾아볼 수 없었다. 그야말로 가을빛 오후의 감신 캠퍼스는 오직 나만을 위한 공간이었고, 나는 혼자 그 한가한 풍경을 즐겼다. 순간적으로 일어난 일이었고, 말이나 글로써 표현하기 어려운 순간이었다. 나는 그 짧은 순간에 신비 체험이라고밖에는 달리 규명할 수 없는 경험을 했다. 온몸으로 엄습하는 깨달음이라고 할까. 특별히 무슨 생각에 골몰한 것도 아니었고 그저 조용한 캠퍼스와 가을 하늘의 아름다움에 잠겼을 뿐이었다. 순간에 닥쳐온 깨달음이랄까. 하나님이 없다는, 신은 존재하지 않는다는 사실이 머리끝에서부터 발끝까지 온몸으로 전달되었다. 존재론적으로, 인식론적으로 분석과 추론의 차원을 넘어선 구약성서에서 나오는 '야다'가 의미하는, 즉 '알다'라는 차원을 온몸을 통해 알게 된 것이다. 도저

히 이해할 수도, 납득할 수도 없었다. 하지만 한 가지 분명한 사실은 어떤 것이든 보고 난 후에는 아무것도 보지 않은 양, 보기 이전의 상태로 돌아갈 수는 없다는 사실이었다. 한번 알아버린 후에는 알기 이전의 상태로 되돌릴 수 없는 것과 마찬가지다. 그 신비 체험 이후 내가 의지해오고 기도해오고 신앙의 대상으로 삼아왔던 그 하나님이 존재하지 않는다는 사실을 머리끝부터 발끝까지 온몸으로 느끼고 알게 되었다. 그 체험 이후 나는 마치 아무것도 일어나지 않은 양 이전의 마음이나 신앙 상태로 되돌아갈 수는 없었다.

규명할 수도 없고 이해할 수도 없는 신비 체험을 한 다음 날, 나는 전날 받은 충격을 추스를 여유도 없이 여느 일요일과 다름없이 주일예배를 보러 교회에 가야만 했다. 주일 대예배에 참석하기 위해 예배실로 들어갔을 때 예배를 드리러 온 교인들이 손뼉을 치며 준비 찬송을 하고 있었다. 교인들이 손뼉을 치며 열정적으로 찬송을 하는 모습을 보는 순간, 그들의 찬송 소리가 허공을 맴도는 것이 확연히 내 눈 안에 들어왔다. 마치 귀에 물이 들어간 양 교인들의 찬송 소리와 박수 소리는 윙윙거리며 허공을 치고 있었으며 그들이 하는 노래는 그대로 허공을 맴돌다 분산되었다. 그날의 경험이 무엇을 의미하는지 나는 알 수 없었지만 내가 온몸으로 느끼고 본 그 장면과 모습을 부인할 수도 잊을 수도 없었다.

모든 것을 포기하며 헌신하기를 다짐했고 온 마음을 모아 기도해오던 절대적이고 유일한 대상이었던 그 하나님이 그날 이후로 나에겐 존재하지 않았다. 그동안 내 존재의 의미와 목적으로 삼았던 하나님, 그의 존재로 인해 모든 것을 견딜 수 있었던 하나님, 폴 틸리히가 말했던 내 존재의 근거가 송두리째 무너져 내리고 뿌리째 뽑혀 버리는 그 체험 이후 나는 마치 무병을 앓는 사람처럼 시름시름 앓았다. 스스로 규명할 수도 이해할 수도 없었던 일을, 그래서 명쾌하게 설명할 수도 없는 일을 누구한테 의논할 수도 없었다. 압도적으로 군림했던 절대적 진리는 앎과 깨달음의 체험으로 소멸되었다. 몰랐기 때문에 할 수 있었던 행위를 온몸으로 느끼고 알고 난 후에까지 계속할 수는 없었다. 갈등과 비극이 시작되었고 그동안 내가 누려왔던 평화는 더 이상 지속되지 않았다. 이전처럼 신앙생활도 공부도 계속할 수 없었다. 나는 고민했고, 그리고 어렵사리 한 교수님에게 내가 겪은 일과 그 일로 더 이상 신학을 할 자신이 없을 것 같은 나의 심정과 상황을 고백했다.

고백이란 한 인간의 내면 안에만 침잠해 있던 지극히 개인적이고 주관적인 문제를 타인의 시야로 이끌어 객관화시키고, 나만이 아닌 모두의 문제로 만드는 것임을 처음으로 경험했다. 내 말을 들은 교수님은 뭐라고 하실까? 나를 이상한 사람으로 취급할 게 두려웠던 나에게 그 교수님은 뜻밖에 "네가 이제야 정말 신학을 할 자격이 생겼구나. 아퀴나스의 『신학대전』을 들고 도서관으로 들어가라"고 하셨다. 선생님이 학생에게 던지는 한마디에 그렇게까지 큰 힘이 있는 줄 미처 몰랐다. 교수님의 한마디는 그동안의 마음고생과 고민과 갈등을 신학이란 학문에 대한 경외감으로 바꾸었고, 신학을 더 깊이 더 넓게 공부해야겠다고 다짐하는 계기를 만들어주었다. 나는 지금도 그 당시에 겪었던 이 신비 체험을 좀처럼 다른 사람에게 이야기하지 않는다. 그러나 하나님은 있다 없다의 상대적 유무, 존재와 비존재의 차원이 아닌 절대 무까지도 포함하시는 하나님, 하이데거가 말한 형이상학적 존재신론을 넘어서는, 해체해버리고 지워버려야 드러나 보이는 초월과 내재의 하나님, 그래서 비로소 '없이 계신 하나님'의 의미를 알 수 있었던 귀하고 신비한 체험이었다. 감신에서의 나의 학창 시절을 돌이켜 보며 아레오바고를 잃어버린 우리 감신생들은 어디서 예언자의 소리를 들으며 은행나무와 원탁을 잃어버린 후배들은 어디서 신비 체험을 할 수 있을까, 염려 아닌 염려를 해본다.

나는 더 공부하고 싶었고, 정말이지 미치도록 유학을 가고 싶었다. 유학의 필수 요건 삼박자 축복인 돈도 머리도 체력도 없었던 나이지만, 원탁에서의 신비 체험 이후 나는 신론에 대해 더 깊이 더 넓게 공부해야겠다는 소원을 갖게 되었다. 몇 달 동안 집중적으로 토플을 준비하고 가까스로 커트라인 점수가 나왔을 때 학교 근처에 세 들어 살던 보증금을 뺐다. 그리고 아버지께는 선교사로 1년 동안만 있다가 돌아온다고 말하고 내 생애 처음으로 비행기라는 것을 타고 미국으로 날아갔다. 사실 내가 얼마 동안이나 미국에서 버틸 수 있을지 알 수 없었다. 그런데 단 1년을 머물러도 좋다는 마음으로 떠난 것이 10여 년을 머물게 되었다. 못 가게 될까봐, 가지 못하게 할까봐 혼자 몰래몰래 허겁지겁 서둘러 제대로 준비도 못한 채 급하게 떠나 도착한 곳이 샌프란시스코 옆 버클리 시에 있는 PSR신학교(태평양신학교)였다. 나는 꿈을 꾼 적이 없었다. 꿈을 꾼 적이 없기에 무의식의 세계를 믿지 않았다. 그랬던 내가 버클리에 도착한 후 공항에서 떠나는 장면을 거의 세 달 동안이나 계속해서 꾸면서 내 무의식의 세계에서는 상당히 충격이 컸음을 느낄 수 있었다.

버클리에서의 생활은 어려운 점도 많았지만 그곳의 자유로운 공기는 나로 하여금 자유가 무엇인지 느끼고 향유하게 만들었다. 히피의 발생지인 버클리는 벗고 다니든 입고 다니든 커피숍에서 하루 종일 책을 읽든 어느 누구도 다른 사람의 사생활에 간섭하지 않는, 자유로운 곳이었다. 나는 그 버클리의 자유로움이 너무도 좋았다. PSR은 아홉 개의 신학교가 함께 연합해 있는 버클리 연합신학 대학원에 속한 감리교 계통의 학교이다. 불교 학교 등 다른 종교 기관과 개신교 신학교들과 가톨릭 신학교들이 함께 연합해 있는, 말 그대로의 생생한 에큐메니칼 아카데미아의 산실이었다. 나는 그곳에서 나를 둘러싸고 있는 편협한 알의 껍데기를 깨고 의식을 확장시킬 수 있는 너무나도 행복한 특권을 누릴 수 있었다. 나는 신부 수녀들과 함께 수업을 들었고, 불교와 유교를 가르치는 교수들에게 스님과 함께 수업을 받을 수 있었다. 잔인할 정도로 좋은 버클리의 날씨에 모두가 떠나버린 텅 빈 여름방학 캠퍼스에서 나는 굳게 닫힌 개신교 교회 대신 모든 사람에게 열린 미사를 드리고 있던 예수회의 샬롬 채플에서 매일 미사를 드렸다. 개신교가 잃어버린 오랜 전통의 성례전과 중언부언이 아닌 간단한 성서 말씀에 대한 묵상에서 외로운 유학생활을 견딜 수 있는 힘을 얻었을 뿐만 아니라 미사를 통해 깊은 영성을 체험하기도 했다. 종교가 다르고 교파가 다르다는 이유로 싸우거나 배타적이지 않고 자신의 종교에 진실하고 성숙하고 진리를 추구할 때 함께 만날 수 있다는 것을 몸으로 체득했던 곳이다.

버클리에서 나의 고정관념을 깰 수 있었던 또 하나의 계기는 게이, 레즈비언 친구들과의 만남이었다. 샌프란시스코와 가까운 버클리 지역의 특이한 점은 유난히 노숙자와 동성애자들이 많다는 것이다. 레이거노믹스 정책으로 복지시설에 대한 지원이 삭감된 이후 정신병원에서 쫓겨난 환자들은 노숙자로 전락했고, 날씨가 따뜻하고 인심이 후한 학생도시였던 버클리는 노숙자들로 넘쳐났다. 보수적인 다른 지역보다 진보적인 성향이 강한 베이 지역Bay Area은 동성애자들에게 관대했으며, 다른 지역에서 차별받던 동성애자들은 억압받지 않고 사랑하기 위해 사랑의 자유를 찾아 버클리로 모여들었던 것 같다. 특히 GTU 버클리 연합신학 대학원은 학생들뿐만 아니라 직원들이나 교수들도 동성애자들이 많았다.

때로 인간은 자신이 판단할 수 있는 범위와 한계를 넘어서 상대방을 판단하고 정죄하는 우를 범하곤 한다. 진실로 사랑하는 사람의 성sex이 이성이 아니고 동성이라는 이유로 세상은 그들을 비난하고 비판하고 심지어 교회에서는 죄인으로 규정한다. 세상의 많은 사람들은 그리고 많은 교회들은 한 사람의 지극히 개인적이고 진실한 사랑의 관계를 동성애라는 객관적 범주로 규정지어 옳다 그르다, 악이다 죄다 하며 주제에 넘치는 공방을 벌이곤 한다. 나는 동성애적 성향을 지닌 친구들이 자신이 선택하지 않은 자신의 성 정체성을 놓고 고뇌하고 고통당하는 모습을 옆에서 지켜보며 함께 가슴 아파했고 위로하기도 했다. 실제 인간의 성sex은 남성과 여성 두 개의 성만 있는 게 아니라는 것, 우리가 상상하는 것보다 더 많은 동성애자들이 존재하며, 성 정체성의 갈등을 안고 고통당하는 수많은 사람들이 존재한다는 것이 엄연한 현실이라면 세상은 마땅히 그들을 품어야만 한다. 그러나 가장 성숙한 공동체만이 그들을 품을 수 있다면 그 성숙한 공동체는 마땅히 교회 공동체여야 하지 않겠는가. 다수의 이성애자들이 소수의 동성애자를 엄청나게 억압하고 차별하고 있는 현실을 목격하면서 진실하게 사랑하는 관계에 대해 비록 그들의 성sex이 같다는 이유로 판단하거나 정죄할 수 없다는 것을 나는 내 이웃과 친구들의 아픔에 공감하며 배웠다.

버클리는 다양한 신학을 더 깊게 공부할 수 있는 무한한 기회를 제공해주었다. PSR에서의 지도교수는 대만 출신의 아시아 신학자인 송천성C. S. Song이었고, 나는 그분에게 내러티브 신학을 배웠고 예수 세미나Jesus Seminar를 배웠다. 예수 세미나를 통해 역사적 예수와 천상의 그리스도가 분리되어 신성을 잃어버린 아래로부터의 기독론과 인성을 잃어버린 위로부터의 기독론은 진보와 보수, 인본주의자와 신본주의자 양극단으로 나뉘어 지평 융합을 이루지 못한 한국 신학 풍토에서의 갈등을 되돌아볼 수 있는 기회가 되었다. 예수가 직접 한 말과 그렇지 않은 말을 분리함으로써 역사적 예수를 복원하려는 노력은 모든 신학의 출발점과 종착점을 역사적 예수로 해야 한다는 것을 배웠다. 역사적 예수의 삶과 가르침 그리고 죽음 속에서 보이는 인간 예수, 그렇게 살았고 그렇게 가르쳤고 그렇게 죽을 수밖에 없었던 그 인간 예수가 바로 하나님 그분이라는 선포가 예수의 죽음 앞에 그는 참으로 하나님의 아들이었다는 독백이 나의 독백으로 다가왔다. 그렇게 살았고 가르쳤고 죽어야 했던 그 인간 예수가 바로 하나님, 창조주요 섭리자요 심판자인 신이라면, 그래서 그런 탄생 이야기가 주어졌다면 그 신은 내가 정말 믿고 예배할 만한 신이었고 내 삶의 방향과 인생의 목적과 푯대로 정직하게 신앙고백할 수 있는 신이었다. 다른 방법 다른 식의 삶과 죽음이 아닌, 바로 그렇게 살았고 죽었던 역사적 예수, 바로 그가 진실로 하나님이라는 선포는 그 당시 내게 가히 혁명적으로 새롭게 다가왔다. 그래서 나는 아직 기독교인이며 그 하나님을 사랑하며 예배한다.

버클리는 내게 아름답고 슬프고 그리운 제2의 고향과 같은 곳이 되었다. 홀로 버둥거렸던 외롭고 아팠던 버클리에서의 생활은 한국에서 경험했던 성차별 이외에도 인종차별이라는 것도 몸소 경험했던 곳이기도 하다. 그리고 신학 작업이 구체화되면서 한국 여성이라는 나의 정체성에 대해 다시 생각해보는 계기도 되었다. 나는 게렛에 있는 로즈메리 류터 교수에게 편지를 써서 당신에게 여성신학을 전공하고 싶다는 뜻을 전했고, 그분은 흔쾌히 허락해주었다. 버클리에서 몇 년을 머물렀지만 그리 멀지 않은 곳에 있는 레이크 타호, 요세미티 한번 가보지 못한 채 나는 버클리를 떠나야 했다. 에반스톤으로 떠나기 전 만났던 선배는 나에게 잊지 못할 조언을 해주었다. "여성신학은 머리로 하는 것이 아니라 온몸으로 하는 것이다. 이제 너는 여성으로 페미니스트로 다시 태어나야 한다"는 선배의 충고를 화두처럼 품고 공부했다. 그동안 보지 못했던 여성의 눈으로 세상을 보고 글을 읽고 여성으로서 느끼고 판단하기를 연습하면서 그동안 내가 얼마나 남성적으로 사고하고 판단하기를 강요당해왔는지 여성이 아닌 남성의 눈으로 성서를 읽어왔는지를 깨달았다.

여성신학을 공부하면서 그동안 한 번도 관심을 갖지 않았던 외할머니가 궁금해졌고, 어머니를 통해 돌아가신 외할머니의 이야기를 듣게 되었다. 젊고 가난한 과부였던 그분은 어느 날 누군가에 의해 보쌈을 당했고 그렇게 납치당한 뒤 얼마 안 되어 죽었다는 소문이 떠돌았다고 한다. 왜 죽었는지 어떻게 죽었는지 아무도 알지 못한 채, 남아 있던 어린 세 자식은 고아가 되었다고 한다. 드라마에서나 나올 법한 이야기였다. 위로 오빠는 학도병으로 끌려간 후 한 줌의 재가 되어 돌아왔고 동생은 전쟁 통에 잃어버려 생사를 알지 못한다고 했다. 어머니 입에서 흘러나온 그 이야기는 시대의 피해자, 힘없는 민족, 가난한 하층민들이 겪어야 했던 비극적 이야기, 한의 이야기였다. 그 한의 이야기가 할머니와 어머니의 이야기, 그리고 바로 나의 역사였던 것이다.

어려운 시대에 그 누구도 원하지 않을 피해자의 삶과 죽음을 걸머져야만 했던 한의 이야기가 어찌 내 할머니와 어머니 그리고 내 과거의 역사만이겠는가. 고난의 역사 속에서 한 번도 주체가 되어보지 못하고 억울하게 역사의 이면으로 사라져버린 이들이 어떻게 하면 자기 삶과 역사의 주체로 회복될 수 있을까? 나의 실존적 문제일 뿐만 아니라 우리들이 끊임없이 질문해야 할 이 현실적 문제를 나는 외면할 수 없었고 그래서 내 논문의 주제로 삼았다. 보쌈당한 지 얼마 안 돼 원인도 모른 채 죽었다는 소문만 남은 버려진 사람들이 인간 주체로 회복될 수 있는 최소한의 방법이 있다면 그것은 억울하게 당하고 묻혀버린 사실을 이야기로 풀어내는 것이 아닐까 생각했다. 힘 있는 자들에 의해 개인의 탓으로 비난받던 부끄러운 경험을 이야기로 담담히 풀어낼 때 왜곡된 이면의 역사가 전복되는 사건이 일어

나며 종말론적 심판이 현재화되고, 객체화된 피해자가 주체로 회복될 수 있다고 생각했다. 한(恨)이라는 단어는 힘없는 사람들의 애환과 눈물과 고통의 억울한 이야기가 축약되고 농축되어 5천 년의 역사를 담고 있는 단어라고 생각되었다. '한'이라는 언어는 풀어도 풀어도 끊임없이 계속 풀려나올 그동안 못다 한 이야기 실타래와 같다. 지금도 이 땅에 힘없는 자들의 억울한 이야기가 끊이지 않고 계속되는 한 '한'이라는 언어는 구시대의 낡은 언어로 치부되어서는 안 되며 한의 이야기는 계속해서 이야기되고 들려줘야 한다고 믿기에 한의 신학을 계속 발전시키고자 한다.

세상에서 가장 오래된 종교는 가부장제라는 종교이며, 가장 오랫동안 깨지 못한 신도들은 여성들이다. 그리고 가장 오랫동안 가장 다수가 억압받고 차별받고 종속되어온 역사는 여성들의 역사다. 언제부터 가부장제가 시작되었을까? 그 어느 땐가는 아버지가 없었던 시절, 아버지를 알 수 없었던 시절이 있었다. 어떻게 어떤 동기와 방법을 통해 아버지와 아들이 혈통을 이어나가기 시작하고, 그래서 가부장적 사회가 형성되기 시작했을까? 나는 가부장제의 역사적 형성 과정에 관심이 있다. 정치, 사회, 문화, 일상적 삶의 영역만이 아닌 의식의 세계, 무의식의 세계, 영적 초월의 영역까지 점유한 기존의 성차별적 가부장 이론과 체계를 비판하고 양성 평등의 사유를 재구성하고 싶다.

힘없는 자로 이 세상을 산다는 것이 얼마나 어려운지 우리는 매일 보고 느끼고 경험한다. 종교는 자신 스스로는 대변할 수 없는, 그래서 하나님에게 호소할 수밖에 없는 힘없는 자들의 대변인이 되어야 한다. 그리고 신학자들은 그들을 위한 희망의 선포자가 되어야 한다. 그런 의미에서 여성신학은 앞으로 해야 할 일이 많다. 2010년은 내게 인생의 또 다른 장을 시작할 수 있는 은혜가 주어진 특별한 해다. 학생들에게 좋은 선생님, 희망을 주는 감리교 목회자, 성실하고 진실한 학문을 하는 학자가 되기를 소망해본다.

뒷간 위에 내린 눈의 은혜를 산다

김학철
연세대 교수

연세대학교 신학과와 장로회신학대학교 신학대학원(M.Div.), 연세대학교 대학원(Th.M., Ph.D.)에서 공부했다. 현재 연세대학교 학부대학 교수로 재직하고 있다. 지은 책으로 『렘브란트, 성서를 그리다』『예수의 비유』(공저)『손으로 읽는 신약성서』 등이 있으며, 옮긴 책으로 『복음서의 교회정치학』이 있다.

일부 신약학자들은 이야기가 있는 정경복음서보다 어록으로만 구성된 Q나 도마복음서를 통해 역사적 예수를 복원하려 한다. 정경복음서를 탐구하더라도 그들은 예수의 비유, 곧 예수의 말씀을 통해서 신앙의 그리스도를 벗겨내고, 1세기 갈릴리를 벌건 얼굴로 돌아다닌 먼지와 땀 냄새 나는 '요수아'가 누구인지를 알려고 한다. 학문적으로 그들에게 완전히 동의하는 바는 아니나 '나'에 관해 글을 쓰면서 '이야기'가 얼마나 한 인간의 삶을 신화적으로 채색할 수 있는지를 새삼 느낀다. 나같이 별 볼 일 없는 사람도 무엇인가 되는 것처럼 묘사될 수 있다는 사실이 놀랍다. 이야기에는 확실히 그런 힘이 있다.

이 글의 대강을 구상하던 중 니체의 경구가 떠올랐다. "자신에 관해 이야기하는 것은 자신을 숨기는 수단 또한 된다." 이 글은 '나'에 관한 특정한 사실을 말하고, 다른 것을 말하지 않음으로 해서 가공

된 '나'를 보여줄 것이다. 부끄러운 점을 고백한다고 해도 그 고백은 감당할 수 있을 정도의 수위에서 조절될 것이 분명하다. 또 사람살이는 불가피하게 다른 사람과 얽히고설킨 것이니 내가 해도 되는 고백이라도 다른 이들에게는 무의식에서라도 지우고 싶은 일일 수 있다. 하여 내 삶에서 중요한 부분들이라도 '그들'을 위해 나는 그것을 밝힐 수 없다. 이 글은 자신의 '신학'에 관련된 삶을 말하는 것이니 다행이라 할 수 있다.

이러한 사정이야 말하지 않아도 짐작하는 사안들이지만 이 글의 한계를 말하지 않으면 안 될 것 같아 사족처럼 붙여둔다. 그러나 아무리 '이야기'를 덜어내려 애써도 가공되지 않은 나를 말할 자신이 없으니 글에서 보이는 '나'는 내가 아니면서 나임을 알아달라고 미리 부탁드린다.

흔히 '주일 성수'라고 불리는 것이 내가 어렸을 때 가장 확실히, 그리고 유일하게 받은 신앙 교육이다. 여기에는 세 가지 에피소드가 있다. 그중 처음 들은 에피소드는 아버지 자신의 이야기다.

아버지는 평양의 평리교회의 초등부 회장이었다고 한다. 일요일이 되었지만 교회에 가기 싫어서 소년이었던 아버지는 개구리를 잡으러 갔고, 개구리를 잡고 저녁에 집으로 돌아왔을 때 아버지의 작은아버지에게 죽도록 두들겨 맞았다는 간략한 이야기다. 얼마나 맞았으면 당시 50대 중반이었던 아버지는 그 이야기를 두세 번이나 열 살 즈음의 내게 말하였다. 그때는 그런가보다 했다. 이후 아버지가 일곱 살이 되던 1936년 흥남질소비료공장 부근에서 양의洋醫로 일하던 할아버지가 33세의 나이에 폐결핵으로 돌아갔다는 이야기를 들었다. 그걸 들으니 내 작은 조부의 행동이 다소 과했다는 생각도 든다. 아버지 얼굴도 모르고 자란 조카가 평생 잊지 못할 정도로 흠씬 두들겨 팰 만큼 일요일에 교회에 가는 것이 작은 조부에게는 중요한 일이었다. 작은 조부가 든 매의 효과는 매우 컸다. 월남 후 아버지는 함석헌 선생과 교류하면서 (아버지는 함 선생에게서 온 편지 몇 통을 내게 보관하도록 하였다) 일요일에 교회를 가지 않았다. 그러나 우리 형제는 반드시 일요일에 교회에 가야 했다.

두 번째 에피소드는 고등학교 때의 일이다. 일요일에는 학교 공부를 해서는 안 된다는 것이 아버지의 '명령'이었다. 그러나 고등학교의 시험 기간은 늘 일요일을 끼기 마련이고, 우리 형제는 일요일에 공부하지 않으면 성적이 잘 나올 수 없다고 말했다. 아버지는 (지금 생각하면 무려!) 평균 85점만 맞으면 된다고 했다. 다행히 형제는 평균 85점을 넘겨왔지만 음악과 사랑에 빠져버린 형이 아버지의 기준 이하로 점수가 떨어졌다. 예의상 형은 아버지에게 성적표를 보여주었다. 우리들의 성적에 아무런 관심도 없었던 아버지이지만 가정통신란에 다음과 같은 사자성어 세 개를 써서 형에게 들려 보냈다. 별무신통別無神通, 부전자전父傳子傳, 속수무책束手無策. 내가 몰래 공부할 때 아버지가 책을 집어 던졌던 기억도 있다.

세 번째 에피소드는 내가 신학을 하려고 결심했던 때의 일이다. 대학에 진학할 무렵 나는 신학, 철학, 교육학 등 3개 학과를 놓고 고민했다. 고등학교 1학년 1학기부터 2학년 1학기까지 약 1년 반을 집안 내력과도 같은 심한 폐결핵을 앓았다. 하루에 30알 가까운 약과 매일 맞은 주사로 위와 엉덩이가 폐와 함께 고생하던 때였다. 1년 반 동안 휴학은 하지 않았지만 장기 결석과 조퇴를 반복했다. 지금 생각하면 각혈하는 폐결핵 환자를 학교에 다니게 한 담임 선생들이 이상하게 생각된다. 여하튼 대강 학교에 다녔으니 공부를 많이 했을 리 없다. 그런데도 운 좋게 내가 나온 학교의 위의 3개 과 모두 지원 가능한 점수는 되었다. 모의고사에서 제일 많이 지원한 과는 철학과였는데 정작 대학에 진학할 때는 교회 장로였던 상업 교사의 얼토당토않은 거짓말에 속았다. 그 교사는 "철학박사는 신학박사를 하려다 못 하면 받는 학위"라고 했다(그런데 내가 신학으로 학위를 했을 때 결국 받은 학위는 Ph.D. 곧 철학박사였다). 고등학생이 그 말이 거짓인 줄 어떻게 알았겠는가. 더군다나 선생님이자 장로님의 말씀인데! 그래서 월남한 분들 중에 막내 조부를 찾아가서 신학과를 지원하려 한다고 '보고'하였다. 보고를 듣던 막내 조부는 이런 이야기를 들려주었다.

아버지와 불과 네댓 살 차이밖에 나지 않는 막내 조부는 해방 후 김일성대학교 의과대학에 다니고 있었다. 학교 공부가 끝나면 그 외의 시간에는 학교 정책적으로 농촌 봉사활동을 해야만 했다. 마침내 일요일, 봉사활동을 해야 하는 날이 돌아왔다. 막내 조부는 일요일에 봉사활동을 가지 않았고, 대신 교회에 갔다. 봉사활동 대신 교회에 간 사실이 알려지자 막내 조부는 곧바로 퇴학을 당했다. 내가 "신학과에 가려고 합니다"라고 말하자 막내 조부는 이 이야기로 답하고 입을 닫았다. 다른 친척분의 증언을 들은 적이 있다. 막내 조부는 공부를 할 때 잠이 오면 안 된다고 평양의 한겨울에도 자기 방에는 불을 넣지 말라고 했다고 한다. 그렇게 열과 성을 다하던 곳에서 퇴학을 당했다면 젊은 나이에 얼마나 상심이 컸을까 짐작해본다. 막내 조부는 신학을 하겠다는 나에게 감추어두고 있던 신정론적 질문을 꺼내든 것이다.

　어렸을 때의 신앙 교육은 확실히 효과가 있다. 신정론적 의문을 해결하지 못한 막내 조부도, 무교회주의적 신앙을 가졌던 아버지도 지금은 일요일마다 이북 사람들이 많이 가는 교회의 제1부 예배를 함께 드린다. 신학을 하고 나서, 또 세상을 보는 눈이 조금 생기면서 교회에 가는 것이 정말 싫다고 느낀 적이 많다. 그러나 나도 일요일마다 교회에 간다. 나는 내 두 아이에게 별다른 신앙 교육을 의도적으로 하지는 않는다. 다만 열세 살, 열한 살밖에 되지 않는 아이들이 하는 종교적 질문에 성심껏 대답할 뿐이다. 그러나 두 아이도 일요일이면 무조건 교회에 가는 것으로 알고 있다. 일요일에는 반드시 교회에 가야 한다는 말을 나도 모르게 강력하게 아이들에게 한다. 왜 그런지는 잘 모르겠다. 이외에 내 신앙이나 삶의 태도를 결정한 여러 에피소드가 있지만 '주일에는 교회 간다'는 '율법'이 가장 강력하다.[1]

　신학과에 들어가면 수도 없이 왜 신학을 하게 되었냐는 질문을 받는다. 무슨 소명이 있었느냐고. '소명 사건'이라고 부를 수 있는 그런 신비 체험 같은 것이 내게도 있다. 내 선생님인 서중석 교수는 자신의 '신비 체험'을 말하지 말라고 가르친다. 그 말씀이 일리가 있어

---

[1] 공식적 교단에 소속되지 않은 상태로 농촌목회를 1년간 한 일도 있었다. 할머니가 5명 정도였던 참샘교회였다. 이외에도 교회에서 여러 활동을 하였지만 내 신학적 삶에 어떤 영향을 주었는지는 확실치 않다. 다만 장로 교인이었던 내가 순복음 교회에서 3년간 성경을 가르친 적이 있다. 그때 성경에 '복'이라는 단어가 그처럼 많은지 처음 알았고, 기복주의자들이 그렇게 될 만한 성경적 자료가 있다고 판단하게 되었다. 목사가 되려는 과정으로 장로회신학대학원(M. Div.)을 다녔다. 그러나 이 과정 자체는 내 신학적 삶에 별다른 흔적을 남기지 않았다. 오직 장신대 뒷문을 오를 때 그 광경이 아름답다고 느꼈다.

나는 내 소명 체험이라고 할 수 있는 체험을 거의 말하지 않는다. 아주 가까이 지내는 사람들에게도 내게 그런 체험이 있다는 것 자체를 밝히지 않는다. 이 자리에서는 그 원칙을 살짝 깨고 사건의 일단을 말하고자 한다. 그것은 열여섯 살 때 꿈속에서 일어난 일이었다.

내가 일상적으로 다니는 넓은 공간에 많은 사람들과 함께 있었다. 갑자기 주변이 어두워지고 모든 사람들이 사라졌다. 그리고 내 앞에 큰 십자가와 내가 알지 못하는 한 사람이 거기에 매달려 있었다. 놀랍게도 나는 그가 누구인지 전혀 알지 못했다! 방학에 새벽 기도를 다닐 정도로 교회에 열심이었는데 이상하게도 십자가와 거기에 달린 사람이 누구인지 몰랐다. 다만 십자가에 달린 그가 매우 고통을 느끼고 있는 것 같았다. 십자가에 달린 사람은 아무 말도 하지 않았고, 나를 쳐다보지도 않았다. 그저 고개를 떨어뜨리고 있을 뿐이었다. 그를 바라보던 내 맘속에 '네가 저 십자가를 져야 한다'는 음성이 들렸다. 동시에 그것은 감당할 수 없는 고통일 거라고, 그렇게 할 수는 없다는 거부의 심정도 강하게 들었다. 너무나 놀란 채로 자리에서 일어났다.

무당이 되는 사람의 전형적인 이야기 구조가 있다. 신에게 선택을 받고, 그것을 거부하다가 무병을 앓고 나서 어쩔 수 없이 무당이 되는. 이번 글을 쓰면서 그런 틀로 보면 내 경우도 비슷하다는 느낌이 든다. 열여섯 살 때 그런 체험을 하고, 열일곱 살부터 열여덟 살까지 폐결핵을 앓다가, 스무 살에 신학도가 되는. 역시 이야기 구조는 강력해서 흩어진 요소들을 끌어모아 '신화'를 만든다.

신학과에 들어가서 가입한 동아리가 '노동과 사목 연구회'였다. 마르크스의 「포이에르바하에 관한 13개 테제」와 「공산당 선언」의 문구를 떠올리게 하는 형태의 문장이 어설프게 들어가 있던 글로 동아리의 설립 글을 대신했던 신학과 '이념' 동아리 비슷했다. 다짜고짜 선배들은 안병무의 『민중신학 이야기』를 읽으라고 했다. 서남동의 글도 필수였다. "민중신학은 반신학이다"라는 명제가 있었다. 그런데 문제는 '신학'도 모르는 상태에서 '반신학'에 관해서 먼저 배웠으니 우스운 노릇이었다. 그러나 역시 그때 배운 바가 있어서인지 지금도 '민중적' 관점에 대한 감각을 조금이나마 알아보려 노력하곤 한다.

1학년을 마치고 흉터가 가득한, 그러나 치료되었다는 폐를 안고 군대에 갔다. 그곳에서 풀이나 나무, 꽃과 같은 자연물과 정서적으로 교감하는 느낌을 가졌는데, 그건 내가 만들어낸 것인지 아니면 다른 신비주의자들의 경험과 유사하게 내게 주어진 것인지 분명치 않다. 또 군대에서 얻은 소득(?)이 있다. 한 건물에 교회와 법당이 함께 있던 관계로 불교 군종병과 친해져서 무의식중에, 가령 청소하면서 찬불가와 찬송가를 서로 바꿔 부르던 일도 잦았다. 자연이 주는 위로에 대한 감사와 타 종교에 대한 보다 무른 태도의 씨가 그때 심겨졌다. 나아가 "한 종교만 아는 것은 아무 종교도 알지 못하는 것"이라는 종교학의 격언도 이해하게 되었다.

복학해서는 소비에트 붕괴 이후 유행처럼 번지던 영화나 문화 이론에 관심을 두며 보냈다. 친구들이 종종 가던 유럽 배낭여행은 하지 못했다. 경제적 형편이 넉넉하지 않았기 때문에 학원 강사나 과외 선생 노릇을 하며 그저 책이나 읽으면서 보냈고, 장학금을 받아야 했기 때문에 높은 학점을 유지했다. 당시 회자되던 프랑스 철학자들을 그때 읽었는데 지적 호기심과 함께 괜히 친구들 앞에서 자랑하려는 심산이 더 컸지 않았나 싶다. 덕분에 프랑스 철학에 조금 익숙하여 프랑스 철학자의 바울 읽기에 관한 논문을 쓰기도 하였다. 대학/대학원 시절 했던 연애는 내게 여러 가지 자극을 주었고, 실연을 당해 신경안정제를 복용한 적도 있다. 돌이켜 보면 사랑보다 더 센 것은 일상이었는데, 그걸 충분히 알지 못해 그렇게 헤맸다.

책을 읽고 글을 쓰는 것이 내가 가진 재주 중에 그나마 제일 나았다. 같은 대학 대학원에 진학했다. 문제는 전공 선택이었는데 조직신학, 윤리학, 신약학을 두고 고민했다. 채플 가는 길에 서중석 교수를 만났다. 실상 대학 면접시험장에서 면접관인 이분을 처음 만났는데, 당시 이분의 학문과 강의는 신학과에서 매우 높은 평가를 받았다. 한태동, 유동식, 김찬국 교수의 강의도 나름 특색이 있었지만 서중석 교수는 날카로움과 명징함에서 학생들을 매료시켰다. 그 길의 대화에서 서중석 교수는 내게 신약학을 권했다. 그래서 신약학도의 길을 걷게

> 「지옥의 문」 작품 중 일부인 「생각하는 사람」이 다시 눈에 띄었고, 그것이 단테의 『신곡』을 모티브로 했다는 것이 다시금 생각났다. 『신곡』을 읽어본 적이 없기에 책을 찾았는데, 거기에 엄청난 보물이 있었다.

되었다. 무슨 대단한 학문적 목적이 있었던 것은 아니다. 밖으로 알려진 서중석 교수는 내가 잘 모른다. 그러나 내게 서 교수는 매우 중요한 분이다. 학위 과정 중에 나는 정말 엄청난 서 교수 개인 장학금을 받았다. 학기 초가 기다려질 정도였는데, 등록금을 다 내고도 목돈이 내 손에 떨어졌다. 박사를 마치고 나서 서 교수는 '가정 방문'을 해서 내가 어떻게 사는지를 직접 보고 가기도 하셨다.

대학원에서 내가 집중적으로 받은 교육은 사회학적 시각에서 성서를 보는 법이었다. 석사학위는 지식사회학적 관점에서 「사도행전」의 바울을 분석한 것이고, 박사학위는 사회정치학적 전망에서 「마태복음서」를 연구한 것이다. 문학 비평이나 후기구조주의 비평에도 관심이 있지만 지금도 신약성서를 보면 사회학적 해석이 먼저 나온다. 그간 적다고 할 수 없는 신약학 논문을 썼는데 모두 사회학적 성서 해석을 시도한 것이다. 학위 과정 중에 하이델베르크의 신약학자 게르트 타이센의 책과 논문을 번역하기도 했다. 타이센도 사회학적 성서 해석을 주로 하는 학자이다. 이후로도 사회학적 성서 해석의 전망에서 신약성서에 관련된 논문을 계속 쓸 게 분명하다.

석사를 할 때 학문적 목표가 생겼다. 멋진 주석서 한 권을 쓰는 일이었다. 신약학도로서 성실히 살도록 이끌어준 목표지만 지금은 별로 매력적이지 않다. 대신 2000년도부터 나는 이른바 성서화^{聖書畵}에 관심을 갖기 시작했다. 이에 관해서는 내 책 『렘브란트, 성서를 그리다』에서 이렇게 그 과정을 썼다.

"대략 10년 전 라파엘로가 그린 「변화산상의 예수」를 통해 충격적인 경험을 했다. 라파엘로는 신약학자가 학문적 수련 후에나 파악할 수 있는 성서의 다층적 함의를 예술적 통찰을 통해 아름답게 형상화했다. 예술적 직관이 지적 고투의 험로를 가뿐히 가로지른 것이다. 그때 예술가들의 성서화가 단순히 성서 읽기를 돕는 삽화가 아니라 성서 해석의 산물임을 깨닫고 이에 주목하기 시작했다. 성서화를 가장 많이 그린 화가 중 한 명이자, 바로크 시대의 거장인 렘브란트가 눈에 띈 것은 당연한 일이다."

이 분야에서 해야 할 일도 이렇게 구상해보았다.

"앞으로도 성서와 예술, 특별히 성서와 시각예술과의 만남을 지속적으로 시도할 생각이다. 성서화 비평을 체계화하기 위하여 '성서화 비평 방법론'을 나름 제안하려 한다. 또 종교를 벗어난 듯 보이는 현대예술을 기독교적 시각에서 비평하려 한다. 팝 아티스트의 대명사 격인 앤디 워홀에 관한 연구를 부분적으로 시도했고, 그 결과를 논문으로 제출하기도 했다. 이를 통해 '기독교현대예술비평론'을 구상하는 것이 가능하다는 결론을 얻었다."

렘브란트에 관한 책을 낼 때 로댕의 「아름다웠던 헬멧 직공의 늙은 아내」(함석헌은 이를 "갈보였던 계집"이라고 불렀지만 내가 소개한 명칭이 미술사가들이 주로 붙이는 작품명이다)를 구하려 로댕 작품집을 넘겼다. 그러다가 「지옥의 문」 작품 중 일부인 「생각하는 사람」이 다시 눈에 띄었고, 그것이 단테의 『신곡』을 모티브로 했다는 것이 다시금 생각났다. 『신곡』을 읽어본 적이 없기에 책을 찾았는데, 거기에 엄청난 보물이 있었다. 로댕은 말할 것도 없고 윌리엄 블레이크를 비롯한 여러 화가들이 『신곡』을 대상으로 제작한 미술 작품이 많았다. 또 『신곡』을 통해 모르고 있었던 일본의 이마미치 도모노부今道友信도 알게 되어 기쁜 마음이 들었다. 『신곡』과 그것에 관한 예술품들이 이 분야의 다음 연구 주제가 될 것 같다.

그전부터 강사로 일하기는 했지만 2009년 가을학기부터 연세대학교 학부대학에서 '기독교의 이해' 분야를 가르치는 교수로 일한다. 80퍼센트가량이 비기독교인이고, 그중 대개가 개신교에 대하여 좋지 않은 이미지를 갖고 있다. 나는 그들과 대화하면서 종교를 갖지 않은 이들이 종교에 대해서 어떤 생각을 갖고 있고, 또 어떻게 종교

없이 사고하는지를 알아간다. 그들의 눈으로 기독교를 보니 어처구니없는 것도 있고, 이상해 보이는 점도 있음을 이해하게 되었다. 이 직업에 대해 나는 하나님께 감사드린다.[2] 적지 않은 학생들이 한 학기 강의 후에 메일을 보내 종교를 갖고 싶다거나 기독교를 호의적으로 보게 되었다는 응답을 해준다. 이것이 평생 신세만 지는 하나님에게 드리는 나의 작은 보답이 될지도 모른다.

가족 이야기를 하지 않을 수 없다. 어머니는 일찍이 희생과 인생을 동의어로 살아온 분이다. 가정을 위해 하는 행동 하나하나가 지극하다. 그건 말없이 행하는 종교적 가르침이다. 석사를 마치고 대학원에 같이 다니던 사람과 혼인을 했다. 내 처는 내가 하는 것보다 더 깊이 나를 사랑한다. 헤아려보니 1999년에 혼인하고 12년째 살아오는데 우리는 총 11번을 이사했다. 아파트 투기를 한 것이 아니다. 돈이 없어서였다. 처가살이도 했다. 그동안 서울, 경기도, 인천을 오고 갔다. 그러나 단 한 번도 내 처는 내게 "돈이 없어서 어떡하지"라는 걱정의 말을 한 적도 없고, "돈을 벌어 와라" 하고 요청한 적도 없다. 다시 태어나면 나와 혼인할 생각은 전혀 없다고 하지만 나를 정말 많이 사랑한다고 끊임없이 고백한다. 막내인 나의 딸도 할머니와 엄마를 닮아서인지 마음이 따뜻하다. 얼마나 큰 위로를 딸에게서 받는지 모른다. 아들은 나를 닮아서 걱정이다. 내 처의 전공은 상담학이고, 특별히 노인 상담을 세부 전공으로 하였다. 내가 쓴 신약학

---

[2] 몰트만은 신학자란 하나님 때문에 기쁘고 하나님 때문에 슬픈 존재라고 했다. 이 말을 듣고 나는 내가 신학자라고 자처할 수 있다고 여기게 되었다.

논문 중에 정신분석학적 개념을 원용한 글이 있다. 마태공동체가 겪은 폭력의 트라우마를 극복해나가는 것을 주제로 삼은 논문인데, 그때 처의 도움을 받았다. 가정에 관한 한 하나님께 더 이상 바랄 것이 없다.

시시콜콜한 자전적 이야기가 아니라 신학과 삶이 주제이니 비천한 품성과 조야한 삶의 품격을 드러내지 않을 수 있었다. 겸양의 말이 아니다. 이상하게 들릴 수도 있지만 나와 매우 가까운 이들에게 나는 종종 "내 피는 더러워"라고 말한다. 이 글을 쓰기 위해 잠깐 지나간 몇몇 장면을 돌이켜 보니 수치와 울분이 치솟아 올라 마음을 가라앉히고 죄책감과 수치심을 지우기 위해 힘써야 했다. 영국의 신약학자인 윌리엄 바클레이William Barclay는 "원수를 사랑하라"는 계명을 사람들이 지키기 어렵다고 불평하지만 사람들이 그만큼 잘 지키는 계명이 또 어디 있냐고 반문한다. 그의 논리인즉 이렇다. 자신이 싫어하고 혐오하여 '원수'가 될 만한 사람을 생각해보고, 거기에 자신의 삶을 대비해보면 그 '원수'가 바로 자신과 같음을 깨닫게 된다. 그런데 '원수' 같은 자신이지만 자신을 사랑하는 일은 늘 쉽게 해오는 일이지 않느냐고 되묻는다. 이런 글 조각이라도 되새겨야 마음을 추스를 수 있다.

돌이켜 보면 남편, 아버지, 자식, 교수로서 정말 이래도 되나 싶은 적이 한두 번이 아니다. 가령 '내가 이렇게 모르는데 가르친다는 게 가능한가?' 하고 자문한다. 공자는 임금은 임금다워야 하고, 아버지는 아버지다워야 한다는 식의 논법을 폈는데, 그 논법을 걸면 비참한 감정마저 든다. 그런데 옆 사람을 돌아보면 그 사람도 나와 별 차이가 없어 보인다. 한데 놀랍게도 세상은 이렇게 문제없는 것처럼 움직인다. 이걸 보고 하나님의 '은혜'라고 하는지는 모르겠다. 한동안 좋아했던 고바야시 잇사小林一茶의 하이쿠俳句가 내 심정을 잘 보여주어 암송한다. "뒷골목에는/개 뒷간 위로도/첫눈 내리고." 첫눈은 뒷골목, 개, 뒷간도 가리지 않고 내려 온 세상을 하얗게 덮으니 내가 '하나님의 은혜'와 내 삶을 반추할 때 이보다 더 좋은 시를 찾을 수 없다. 가능하다면 가끔 하나님의 말씀이 거름 같은 내 삶 위에 꽃피기를 간구할 뿐이다.

경계에서 경계를 넘어

PSALME LXXXVII.
FVNDAMENTA EIVS.
A PSALME AND SONGE OF THE
SONNES OF CORAH.

HER foundacions are vpon the holy hylles: the Lorde loueth the gates of Sion more then all the dwellynges of Iacob. Very excellent thynges are spoken of the, thou cyte of God. Selah. I wyll thynke vpon Rahab and Babylon, wyth them that knowe me. Beholde, yee the Philistynes also, and they of Tyre with the Morians. Lo, there was he borne. And of Syon it shalbe reported, that he was borne in her, and the moost hyest shall stablish her. The lorde shall rehearse it, whan he wryteth vp the people, that he was borne there. Selah. The syngers also and trompeters shall he rehearse. All my freshe sprynges shalbe in the.

이찬수
강남대 교수

대광고등학교와 서강대학교 화학과를 졸업하고 동 대학원 종교학과에서 불교학과 신학으로 각각 석사학위를, 불교학과 신학을 비교하며 박사학위를 취득했다. 현재는 강남대학교 교수, 종교문화연구원장, 대화문화아카데미 연구위원으로 일하고 있으며, 길벗예수교회 담임목사와 인권연대 운영위원, 한국종교인평화회의 출판위원장 등으로 봉사하고 있다. 지은 책으로 『불교와 그리스도교, 깊이에서 만나다』 『인간은 신의 암호』 『생각나야 생각하지』 『종교로 세계 읽기』 『한국 그리스도교 비평』 등이 있으며, 옮긴 책으로 『절대 그 이후』 『지옥의 역사』 『불교와 그리스도교를 잇다』 『하느님은 많은 이름을 가졌다』 『화엄철학』 등이 있다.

나는 신학자일까

신학과 종교학을 병행하며 공부했지만 대학에서는 종교학 강의를 주로 해온 나를 일반적인 의미의 신학자라고 할 수 있을지 때론 의심스럽다. 하지만 내 학문적 주 관심사 대부분이, 의식하든 의식하지 못하든 '신'과의 관계성 속에서 이루어져왔으니, 나는 분명 신학자이기도 하다. 물론 나의 신학 관련 글들은 대부분 종교학적 시각과의 경계에 있으며, 상당수의 글들이 종교학자에게는 종교학으로 이해되길 바라며 쓴 글들이기도 하다. 내가 그런 식으로 글을 쓰고 사유하게 된 것은 나의 학문적 배경과 성향 때문이기도 하고, 내 학문적 배경에 대한 사회적 평가나 대접 때문이기도 하다.

나는 예수회에서 세운 서강대 화학과를 거쳐, 같은 대학원 종교학과에서는 불교를 중심으로 석사과정을, 다시 가톨릭 신학으로 석사과정을, 그런 뒤 현대 신학의 주요 흐름인 종교신학에 관심을 두고

서 불교와 그리스도교의 비교 내지 대화를 주제로 박사과정을 마쳤다. 대화의 방법론으로는 실존철학, 해석학, 일본 현대불교철학 등에 관심을 기울이면서 나름대로는 이런저런 철학적 물음들과도 친숙해졌다. 그런 뒤 교수가 되었고, 또 목사도 되었다.

이런 나의 이력을 긍정적으로 평가하면 가톨릭, 개신교, 불교의 세계관에 두루 통하는 흔치 않은 사람일 수 있겠지만, 실제로 무언가 결정적인 순간에는 그 반대로 작용하는 경우가 많았다. 내 교파적 소속감이 다소 모호한 탓인지, 개신교인이면서 가톨릭 소속 대학에서 공부한 탓인지, 신학과 종교학의 '경계'에서 작업해온 탓인지, 가톨릭과 개신교, 신학과 종교학 어느 편에도 깊이 들어가기가 쉽지 않은 묘한 분위기를 느꼈다. 양쪽에 다 익숙한 사람으로서보다는, 결정적인 순간에는 어느 편에도 속하기 힘든 사람으로 간주되는 듯했고, 불교도에게는 그저 기독교인으로, 기독교인에게는 불교를 공부한 다소 '위험한' 사람으로 여겨지는 분위기도 제법 느꼈다. 종파를 기준으로 나와 남을 편 가르는 분위기는 다소 완화되어가고 있지만, 여전히 특정 교단이나 교파 속으로 들어가기 힘든 상황에 있기는 마찬가지이다. 그러나 그런 경험을 하며 사는 것이 나의 장점이며, 하늘이 주신 큰 복이라고 늘 생각해왔다.

나는 신학을 하더라도, 주로 이런 배경에서 작업해왔다. 종교학을 강의하고 불교 논문을 쓰면서도, 내 학문의 근거는 내내 '신'과의 관계성 속에서 이루어져왔다. 그렇다고 해서 불교학이나 종교학의 정체성을 신학적으로 희석시키려는 의도가 있는 것은 전혀 아니다. 내게 이들 학문 간의 벽은 없을 뿐만 아니라, 도리어 이들의 깊이와 넓이에서 상통성을 느낀다. 기독교적 언어를 쓰건대, 신의 깊이와 넓이를 끝없이 확장하고 심화시킬 줄 알게 되면서, 신을 존재라 해도, 공空이나 무無라 해도 상관없을, 어떻게 해석하든 다 가능한, 내 삶의 근원이고 지향으로 삼고 있을 뿐이다. 그런 점에서 나는 신학의 길을 떠날 수 없으리라는 생각은 여전하다. 나는 어쩌다 그런 신학의 길에 들어서게 되었을까? 여러 가지 답이 있겠지만, 여기서는 기독교적 여로를 중심으로 내 삶과 신앙을 되돌아보며 그 연원을 추적해보고자 한다.

어린 시절, 책임감을 배우다

나는 1962년 5월 경기도 수원에서 당시로서는 제법 컸던 집안의 삼형제 중 둘째로 태어났다. 겨우 유아기를 면한 때였지만, 동네에서 유일했던 벽돌 이층집 계단을 재미 삼아 오르내리던 일, 온갖 과실나무로 그득했던 넓은 마당에서 딸기를 따 먹고, 감을 따볼 심산으로 긴 막대기를 들고 높은 나뭇가지를 이리저리 휘젓던 기억, 집 뒷길 변에 있었던 '구멍가게' 등 여러 가지 행복했던 기억들이 떠오른다. 할머니가 오랜 투병 끝에 폐결핵으로 돌아가시고 할아버지가 사업에서 크게 실패를 하시면서 집안이 몰락하던 즈음, 마침 아버지가 산림 관계 공무원으로 서울 근무를 시작하게 되면서 우리 집은 1965년 3월 수원의 큰 집을 떠나 서울 종암동 방 두 칸짜리 전셋집으로 이사했다. 낯선 동네, 낯선 집, 나보다 예닐곱 살쯤 많았을 것 같던 주인집 형이 새로 이사 온 나를 낯설게 쳐다보던 생경한 기억, 이사 오고 며칠 뒤 껌을 사러 나갔다가 그만 길을 잃고는 두렵고 떨리는 마음으로 집을 찾아 헐떡거리며 뛰던 기억 등 유년 시절의 경험이 여전히 생생하다. 무엇보다 타계하기 전 기독교인이 되신 할머니의 유지를 받들어, 착한 며느리였던 어머니가 서울이라는 낯선 동네로 이사한 뒤 교회라는 데를 다니시게 되었으니, 나도 부지불식간에 교회의 영향을 받으며 자랐을 터이다.

어린 시절 나는 가정이나 동네에서는 비교적 밝은 성격을 지니고 살았지만, 학교에서는 착하고 얌전한 아이로 비쳤던 것 같다. 초등학교 1학년 생활통지표에 선생님이 나를 "얌전하고 숫기가 없다"는 식으로 평가해놓았던 기억이 난다. 나는 어렸으면서도 선생님의 그런 평가에 동의하기 힘들었다. 선생님이 나를 잘 모르는 듯하여 다소 불만스러웠던 기억도 난다.

그러다 1971년 3월 초, 우리 집은 서울 상계동으로 이사했다. 부모님의 노력으로 당시로서는 시골이나 다름없었던 상계동에 예쁜 마당이 딸린 아담한 집을 다시 마련하셨기 때문이다. 전학하자마자 새 학교에서 치러진 선거에서 나는 학급 반장에 뽑혔다. 나를 뽑아 준 친구들 앞에서는 크게 내색하지 않았지만, 내가 반장이 되었다는 사실을 어머니께 빨리 알리고 싶어 방과 후 집까지 쉬지 않고 뛰어가서는 헐떡거리며 이 말부터 내뱉었다. "엄마! 나 반장 됐어!"

유치한 이야기 같지만, 돌이켜 보면 내가 학급 반장이 된 것은 그 뒤 내 인생을 바꾼 아주 중요한 사건이었던 것 같다. 그 뒤 나는 줄곧 책임감이라는 것을 느꼈고, 나도 모르는 사이에 리더십이 배양되었으며, 친구들 앞에서는 늘 우등생으로 자리매김했으니 말이다. 그 뒤에도 중학교까지 7년여 반장을 거의 놓치지 않았으니, 사춘기 시절 나는 무언가 책임 있는 존재라는 생각을 갖게 되었고, 이것은 이후 출석하게 된 교회 학생회에서도 자연스럽게 리더 역할을 하는 밑거름으로 작용했다.

딱히 어머니가 권유했던 기억은 없지만, 초등학교 5학년 때부터 중학교 시절까지 드문드문 집 근처 교회 주일학교에 출석했다. 집이 좀더 먼 데로 이사했다는 핑계로 나가지 않았던 적이 더 많았지만, 1978년 대광고등학교에 진학하면서 나는 한 가지 결심을 했다. 당시 대광고는 내가 가고 싶었던 학교였던 데다가, 기왕에 알려진 '미션 스쿨'이었으니 이제부터 교회에도 열심히 나가리라는 것이었다.

고교 시절, 믿음으로 들어가다

고교 시절 교회 생활은 즐거웠다. 교회를 빠지지 않고 나간 탓일까, 아니면 내 학교 활동 상황이 알려져서일까. 나는 신앙 경력에 비해 비교적 빨리 고등부 학생회장이 되었고, 바로 주일학교 초등부 교사까지 맡으면서 이른 나이에 가르치는 일에도 익숙해졌다. 가르치면서 배운다는 사실을 그때 절감했다.

고등학교 2학년 말, 나는 '예수 믿는 사람'이 되었다. 하늘의 별을 보고는 창조주를 생각해내고, 어느 틈에 내 존재의 시작과 끝을 상상할 줄 아는 사람으로 변해 있었다. 그 사실이 너무 기뻤다. 곧 닥칠지도 모를 종말을 상상하면 가끔 두렵기도 했지만, 예수를 믿는 데서 오는 구원의 기쁨이 더 컸다. 그 기쁨을 여러 곡의 노래로 만들어 표현하기도 했다.

주일 대예배에 백여 명 남짓 출석하는, 아주 보수적인 '동네 교회'였지만, 사람들이 좋았고 교회 생활은 즐거웠다. 나는 교회에서 살다시피 하며, 이후 내 세계관의 기초를 쌓아갔다. 하지만 묘할 정도로 내 고등학교 성적은 매년 '공비 2의 등비수열'을 이루며 떨어졌다. 나는 살짝 불안감이 들기도 했지만, 친구들 중 일부는 나를 여전히 우등생 취급하는 듯했고, 학교 성적과 상관없이 나는 본래 역량 있는 사람이라는 식으로 자위하곤 했다. 대학 입시를 앞두고 다소 불안하기는 했지만, 원하는 대학에 얼마든지 갈 수 있으리라 생각했다.

하지만 참담하게도 나는 입시에 실패하고 말았다. 입시를 불과 4개월 앞둔 1980년 7월 말, 대입 본고사를 전격 폐지해 혼란을 야기한 당시 군사정권의 정책 탓이라고 생각하기도 했지만, 어찌 되었든 처음으로 실패라는 것을 맛보았다. 씁쓸했고, 무엇보다 부모님께 죄송했다. 하지만 달리 도리도 없었다. 나는 당시 입시학원으로 이름났던 종로학원에 등록해 재수 생활을 시작했다. 이모 댁에서 어린 사촌 동생들 공부도 봐주며 비교적 성실하게 재수 기간을 보냈다. 그러면서도 재수생이라는 딱지는 은근히 나를 위축시키기도 했다. 대학을 다니는 친구들을 만나기가 슬쩍 꺼려지기도 했고, 무언가 자신감이 사라진 듯했다. 그러나 재수 시절은 역으로 나의 내면을 좀 더 돌아보는 정신적 단련기이기도 했다. 그리고 재수의 경험은 그로부터 몇 년 뒤 알게 모르게 나를 신학과 종교학의 길로 들어서게 만든 심리적 이유로 작용하게 되었던 것 같다.

대학 시절, 목회를 꿈꾸다

교회를 제 집처럼 드나들고, 매일 밤 신구약 성경 대여섯 장씩을 찬찬히 음미하며 읽고는 잠들던 재수 시절, 앞으로 신학을 공부해도 재미있겠다는 생각이 들기도 했다. 하지만 평소 꿈꾸던 대로 나는 1982년 서강대학교 화학과에 입학했다. 이미 같은 학교 같은 과를 다니고 있던 형의 영향을 받았던 탓일까, 고교 시절 늘 만원버스를 타고 통학하면서 종종 들었던 생각, 버스에서 배기가스가 아니라 산소를 나오게 만들 수 없을까 하던 단순한 생각들이 나를 화학의 길로 인도하는 계기가 되었던 것 같다.

하지만 대학 시절은 만족스럽지 못했다. 대학은 장학금을 받으며 좋은 성적으로 입학했고 학과 교수진도 훌륭했지만, 화학이라는 학문 자체에 대해서는 점점 회의가 들었다. 광주항쟁의 후폭풍으로 늘 전투경찰이 상주하던 삭막한 캠퍼스를 거닐며 사회문제에 대한 의식이 본격화되던 시절, 실험실에서 약품과 기계를 만지는 일은 무의미하게 느껴졌다. 군부 독재 시대, 도대체 어떻게 살아야 하는지 마음은 늘 답답하기만 했다. 하지만 반공정신이 투철한 노 목사님의 영향을 나도 모르게 받았는지, 성실한 공무원으로 사시던 아버지와 집안 분위기 탓이었는지, 아니면 보수적인 고등학교 교육 체제 탓이었는지, 나는 반정부적 시위대에도 참가하지 못하고, 그렇다고 내 전공이라는 화학 공부에도 충실하지 못했다. 독재는 사라져야 하고, 그러면서 저항의 소리를 높일 수밖에 없다는 것을 알면서도, 돌과 화염병이 난무하는 시위에는 도저히 끼지 못했다. 마음으로는 함께 '민주'를 외치고 있었으면서도 행동으로까지 그렇게 하진 못했다. 돌을 던질 수밖에 없는 행위도 무력武力으로 보였기 때문이다. 그저 답답해했다. 그러다가 전경들이 들이닥치면 별 잘못을 한 것도 아닌데, 남들 따라 이리저리 도망가던 내 자신이 한

> 특히 불교가 주는 매력은 대단히 컸다. 무아無我, 공空 등 불교 핵심어의 개념과 의미 등을 터득해가면서 학문의 희열 같은 것을 맛보았다. 신학을 잘 하기 위해서라도 종교학을, 특히 불교를 공부해야겠다는 생각이 강렬하게 들었다.

심했다. '이게 무슨 꼴인가!' '이걸 어쩌나!' 내 본래 성격은 밝은 편이었지만, 그 시대는 나로 하여금 땅만 쳐다보며 다니게 했다.

그러던 대학 2학년 '도대체 어떻게 살아야 하나'라는 물음이 내 안에서 강하게 솟구쳐 올라왔다. 그 물음에 답을 하지 않고서는 아무런 일도 할 수 없을 것 같았다. 전공 공부에 대한 의욕은 사라져 가고 있었다. 그러면서 앞으로 민중목회를 하겠노라는 결심이 서기 시작했다. '그래, 낮고 소외된 이들과 함께하리라. 나는 다른 방식의 데모를 하리라' 다짐했다. 그것이 어려운 길이라는 것을 모르지 않았다. 그러기에 결단하는 것도 쉽지 않았다. '그 길은 모든 것을 포기하는 삶일 텐데, 과연 나는 그 길을 갈 수 있을 것인가' 갈등도 생겼다. 그러나 역시 답도 내 안에서 솟구쳤다. '그래 가보는 거야. 살면 얼마나 산다고!' 하는 자신감이 생겨났다. 그 뒤 나는 부전공 제도를 이용해 신학 공부의 길에 들어서게 되었다.

대학원 시절, 불교적 전환을 경험하다

신학도 재미있었지만, 신학을 하다가 만난 종교학은 정말 뜻밖의 학문이었다. 신학에 뜻을 두었을 때만 해도 종교학과의 교과목 중, 가령 '힌두교 강독'과 같은 과목은 나와 상관없는 세계 같았다. 왜 그런 공부를 해야 하는지 공감이 되지 않기도 했다. 그러다가 세계의 종교적 가르침에 대해 배우면서 힌두교는 물론 이른바 '타 종교'에 대한 생각이 바뀌기 시작했다. 특히 유교, 도교, 불교 같은 동양 종교의 가르침은 나를 되돌아보게 만들었고, 이른바 근동 종교, 유대교, 이슬람교를 통해서는 기독교의 역사적 제한성 내지는 상대성을 느낄 수 있었다. 특히 불교가 주는 매력은 대단히 컸다. 무아無我, 공空

등 불교 핵심어의 개념과 의미를 터득해가면서 학문의 희열 같은 것을 맛보았다. 신학을 잘하기 위해서라도 종교학을, 특히 불교를 공부해야겠다는 생각이 강렬하게 들었다. 그래서 대학원을 종교학과로 진학하게 되었다.

1986년 같은 학교 대학원 종교학과에 입학했고, 대학원에서는 힌두교와 초기 불교를 통해 인도만큼 다양하고 풍요로운 곳은 없을 거라는 생각을 하며 은근히 인도를 동경했다. 그리고 중국의 도가道家 사상과 불교가 대단히 매력적으로 다가왔다. 그저 매력적이기만 할 뿐 아니라, 특히 불교는 나의 세계관마저 불교적으로 바꾸어놓았다. 『화엄오교장』을 강독하며 보았던 "대들보가 그대로 집이다. 기둥이 없으면 집도 없다"는 식의 구절들은 세상을 상대적으로, 좀더 정확하게는 관계적으로 보게 만들었다. 신도 인간과의 관계 속에서 보이기 시작했고, 하나 안에서 전체를 보는 안목도 생겨났다. 불교철학을 알게 되면서 진지한 종교적 전환까지 경험한 것이다.

불교는 나의 세계관을 바꾸어놓았다. 그저 바뀌었다기보다는 훨씬 넓어지고 깊어지고 자유로워졌다. 불교를 알면 알수록 기독교도 더 잘 보였다. 나의 기존 신앙 체계를 불교 언어로 번역해도 아무런 문제가 느껴지지 않을 만큼 불교적 세계관과 친숙해져갔다. 기독교적 언어를 쓰자면, 하나님이 이렇게 넓고 깊은 분이로구나 실감하게 되었다. 불교와 기독교, 그 근저에서 상통하는 세계를 신앙의 근거이자 핵심, 그리고 목표로 삼게 되었다. 돌이켜 보면, 내 인생에 이러한 경험이 있다는 사실이 얼마나 큰 다행인지 모르겠다.

물론 흔히 얘기하는 불교와 기독교에는 저마다 고유성이 있다. 분명히 차이가 있다. 그러나 차이가 있다고 해서 이들이 그저 대립한다는 뜻은 아니다. 당시 내게 이 차이는 신앙과 학문의 폭을 넓히는 계기로 작용했다. 이들 사이에서 학문적 상생相生의 길을 걷게 된 것이다. 무엇보다 종교의 핵심은 객관적으로 굳어진 교리나 제도가 아니라, 개종마저도 각오하고 자기를 바꿀 수 있는 능력에 있는 것이라는 확신도 생겼다.

그러나 종교학에 재미를 붙이면 붙일수록 학부 시절 품었던 목회에의 꿈은 사라져갔고 결심은 희미해졌다. 희미해졌을 뿐만 아니라 제도화된 교회의 길로 들어서기 싫었다. 기독교인으로 살기는 하겠으나 목사는 되지 않겠다고, 그냥 학문의 길로 가겠다고 자연스레 다짐하게 되었다.

하나님과 첫 거래를 하다

그러던 즈음 내 몸에 약간의 이상이 생겼다. 대학원 초기였다. 잠결에 느닷없이 구토를 하고 다음 날에는 오른쪽 다리에 살짝 마비가 왔다. 어머니와 함께 찾은 병원에서는 뇌종양을 의심했다. 그러나 이런저런 검사 결과 다행스럽게도 뇌종양은 아니었고, 딱히 원인도 발견되지 않았다. 그러나 6개월 정도는 안정해야 한다는 진단을 받았다. 그래도 대학원 과정은 변함없이 계속됐다. 그리고 병원의 진단을 토대로 나는 현역병 입영을 재검토해달라는 신청을 병무청에 냈고, 심사차 국군통합병원 신경외과를 네댓 차례 드나들었다. 그러는 사이 나는 거의 처음으로 하나님과 '거래'를 했다. 병역 의무로부터 자유로워지면 입대 기간만큼 신학 공부를 하겠노라, 그리고 목사가 되어도 좋겠는지 다시 진지하게 생각해보겠노라, 길지 않은 타협의 기도를 했다. 다소 진지한 듯 유치했던 거래가 성사되었는지, 나는 군 입대 의무로부터 자유로워졌다. 면제될 것 같다는 군의관의 최종 언질을 받았을 때, 나는 내 인생이 다시 바뀔지 모른다는 예감이 들었다.

내 '뇌'는 그다지 건강했던 것 같지 않지만, 당시 종교학과 대학원 시절은 공부하는 족족 스펀지처럼 받아들이는 시기였던 것 같다. 길희성, 김승혜 교수님이 이끄는 학문의 길은 힘들었어도 배운 것이 많아 즐거웠고, 내 종교학적 기초는 그때 다져지게 되었다. 길희성 교수님의 지도로 보조국사 지눌에 나타난 '선禪'과 '신信'의 관계에 대한 석사 논문을 쓰면서 나도 길희성 교수님 정도의 학문을 할 수 있을까 종종 생각하곤 했다.

석사과정을 마친 뒤에는, 마침 미국에서 학위를 마치고 돌아온 최준식 박사(현 이화여대 교수) 및 종교학과 선후배들과 함께 1989년 '종교문화연구원'을 창립했다. 나는 연구부장 자격으로 다른 이들과 함께 종교학의 대중화 및 종교 간 대화 문화의 진작을 위한 대중적 연구 활동을 시작했다. 그리고 1990년에는 서강대학교 종교신학연구소 간사로도 일하면서 생계를 꾸려나갔다.

그즈음을 전후해서 『화엄철학』(까르마 츠앙, 1990), 『하느님은 많은 이름을 가졌다』(존 힉, 1991)와 같은 책을 번역했다. 화엄사상에 대한 대표적 영어권 저술인 『화엄철학』을 거의 매일 밤 한두 시간씩 번역한 뒤 잠들곤 하던 1989년 한 해는 외국어를 우리말로 표현한다는 것이 무엇인지 절감하는 훈련기이기도 했다. 그리고 한편으로는 늦은 밤 규칙적으로 불교적 세계관을 곱씹던 명상의 시간이기도 했다. 이와 함께 종교다원주의 신학의 대표적 저술인 『하느님은 많은 이름을 가졌다』를 번역하면서는 여러 종교를 소화해내는 신학적 기초를 다질 수 있었다. 그러면서 번역에 탄력이 붙었는지 『토라의 길—유대교 입문』(제이콥 노이스너, 1992), 『절대를 찾아서』(폴 틸리히, 1993) 등의 책들도 번역 출판했고, 종교문화연구원 동료들의 글을 모아 『구원이란 무엇인가』(1993)라는 공동 저술도 출판했다. 번역료를 받아 생활비나 학비로 쓰곤 했다. 종교문화연구원 창립기를 전후하여 동료들과 함께 신촌 거리에서 밤늦게까지 신나게 놀고 마시며 공부하던 기억들은 지금 떠올려도 흐뭇해지는 추억거리이다.

다시 신학의 길로 들어서다

종교학과에서 만난 동갑내기 친구 김혜경과 1990년 5월 결혼을 했다. 대학원 시절 거의 매일 하루의 절반을 같이 지내다 보니 결혼을 해야 하지 않겠느냐는 주위의 목소리도 들려왔고, 나도 함께 살고 싶다는 생각이 들었다. 종교문화연구원을 운영해 나가고, 서강대 종교신학연구소에서 적으나마 월급을 받긴 했지만, 경제적으로 독립할 준비는 전혀 되어 있지 않았다. 아내도 서강대 교직원으로 근무했지만, 당시로서는 박봉의 직급이었던 데다가 무엇보다 내가 준비되어 있지 않았던 바람에 그냥 '시댁'에서 살자는 분위기에 스스로를 내맡긴 듯했다.

하지만 내 생활 방식은 크게 바뀌지 않았던 데 비해 늘 자신의 삶을 주체적으로 꾸려오던 아내는 확 달라진 생활 환경과 나와의 기질적 차이 등으로 힘들어했다. 그러나 대단히 미안하게도 그때 나는 아내가 그 정도로 힘들어했는지 몸으로 느끼지 못했다. 결혼도 그저 하고 볼 일만은 아니라는 사실을 결혼 후 여러 해가 지나고서야 알게 되었다. 구체적인 준비 없이 결혼부터 하고 본 것은 돌이켜 보면 후회되는 일이다. 그 점 두고두고 아내에게 미안해하고 있다. 그래도 지금까지 함께 살면서 아내로 인해 내 자신이 성숙해지기도 한데다가, 내 학문에의 길을 이해하고 음으로 양으로 그 여정을 함께 할 만한 정신 역량이 있는 아내를 만난 것은 감사한 일이다. 내 학문적 결실의 상당 부분은 티 나지 않게 가장 일을 대신 맡아주었던 아내의 덕이자 몫이라고 할 수 있다. 1991년 5월에는 아들이 태어났고, 나는 '하늘(一)과 땅(一) 사이에 해(日)가 빛나듯, 마음(忄)도 그렇기'를 바라며 이름을 '항恒'이라고 지어주었다. 그 아이가 지금은 대학생이다. 세월은 정말 유수와 같다.

그즈음 나는 하나님과의 약속대로 신학 석사과정을 다시 시작하기로 다짐했다. 유학을 갈까 잠시 고민하기도 했지만, 유학 준비를 하는 시간에 책을 한 권 더 번역 출판하는 게 낫겠다는 생각이 들었고, 또 종교적 진리를 구하는 길은 어디서든 자기 하기 나름이라는 생각이 컸다. 어쩔 수 없었는지, 석사과정을 또 하겠다는 나의 결정에 아내도 동의하는 분위기였다. 그러던 차 당시 서강대 종교신학연구소 소장이셨던 정양모 신부님께서 입학을 독려하셨다. 1991년 서강대 종교학과 신학 전공 석사과정에 다시 입학했고, 같은 해 서공석 신부님의 지도 하에 칼 라너Karl Rahner(1904~1984)의 사상을 주제로 1993년 석사학위를 마쳤다.

학위논문의 주제였던 칼 라너의 신학은 나의 기독교적 세계관을 정립시켜주는 이론적 근거로 작용했다. 나는 라너의 신학을 통해 2천 년 지속되어온 가톨릭 신학의 깊이와 넓이를 느낄 수 있었고, 다소 관념적이기는 했지만, 자연신학적 기초 위에 놓인 라너의 신학은 현대 생태신학의 인간학적 기초로도 활용될 수 있으리라 생각했다.

그리고 신과 인간을 다소 이원론적으로 접근해온 개신교 신학의 한계를 극복해줄 신학이라고도 생각하게 되었다. 이렇게 나름의 신학적 기초와 세계관을 확립해 나가는 사이, 건방진 말인지 모르겠지만, 나는 학문에 자신감이 생겼고, 박사 공부를 하지 않고 혼자서도 얼마든지 학문을 하며 살 수 있을 거라 생각했다. 그리고 비교적 이른 나이인 서른한 살부터 대학에서 강의하는 기회도 얻었다.

새로운 교회를 만나다

그즈음 내 삶에는 작은 듯 큰 변화의 기운이 감돌고 있었다. 당시 나는 교회에서 교육 관련 책임자와 같은 위치에 있었다. 주일학교 교사나 교육정책 결정 등은 나를 포함한 서너 사람이 함께 의논해서 결정하는 것이 관례였다. 그러던 1991년 초, 교회 교육정책과 교사 인선이 나도 모른 채 정해졌고, 나는 대부분의 주일학교 교육에서 제외되는 뜻밖의 일이 벌어졌다. 불교학을 하고 종교문화연구원을 창립해 활동하는 내가 위험하게 느껴졌는지, 당시 교회 청년회에서 제일 주도적이었던 한 선배 교사가 도모했던 일이었다. 친한 교회 후배가 그날 우리 집에 와서는 흥분하며 내뱉었던 말이 생각난다. "이거 사건이다! 사건!!" 돌이켜 보면 내가 교회 교육에서 배제된 일은 정말 '사건'이었다. 딱히 마음에 상처를 크게 받았던 것은 아니지만, 내 집처럼 여겨지던 곳에서도 나도 모르게 내가 배제될 수 있다는 사실에 적잖이 놀랐다. 학생 성가대 지휘자 역할은 계속했지만, 그 교회에서 계속 신앙생활을 하기는 힘들겠다는 느낌도 들었다.

그러던 1992년 당시 감리교신학대학 학장이셨던 변선환(1927~1995) 교수님께서 "교회 밖에도 구원이 있다"는 주장을 폈다는 등의 이유로 출교 처분을 당하신 뒤 새로 시작한 '큰배움교회'로 나를 부르셨다. 변 교수님과는 당시 '크리스챤아카데미(현 대화문화아카데미)'의 이런저런 종교 대화 관련 세미나에서 인연을 맺었고, 서강대 종교신학연구소 월례발표회에 참여하실 때마다 나를 불러 이런저런 말씀도 걸어오시곤 하셨다. 그런데 당신이 가슴 아파하며 겪으시던 종교재판 사건의 와중에 서구 종교다원주의의 선구자적인 책인 『하느님은 많은 이름을 가졌다』와 『화엄철학』 등을 번역한 젊은이가 가상하셨는지, 감신대 학장실로 나를 불러 대화를 하시기도 했고, 어느 날은 교회를 새로 시작했으니 함께 참여하라며 사실상 명령에 가까운 권유를 하셨다. 그때 그분이 내가 다니던 교회를 가리키며 평안도식 억양으로 농담 섞어 던진 한마디가 생각난다. "그런 교회, 구원 없어야~!" 한번 발 들인 곳을 잘 떠나지 않는 내 성격상 어지간하면 교회를 옮길 생각을 하지 않았을 텐데, 본의 아니게 교회 내 역할이 축소되던 즈음이라, 변 교수님의 권유는 마치 '하늘의 뜻'처럼 여겨졌다. 그렇게 해서 서울 아현동 '인우학사' 내에 자리 잡았던 '큰배움교회'에서의 생활이 시작되었고, 거기서 이정배 교수님과도 만나게 되었다.

동 · 서양 사유 구조의 보편성을 추구하다

신학 석사과정부터 머릿속으로는 불교와 기독교 간의 연결 고리에 초점을 두었다. 그즈음 변 교수님의 논문들을 읽다가 불교를 신학의 중심 주제로 삼아 작업하는 일본의 신학자 야기 세이이치八木誠一(1932~)의 사상을 접하게 되었는데, 야기의 글들에서 나는 불교를 적절히 소화해낸 동양 신학의 전형을 보는 듯했다. 그의 신학에 대해서는 후에 소논문 형태로 정리해보았고, 야기 세이이치와 레너드 스위들러Leonard Swidler가 함께 쓴 책을 두 공동 저자의 허락을 얻어 『불교와 그리스도교를 잇다』(분도출판사, 1996)라는 제목으로 번역 출판하기도 했다.

그 과정에 야기 신학의 형성에 큰 영향을 준 일본 교토학파京都學派의 철학도 만나게 되었다. 특히 이 학파의 집대성자라고도 할 수 있을 니시타니 케이지西谷啓治(1900~1990)의 글들을 읽어나가다가 그의 선불교적 철학이 칼 라너의 신학과 구조적 차원에서 유사하다는 사실을 알게 되었다. 앞으로 이들 사상의 비교를 통해 동·서양 사유의 관계를 정리해보는 것이 좋겠다는 생각이 들었다.

사실 두 번째 석사를 마친 것만으로도 전문 연구자 역할을 충분히 감당할 수 있겠다 싶었다. 그런데 종교문화연구원 활동을 하던 중 아무래도 박사 '자격증'이 있어야 내 연구가 남에게도 인정받을 수 있을 것 같다는 현실적인 느낌도 받았다. 그러던 차에 지도교수였던 서공석 신부님이 내 의도를 들으시고는 박사 공부를 계속하라고 권하셨다. 내심으로는 신학이 내 삶에 그다지 도전적이지 못하다고 느끼며 종교학에 더 뜻을 두고 있었지만, 공부하던 끝에 나는 1994년 같은 대학 종교학과 신학 전공 박사과정에 입학했다. 박사학위 논문 주제도 진작의 관심에 따라 첫 학기부터 잡았다. 라너의 신학과 니시타니의 철학을 중심으로 오랜 가톨릭 신학과 일본 불교철학을 비교하되, 종교학적 시각을 견지하겠다는 마음이 이미 내 안에 자리 잡고 있었다.

그러는 사이 1994년 12월에는 둘째 딸이 태어났다. 나는 진리를 "묘하고 또 묘하다玄之又玄"라고 해설했던 '노선생老子'의 가르침을 한 수 빌려 딸의 이름을 '서현瑞玆'이라고 지어주었다. 그러면서 이름에 담긴 큰 뜻을 잘 소화하며 살아주기를 바랐다.

박사과정 중에는 후배 유정원과 함께 한국천주교중앙협의회 기관지『사목』에 현대 신학자들의 종교관을 2년간 연재했고, 이것은 나중에『종교신학의 이해』(분도출판사, 1996)라는 제목의 단행본으로 출판되었다. 그와 함께 나의 주제 의식이 비교적 분

> 상대를 충분히 이해한 뒤 보게 되는 '차이'와 전혀 이해해보지도 않은 채 겉만 보고 판단하는 '차이'는 결코 같은 것이 아니기에, 상대를 충분히 이해하는 일이 무엇보다 중요하다.

명하다고 느끼셨는지, 지도교수님은 나의 연구를 있는 그대로 믿어주셨고, 그 덕에 박사 학위는 입학한 지 3년 반째인 1997년 7월에 마칠 수 있었다. 논문 제목은 「신神, 인간人間, 그리고 공空─칼 라너와 니시타니 케이지 비교 연구」(1997)였다. 행정적인 착오로 학위증은 1998년 2월에 받았지만, 아마도 서강대학교 박사과정 역사상 가장 빨리 박사학위를 마쳤던 일이 아닌가 한다.

학위를 마치자마자 미국 LA 쉬라이 대학에서 개최된 국제아시아철학종교학회에서는 「대승기신론」과 「요한복음」을 비교하는 논문 발표의 기회도 가졌다. 혼자 처음 밟아본 미국 땅의 첫인상이 일본의 첫인상보다 친숙하게 느껴졌던 기억은 두고두고 새롭다. 학위논문 작성을 전후하여 불교와 기독교의 비교에 관심을 기울이면서 이미 여러 편의 논문을 발표하기도 했고, 학위논문의 일부를 소논문 형태로 연구 논집에 싣기도 했다. 이 글들은 후에 박사학위 논문 중 일본 불교철학 부분과 한데 묶여『불교와 그리스도교, 깊이에서 만

나다: 교토학파와 그리스도교』(다산글방, 2003)라는 제목의 단행본으로 출판되었다.

그리고 라너의 신학 역시 『인간은 신의 암호: 칼 라너의 신학과 다원적 종교의 세계』(분도출판사, 1999)라는 제목으로 출판했다. 지금까지 낸 책 중에 가장 학문적 완성도가 있는 책이 아닌가 싶다. 이와 함께 불교와 기독교의 세계관을 녹여 나의 종교철학을 무거운 에세이 형식으로 정리한 『생각나야 생각하지: 사유, 주체, 관계, 그리고 종교』(다산글방, 2001)도 출판했다. 나의 철학이 정리되어 있어 두고두고 애정이 가는 책이다. 돌이켜 보면 그때만큼 왕성하게 연구 활동을 또 할 수 있을까 싶다.

무엇보다 내가 공부하며 한편으로는 진지하게 그리고 다른 한편으로는 자연스럽게 체득했던 것은 여러 종파 간 장벽과 그로 인한 배타성은 상당 부분 무지의 소산이라는 사실이었다. 개신교인인 내가 내내 몸담고 불교와 기독교를 공부하던 곳이 천주교 학교다보니, 내 안에 가톨릭, 개신교, 불교 등 교파 간의 벽이 거의 사라지는 것은 어찌 보면 자연스러웠고, 종교학(불교학), 신학, 철학 등 학문 간의 벽도 없어졌다. 그러나 돌이켜 보니 이러한 나의 학문적 배경은 내가 특정 교단에 온전히 소속되기 힘든 '경계인'이 되도록 하는 데 보이지 않는 영향력을 행사했던 것 같다.

이런 과정을 거치면서 신학적으로는 유일신 신앙과 다양한 종교 현상의 관계에 주로 관심을 갖게 되었다. 식구들이 밖으로 흩어져 저마다 고유한 삶을 살아가면서도 한 가족이라 불릴 만한 어떤 점을 공유하고 있듯이, 더 나아가 인간 군상이 아무리 다양해도 인간은 인간이듯이, 다양한 종교 현상들 간에는 차별성도 있지만 깊은 차원에서 유사성도 크다는 사실에 늘 마음이 끌렸다. 개성·차이 등을 존중하는 시대지만, 상대를 충분히 이해한 뒤 보게 되는 '차이'와 전혀 이해해보지도 않은 채 겉만 보고 판단하는 '차이'는 결코 같은 것이 아니기에, 상대를 충분히 이해하는 일이 무엇보다 중요하다고 생각했다. 전자가 상대방과의 조화·관용으로 나타난다면, 후자는 무관심·대립으로 나타날 가능성이 크기 때문이다.

그런 이유에서 종교들의 고유성을 살리면서 유사성도 보는 일은 종교로 인한 갈등 요인이 잠재해 있는 우리 사회에 꼭 필요한 일이 아닐 수 없었다. 또 현대 신학과 종교학의 주요 주제였다. 이러한 사실을 깨닫게 해준 것은 신학이기도 하고 종교학이기도 했지만, 그 가운데서도 불교철학이었다. 불교로 인해 기독교적 세계관의 확장과 심화를 경험하면서 목회의 길을 다시 생각하게 되었으니 말이다.

교수와 목사의 길에 들어서다

학문의 즐거움도 컸지만, 학위를 마칠 즈음에는 교회 현장을 무시하지 말자는 생각이 다시 새록새록 솟아올랐다. 병역 의무가 면제되면 목사가 될지 다시 진지하게 생각해보겠노라는 나의 타협적 기도가 응답되었는지, 내가 무엇 때문에 종교 공부의 길에 들어섰던 것일까 진지하게 되묻게 되었다. 초심으로 돌아가자는 생각이 들었다. 책상에서의 연구로만 끝내지 말고 교회 현장에서 나의 깨달음을 나누며 변화시켜가는 일이 내 몫이어야 하지 않겠나 싶었다. 그래도 당시는 '목회적' 일을 할 수만 있다면 굳이 '목사'라는 자격은 갖지 않아도 좋겠다는 마음이었다.

나는 이 문제를 함께 예배드리던 이정배 교수님께 슬쩍 의논했다. 그런데 이 교수님은 내 의도 이상으로 넘겨짚으셨던지 오래 걸리지 않아서 초교파적 토착 교단인 '예수교회'에 나를 소개시켜주셨다. 이용도 목사가 감리교회에서 해직된 이후 이용도 목사 추종자들에 의해 1933년 생겨난 예수교회는 '신교'든 '구교'든 가리지 않고 예수 정신 하나면 충분하다는 정신으로 창립된 교단이었다. 그 창립 정신이 맘에 들었다. 가톨릭 학교에서 공부한 나를 수용할 만한 곳이라면 괜찮은 곳일 거라는 마음에, 1998년 2월 나는 '예수교회 서울연합교회'에 교육전도사로 부임했다. 그러고는 자의 반 타의 반 형성되어가고 있는 목사에의 길에 내 자신을 맡기기로 했다.

서울연합교회는 이용도 목사의 뒤를 이어 교단을 이끌어오던 이호빈 목사가 해방 후 흩어져 있던 월남한 신자들을 모아 서울에서 창립한 교회였다. 하지만 내가 부임했을 때는 대치동의 번듯한 예배당과 대다수 신자들이 감리교회로 옮겨간 직후였고, 서울연합교회는 원로 교인들만 일부 남은, '미니' 교회로 전락해 있었다. 변선환 교수님과 친구지간이자 사상적 교류를 하셨던 김희방 목사님 같은 분도 교단 안에 계셨지만, 전반적으로는 창립 정신의 근본 의미를 해석할 줄 아는 이가 별로 없었고 오랜 역사에 비해 신학 교육도 부족해 보였다. 그래도 기왕 인연을 맺었으니 본래의 창립 정신에 맞게, 그러니까 가톨릭과 개신교 간 차별이 없고 다른 종교와 문화도 포용할 줄 아는 교회로 만들어보겠노라 다짐했다.

그러던 1999년 3월, 우리 가족은 서울을 떠나 평화스럽게 느껴지는 마을인 경기도 광주 퇴촌으로 이사했고, 같은 시기 강남대학교와 연이 닿으면서 신학과에서 강의를 하게 되었다. 그리고 1999년 9월에는 교양학부 소속 전임교원이 되었고, 12월 12일에는 목사 안수를 받은 뒤 서울연합교회 부목사로 일하게 되었다. 목사 안수일이 결정되던 날, 올 것이 왔다는 생각에 나는 나의 목사 안수예배를 종종 '12·12 사태'라고 부르곤 했다. 서울연합교회는 2002년 '우원교회'로 개명한 뒤 전원교회를 지향하며 한적한 양수리로 이전했고, 그곳에서 나는 담임목사로 취임했다. 그리고 교회와 학교의 중간 지점인 퇴촌 산자락에 집을 지어 자연을 만끽하며 사는 호사도 누렸다. 지금은 피치 못하게 떠나 있지만, 내게 '자연'이라는 것이 무엇인지 가르쳐준 퇴촌은 다시 돌아가야 할 고향과 같은 느낌을 준다.

주말에는 목사였지만, 주중에는 강남대 교수로 지냈다. 교육법상으로는 전임교수였지만, 교내적으로는 일주일에 15시간, 매 학기 수백여 명의 학생들에게 기독교 관련 교양 필수 과목을 가르치는 '강의 전담' 교수였다. 그래도 나에게 '교수' 타이틀을 준 강남대가 고마웠고 나는 성실하게 교수 생활을 했다. 하지만 학업에 그다지 적극적이지 않은 수백 명의 학생들을 대상으로 강의하면서 내 몸의 에너지가 소진되어간다는 느낌도 받았다. 각종 연구와 사회 활동에다 주말에는 목사로 변신하며 쉴 틈 없이 지내오는 생활이 한편에서는 피곤하기도 했다. 하지만 내가 선택한 길을 한 걸음 한 걸음 걸어간다는 점에서 그것은 피할 수도 없는, 그리고 생각해볼수록 의미 있는 일들이었다.

그 시기를 전후하여 앨리스 터너Alice K. Turner의 『지옥의 역사』(동연출판사, 1998), 레너드 스위들러의 『절대 그 이후: 종교 간 대화의 미래』(이화여대출판부, 2003) 등의 책을 번역했고, 모교의 교수님들과 함께 한국학술진흥재단에서 연구 지원을 받은 결과물 『한국종교문화연구 100년』(청년사, 1999)을 공저 출판했으며, 짧은 책이지만 정성들여 정리한 종교사 교재『종교로 세계 읽기』(이화여대출판부, 2005)를 내기도 했다.

뜻밖의 소용돌이에 휩싸이다

그러던 2003년 10월 어느 날, 우리 사회에 종교적·이념적 다양성을 긍정하고 차이에 대한 관용성을 알리기 위해 신설되었다는 EBS TV의「똘레랑스」라는 프로그램에 출연할 기회가 있었다. 개신교인이었다가 배타성을 혐오하며 불자로 개종했다는 이 프로그램의 PD는 나의 종교 대화 자세를 결론으로 삼으려는 프로그램이니만큼 사찰을 배경으로 인터뷰하자고 제안했다. 그래서 주일 예배 후 교인들 몇과 함께 교회 인근의 한 사찰(남양주 수종사)로 향했다. 대웅전 앞에 이르렀다. '혹시' 하는 생각이 1초 정도 스쳐가기는 했지만, 개신교가 그렇게 배타적이기만 한 것은 아니라는 것과 이럴 때일수록 종교 간 조화와 관용이 무엇인지 몸소 보여주어야 할 필요가 있겠다는 생각이 더 컸다. 그래서 대웅전 불상 앞에 엎드려 불교식 예의를 표했다. 그것이 TV 화면에 살짝 비쳤고, 내 인생을 바꿨다. 적지 않은 파장이 일어난 것이다.

당장 '한국기독교총연합회'에서 '우상을 숭배'하고 '단군을 중시'한 나에 대해 학교 측에선 어떤 조치를 취할 것인지 알려달라며 항의 공문을 보냈고, 학교 관계자들 사이에서는 의견이 분분했다. 내가 저간의 상황을 담은 경위서를 제출하면서 사태는 일단락되는 듯했지만, 수면 아래에서는 그렇지 않았다. 학교 일각에선 나를 기독교 강의 부적격자로 여기는 분위기가 한동안 이어졌다. 그래도 진심은 통할 거라 믿으며 강의를 이어나갔지만, 흐름은 그다지 좋지 않았다.

교회에서도 비슷한 일이 벌어졌다. 학교와 가까운 관계에 있는 원로 교인 몇이 나의 배례 행위에 문제를 제기하면서 교회 분위기가 뒤숭숭해졌다. 내가 교회를 떠나는 것이 해결책이라는 말까지 나왔다. 결국 나는 일부 교인들과 함께 퇴촌에서 '길벗예수교회'라는 이름으로 독립하게 되었다. 그 김에 무보수 목회를 하며 교회 일치적 정신으로 한국적 영성에 어울리는 교회를 이루어보겠다는 평소의 목회 소신을 구체화시켜보기로 했다. 부모님, 동생 내외를 포함해 뜻이 맞는 교인들과 함께 예배를 드리니 마음은 도리어 편안했다.

하지만 '예불' 사건은 그 뒤에도 잊을 만하면 가끔 구설수에 올랐다. 그래도 무슨 큰 범죄를 저지른 것도 아니니, 그저 구설수에 그치려니 싶었다. 하지만 2006년 1월 초, 학교로부터 '창학 이념에 적합하지 않은 사례가 있어서 재임용할 수 없다'는 문구가 적힌 내용증명 우편물을 한 통 받게 되었다. 당황스러웠다. 본심을 전하며 흐름을 바꿔보려 애썼지만, 사태는 모든 것이 정해져 있다는 듯 도도하게 흘러갔다.

당시 나는 연구실적, 강의평가, 사회봉사 등의 영역 평가에서 부족할 것이 그다지 없었다. 개인적 흠결이야 전혀 없었겠는가마는, 대학 교수를 평가하기 위한 객관적 차원에서는 딱히 모자랄 만한 점이 없었다. 하지만 그것은 내 생각일 뿐, '예불' 행위가 기독교 정신에 위배된다는 공식적 명분 앞에서는 아무 소용이 없었다. 마음이 아팠고, '트라우마'라는 것이 무엇인지 실감할 수 있었다.

그러다 이 사실이 각종 언론에 소개되면서 내 문제는 종교·교육 분야에서 적지 않은 사회적 이슈가 되기 시작했고, 결국 법적인 판단을 받아야 하는 상황으로까지 치닫게 되었다. 2006년 5월 교육부 교원소청심사위원회에서는 나의 청구를 받아들여 학교의 결정을 취소시켰고, 서울행정법원, 서울고등법원, 대법원에서는 2년 반 정도의 시간에 걸쳐 교육부의 결정을 차례차례 확인해주었다. 내가 법원을 드나들게 된다는 것은 상상할 수 없었던 일이었지만, 지나고 보니 다 좋은 경험이었고 법이라는 것의 실상을 파악하는 생생한 기회였다.

그 과정에 교단의 일부 인사들이 치리위원회를 열어 나의 목사직 제명을 결의했다. 그러자 교단 내 다른 분들은 치리위원회의 구성이 편법으로 이루어졌다며 위원회의 결의를 성토하고 무효화했다. 그러는 사이 가뜩이나 작은 교단은 더 해체되어갔다. 이런 일을 겪으면서 내가 목사인지 나 자신도 의심스러워졌다. 그저 나를 목사로 부르며 동행하는 신자들에게, 그리고 그렇게 인정해주는 이들에게 목사로 불리면 충분한 것 아닌가 하는 마음만 여전히 가지고 있을 뿐이었다. 혼란의 와중에 끝까지 함께 예배드려주고, 도리어 새롭게 교회를 찾아준 분들이 정말 고마웠다.

사회 속으로 더 들어가다

그렇게 한편에서는 편치 않은 일들이 계속되었다. 하지만 다른 한편에서는 의미 있는 경험들도 많았다. 그만큼 인생도 풍요로워졌다. 다양한 사람들과 관계를 맺고 여러 세계관을 경험하면서, 후에 자서전 쓸거리들이 생긴 것 같아 감사한 마음이었다. 특히 '인권연대'를 이끄는 오창익 국장과의 만남이 주는 의미는 적지 않았다. 인권연대와 교류하면서, 도움을 받는 입장에서 인권연대를 이끌어가는 운영위원으로 참여했고, 종교 분야에서 만나는 학자나 활동가와는 다른, 사회참여적 시각에 이전보다 더 눈뜰 수 있게 되었다. 인권연대가 주도하는 '평화인문학'(재소자 대상의 인문학) 강의에도 참여했고, 그러면 그럴수록 종교 문제도 인권 차원에서 해석될 필요가 있다는 사실을 절감하게 되었다. 그리고 참여불교재가연대 소속 '종교자유정책연구원'을 통해서는 불교의 사회적 위치를 새롭게 보게 되었다. 이들 단체는 점차 나의 일부가 되어갔다.

1989년에 창립한 뒤 5년여 활동하다가 '개점휴업' 상태로 들어갔던 '종교문화연구원'도 2007년 복구해 원장 자격으로 일하게 되었고, 창립 초기부터 직간접적으로 관계를 맺던 KCRP(한국종교인평화회의)에도 종교대화위원 자격으로 다시 참여하면서 대화를 위한 실천적 운동에 더 깊이 개입하게 되었다.

2005년 최준식 교수 등과 함께 '한국죽음학회'를 창립한 뒤 죽음과 내세에 관한 사유를 천착시키고 있으며, 2008년 말부터 다시 만난 '대화문화아카데미'에서도 많은 것을 배우고 있다. 1990년대 초부터 아카데미의 이런저런 세미나에 드나들고, 종교청년 모임 등에서 강의를 하거나 '젊은 종교인 모임'에 참석하는 등 인연은 지속되었는데, 이제는 대화문화아카데미 연구위원으로까지 일하게 되었다. 거기서 이론을 현장에서 구체화시키는 방법까지 배워가고 있으니 좋은 일이고, 내 것을 투자해서라도 해야 될 일을 사례까지 받아가며 할 수 있으니 기쁜 일이다. 모두 감사한 일이 아닐 수 없다.

이런 저간의 상황을 정리하는 자세로 나는 지난 10여 년 어간에 썼던 한국 그리스도교 관련 논문들을 모아 『한국 그리스도교 비평—그리스도교 한국적이기 위하여』(이화여대출판부, 2009)를 출판하기도

했다. 외적으로는 '그리스도교 비평'이라는 제목이 달려 있지만, 내적으로는 기독교에 대한 어쩔 수 없는 애정의 표현이었다. 그 책에는 기독교가 참으로 한국적이기를 바라는, 그렇게 제대로 된 한국의 종교가 되기를 바라는 내 마음이 담겨 있다.

충전과 전환의 시간을 갖다

이런저런 일들을 겪으면서 휴식과 전환의 시간도 갖고 싶었다. 그러던 차에 재일 한국인 이사호 선생이 일본에서 전환과 충전의 시간을 갖고 싶다는 내 희망을 릿쇼코세이카이立正佼成會 지도자 양성 학교인 코세이가쿠린佼成學林에 전달해주고 성사되도록 애써주면서 실제로 일본행이 이루어졌다. 그동안 종교 교류 모임이나 학회 참석차 예닐곱 차례 일본을 다녀오기도 했고, 박사 논문으로 일본 현대불교 철학을 다루고, 관련 단행본을 출판하면서 일본 사상에 대한 관심을 꾸준히 가지고 있었지만, 일본인의 생생한 문화를 직접 체험할 시간은 제대로 갖지 못했다. 그 점이 늘 아쉽던 차에, 코세이가쿠린 객원교수 및 세계종교인평화회의WCRP 평화연구소 객원연구원 자격으로 2007년 9월부터 2008년 8월까지 1년간 도쿄에 체류할 기회를 갖게 되었다.

나는 한 달에 한 번씩 한국 종교와 문화에 관한 글을 준비해 연구소의 박사급 연구자들과 세미나를 했고, 개신교로 치면 목회 신학대학원에 해당하는 가쿠린學林에서는 세계의 종교와 문화에 관한 강의를 한 학기 동안 했다. 어설프기 짝이 없는 일본어로 발표하고 강의하는 일이 쉽지는 않았지만, 무엇보다도 내게 큰 배움의 기회였다. 평범한 일본 불자들의 지역 종교 활동을 경험한 일은 돌이켜 보면 소중한 추억으로 남을 것 같다. 그 밖에 내 관심사에 따른 논문도 쓰고 일본인 교회에서 예배드리고 각지에서 여러 사람을 만나면서 다양한 방식으로 일본을 느끼는 시간을 누렸다. 그러면서 일본 종교문화를 소개하는 짧은 글들을 한국의 종교 관련 신문에 연재하기도 했다. 이것은 후에 『일본 정신』(모시는사람들, 2009)이라는 단행본으로 출판되었다. 나에게 새로운 경험과 충전의 시간을 제공해준 사나다 요시아키眞田芳憲, 시노자키 토모노부篠崎友伸 교수님과 일본 생활에 도움을 준 김영완 박사 외 여러분께 고마운 마음 금할 길이 없다.

 이렇게 여러 사람들의 도움으로 1년간 알차게 휴식한 뒤에는 다시 감신대, 성공회대, 원광대, 이화여대, 한신대 등에서 교대로 강의를 이어갔다. 2009년 10월 대법원 판결이 나고도 강남대로는 돌아가지 못했지만, 이들 대학에서 기독교 및 종교 관련 강의를 할 수 있게 해주었다. 나의 종교적 정당성을 사회적·학문적·법적 차원에서 확보할 수 있도록 배려해준 분들이 참 고마웠다. 일일이 이름을 밝히며 사의를 표명하지 못해 아쉬울 뿐이다.

경계에서 경계를 넘어

나의 학문적 배경 탓일까, 뜻밖에 겪은 '트라우마' 탓일까. 내가 '신학'이라는 이름으로 영위해오고 있는 지난 삶을 돌이켜 보면 이상하게도 한계나 부정적인 느낌이 더 많이 떠오른다. 엄밀한 신학자의 이상이 교회 현장에 녹아드는 것은 그저 희망의 영역일 뿐이라는 절망적 생각도 들고, 신학자가 그렇게 많아도 교회와 사회가 별로 달라지지 않으니 신학자의 책임이 크다는 생각도 든다. 신학 자체의 한계처럼도 느껴진다.

그런 느낌이 드는 이유는 그동안 내가 주로 '경계인'이었던 데 원인이 있지 싶다. 나는 주로 '경계'에 머물러온 경향이 있었다. 어느 한쪽이든 제대로 내부자가 되어보지 못했다. 신학, 종교학, 불교철학의 경계, 개신교와 가톨릭, 감리교회

> 그동안 신을 만나는 방식의 다양성을 배웠다. 그렇게 만난 신이 신의 모든 것은 아니라는 것도 배웠다. 신은 경계 안에 계시면서 경계를 넘어서는 분이기 때문이다. 이것이 신학의 이름으로 내가 신을 체험하는 방식이다.

와 예수교회, 교파와 탈 교파, 목사와 평신도, 교수와 강사, 이론가와 활동가 등등, 이들의 경계에 주로 머물러왔다. 어느 하나도 제대로 하지 못했고, 제대로 인정받지 못했다는 뜻이기도 할 것이다. 사회인 이찬수와 남편, 아버지, 아들 등 가족 구성원으로서의 이찬수 어떤 모습도 충실히 살지 못한 채 거기에서마저 경계에 머물러 있는 느낌이다. 앞으로는 어느 하나라도 제대로 해야겠다는 마음은 굴뚝같지만, 지금까지의 관성으로 보건대, 앞으로 이 이상 제대로 할 수 있겠다고 장담하지도 못하겠다. 그런데도 여전히 경계에 머물며 머뭇거리고 있으니, 그 근본 이유는 무엇인가.

아마 그것은 '신'이라는 거대 개념을 다뤄야만 하되, 그 신을 온전히, 정말 온전히 '체화'시키기 힘든 데서 오는 내적 갈등 때문인 것 같다. 내가 여러 학문 분야나 집단에 걸쳐 있는 이유는 모든 곳에 계신 하나님을 되도록 여러 방식으로 경험하고 학문 안에 녹이겠노라는 내 '욕심' 때문인 것도 같다. 거대 담론은 거의 포기되다시피 한 상황인데도 거대하고 엄청난 이야기들을 해야만 하는 기독교인의

운명에 강하게 붙들린 탓인 것 같기도 하다. 모든 곳에서 신을 온전히 보아야 하지만, 어디서도 신을 제대로 보지 못하는 모순이 신앙의 이름으로 습관이 되도록 지속되어온 때문인 것도 같다. 지금까지 그래 왔으니, 앞으로라고 해서 딱히 뭔가 바뀔 것 같지도 않다. 머리로는 자유롭게 전체를 본다면서 실제로는 '경계'에서 우물쭈물하고는 신의 세계로 온전히 나아가지 못하는 일은 두고두고 지속될 것 같다.

그러면서도 경계에 머무는 일은 경계를 넘어서기 위한 필연적인 과정이라는 긍정적인 해석을 해보기도 한다. 경계 안에 계시고 경계를 넘어 계신 신의 세계에 다가서리라는 희망을 갖는 일은 신학자에게는 필연적인 일이기도 하다. 경계에 머물러온 그동안의 작업은 결국 경계를 넘어 신의 세계로 나아가기를 꿈꾸는 과정일 것이라고 해석해본다. 사상과 실상이 온전히 합치되지 않아 주저하며 여기저기 기웃거릴 수밖에 없는 것이 신학의 팔자이면서도, 결국 경계를 온전히 소화하고 넘어설 수 있게 되기를 희망하는 것이 신학의 존재 이유이기도 하다. 경계에서 경계를 넘어서기를 꿈꾸며 신학이 존재하고, 신 안에서 신을 향해 나아가는 자세가 신앙일 것이다. 불교학이면 어떻고 인문학이나 과학이면 어떠랴. 신학을 하든, 종교학이나 철학을 하든, 그 모든 것은 결국 "모든 것 안에서 모든 것이 되실"(「고린도전서」 15장 28절) 그분과의 결정적인 만남을 꿈꾸는 일이고, 붓다와 같은 우주적 깨달음을 지향하는 일이기도 하다. '학문'이라는 것은 결국 그런 것이라 생각한다. 그동안 신을 만나는 방식의 다양성을 배웠다. 그렇게 만난 신이 신의 모든 것은 아니라는 것도 배웠다. 신은 경계 안에 계시면서 경계를 넘어서는 분이기 때문이다. 이것이

신학의 이름으로 내가 신을 체험하는 방식이다. 신은 끝없이 체험되면서 늘 그 체험을 넘어선다. 경계에 있으면서 결국 경계를 넘어 신이라는 우주적 진리와 온전히 합치할 때가 오리라는 희망적 에너지가 소진되지 않기만을 바랄 뿐이다.*

---

* 2010년 3월 대화문화아카데미에서 이 글이 발표되고, 이어 단행본 출판이 진행되던 2010년 8월 31일 강남대에 재임용될 것이라는 통보를 받았고, 9월 1일 자로 복귀하게 되었다. 다행스럽고 감사한 일이다. 4년 6개월 만에 연구실로 돌아가 햇빛에 바랜 책들을 쳐다보고 만져보고, 책상의 먼지도 닦다가 의자에 하릴없이 앉아 있곤 했다. 상념 속의 무념 같은 것이 느껴졌다. 2011년 1학기부터는 예전에 하던 강의도 다시 시작했다. 여전히 해결해야 할 일들이 있지만, 그것만으로도 좋은 일이 아닐 수 없다. "마음과는 달리 육신이 약한 탓에"(「마태복음」 26장 41절), 뜻대로 될지는 잘 모르겠지만, 조금이라도 더 양심적으로 사회적 실천을 하며 살아야지 하는 마음만은 여전하다.

더블린에서 돌아보고 내다봄

나의 삶, 신앙과 신학

PSALME LXXXVII.
FVNDAMENTA EIVS.
A PSALME AND SONGE OF THE
SONNES OF CORAH.

ER foundacions are vpon the holy hylles: the Lorde loueth the gates of Sion more then all the dwellynges of Iacob. Very excellent thynges are spoken of the, thou cyte of God. Selah. I wyll thynke vpon Rahab and Babylon, wyth them that knowe me. Beholde, yee the Philistynes also, and they of Tyre with the Morians. Lo, there was he borne. And of Syon it shalbe reported, that he was borne in her, and the moost hyest shall stablish her. The lorde shall rehearse it, whan he wryteth vp the people, that he was borne there. Selah. The syngers also and trompetters shall rehearse. All my freshe sprynges shalbe in the.

정지석

한국 YMCA 생명평화센터 소장

충남대학교 사회학과와 한신대학교 신학대학원(M. Div.)을 졸업하고 아일랜드 평화에큐메니칼 대학원(Trinity College)에서 철학석사(M. Phil.)를, 영국 우드부룩 대학원(Sunderland Univ.)에서 박사학위(Ph.D.)를 받았다. 민중교회, 한국기독교교회협의회, 크리스챤아카데미 사회교육원, UNESCO-APCEIU에서 일했으며 현재는 한국 YMCA 생명평화센터 소장으로 일하고 있다. 지은 책으로 *Ham Sokhon's Pacifism and The Reunification of Korea, A Quaker Theology of Peace* 와 『에큐메니즘 평화 여성 민중』(공저) 등이 있다.

나는 왜 크리스천이 되었는가

아일랜드 더블린으로 유학을 갔을 때다. 세계 각지에서 온 유학생들이 서로 인사하고 소개하는 시간이 있었는데, 모두에게 주어진 질문이 '나는 왜 크리스천이 되었는가'였다. 간단한 이 질문은 나 자신을 되돌아보게 했다. 1997년 10월 초순 비바람이 몰아치는 늦은 밤, 더블린의 신학교 기숙사 방에 앉아 나는 왜 크리스천이 되었는가를 곰곰이 뒤돌아보았다. 어린 시절 처음 교회에 나가고, 신학교에 가고, 목사가 되어 목회를 하며 지냈던 날들이 파노라마처럼 스쳐 지나갔다. 기억을 더듬어 올라가면서 나는 왜 크리스천이 되었는가에 대한 대답을 찾을 수 있었다. 사랑의 체험, 사랑의 사람 예수와의 만남이 거기에 있었다.

어린 시절, 마을 언덕 위에 하얀 교회당이 있었다. 열 살 소년 시절, 목사 아들이었던 친구의 전도를 받아 처음 들어갔던 교회당 안 풍경이 마음 흐뭇한 기억으로 떠오른다. 아이들의 노랫소리와 즐거운 재잘거림이 가득했던 교회당 안에서, 두 손을 활짝 벌려 맞이해주던 천사 같은 주일학교 선생님들의 환한 웃음은 어린 소년의 마음을 사로잡았다. 교회에 대한 나의 첫 느낌은 '교회는 좋은 곳, 사랑이 넘치는 곳'이었다. 이것은 새로운 세계의 경험이었다. 처음 교회에 갔을 때 받았던 이 새로운 경험을 나는 사랑의 체험이라 말하고 싶다. 어린 소년의 마음에 기독교는 사랑의 종교로 깊이 심어졌다. 그리고 그 이후 크리스천으로서 삶의 기준은 사랑의 사람 예수가 되었다.

이렇게 지난 삶을 되돌아보면서 지낸 다음 날 아침, 나는 우연이라고만 할 수 없는 광경과 마주쳤다. 더블린 학교로 가는 길 위에서 열 살쯤 되어 보이는 아일랜드 소녀가 거리 모금을 하고 있었다. Food for North Korea! 하얀 모금통에 쓰여 있는 이 글을 보는 순간 나는 말로 표현하기 어려운 감동, 그리고 당혹감과 부끄러움 같은 것이 뒤섞이는 느낌을 가졌다. 이역만리 떨어진 북한의 굶주리는 사람들을 위해 아침 일찍 길 위에 서 있는 이 소녀의 현존은 나에게는 '사랑의 계시 사건'이었다. 그것은 내가 어린 소년 시절 처음 교회에 갔을 때 체험했던 사랑과는 다른 종류의 깊고도 넓은 사랑이다. 그날 나는 교실에서 여러 친구들에게 이 소녀를 만난 이야기를 전했다. 크리스천으로서 산다는 것은 이 세상 속에서 사랑을 실천하며 사는 것이다.

예수는 사랑의 사람이다. 그는 나에게 좋은 사람이 되는 기준이다. 나는 처음부터 사랑의 사람 '예수'를 좋아했다. 사랑하기 위하여 하늘 보좌를 마다하고 낮고 천한 이 세상 속에 오신 그가 고마웠다. 그를 나의 그리스도라고 고백하고, 그런 사람에게 붙여준 이름인 '크리스천'이란 말을 들을 수 있다는 것이 영광이다. 대학에서 사회학을 공부할 때도 그랬고, 신학대학원에서 신학 공부를 할 때도, 막사교회, 농촌교회, 민중교회, 한국기독교교회협의회 KNCC와 크리스찬아카데미 사회교육원을 거쳐 아일랜드와 영국과 미국에서 유학 생활을 할 때에도 나의 삶을 이끈 원천은 사랑의 예수이다. 나는 왜 크리스천이 되었는가? 사랑의 예수. 그가 좋아서 스스로 따라 나섰고, 그에 이끌려서 여기까지 왔다. 확신하건대 그는 내가 소년 시절 처음 교회에서 만나기 전부터 이미 내 가슴속에 있었다.

기독청년 학생운동

대학 시절 나는 기독청년 학생운동에 가담했다. 1970년대 말 박정희 유신정권은 막바지에 있었고, 민주화 운동 바람은 대학뿐만 아니라 교회 안에도 불어 들어왔다. 해방자 예수는 당시 기독청년 학생운동의 신앙적 상징이었다. 나는 해방자 예수 안에서 사랑의 예수를 보았다. 사랑의 예수는 세상 속에서 억눌리고 고난받는 사람들을 해방시키시는 분이었다. 예수를 따르는 크리스천은 사회정의와 인권, 민주화 운동에 적극 참여해야 할 신앙적·윤리적 의무가 있다.

대학생 시절 나는 많은 시간을 교회에서 보냈다. 주일학교 교사로서, 대학 청년부 활동으로, 신학생 이상으로 교회에서 시간을 보냈을 것이다. 1970년대 말 당시 대학은 민주화 운동의 열기로 활화산처럼 들끓고 있었으나 교회는 사회문제에 무관심했다. 교회와 사회는 완전 딴 세계였다. 한동안 나는 두 세계를 별다른 갈등 없이, 교회에서는 신자로서 살고, 대학에서는 민주화 운동에 참여하면서 살았다. 그러나 곧 독재와 인권유린, 사회 불의에 무관심한 채 영혼 구원을 외치는 교회와 기독교 신앙에 회의감을 갖게 되었다. 이런 신앙적 회의감은 해방자 예수로서 극복되었다. 사랑의 예수는 해방자 예수이다. 나는 해방을 위한 폭력 투쟁을 반대했다. 왜냐하면 사랑의 예수는 폭력과는 어울리지 않으며 십자가의 길을 걸어갔기 때문이다. 그렇다면 어떻게 사회악과 폭력적 현실을 변혁시킬 수 있다는 말인가? 예수처럼 십자가의 길을 따라보겠다는 순수한 신앙 열정이 넘쳐나던 시절이었다. 신앙

> 한신 신학대학원에서 보낸 시절은 시대적으로는 어려운 때였지만, 나 개인적으로는 참으로 의미 있고 신앙적으로도 깊어진 때였다고 말하고 싶다.

윤리적 책임을 다하고자 하는 것을 정치 문제로 생각한 목사와 장로들은 청년회 활동을 못마땅하게 여겼고, 갈등이 일어났다. 교회를 떠난 사람도 있었다. 그러나 나는 예수 신앙을 포기하거나 교회를 떠난다는 생각은 하지 않았다. 대학 청년회 모임은 사회정의와 민주화 문제를 크리스천의 사회적 책임으로 토론했다. 시대적 상황은 나의 신앙을 개인에서 사회 차원으로 넓혀주었다.

기독청년 학생운동에 참여하면서 나는 마르크스주의 사회학에서부터 본회퍼와 민중신학을 읽기 시작했다. 사회과학 독서가 비판적·분석적 관점으로 머리를 냉철하게 했다면, 신학은 사랑의 해방자 예수를 따르는 결단과 헌신의 마음을 가슴속에 채웠다. 사회과학서를 읽으면서 이념과 노선이 다른 집단들이 서로 경쟁적으로 싸우는 습관을 갖게 됐지만, 이런 이념 투쟁은 정작 해야 할 일은 뒤로 미뤄둔 채 친구들끼리 싸우는 것으로 비춰졌다. 인간 해방을 위한 것이라면 사랑의 정신이 기초가 되어야 하고, 서로 생각과 노선에 차이

가 있다 할지라도 협력할 수 있어야 한다고 나는 믿었다. 사랑의 사람 예수로부터 받은 영향 때문일 것이다. 급진적인 걸로 말하자면 예수보다 급진적인 분이 어디 있겠는가? 그러나 예수는 언제나 다른 사람을 먼저 배려하는 사랑을 가르친 분이었다. 나는 점점 전공 서적인 사회학보다 예수에 관한 책, 그리고 신학 책을 많이 읽기 시작했다.

대학 졸업 무렵 신학 공부를 해야겠다고 생각했다. 목사가 되기 위한 신학 공부가 아니라, 인간 사랑과 해방의 학문으로서, 예수를 더 깊게 이해하는 공부로서 신학에 마음이 갔다. 신학교에 가서 본격적으로 신학 공부를 할 것인가를 두고 오랫동안 망설이고 고민했다. 이때 신학을 하고 크리스천 신문사에 근무하던 맏형이 나의 고민을 듣고 한신 신학대학원을 추천했다. 형은 감리교단 신학교에서 공부한 사람이었지만, 사회참여에 적극적이고 진보적인 신학을 추구하는 한신의 신학 풍토가 나에게 맞을 것이라고 생각한 것 같다. 이렇게 해서 나는 어릴 적부터 다닌 감리교회와는 다른 장로교 전통의 한신 신학대학원 M.Div.에 들어갔다.

수유리 한신 시절

북한산 산자락에 위치한 수유리 한신 대학원은 퍽 소박하고 단아한 느낌을 주었다. 기독청년 운동을 하면서 만난 기장(기독교장로회) 친구들은 매우 자유분방해서 한신 대학원 분위기도 비슷하지 않을까 생각했는데, 나의 예상은 완전히 빗나갔다. 매주 목요일 오전에 열리는 대학원 채플은 무겁고 엄숙했다. 자유로운 듯하면서도 엄숙하고 무거운 한신 분위기는 밝고 가벼운 예배 분위기에 익숙했던 나에게는 색다른 신앙 체험이었다.

한신 대학원에는 훌륭한 교수진이 많이 있었다. 해방신학과 민중신학에 관심이 많았던 나는 안병무 교수의 민중신학 세미나와 고재식 교수의 기독교 해방윤리신학 강의를 즐겨 들었다. 한신 신학대학원 학생 시절(1983~1986년)은 광주 민중항쟁 이후 들어선 전두환 정권의 폭정에 맞선 대학생들과 노동자들의 투쟁이 과격화되던 때였다. 해방신학과 민중신학은 정부 공안당국에 의해 좌파 이데올로기로 낙인찍히고, 교회 안에서도 공산주의 사상에 버금가는 위험한 신학으로 매도당하고 있었다. 그러나 나에게는 해방신학과 민중신학이 당시 억압적 시대 상황 속에서 예수의 사랑을 가장 잘 증언해주는 신학으로 이해되었다. 지금 되돌아보면 해방신학과 민중신학에 경도되어 다른 신학 분야의 넓고 깊은 신학적 사색의 맛을 경험하지 못한 것이 후회되지만, 그럼에도 불구하고 인간 해방자 예수를 더 깊게 알 수 있었다는 기쁨은 그 무엇에도 비할 수 없는 것이었다. 한신 신학대학원에서 보낸 시절은 시대적으로는 어려운 때였지만, 나 개인적으로는 참으로 의미 있고 신앙적으로도 깊어진 때였다고 말하고 싶다.

신학교에 들어갈 때만 해도 신학 공부만 하지 목회자가 되리라는 생각은 전혀 하지 않았다. 그러나 삶의 행로는 다르게 돌아갔다. 일단 신학생이 되면 의무적으로 교회에 소속되어 봉사 임무를 수행해야 했다. 신학은 교회 봉사를 위한 실천적 학문인 것이다. 목사 후보생 자격으로서 교회에 소속되어 봉사해야 했다. 신학 공부에 따르는 이 의무 직무는 그 후 나의 인생을 전혀 예기치 않은 길로 접어들게 했다.

목회자의 길로 들어가다

신학생이 된 이후 나는 서울 사당동에 있던 재건대원 막사 교회에 출석했다. 기장 교단 소속 교회였다. 당시 사당동과 봉천동 두 곳에 재건대원 막사가 있었다. 재건대원이란 명칭은 그럴듯하게 들릴지 몰라도 실상은 큰 망태기를 지고 골목을 누비며 종이나 폐품을 줍는 사람들을 일컫는 이름이다. 그들은 대개 고아나 부랑자들이며, 도시 빈민 중에서도 맨 아래층에 속한 사람들로서 해당 지역 경찰서의 지도와 감시 아래 빈 공터에 막사를 짓고 집단 생활을 했다. 1983년 봄, 사당동 막사에서 재건대원들과 함께 예배드리는 교회가 생겼고, 나도 그 교회에 참여했다. 이 교회는 최준수, 정지강, 최의팔 등 당시 30대 중반이었던 선배들이 새로운 교회 운동을 꿈꾸며 개척한 청암교회이다.

청암교회 교인들은 역사적 예수를 닮은 교회를 추구했고, 사당동 재건대원을 만나면서 매 주일 재건대원 막사에서 함께 예배드리고 친구로 어울렸다. 평일 저녁에는 한글 공부 교실, 생활교양 교육 모임이 진행되었다. 학식 유무, 신분 차별 없이 어울리는 사당동 막사 교회에서 나는 '예수의 교회'의 희망을 볼 수 있었다. 본래 재건대원들이 함께 숙식하는 막사는 군대 내무실과 같이 규율이 엄격했고, 주먹이 제일 센 사람이 대장이 되어 질서를 잡았다. 교회가 들어오기 전에는 거의 매일같이 주먹과 몽둥이질이 끊일 날이 없었다고 한다. 그러나 막사가 예배 처소가 되어 주일마다 예배를 드리면서부터 차츰 막사 분위기가 바뀌었고, 신앙의 감화를 받은 막사 대장은 폭력을 줄여갔다. 그리고 몇 년 후 재건 대장은 신학 공부를 하고 목회자가 되어 막사 교회를 맡아 목회를 했다. 나는 주일 예배에 참석하고,

같이 탁구 치고 어울리는 정도였지만, 사당동 막사 교회는 신학도로서 참으로 특별한 경험이었다.

신학대학원 2학년 가을학기, 나는 양수리 북한강 줄기 운길산 자락에 있는 시골 교회에 교육전도사로 갔다. 지금은 전철이 들어가는 서울 근교가 되어 있지만 내가 전도사로 다닐 무렵만 해도 아주 시골 분위기가 물씬 풍기는 곳이었다. 시골 교회는 꽤 오랜 역사를 가진 교회였고, 시골답지 않게 아이들도 꽤 있었다. 나는 초·중·고등학생과 대학 청년회를 맡아 지도했는데, 시골 아이들과 친구처럼 어울려 놀았다. 매주 일요일 새벽 예배 후에는 함께 모여 마을 청소도 하고 언덕 위 초등학교 운동장에서 축구도 하며 뛰어놀았다.

시골 교인들은 겉으로 표현하기보다는 속으로 깊은 마음을 준다. 그래서 예수의 사랑은 시골 사람들과 더 잘 어울린다. 시골 교회에서 만 3년을 지내면서 나의 삶과 신앙은 변화가 있었다. 생각의 신앙이 삶의 신앙으로 내려앉았다고 할까. 머리에서 가슴으로 신앙의 중심 이동이라 할까. 가난한 시골 전도사 시절이었지만 참으로 많은 사랑을 받은 날들이었다. 그 사랑으로 인해 나는 결국 목회자의 길로 들어서게 되었다.

사실 시골 교회에 갈 때까지만 해도 나는 목사가 된다는 생각은 감히 하지 못했다. 목사란 특별한 계시를 받은 '성별된' 사람이어야만 될 수 있는 것이라 생각했기에 나와 같은 사람은 할 수 없는 일이며, 나 자신 목사로 살고 싶지 않았기 때문이다. 그런데 시골 교회 교인들의 사랑과 기대가 범상치 않았다. 연로한 장로들에서부터 많은 교인들은 새파란 청년 신학생을 목회자처럼 깍듯하게 대했다. 신학 공부만 하고 목사의 길은 가지 않을 것이라고 작정하고 있던 나로서는 감당하기 어려운 대접이었다. 신학은 공부만 하고 직업은 다른 것으로 하여 먹고살려 했던 나에게 이것은 보통 큰 도전이 아니었다. 목회자가 될 것인가, 만약 아니라면 하루빨리 신학 공부를 중단하는 것이 인간으로서 마땅한 도리라고 느껴졌다. 그런 고민 속에서 3년이 지나갔고, 나는 신학대학원을 졸업했다. 졸업 후에도 한동안 시골 교회에 머물렀다. 그리고 나는 이전에 전혀 계획하지 않았던 목회자의 길을 받아들이고 있었다. 시골 교회 교인들의 사랑이 신학생이던 나를 목회자로 만든 것이다. 사랑에 빚진 자로서 나는 목회자의 길을 받아들인 것 같다. 이것은 결코 내가 목회자가 될 만한 자격을 지녀서가 아니다. 시골 교인들 역시 예수의 사랑에 빚진 자 의식을 가진 사람들이었을 것이고, 그래서 예수와 교회를 위해 온 삶을 헌신해야 한다는 것을 알았을 것이나 그렇게는 할 수 없다는 것을 알기에, 누군가가 그 일을 전적으로 대신해줄 사람을 목회자로 세우고 싶었을 것이다. 이것은 오늘에 와서 생각해보는 것이지만 신자들을 대신하여 교회 일을 전적으로 맡아 일할 사람, 그 사람이 목회자 아닐까? 내 마음속에 차츰 목사로서의 자화상이 그려지기 시작한 것은 아마도 그때부터일 것이다. 인생은 내 뜻과 계획대로 되는 것이 아니다. "사람이 마음으로 자기의 길을 계획할지라도 그의 걸음을 인도하시는 이는 여호와시니라."(「잠언」 16장 9절) 이 성경 말씀은 그 뒤로 내 삶을 돌아볼 때마다 진실임을 확인하게 된다.

청계천에서의 민중목회

내가 시골 교회에서 일하는 동안, 사당동 재건대 막사에는 기적과 같은 일이 일어났다. 막사 재건대장을 하던 사람이 신학을 공부하고 목사가 되어 막사교회를 세운 것이다. 그 사람은 젊은 시절 깡패로 이름을 날린 사람이었는데, 천성이 밝고 총명해서인지 막사에서 매주일 예배드리던 청암교회 지식인 교인들과 잘 어울렸다. 그리고 급기야 회심을 크게 한 후 신학을 공부하고 목회자가 된 것이다. 그래서 청암교회 교인들은 사당동 막사를 떠나게 되었고, 다시 청암 창립 정신에 알맞은 일을 좇아 나온 것이 청계천 평화시장 지역에서 봉제공장 노동자들을 위한 야학교회를 연 것이다. 젊은 기독교 지식인들이 추구한 새로운 교회의 두 번째 실험이었다. 수년이 지난 후, 개척기부터 담임목사를 맡아왔던 최준수 목사가 가정 일로 미국 이민을 가게 되면서, 나를 후임 목회자로 오길 요청했다. 그 당시 나는 시골 교회를 떠나 고향에서 개척교회를 하려는 계획을 갖고 있었지만 그것을 접고 청암교회를 맡았다. 이런 연유로 하여 나는 1980년대 중반부터 일어난 민중교회 운동에 합류했다.

청계천에서 야학하는 교회를 맡게 된 것은 나에겐 첫 번째 담임 목회 경험이었다. 1988년 새해 첫 주일 예배를 나는 잊을 수가 없다. 담임목회자로 첫 설교를 하던 날, 예배 참석자는 교회에서 숙식을 하던 고아 구두닦이 야학생 둘뿐이었다. 그동안 출석하던 교인들은 개척교회 목사가 떠나면서 함께 교회를 떠났던 것이다. 개회 예배 기도를 드리는데 묵상 가운데 '아, 여기서부터 다시 시작하라는 것이구나' 하는 영감이 가슴 깊이 들어왔다. 하나님의 음성을 듣는다는 것이 이런 것이구나 하는 체험이었다. 그러고 나니 두 명 앉아 있는 예배실이 썰렁하게 느껴지지 않았고, 나의 마음은 충만했다. 절망감은 순식간에 사라지고, 마음은 평안해졌다. 사람 수나 지하실 교회의 부실한 조건들은 눈에 들어오지 않았다. 목회적 부담감 같은 것도 사라졌다. 그리고 설교를 내 생전 그렇게 충만하게 한 적이 있을까. 그날 설교의 성경 말씀은 대책은 없지만 믿음을 갖고 길을 떠났던 아브라함 이야기였다(창세기 12장). 믿음의 길을 떠나야 한다는 것, 이것은 바로 나 자신에게 주신 하나님의 설교였다.

하나님의 집, 교회에는 사람들이 모이게 되어 있나보다. 같이 뜻을 모은 동지 없이 시작한 막막한 길이었지만 세월이 지나가면서 한 사람 두 사람 모여들었다. 야학을 다시 열었고 야학생 노동자들 10여 명이 모여들면서 교회 안에 생기가 돌았다. 야학생, 교사들과 함께 모이는 매일 밤 지하실 교회는 활기로 넘쳤다. 낮에는 홀로 어두운

> 몸은 피곤하고 가난했지만 마음은 편안하고 믿음은 깊어갔던 때가 청암교회 목회 시절이다. 참으로 고달프고 힘들게 사는 사람들이었지만 함께 있으면 언제나 즐거웠고 웃음꽃이 만발했다.

지하실에 앉아 기도와 독서를 하고, 교회 주변을 돌아다녔다. 지금 돌아보면 그때 전도지라도 들고 돌아다녔어야 했을 것을, 그런 믿음은 없어서였는지 아무런 작정 없이 그저 주변을 서성거렸다. 야학 교사들과 노동자들이 주일 예배에 출석하기 시작했다. 서너 명 교인이 수십 명으로 늘어났다. 수요일 저녁에는 성경 공부를 했다. 어린 노동자들은 일주일 내내 좁고 탁한 봉제공장에서 일하는 것이 답답해서였는지 야외로 나가는 것을 좋아했다. 야외 예배와 주말 수련회를 서울 근교로 자주 나갔다. 예수를 믿는다는 것이 무엇인지, 교회의 존재 이유가 무엇인지를 새로이 깨달아가는 시간이었다.

1980년대 후반기까지도 노동자들이 모이는 교회를 지역 경찰서

가 사찰했다. 서울 동부 지역 민중교회운동 연합에 참여했던 우리 교회에도 사찰 형사가 드나들었고, 그런 까닭에 전셋집에서 1년을 못 넘기고 쫓겨나기 일쑤였다. 매년 짐을 싸고 옮기는 유목 목회였다. 동대문 뒤편 창신동 산언덕 마을을 일곱 바퀴 돌면서 오래 머물 수 있는 교회 처소를 달라고 기도했던 날도 있다. 지금 생각하면 참 순진하고 절박했던 시절이다. 그러는 중에도 야학에서 놀이방, 지역 어린이들을 위한 공부방, 탁아방 활동으로 일이 늘어갔다. 그러기를 4년여. 몸에 이상이 오기 시작했다. 아침에 일어나도 몸이 무겁고, 등에 통증이 오는 만성 피로 증세였다. 때마침 초창기 청암교회 개척 일원이었고, 독일에 유학 가 있던 최의팔 형이 청암교회에서 목회를 하고 싶다는 의지를 전해왔다. 형은 나와 한신대학원에서 신학을 공부한 동기 동창이기도 했다. 나처럼 신학 공부만 하고 목회는 안 한다고 했던 사람인데, 뒤늦게 독일에 가서 생활하는 동안 목회자의 삶을 결심한 것이다. 그리고 목회를 한다면 청암교회 같은 곳에서 해야겠다고 결심했다고 한다. 나는 쉬기로 하고 최의팔 형이 청암교회 세 번째 목회자가 되었다. 그는 당시 새로운 노동문제로 대두되었던 외국인 노동자 인권에 관심을 기울였고, 서울외국인노동자선교센터를 세우고 현재까지 일하고 있다. 작은 신앙 공동체가 타국살이에 온갖 설움과 무시를 당하며 사는 외국인 노동자들의 친구가 된 것이다. 나는 외국인 노동자를 위해 일하는 사랑의 처소가 된 작은 청암교회의 모습에서, 굶주린 북한 사람들을 위해 모금함을 들고 있던 더블린 거리의 작은 아일랜드 소녀의 모습을 본다. 이것은 국경과 민족을 초월한 사랑이며 예수의 현존을 증거한다.

몸은 피곤하고 가난했지만 마음은 편안하고 믿음은 깊어갔던 때가 청암교회 목회 시절이다. 참으로 고달프고 힘들게 사는 사람들이었지만 함께 있으면 언제나 즐거웠고 웃음꽃이 만발했다. 호주머니에 가진 것은 없지만 아픈 이와 함께 울고 웃었던, 더없이 풍요롭고 아름다운 시절이었다.

1988년 12월이었다. 우리도 가난하지만 더 가난하고 고통받는 이들을 위해 성탄절을 보내기로 하고, 수십 년 동안 감옥에 갇혀 있는 장기수를 위해 거리 모금 활동을 했다. 동대문 지하철역 앞에서 매일 저녁 두 시간씩 '장기수에게 사랑을'이라고 외쳤다. 아파본 사람이 아픈 사람을 잘 이해하듯이 청암 교인들은 고난받는 장기수들을 위해 열심을 다했다. 사랑의 영성은 고난의 경험 속에서 더욱 밝게 빛나는가보다. 십자가에 달리신 예수를 대속의 사랑으로 체험하고 고백했던 사도들과 초대교회 신자들의 믿음도 이와 같은 것이 아니었을까? 장기수를 위한 성탄절 거리 모금 활동은 수년간 이어졌고, 거리에서 모금한 돈은 한국기독교교회협의회 인권위원회에 전달했다. 이렇게 맺은 관계가 어떤 섭리였는지, 청암교회를 사임하고 쉬고 있을 때 한국기독교교회협의회로부터 함께 일하자는 제안이 왔다.

에큐메니칼 운동의 체험

한국기독교교회협의회 NCCK : National Council of Churches in Korea[1] 에서 나는 인권사회국 간사로서 1년, 홍보실 책임을 맡아 2년, 총 3년 동안 일했다. 이 시절은 한국교회 에큐메니칼 운동을 체험 학습하는

---

1 대한예수교 장로회 총회(예장 통합 측), 기독교 대한감리회(감리교), 한국기독교 장로회 총회(기장), 구세군 대한본영, 대한성공회, 기독교 대한복음교회, 기독교 대한하나님의 성회(순복음교회), 정교회 한국 대교구가 가입하여 현재 8개 교단으로 이루어진 협의체.

시간이었다. 이곳에서 일하면서 나는 교회 지도층들이 어떤 생각을 하는지, 국가와 교회의 관계는 어떠해야 하는지, 교단의 분열과 교회정치가 얼마나 심각한지, 타종교와 함께 협력하여 일한다는 것이 어떤 태도를 필요로 하는지를 경험할 수 있었다. 교회는 개인의 영적 구원뿐만 아니라 세계와 사회를 변화시켜야 한다. 이런 문제의식을 제기하는 에큐메니칼 운동과 신학은 내게 매우 신선하게 느껴졌다. 다양한 주제로 열린 국제회의를 통해 세계 교회 에큐메니칼 운동과 신학을 경험하고, 민족주의 의식에 매여 있던 내 안에 세계적 시야가 열리기 시작했다.

한국기독교교회협의회 시절, 나에게 깊은 영향을 준 것이 평화통일 운동이다. 한국기독교교회협의회는 1988년 2월 총회에서 '민족의 통일과 평화에 대한 한국기독교회 선언'을 발표한 이래 평화통일 운동을 중점 선교 사업으로 진행해오고 있었다. 한국교회 저변으로 평화통일에 대한 인식을 확산하기 위한 '남북 인간띠 잇기 운동'을 벌였고, 매년 정책협의회를 열었다. 이런 실천 운동들에 대한 신학적 성찰 작업은 한국 통일신학으로 나타났다. 한국 통일신학을 전개한 이들은 대부분 민중신학자들이었다. 1970년대 민중신학 운동은 민주화운동을 통일운동과 연결하여 발전되었다. 한국의 정치 사회적 상황에서 민중·통일 신학자들의 작업을 매개한 곳이 교회협의회였다. 후에 나는 민중교회와 한국기독교교회협의회에서 일한 경험을 바탕으로 해외에서 석·박사 학위논문을 쓴다. 지금 생각하면 나의 이런 삶의 체험들이 신학 작업의 주 원료가 되었음을 알게 된다. 뒤에 나의 신학 수업에서 좀더 상세히 소개하겠지만 나는 영국에서 박사학위 논문을 통해 한국 통일신학을 서구 신학계에 소개했고, 함석헌의 평화사상을 매개로 하여 민중신학과 통일신학 사이에 깊은 연관성이 있음을 밝혔다. 나의 삶 30대 초반에 민중교회와 한국기독교교회협의회에서 가진 체험은 예수의 사랑을 더욱 깊이 알게 했고, 그것을 더욱 폭넓게 실현시켜야 한다는 걸 깨닫게 했다.

평화 문제에 눈뜨다

한국기독교교회협의회에서 일하던 중, 당시 세계교회협의회에서 일하다 귀국한 오재식 선생으로부터 새로운 일을 함께 해보자는 제안을 받았다. 평생을 국내외 에큐메니칼 기구에서 보낸 몇 안 되는 한국 에큐메니칼 운동의 산 증인 가운데 한 사람인 오재식 선생은 변화된 한국사회를 이끌어갈 새로운 세력의 육성을 절감하고 있었다. 1990년대 초중반, 세계는 탈냉전 시대로 들어가고 한국사회는 탈군사독재 시민정부 시대로 들어가고 있었지만 이런 시대 변화를 이끌어갈 새로운 정치 세력은 부재한 상황이었다. 교회의 인권, 민주화, 통일운동은 점차 시들해지고, 노동운동은 합법적인 노동조합운동으로 제도화되어갔다. 환경문제와 경제 정의 문제를 다루는 시민운동이 부상했다. 기존의 사회 운동권에서 일하던 젊은 세력은 기성 정치권으로 흡수되거나 생활 현장으로 뿔뿔이 흩어졌다. 무언가 새로운 모색과 성찰이 필요한 때였다. '새 술을 담을 새 부대'와 그 비전을 이끌어갈 새로운 지도력이 출현해야 할 때였다. 오재식은 그 출발을 신사회교육운동으로 하고자 했고 이를 위한 전문적인 학교 설립을 꿈꿨다. 나는 그 뜻에 전적으로 동감했고, 새로이 시작하는 크리스챤아카데미 한국사회교육원 창립에 기쁘게 동참했다.

크리스챤아카데미는 강원용 목사님께서 1960년대 중반 그리스도의 성육신 신학과 인간화 철학에 기초하여 세운 대화운동과 기독교 사회교육기관이다. 강원용 목사는 기독교 정신에 기반하여 한국사회와 교회를 새로이 개혁하고자 했다. 오재식 선생은 강원용 목사를 도와 아카데미에서 일한 경험이 있으며, 그 정신을 이어받은 후배이다. 강원용 목사가 기독교 정신에 기반하여 한국사회를 변화시키고자 했던 것과 같이 오재식 선생도 그렇게 하고 싶어 했다. 그래서 새로이 변화된 시대에 걸맞은 사상과 신학과 방법론을 개발하고, 새로운 지도력 육성을 위한 사회교육 기관을 크리스챤아카데미 안에 세웠다. 서울 동숭동에 있던 크리스챤아카데미 프로그램 센터 빌딩 안에 한국사회교육원은 자리를 잡고 일을 시작했다.

아카데미 한국사회교육원은 평화와 통일, 환경문제와 시민사회, 지역과 세계 국제문제 등 세 분야로 일을 나눴다. 나는 평화통일 분야를 맡았다. 나의 주된 임무는 통일 담론을 평화 담론으로 발전시키고, 평화운동의 기반을 만드는 일이었다. 그 당시 한국사회에서 평화는 통일의 부가물처럼 인식되는 정도였고, 평화운동은 거의 전무한 상태였다. 그리고 오랫동안 평화란 말은 북한 사회주의 정권의 정치 선전 구호처럼 쓰이거나, 반대로 남한 군사독재 정권이 즐겨 사용함으로써 왜곡된 개념이 되어 있었다. 우리는 새로운 접근 방식이 필요했다. 그래서 평화와 교육을 함께하는 평화교육적 접근법을 취했다. 우리 상황에 걸맞은 평화의 진정한 의미를 새로이 발견하고 배우면서 동시에 운동 주체를 형성하고자 한 것이다. 평화교육에 관심을 갖고 있던 학자와 교사, 그리고 변호사를 포함한 15명의 팀이 만들어졌다. 파일럿 프로젝트 이름은 '교실 속의 공존'이었다. 우리는 사회의 축소판인 교실을 평화교육 실험의 장으로 삼았다. 참가자들 다수가 교사였던 것이 크게 작용했다. 연구 모임은 매월 한 차례씩 갖고, 교실 안에서 일어나는 다양한 갈등 사례와 평화 형성을 위한 노력을 탐구해 나갔다. 이 연구 모임은 일본과 북아일랜드에 함께 평화교육 여행을 다녀오기도 하면서, 내가 사회교육원에서 일하는 2년여 동안 꾸준하게 지속되었다. 아마도 우리 사회 현실에 기반하여 이렇게 오래 지속된 평화교육 연구 모임은 처음이 아닐까 생각된다. 이곳에서 함께 호흡을 맞추던 교사들은 그 후 전교조 교사 모임의 주축 세력이 되어 학교 평화통일교육에 큰 기여를 했다. 나 역시 이 모임을 통하여 평화 문제에 눈을 뜨고, 해외 유학의 공부 주제로 삼게 되었다.

나는 사회교육원에서 일하는 동안 한국에 평화 에큐메니칼 전문학교를 만드는 꿈을 품게 되었다. 이것은 처음 사회교육원을 창립할 때의 오재식 선생의 비전이기도 했다. 제네바의 보세이 에큐메니칼 학교와 같은 학교를 한국에도 세워 한국 시민사회, 에큐메니칼 운동가들뿐만 아니라 아시아의 젊은 에큐메니칼 지도력이 함께 모여 서로의 경험을 나누고, 교육하는 센터를 세워보자는 꿈이었다. 이것은 한국 에큐메니칼 운동가들의 오랜 꿈이며, 아시아 에큐메니칼 사회로부터 요청받고 있는 일이다. 나는 오재식 선생으로부터 처음 이 꿈 이야기를 들었을 때 반신반의했다. 감당하기에는 너무 큰 일로 느껴졌기 때문이다. 그러나 점차 그것이 왜 필요한가를 인식하게 되었고, 그 일이 그리 감당하기 어려운 일도 아닐 거란 확신도 생겼다. 사회교육원에서 평화 공부의 필요성을 느끼면서 3년을 지내던 어느 날, 나는 세계교회협의회 장학생으로 선발되어 아일랜드 더블린에 있는 '아일랜드 평화 에큐메니칼 대학원ISE : Irish School of Ecumenics and

Peace Studies'에 갔다. 그곳에서 나는 평화 에큐메니칼 대학원의 꿈을 이미 수십 년 전에 현실화시킨 학교 모델을 발견하게 되었다.

에큐메니즘과 평화

현장에서 지내다보면 자신의 삶과 경험을 깊이 있게 성찰하고 정리하는 시간을 갖고 산다는 게 여간 어려운 일이 아니다. 신학대학원을 졸업한 후 민중교회, 한국기독교교회협의회, 크리스챤아카데미 한국사회교육원에서 10여 년 일하면서 뭔가 지적인 성찰 능력이 빈곤함을 종종 느끼곤 했다. 이런 지적 능력의 결핍에 대한 자각과 도전은 크리스챤아카데미 시절 더욱 세차게 왔다. 즉각적인 실천적 대응을 위한 민첩한 판단과 행동이 요구되는 현장에서도 지적 성찰 능력은 긴요한 것이지만, 거의 매일 사무실 실무 작업에 치여 지친 몸으로 독서한다는 것이 쉽지 않았다. 그렇게 살다가 토론과 긴 호흡의 프로그램을 구상해야 하는 아카데미에서의 도전은 참으로 큰 것이었다. 기관 실무자로서 사건들 속에 묻혀 일하면서 깊이 있게 생각하는 습관과 능력을 잃어버렸다고 해야 하나. 아무튼 나는 당시 지적 결핍의 갈증을 심하게 느꼈다. 급변하는 세계적·사회적 상황도 어지러울 지경이었다. 새로운 모색의 시간이 필요했다. 개인적으로도 한 번은 멈춰 서서 지나온 삶을 되돌아보고 싶었다. 그러던 중 세계교회협의회WCC : World Council of Churches의 장학금을 받는 기회를 얻었다. 나는 평소 생각하고 있던 '평화'를 주제로 공부하겠다는 계획서를 WCC에 보냈다. WCC는 아일랜드 평화 에큐메니칼 대학원ISE과 영국 버밍험의 갈등해결교육센터RTC : Responding To Conflict를 추천했다. ISE는 수백 년간 종교적·민족적 갈등을 겪어온 북아일랜드의 상황에서 나온 평화와 화해신학을 공부할 수 있는 곳이었다. 반면에 RTC는 갈등 문제를 전문적으로 다루는 곳으로서, 당시 세계적 주목을 받으면서 진행 중이던 남아프리카 공화국의 '진실과 화해위원회' 활동을 사례 연구할 수 있는 곳이었다. 나는 두 곳 모두 가고 싶었지만 장학 규정상 그렇게 할 수는 없었고, 고심 끝에 평화와 화해의 신학적 성찰 자료를 많이 쌓아놓은 북아일랜드 사례를 공부하기로 결정하고, 1997년 9월 더블린으로 떠났다.

더블린 아일랜드 에큐메니칼 평화대학원은 아일랜드의 갈등 상황 속에서 탄생한, 참으로 특별한 의미를 지닌 학교이다. 1970년대 초반 갈등의 양대 종교 세력이라 할 수 있는 가톨릭과 장로교의 신학자 두 사람(신부, 목사)이 아일랜드의 평화로운 미래사회 건설이라는 비전을 갖고, 지도력 육성을 위해 이 학교를 시작했다. 가톨릭 신학교의 한쪽 건물에 세를 얻어 시작한 이 작은 학교는 현재 아일랜드 국내뿐만 아니라 영국과 유럽, 아프리카 등지에서 많은 학생들이 찾아오는 유명한 에큐메니칼 평화 학교로 발전해 있다. WCC와도 긴밀한 연결을 갖고 있으며, 더블린 트리니티 대학Trinity College Dublin의 석사MA/M.Phil와 박사Ph.D 학위 과정을 공동 운영하고 있다. 나는 작으면서도 내실 있는 에큐메니칼 전문 도서관, 소수의 정예 교수진과 외부 전문 강사진, 아일랜드 상황에 기반한 체계적인 커리큘럼을 가진 이 학교에서 에큐메니칼 신학과 평화 연구를 공부할 수 있었다. 한신 신학대학원M. Div. 시절 에큐메니칼 신학은 WCC 총회 주제를 소개받는 정도였다. 그에 비해 이곳 ISE는 교회 일치, 종교 간 대화, 정의와 평화 분야로 분류하여 에큐메니칼 신학을 포괄적으로 다뤘다. 특히 장로교, 감리교, 영국교회 등 개신교 교단 신학 전통들과 가톨릭 신학을 배울 수 있었다. 이 과정을 통해 나는 내가 배운 기독교 신학이 더 넓은 기독교 전통의 한 가지에 속할 뿐이라는 자각을 했다.

에큐메니칼 신학은 신학의 폭과 가슴을 넓혀준다. 그것은 교회와 세계를 신앙의 관점에서 이해하게 하고, 변화의 방향을 성찰하게 한다. 우리 한국교회 신학교처럼 교단 신학에 전념하게 함으로써 신학을 게토화시킨 곳에서 에큐메니칼 신학은 매우 의미 있는 시도이다. 한국 에큐메니칼 운동은 신학적으로 빈곤한 정신적 바탕 위에 전개되어왔다. 에큐메니칼 운동이 진보하기 위해서는 에큐메니칼 신학 운동과 함께 일어나야 한다. 국내적으로·세계적으로 에큐메니칼 운동이 예전만 못하고 쇠퇴하는 중이라고 하지만, 이런 때일수록 에큐메니칼 신학 정신을 활성화시키는 방안이 강구되어야 한다. 교회가 스스로 게토화되고, 교회의 언어를 기독교인들만의 특수 언어로 만들어버릴 때, 교회는 회복 불능의 상태로 추락할 수 있다. 한국교회의 위기 증상들은 에큐메니칼 정신을 통해 갱신될 수 있다. ISE에서 나는 한국에서 에큐메니칼 학교의 필요성과 가능성, 그리고 모델을 보았다. 평화와 일치의 철학과 비전을 가진 에큐메니칼 전문학교가 우리나라에도 꼭 필요하다고 나는 생각했고, 귀국 후에 이 일에 나의 후반기 삶을 투신하고자 결심했다. 나는 ISE에서 한국교회의 평화통일 신학을 정리한 석사 학위M.Phil 논문을 제출했다.

ISE에서 얻은 또 하나의 중요한 신학적 도전은 북아일랜드의 폭력적 갈등 상황으로부터 출현한 평화와 화해 신학이다. 지역사회 안에서 길을 사이에 두고 서로 증오하고 적대시하면서 사는 북아일랜드 상황은 갈등으로 인한 긴장감이 일상화되어 있고, 음식점이나 학교, 길거리 등에서 예기치 않은 폭탄 테러가 발생하곤 했다. ISE 교육 과정에는 북아일랜드 갈등 현장 방문 프로그램이 있어서 일주일간 북아일랜드 벨파스트에 머물면서 갈등의 핵심 집단들, 예컨대 정당, 종교, 학교 관계자들을 방문하여 토론할 기회가 있었다. 더블린에 유학 중이던 1998년 당시는 오랜 폭력 갈등을 종식시키는 평화협정Peace Agreement이 맺어지는 시점이었기 때문에 정파 간, 종교 세력 간의 활발한 토론 현장을 잠시나마 지켜볼 수 있었다. 사회 갈등은 터지고 나서 대처하는 것보다 사전에 예방하는 길을 찾는 것이 현명한 것임을 깨닫는 시간이었다. 나는 아일랜드 갈등과 평화 조성 현장에서 우리 현실을 생각하곤 했다. 남북한의 오랜 갈등과 반목, 그리고 민주화 시대에 증가하는 사회 갈등의 문제는 교회의 당면한 선교적 과제이다.

　더블린에서 나는 두 가지 신학적 주제를 두고 고민했다. 하나는 평화교회 전통의 신학이며 다른 하나는 한국 전통 안에서 평화신학의 원천이 될 수 있는 사상은 무엇인가라는 것이었다. ISE에서 에큐메니칼 평화신학 논문을 제출하면서, 나는 공부의 서론 과정을 마쳤다는 느낌이 들었다. 더 공부해야겠다는 의욕이 생겼다. 학기 중에 한 시간 소개되었던 역사적 평화교회 전통Historic Peace Church Tradition이 마치 섬광처럼 내 마음을 사로잡았다. 평화신앙을 신봉하면서 세계 평화운동사에 깊이 영향을 미친 이들 교회 전통과 신학이 매우 신선하게 느껴졌고, 우리나라에서 기독교 평화운동을 전개하는 데 좋은 신학적·정신적 바탕이 될 수 있다는 생각이 들었다.

　다른 한편 더블린에서 지내는 동안 나는 우리 역사 속에서 평화신학적 성찰 작업의 사상적 기초가 될 만한 평화사상은 무엇이며, 또 그런 평화사상가는 누구인가를 찾았다. 우리 민족만큼 평화를 사랑하는 민족이 어디 있겠는가? 그런데 북아일랜드 갈등은 평화 국면으로 가는데 남북한 사이의 갈등은 아직도 심각하다. 평화와 화해 신학은 우리보다 아일랜드에서 훨씬 발전해 있다. 우리 신학의 장이 너무 교회에 국한되었던 것은 아닌가. 여러 가지 점에서 반성하는 시간이었다. 통일신학이 눈에 들어왔다. 남북한 갈등 상황에 대한 신학적 성찰 작업의 결과물이 통일신학이다. 그렇지만 질문은 계속 남았다. 우리의 평화사상은 무엇일까? 우리의 상황에 맞는 평화신학을 전개하는 데 바탕으로 삼을 수 있을 만한 평화사상은 누구에게서 찾을 수 있는가? 나는 박사 논문의 주제로 역사적 평화교회 신학을 잡았지만, 단순히 거기에 그치고 싶지 않았다. 우리의 평화사상을 발굴하여 역사적 평화교회 신앙전통과 비교 연구하여 우리의 역사적 상황에 적합한 평화신학을 구성하고 싶었다. 이런 생각 끝에 함석헌을 발견했다. 대학생 때부터 함석헌을 읽었고, 또 알고 있었으므로 정확히

> 더블린 교외에 위치한 신학교 기숙사에서 지내면서 나는 거의 매일 저녁 산책을 하곤 했다. 조용하면서도 풀밭이 많은 더블린 공원길을 걸으면서 나는 나의 전반전 삶을 통째로 되돌아볼 수 있었다.

말하자면 재발견이다. 더블린에 앉아 함석헌의 『뜻으로 본 한국역사』를 다시 읽기 시작했다. 함석헌을 읽으면서 나의 가슴은 뜨거워졌다. 20세기 한국의 대표적인 평화사상가로서 함석헌의 사상은 우리 평화신학을 구성하는 데 부족함이 없는 깊고도 풍부한 내용을 담고 있었다. 특히 동서양 종교사상에 두루 걸친 그의 평화사상의 기독교적

바탕이 역사적 평화교회 가운데 하나인 퀘이커와 긴밀하게 연관되어 있다는 사실은 한국 평화신학을 형성해보고 싶은 나의 의지와 일치했다.

퀘이커리즘과 함석헌

나는 역사적 평화교회들 가운데 퀘이커 평화신학을 공부하기로 결정했다. 그 이후 더블린에 있는 퀘이커 모임을 수소문하여 참석했다. 처음 퀘이커 예배 모임에 참석했을 때의 낯설었던 느낌을 잊을 수가 없다. 십자가도 강대상도 성례전도 없는, 단순한 예배실 안에 스무 명 남짓한 사람들이 조용히 둘러앉아 있었다. 아무런 형식도 없이 조용히 앉아 있다가 이따금 한 사람이 일어나 뭔가를 이야기하고 다시 앉았다. 그렇게 1시간을 함께 보내고, 알리는 말씀 시간을 가진 후 친교실로 옮겨가 간단한 다과를 나누며 친교한다. 설교도 없고, 찬송도 없이 예배를 드린다는 것이 참 이상하고 낯설었다. 생전 처음 체험하는 퀘이커 예배였고, 매우 낯선 신앙 전통들이 기독교 전통 안에 존재함을 깨닫는 시간이었다. 내가 전부라고 여겨왔던 장로교, 감리교 신앙은 거대한 기독교 전통의 일부이다. 나는 더블린에 있는 동안 특별히 다른 예배 일정이 없는 주일이면 퀘이커 예배 모임에 참석하곤 했다.

더블린 시절은 나의 삶에 있어서 전환기라 할 수 있다. 축구로 말하자면 전반전을 뛰고 후반전을 준비하는 휴식 시간이랄까. 영국에서 비행기로 한 시간을 더 가야 하는 나라 아일랜드 더블린은 참으로 낯선 땅이었고 홀로 떨어져 외로운 땅이었다. 하지만 내 인생 중 가장 충만하고 풍요로웠던 시절이다. 더블린 교외에 위치한 신학교 기숙사에서 지내면서 나는 거의 매일 저녁 산책을 하곤 했다. 조용하면서도 풀밭이 많은 더블린 공원길을 걸으면서 나는 나의 전반전 삶을 통째로 되돌아볼 수 있었다. 삶을 되돌아보는 여유를 갖게 되었을 때, 나는 내 인생에 전혀 계획에도 없었던 박사 공부를 시도할 수 있었다. 나는 더블린을 떠나 퀘이커 운동의 발생지인 영국 버밍험으로 왔다.

우드부룩Woodbrook과 펜들힐Pendle Hill은 내가 퀘이커리즘을 공부하고 경험한 학교이다. 우드부룩은 영국 버밍험 셀리옥에 있는 성공회, 장로교, 감리교, 퀘이커의 연합 선교신학대학원들 가운데 있는 퀘이커 대학원이다. 고즈넉한 정원과 유서 깊은 도서관이 있는 우드부룩 대학원의 기숙사에 머물면서 나는 퀘이커리즘을 읽었다. 퀘이커리즘은 루터와 캘빈 등 유럽의 개혁교회 전통에 입각한 장로교 신학만 배우며 신학교를 마친 나에게는 처음 접하는 낯선 기독교 전통이었지만, 나는 금방 빠져들었다. 우선 만나는 사람들이 한결같이 친절하고 차별 의식이 없었다. 평화롭고 조용한 사람들이었다. 우드부룩에는 학생들과 교수, 직원들이 매일 아침저녁으로 참여하는 퀘이커 예배 모임이 있었다. 퀘이커 예배는 일반 교회와는 달리 찬송, 설교, 성례전이 없는, 단순히 침묵으로 드리는 예배이다. 퀘이커들은 침묵 속에서 하나님의 음성을 기다린다. 그래서인지 생활하는 모습도 조용하다. 말소리도 낮고, 움직임도 차분하다. 진지하면서도 유머를 즐기고 사회참여, 특히 평화운동에는 매우 적극적이며 활발하다.

퀘이커는 평화운동의 대명사이다. 내가 영국 우드부룩에 머물던 시기, 미국과 영국은 연합 작전으로 이라크 침공을 기도하고 있었고,

이에 맞선 반전운동이 세계적으로 일어나고 있었다. 우드부룩의 점심시간, 한 사람이 일어나 "오늘 오후 4시 교문 앞 거리에서 평화 캠페인이 있다"고 했다. 오후 4시, 도서관 창밖으로 사람들이 피켓을 들고 문을 나서고 있어 나도 책을 덮고 캠페인에 참석했다. 퀘이커들의 평화운동은 조용하게 진행되었다. "우리는 이라크 침공을 반대한다", "전쟁은 하나님의 뜻이 아니다", "평화는 퀘이커 신앙이다" 등등 평화 구호를 적은 피켓을 들고 거리에 길게 늘어서서 조용히 서 있을 뿐이다. 마치 기도하듯이 조용히 서 있었다. 지나가던 차들 중에는 격려하는 이들도 있었고 조롱하는 손짓을 하는 사람들도 있었다. 그러건 말건 조용하게 서 있었다. 1시간여쯤 지났을까, 서로 눈짓으로 끝났음을 알리면서 둥그렇게 서로 손을 잡고 잠시 침묵 시간을 가졌다. 그리고 다시 조용히 학교로 돌아왔다. 구호를 외치는 이도 없고, 전단지를 나눠주는 일도 없었다. 누가 하라고 해서 하는 것도 아니고 모두 자발적으로 참여했다. 마치 잠시 어디에라도 다녀오는 듯, 일상적인 일을 하듯이 했다. 이렇게 시작된 자발적인 반전 평화 캠페인은 매주 목요일 오후에 진행되었다. 누가 특별히 주동하지도 않고 자발적으로 진행되었다. 이런 조용한 평화 행동은 셀리옥 연합신학대학원의 다른 어느 학교에서도 볼 수 없는 행동이었다.

나는 일요일이면 퀘이커 집회소에서 예배를 드리곤 했는데, 그곳에서도 한 사람의 제안으로 반전 평화 행동이 매주 토요일 정오에 진행되고 있었다. 집회소 정문 앞에 길게 서서 조용히 평화 메시지를 증거하는 모임이었다. 휠체어에 앉은 할머니부터 아빠 목말을 탄 어린아이까지 모두 조용하게 기도하듯이 서 있다가 해산하곤 했다. 우리나라 같으면 누가 주도해서 구호를 외치고, 지나가는 행인들에게 전단지라도 나눠주었을 텐데 그런 일은 전혀 없이 조용히 서서 자신의 평화 신념을 표현했다. 무척 평온하고 일상적으로 시간을 내면 참여할 수 있는 쉬운 평화운동이었다. 그래서 누구라도 참여할 수 있는 아주 쉬운 평화 행동인데, 이것을 하는 교회는 버밍험 지역에서는 내가 아는 한 퀘이커 모임뿐이었다.

 전쟁 기운이 점차 고조되어가던 어느 날, 이라크 공습을 할 예정인 미국 폭격기가 영국 남부 기지를 이용한다는 뉴스를 들은 퀘이커 몇 명은 그곳으로 평화 행동을 하러 간다는 작은 광고지를 붙였다. 퀘이커 평화운동을 논문으로 쓰던 나도 참여했다. 자동차로 2시간 여 내려가는 동안 나는 긴장되었다. 외국인으로 공부하는 학생이기에 혹여 추방이라도 당하면 어쩌나 하는 염려였다. 한적한 시골 근교 기지 정문에 도착했다. 기지 초병들이 이상한 듯 지켜봤다. 퀘이커들은 기지 건너편 길가에 자동차를 세운 후 의자를 하나씩 꺼내 둥그렇게 앉았고, "전쟁 반대, 이라크 공습은 하나님의 뜻이 아니다"라는 구호를 적은 깃발을 펼친 채 조용히 묵상 시간을 보냈다. 정문을 지키던 초병들은 전화로 보고하는 듯 잠시 분주하더니 우리를 지켜본 후 자신들도 평상으로 돌아갔다. 그렇게 1시간을 기지 정문 앞에 조용히 앉아 있다가 퀘이커들은 깃발을 거둬 차에 싣고 돌아왔다. 나는 약간 맥 빠진 기분이었다. 뭔가 충돌이 일어나 끌려가고, 나도 강제 추방이라도 당하는 것 아닌가 긴장을 했는데, 평온하게 앉아 있다가 돌아오는 것이었다. 퀘이커들은 매 주일 그 기지 앞에서 평화 행동을 했다. 나중에 들으니 한 퀘이커가 기지 담을 넘으려다 끌려가는 소동이 있었다고 한다. 나는 퀘이커들의 반전평화운동을 경험하면서 많은 생각을 했다. 이들의 행동이 신앙고백적 행동이라는 것, 누가 하라고 해서 하는 것이 아니라 스스로 깊이 깨달은 바가 있어 참여하는 자발적인 행동이라는 것, 상식이 있는 일반 사람이면 누구나 부담 없이 참여할 수 있는 쉬운 평화운동이란 점 등이 매우 인상적이었다. 이런 평화운동이라면 우리 교회 일반 신자들도 충분히 할 수 있는 것이리라.

우드부룩은 1930년대 초반 간디가 영국을 방문했을 때 하루를 묵은 곳이며, 함석헌도 1963년 겨울학기(1월 초~3월 말) 퀘이커리즘을 공부하며 머물렀던 곳이다. 당시 졸업 앨범에는 외국인 학생들 사이에 흰 한복을 입은 함석헌 할아버지의 모습이 실려 있다. 퀘이커들은 운동 초기 기록부터 빠짐없이 잘 모아 두었다고 하여 함석헌이 무척 부러워했다는 우드부룩 도서관에 앉아 17세기 중반 급진 종교개혁 운동으로 일어났던 퀘이커 운동의 역사와 영적 체험 신학을 읽으면서 나는 마치 외딴 무인도에서 진기한 보물을 발견한 사람처럼 낯설지만 신앙의 깊은 세계를 발견하는 감동을 느꼈다. 사실 내가 처음 버밍험 셀리옥에 와서 퀘이커리즘 공부를 시작할 때, 그곳에서 공부하던 신학 동료들은 "한국교회에 필요 없는 공부를 왜 하느냐"고 염려하며 충고해주곤 했다. 그러나 나는 퀘이커리즘 같은 소종파의 영성과 실천적 모습이 우리 교회 갱신운동에 더욱 필요하다고 믿는다.

우드부룩에는 국제적인 갈등해결교육센터가 있다. 이곳은 세계 곳곳의 갈등 지역에서 일하는 교회와 시민단체의 평화운동가들이 10주간 과정으로 함께하는 프로그램이 유명하다. 또 갈등 지역의 정부 고위 정책 담당자들을 초청하여 갈등 종식과 평화 건설을 위한 집중 세미나 과정이 있다. 내가 머무는 동안 북아일랜드 사례와 팔레스타인-이스라엘 갈등 문제를 다루는 정책 담당자 세미나 과정이 있었다. 이런 과정을 보면서 우리 상황에서도 갈등 해결 프로그램이 필요하다고 느끼고 나도 종종 프로그램에 간접적으로나마 참여하곤 했다. 본래 RTC 프로그램은 WCC가 처음에 나에게 제안했던 평화 교육 프로그램이었으나, 내가 더블린을 선택하면서 포기해야 했던 것이다. 그런데 우드부룩에 오면서 나는 RTC 프로그램을 직간접적으로 참여하고 관찰하는 기회를 가질 수 있었다. 남아프리카, 동유럽 등지에서 RTC 프로그램에 참여한 사람들과 대화하고 사귈 수 있었던 것은 좋은 기회였다. 우드부룩에서 RTC 프로그램 자료를 보면서, 다른 한편으로 나의 논문 주제인 퀘이커리즘을 읽으며 보냈다. 박사 논문 지도교수는 퀘이커 운동의 발생지인 영국에 앉아 퀘이커리즘을 공부하고, 20세기 퀘이커 평화운동에 관해서는 그것이 활발하게 일어났던 미국에 건너가 연구를 계속하는 것이 좋겠다고 권했다. 영국 박사 논문 과정은 지도교수와의 일대일 과정으로 진행되는 것이므로, 나는 지도교수의 추천에 따라 미국 펜실베이니아 필라델피아 근교에 있는 퀘이커 영성 평화학교인 펜들힐로 갔다. 지도교수는 펜들힐에 1년 동안 머물면서 논문을 쓸 수 있도록 필요한 장학금을 추천해주었다. 전혀 예정에 없던 미국행이 결정되었다. 영국으로 건너온 아내와 함께 미국 필라델피아행 비행기를 탔다.

펜들힐에는 박성준, 한명숙 선생 가족이 머물고 있었다. 그는 펜들힐에 새로 오는 학생 명단에서 내 이름을 발견하고 영국으로 연락을 했고, 필라델피아 공항으로 마중을 나왔다. 펜들힐에 1년 전부터 머물러 왔는데, 퀘이커들로부터 많은 감명을 받으면서 1년 더 연장하여 머물게 되어 우리 가족과 함께 펜들힐에서 1년을 더 지냈다.

우드부룩에 비해 펜들힐은 넓어서 산책하기 좋았고, 교수진과 직원들 가족이 모두 한 울타리 안에서 살면서 학생들과 함께 먹고 일하면서 사는 공동체형 학교였다. 우드부룩이 보다 학구적인 분위기여서 퀘이커리즘을 공부하기에 적당한 곳이라면, 펜들힐은 공동체 생활을 하면서 퀘이커를 경험하기에 보다 적합한 곳이다. 두 곳 모두 가보았던 함석헌도 퀘이커리즘을 공부하려면 영국 우드부룩으로 가고, 퀘이커리즘을 경험하려면 펜들힐로 가는 것이 더 낫다고 말한 적이 있다. 함석헌은 1962년 가을학기 처음 펜들힐에 머물렀고, 그 이듬해 영국 우드부룩으로 건너가 겨울학기를 지냈다. 그는 펜들힐에서 20세기 미국 퀘이커의 성자라고 불리는 하워드 브린턴Howard Brinton의 강의를 듣고 교제를 나눴다. 지금도 펜들힐 예배실에는 함석헌이 단정하게 무릎 꿇고 명상하는 모습의 사진이 걸려 있다. 불교의 참선과 같은 예배 스타일과 종교적 관용 정신 때문에 기독교 가운데 가장 동양적인 기독교라고 불리는 퀘이커리즘은 함석헌의 기독교 신앙과 잘 어울렸고, 특히 함석헌은 퀘이커리즘을 평화의 종교Religion of Peace라고 부르며 좋아했다. 펜들힐에서 함석헌의 흔적을 조사하면서, 그의 평화사상에 끼친 퀘이커리즘의 영향 관계를 추적할 수 있는 것은 나에게 흥미진진했고 더없이 의미 있는 일이었다.

펜들힐에 머무는 동안 논문 작업은 펜들힐 옆에 있는 스와스모어Swarthmore 대학의 평화도서관Peace Collection과 퀘이커 도서관Quaker Library에서 주로 했다. 스와스모어 대학은 미국 퀘이커들이 세운 명문 대학인데, 작은 교정에 꽃들이 만발한 아름답고 소박한 학교이다. 아주 작은 대학이라 한국에는 잘 알려지지 않은 줄 알았는데, 최근 한국 외국어 고등학교에서 미국 진학 희망대학 가운데 상위에 있는 대학이라고 한다. 학생 수가 1,500명인 작은 학교인데도 명문 대학으로 손색없는 내실을 갖추고 있다. 특히 인문학 분야에서 명성을 갖고 있다. 고집스럽게 보일 만큼 진실한 퀘이커들의 신앙과 삶의 태도가 이런 작은 대학을 미국의 명문 대학으로 만드는 데 밑바탕이 된 것으로 보인다. 아내는 펜들힐에서 만 1년을 지내면서 첫딸을 낳았다. 세상의 평화로운 사람이 되라는 의미를 담아 '세온'이란 이름을 지어주었다.

펜들힐은 나에게 또 다른 흥미, 즉 에큐메니칼 평화학교의 꿈을 더 한층 확실하게 되새긴 곳이기도 했다. 펜들힐은 80년 전 퀘이커 평화운동가들의 심신을 수련하는 교육장이요, 영적 재충전을 위한 영성 센터 같은 곳으로 창립되었다. 세계 1차 전쟁 이후 세계 평화운동에 적극적으로 나선 퀘이커들이 세계 분쟁 지역에서 일하다가 심신이 탈진하여 중도 포기하는 현상이 속출하자, 퀘이커 선배들이 펜들힐 같은 곳의 필요성을 인식하고 세운 것이다. 나는 펜들힐 같은 곳이 우리 한국에도 꼭 필요하다고 생각했다. 평화운동가를 위한 휴식과 교육, 영성과 공동체적 삶이 함께 어우러진 펜들힐은 남북한 평화통일이란 과제를 앞두고 있는 우리 사회에 꼭 필요한 공간이다.

나는 퀘이커 평화운동론을 한국 상황과 연결하는 작업으로서 함석헌의 평화사상을 연구하고 퀘이커 평화사상의 빛에서 재해석하는 시도를 했다. 1980년 민주화의 봄 시절, 나는 함석헌 선생을 강사로 모신 강연회에서 사회자로서 가까이 뵌 적이 있는데, 그때 강연 주제가 비폭력 운동과 철학에 대한 것이었다. 20년이 지난 후에 그분의 평화사상을 박사 논문으로 쓰게 될 줄은 꿈에도 생각지 못했다. 그러고 보면 역사도 그렇고, 우리 개인의 인생사에도 우연한 일은 없는 것 같다. 같은 생각과 삶을 살다보면 필연적으로 마주치게 되어 있다. 꿈도 마찬가지일 거라고 본다. 꿈을 꾸다보면 언젠가는 실현되고야 말 것이라고 나는 믿는다. 이제 한국에서 나의 후반전 삶은 평화운동에 기여하고, 에큐메니칼 학교 설립의 꿈이 실현되는 데 쓰이기를 소망해본다.

미정고로서의 예수

다석 유영모를 만나기까지

이정배

감신대 교수

감리교신학대학교 신학과와 동 대학원을 졸업하고 스위스 바젤 대학교 신학부에서 조직신학(Dr. Theol)을 전공했다. 1986년부터 감리교신학대학교 교수로 재직하고 있으며, 버클리 GTU 대학교, 일본 동지사 대학교 신학부 교환교수를 역임했다. 한국조직신학회 회장을 지냈으며, 지금은 한국문화신학회 회장, 기독자교수협의회 회장, KCRP 종교간 대화위원회 위원장, 대화문화아카데미 프로그램위원장(교회와 사회 분야)으로 일하고 있다. 지은 책으로 『토착화와 생명문화』 『한국 개신교 전위 토착신학 연구』 『켄 윌버와 신학』 『없이 계신 하느님, 덜 없는 인간』 등이 있으며, 옮긴 책으로 『생명권 정치학』 『기독교와 자연, 그 만남의 역사』 『과학 시대의 신론』 등이 있다.

신학적 영향사影響史의 개관

정상적으로 은퇴하려면 아직도 10년이란 세월이 남아 있다. 하지만 일찍이 공부를 마친 관계로 다른 분들의 평생 기간만큼을 이미 신학대학의 교수로서 살아왔다. 세상의 이치, 신학의 흐름을 꿰뚫을 만한 혜안은 없으나 지난 삶을 회고하며 내 자신이 무엇을 말했고 어떤 담론을 수용, 공유하며 살아왔으며 그리고 어떤 생각을 학계에 펼쳐냈는지를 생각할 시점은 되었다고 여겨진다. 본 프로그램의 기획 당시, 나는 여성 신학자였던 몰트만 부인Juergen Moltmann이 편집한 『나는 얼마나 달라졌는가? *Wie ich mich geaendert habe?*』란 책을 통해 많은 생각을 얻었다. 유럽 대륙에서 50년간 신학의 동지로 살아왔던, 70세를 넘긴 노교수들의 한결같은 신학적 고백이 심금을 울렸던 것이다. 시대가 달라지고 삶의 경험이 질적으로 변화된 상황에서 이들은 공히 신학이 옛 모습 그대로 변하지 않았다는 것을 수

치로 생각했다. 수년 전 타계한 여성 신학자 D. 죌레의 경우가 특히 그러했다. 아브라함과 이삭, 야곱의 하나님으로부터 아우슈비츠 경험 이후 신 죽음의 정치신학자로 변신했고, 여성의 자의식 발견을 통해 하나님 여성성을 재발견했으나 죽음 직전에 이르러 하나님을 신비, 즉 어느 경우든 정의의 편에 서게 하는 신비의 하나님을 설파했던 것이다. 같은 맥락에서 바젤의 신학자 H. 오트Heinrich Ott 역시 역사성과 공간성의 확보를 신학 함에 있어 본질로 여겼다. 『신학입문』에서 그는 베드로전서 3장 15절, "너희 중에 있는 소망의 이유를 묻는 자가 있거든 대답할 것을 준비하되 언제든 온유와 두려움으로 하라"를 통해 신학의 본질을 간파했고 본문이 말하는 '온유와 두려움'은 역사성과 공간성의 토대에서 비롯하는 것임을 역설했다. H. 큉Hans Küng의 『돌발 속의 신학Theologie im Aufbruch』 역시 신학을 일종의 패러다임Paradigma으로 볼 수 있는 눈을 선사했다. 한편 미국 신학자 G. 카우프만Gordon Kaufman의 『신학방법론』 또한 다른 시각에서 나의 신학적 지평을 넓혀준 귀한 책이었다. 신학을 통합 학문적 성격으로 규정했으며 그에 따른 '사실' 적합한 재구성의 학문으로 자리매김했던 까닭이다. 신학자에게 십자가란 창조 세계를 설명하는 온갖 지식을 습득해서 그 방향을 제시하는 것과 다르지 않다는 그의 지적은 내겐 지금도 살아 있는 언어로 작용한다. 신학의 언어는 예수의 언어가 그랬듯 도그마가 아니라 은유Metaphor라는 여성신학자 S. 멕페이그Sallie Mcfague 역시 나에게 소중한 신학적 유산이다. 그러나 무엇보다 나의 신학 방향을 정위토록 한 분은 '세계 개방성'과 '책임'의 신학자로 불리는 프리츠 부리 교수였다. 불트만 좌파의 학자로서 신학 함에 있어 비非케리그마화Entkerygmatzierung를 주창한 그는 기독교의 탈脫서구화에 결정적 영향을 미쳤으며 초월 관계된 다양한 삶(종교)의 길을 공론화시켰다. 20대 후반, 바젤 유학 시절에 수용한 이런 신학적 이해 탓에 나 역시도 이웃 종교는 물론 뭇 사상과 조우할 수 있었고, 최근에는 다석多夕 학파로 칭하는 유영모, 함석헌, 김흥호를 비롯해 '역사적 예수' 성과물을 읽어내고 있다. 일아一雅 변선환 교수를 스승으로 모신 것을 나는 영예이자 멍에이며 축복이자 책무로서 운명과 같은 것으로 받아들인다. 신학적 소신을 위해 자신을 버리는 길을 택했던 일아, 그로부터 배운 토착화와 종교다원주의가 나에겐 피할 수 없는 평생의 과제로 각인되어 있는 까닭이다. 로마인 백부장이 예수의 죽음을 하나님 아들의 죽음으로 최초로 고백했듯 일아의 사후 장례식 자리에서 이웃 종교인들이 그를 참 좋은 '목사님'으로 믿고 진실로 애도한 것을 보면 그의 삶은 결코 틀린 것이 아니었다. 아내로서만이 아니라 신학의 도반으로서 30년을 함께한 이은선 교수도 배움으로 치자면 이들 반열에 들지 않을 수 없다. 파편화된 시간을 살며 글을 쓰고 생각을 키우는 모습 그리고 평생 과제로 인식한 유교와 기독교 그리고 페미니즘을 한 주제로 엮어내는 치열한 학문성에 고마움을 느낀다. 내가 JPIC 주제와 조우하면서 '한국적 생명신학'이란 고유한 신학 작업을 펼치게 된 것도 그의 성性·성誠·성聖의 통합적 시각에 도움 받은 바 크다. 이상과 같은 학문적 영향사影響史를 바탕으로 나는 지난 세월을 돌이키며 4반세기에 걸친 신학자로서의 삶을 반추해보고자 한다.

오늘, 신학자의 시각에서 본 집안 배경, 그리고 대광의 기독교 교육과 장기천 목사

초등학교 시절 나는 충북 보은의 먼 시골에 계신 부모님을 떠나 당시 이화여대를 다니던 누님과 함께 자취하며 서울에서 생활했다. 본래 서울에서 태어났으나 부모님의 사업 실패로 온 가족이 어머니의 고향에 내려가 농사일을 했으나, 자식의 앞날을 걱정한 어머니의 고집으로 아홉 살 나이에 무작정 서울로 올려 보내진 것이다. 지금 기억으로는 당시 외롭고 서러운 눈물을 많이 흘렸던 것 같다. 친구들 따라 집안 배경과는 무관한 동네 교회를 기웃거리기 시작한 것도 그때쯤일 것이다. 누님은 달랐으나 부모님 세대는 기독교와 어떠한 접촉도, 인연도 없었다. 서울에서 큰 사업을 하시던 아버지는 한문을 읽을 줄 아셨던 유교인이었고, 어머니는 때마다 목욕재계하고 뒷마당에서 집안을 위해 소원을 비는 무속신앙을 지녔던 분이다. 취학 전의 어린 나는 제사 때마다 상 앞에서 몸소 쓰신 축문을 읽으며 자신의 불효를 애통해하며 큰 울음을 삼키는 아버지를 의아하게 생각한 적이 많았다. 해마다 칠월칠석이면 예쁘게 단장하신 어머니가 장독대 앞에서 정화수를 떠놓고 아주 긴 시간 동안 두 손을 모아 무엇인가를 위해 기도하는 모습도 기억에 남아 있다. 이미 어린 자식을 두세 차례 앞세워본 경험이 있었기에 늦게 얻은 자식의 앞날을 위해 어머니는 동네 무당을 수양어머니로 부르라고 한 적도 있었다. 그에게 자식을 팔면(?) 생명이 길게 보존되리란 생각 때문이었다. 돌이켜 생각하면 사업 실패로 인한 선택이었으나 부모님은 시골에서 각각의 방식으로 자신들의 종교성을 충족히 펼치면서 자신들 인생 후반기를 펼치신 것 같다. 아버지는 자신의 유교적 지식을 근거로 동네의 대소사를 염려하는 마을 훈장의 역할을 하셨고 어머니는 동네를 위해 큰 손의 소임을 자청하셨다. 탁발승은 물론 걸인, 행인들이 찾아와도 어머니는 자신의 큰 손으로 그들을 섭섭지 않게 보내셨다. 이런 정황을 직접 본 적도 많았으나 방학 중 집에 와서 마을 사람들이 하는 말을 들은 경우도 허다했다. 하지만 자신의 꿈을 실현시키지 못했던 아버지, 더 이상 가족의 장래가 어둡지 않기를 바라는 어머니, 두 분의 기대를 한 몸에 받은 나는 정작 서울에서 외롭게 지내야만 했다. 공부 때문에 방학이라도 시골에 일주일 이상 머물지 못하게 했던 '어이 가라'는 어머니의 눈물 머금은 손사래, 서울에서 돈이 필요하다 편지하면 읍내까지 20리 길을 지게로 곡식 져 날라 팔아서 전신환을 보내주신 아버지의 정성을 알기까지는 많은 시간이 걸렸다. 어린 시절의 나 역시 부모님을 닮아 동정심이 많았다. 6학년 겨울 아버지께서 상경하여 당시로선 값나가는 가죽 잠바를 사주시고 가셨다. 아버지가 귀향하신 후 그 옷을 지닌 돈과 함께 평소 다니던 길목에서 구걸하던 걸인에게 입혀주고 줄달음쳤던 일이 기억난다. 그 옷이 아깝지 않았고 오히려 마음이 즐거웠던 것은 철이 없어서만은 아닌 듯하다. 후일 내가 감신에서 토착화 신학 전통을 만나고 일아 선생의 종교다원주의가 낯설지 않았던 것도 이런 가족 배경 덕택이었을 듯싶다.

열심히 중학교 입시 공부를 했으나 고배를 마셨고 재수했지만 원하는 중학교에 재차 들어가지 못했다. 후기 시험을 앞두고 고민했고 누님 친구들의 자문을 받았다. 더 좋은 후기 중학교들도 많았으나 기독교 정신으로 세워진 대광중학교에 가라는 권유가 있었다. 대광중고등학교 6년간 나는 참으로 행복했고, 오늘의 나를 존재토록 한 인생관을 확립할 수 있었다. 그때의 마음과 지금의 마음이 거의 흡사함을 아직도 느끼고 있다. 최초로 기독교 정신세계에 입문했고 그 일을 위해 중고등학교 시절을 올인한 것이다. 6년간 나는 그곳에서 신앙부장, 반장, 학생회장, 부회장 등 여러 중책을 맡았고 대광학교를 설립한 영락교회에 적을 두며 학생회

> 한창 기독교 신앙에 취해 물불을 가리지 않고 살던 어느 방학, 시골집에서 아버지와 신학 논쟁이 벌어졌다. 당시 나는 부모의 신앙 양식을 미신이라 몰아쳤고, 그분들 삶의 흔적들을 지워버리려고 별별 무모한 성서 이론을 동원했다.

활동에도 열심을 다했다. 정신여중, 이화여중 학생들의 적극 지원으로 천 명 가까운 중등부의 임원이 된 것을 무척 자랑스럽게 생각했다. 고등학교 시절에는 친구의 부친이 장로였던 평동교회로 적을 옮겼으며 그곳에서 평생 '멘토Mentor'가 되셨던 장기천 목사님을 만날 수 있었다. 이 일은 참으로 뜻밖의 사건이었으나 나에게는 너무도 큰 은총이었다. 후일 감리교 감독회장이 되셨던 그는 당시 고등학생의 눈에도 사람됨의 크기가 달리 보였다. 그분의 가족 구성원처럼 사랑을 받으며 자랐고, 급기야 그분의 영향으로 신학교 문을 두드릴 수 있었다. 장기천 목사님의 둘도 없는 친구가 일아 변선환 선생이었다는 것 역시 나에겐 기쁨이었다. 지금도 기억하는 장기천 목사님의 말씀이 있다. 신학생의 장래는 본인의 자질과 좋은 목사, 좋은 교수가 삼위일체로 관계되어야 한다는 것이었다. 이 말은 지금 후학들과 내 제자들에게 건네주는 말이 되고 있다. 당시 그분의 설교는 매

주 쩡쩡 울리는 사자후였다. 시국 문제를 성서적 관점에서 가슴 뛰게 풀어낸 올곧고 당찬 어른이었다. 나에게 남아 있는 실낱같은 정치의식은 그분의 유산일 것이다. 신학적으로는 같지 않았으나 장기천 목사님은 친구 일아의 학문 세계를 존중하고 이해하는 통 큰 목회자이기도 했다. 장기천 목사님은 30대 중반 초년 목회자 시절 인천에서 젊은 법정 스님을 교회 강단에 세운 일로도 유명하다. 이후 나는 학부, 대학원 전 과정을 장기천 목사님의 지도 하에 평동교회에서 보냈고 전도사로 활동하면서 그분의 목회를 보필하는 기회를 얻었다. 갑작스럽게 군 입대 통지를 받았을 때 유럽 여행 중에 있던 목사님이 여정 일체를 취소하고 입대 기도를 해주러 서둘러 귀국하신 일은 지금 생각해도 몸 둘 바를 모르겠다. 고인이 되셨으나 지금껏 그분 가족들과는 친형제자매 이상으로 관계하며 지내고 있다. 대광중고등학교와 평동교회는 내 청소년기의 모든 것이었다. 꼭 지난 해 이 무렵 학창 시절 은사였고 이후 교장으로 은퇴하신 김유영 선생님께서 나에게 모교 교장직을 제안하셨다. 감당할 수 없는 일이라 사양했고 일부 모교 이사들이 일아의 제자임을 문제 삼아 마지막 단계에서 성사되지는 않았으나 나에겐 참으로 행복한 일이었다. 고교 은사께서 옛 제자를 기억하여 중책을 맡기시려는 마음에서 다시 눈시울이 뜨거워졌고 인생을 잘못 살지는 않았다는 기쁨을 느낄 수 있었던 까닭이다.

감리교신학대학 시절, 일아 변선환 선생과의 만남

장기천 목사님의 전폭적 지원 하에 신학교에 덜컥 입학은 했으나 집안 형편이나 분위기로 보아 그리 쉽게 결정할 사안은 아니었다. 나에게 집안을 다시 일으켜 세워줄 것을 기대했던 부모님이었으며, 기독교에 대한 이해가 일천했던 가풍 탓에 나는 신학교 입학 소식을 숨겼고 서울의 모 대학에 적을 두었다고 거짓말을 할 수밖에 없었다. 그러나 어느 순간 아버지가 이를 눈치 채셨으나 상당 기간 모른 척하신 것으로 기억한다. 시골 동네분들이 어느 대학에 합격했는가를 물어오면 종종 내가 거짓으로 아뢴 대학명을 말씀하시곤 했다. 그 순간은 지금도 나에게 고통으로 기억되고 있다. 그렇다고 이실직고할 수도 없는 일, 자연스럽게 들통 나기를 기다리는 수밖에 없었다. 아버지가 직감으로 내 거짓을 아셨다고 믿은 것은 고교 재학 시절 다음과 같은 사건이 있었기 때문이다. 한창 기독교 신앙에 취해 물불을 가리지 않고 살던 어느 방학, 시골집에서 아버지와 신학 논쟁이 벌어졌다. 당시 나는 부모의 신앙 양식을 미신이라 몰아쳤고 그분들 삶의 흔적들을 지워버리려고 별별 무모한 성서 이론을 동원했다. 성장 과정에서 한 번도 손찌검을 않던 아버지였지만 그날 나는 참으로 크게 매를 맞았고 아버지의 역정을 온몸으로 느껴야 했다. 당시 어머니는 문밖에서 울고 계셨다. 아버지 역시 그 사건 이후 며칠간 식음을 전폐하시고 자식의 앞날을 걱정하신 듯하다. 그날 신앙 논쟁 중에 장차 목사가 될 것이란 말을 아버지께 내뱉었을 것이란 생각이 든다. 이런 해프닝을 거쳐 신학교를 찾은 나는 마음속의 죄책감을 지울 수 없었다. 2학년이 되던 해 감리교단은 감독 선거 후유증으로 두 동강이 났다. 지금 기억으로 160여 차례의 투표가 있었던 듯하다. 매 투표 때마다 열불 나게 기도했으나 단 한 표의 요동이 없었고 결국 감독을 뽑지 못해 양분되는 현실을 목도했다. 이곳 신학교에서 배출된 목사들이 저렇다면 나의 선택은 잘못된 것일 수밖에 없다는 절망감이 들었고 부모님 얼굴 뵙기가 더욱 민망했다. 심각한 고민 끝에 군에 입대하는 방식으로 고민을 뒤로 미뤄놓고자 했지만 떠밀리다시피 3학년이 되었고 감신대 총학생회장이란 직분을 맡게 되었다. 그것이 다행인 것이 만약 군에 입대했더라면 바젤 대학에서 막 귀국하신 일아 선생과의 만남이 오늘과 같지 않았을 것이기 때문이다. 학생회 활동을 통해 그분과 빈번한 학술적 사귐을 하며 절친한 스승과 제자의 연을 맺었던 것이다.

올해가 벌써 일아 선생이 작고하신 지 15주년 되는 해이다. 강의 매 순간 그는 사자후를 토했고 보통 2, 30분씩 강의 시간을 넘겨가며 문학과 종교, 웨슬리 신학, 토착화론, 현대 신학 등 흥미로운 주제를 가르쳐주셨다. 한 차례 강의에 흑판을 20번 이상 지우셨던 것으로 기억한다. 매일 아침 강의 시작 전에 1시간 동안 나에게 먼저 독일어 성서를 가르쳐주셨고, 1년 뒤에는 그 역할을 나에게 맡기셨다. 지금 생각하면 3학년 되던 해 그분과의 만남이 없었더라면 기독교 배경이 전무하던 나는 분명 신학교를 등졌을 것이다. 우선 그분의 신학은 나 자신의 멍에를 가볍게 했다. 부모의 신앙 세계를 무가치한 것으로 폄하하며 신학교에 들어왔으나 마음이 편치 않았고 여전히 목사, 장로를 부모로 둔 친구들과 견주며 왜소함을 느끼고 있었던 시기였다. 하지만 일아 선생의 강의는 기독교 밖의 신앙 세계를 존중토록 가르치셨고 누구든지 자신의 전통에서 초월 관계된 책임적 삶을 살 수 있고 그렇게 하는 것이 구원의 길이라고 역설했다. 그는 칼 바르트를 신학적 파시스트로 본 야스퍼스의 철학적 신앙과 도스토옙스키의 문학에 근거하여 기독교 밖의 실존에 대한 배려

뿐 아니라 기독교적 구원을 새롭게 조명했다. 총신대 박아론 교수와의 '교회 밖의 구원'을 주제로 논쟁한 기억이 새롭다. 당시 학생들은 전부는 아니었으나 선생님의 학문적 작업을 응원했고 그의 해박한 신학에 경탄을 금하지 못했다. 그분의 영향 하에 학회 활동을 하던 당시 학생들 10여 명이 현재 감신대 교수가 되어 있다는 사실이 이를 증명한다. 물론 지금은 여러 이유로 그분과 신학적 노선을 달리하고 있지만 말이다. 학생회 활동의 일환으로 학술제를 열었을 때의 일이다. 당시 변선환 선생이 강연 주제로 택한 것은 '공空과 십자가'였다. 생전 처음 들어보는 공空, 그것이 기독교의 십자가와 무슨 관계가 있어 제목을 그리 정했는지 정말 생소했다. 행사 당일 날 사회자로서 강단 위에서 보니 청중의 절반이 스님과 수녀들이었다. 어떤 경로로 소식을 들었는지 최초로 열린 종교 간 대화의 자리에 이웃 종교인들이 넘쳐났다. 낯선 개념을 기독교 신앙과 연결 짓는 선생님의 논리가 귀에 들어온 것은 그로부터 한참 후의 일이었다. 그것이 감신대의 토착화 신학 전통의 맥락 속에 있다는 것을 어렴풋이는 알 수 있었다. 이런 배움을 통해 나는 유교와 무속의 토대에서 자란 성장 배경이 오히려 자랑스러웠다. 상처가 치유되고 해방감을 느꼈으며 신학 함의 묘미를 맘껏 즐기게 된 것이다. 서세동점의 시기, 이 땅의 사람들이 저마다 무용지물이 된 자신의 전통(과거)을 버리기에 급급해할 무렵 '동양지천즉서양지천東洋之天卽西洋之天'을 말했던 정동교회 목사 최병헌, 특별 계시를 인정한다는 이유로 일반 계시(동양 종교)를 부정할 수 없다고 했던 최초의 신학자 정경옥, 유불선 중 하나를 부여잡고 토착화 신학을 전개한 해천海天, 소금素琴 그리고 일아 선생. 이에 나는 그들을 배출한 감신대의 신학적 전통에 대한 자부심이 생겼고 그 선상에 자리매김되길 바라는 마음도 간절해졌다. 이후 일아 선생은 불교와 기독교 대화를 넘어 아시아 종교성과 아시아의 가난 문제로 눈을 돌려 민중신학의 도전에 응답해야만 했다. 정치적 무관심에 대한 민중신학적 비판에 토착화 신학의 한계를 절감했던 것이다. 하지만 가난의 문제를 수용한 만큼 그는 종교다원주의 관점에서 아시아의 종교성을 더한층 강조했다. 민중신학의 당파적 관점을 수용하되 그를 넘어서려고 했던 까닭이다. 그가 주창한 이른바 아시아 종교해방신학이 그것이었다. 이 시기에 일아는 바젤 스승들의 관점을 넘어서 아시아 신학자들, R. 파니카R. Panikkar, A. 피에리스A. Pieris, M. 토마스M. Thomas 같은 신학자의 소리를 강의 중 역설했다. 아시아의 가난과 종교성을 본문 삼고 서구 신학을 각주로 이용하는 '종교 신학'의 시대가 오길 꿈꾼 것이다. 그러나 이런 신학적 전환은 당시 감리교 정치 상황에서 종교재판으로 귀결되었고 출교라는 시대착오적 결정 앞에 휘둘렸다. 당시 상생이란 미명 하에 타협안이 제시되기도 했으나 선생은 응할 수 없었다. 후문이지만 당시 그의 제자 이현주 목사의 충언, "그냥 그렇게 죽으시라"는 소리가 역할을 했다고 한다. 이런 정황은 내가 교수로 부임받아 강의하면서 목도했던 일이다. 시기적으로 너무 앞선 이야기를 하고 있었던 셈이다. 여하튼 나는 일아 선생의 지도 하에 그의 스승 프리츠 부리의 '판토크라토Pantokrator 기독론'을 주제로 석사 논문을 썼고, 그 인연으로 1982년 3월 바젤 대학 신학부로 유학을 떠날 수 있었다. 일아 선생은 자신의 선배이자 동료인 이신李信 박사의 딸 이은선을 어느 성탄절 전야에 소개시켜 1981년 가을 결혼에 이르게 했고 함께 떠날 수 있도록 여건을 마련해주셨다. 석사 논문을 마치고 늦게 군에 입대했던 연유로 자유롭지 못했던 나를 대신해 선생께서 궂은일도 마다하지 않으신 것이다.

프리츠 부리와의 만남
- '유교적 신학'의 길을 준비했던 바젤 유학 시절

20대 후반에 이르러 결혼, 제대 그리고 유학이 거의 3개월 사이에 동시적으로 일어났다. 유학을 코앞에 둔 상황에서 긴 세월 그분과 함께 배우며 신학의 길을 함께 가리라 생각했던 장인 이신 박사의 갑작스런 소천은 가족들 모두에게 너무도 큰 상처였다. 짧게 만났으나 내 삶에 미친 그분의 영향력은 후술하겠다. 당시로서는 모든 것이 정신없는 상황에서 발생된 것이기에 반추할 여유가 많지 않았다. 이은선과의 결혼을 맘껏 축복해주셨고 바젤 유학을 하늘의 은혜라 말씀하신 순복음 기도원에서의 그분의 마지막 말씀을 잊을 수가 없다. 여하튼 1982년 2월 우리 부부는 유럽 각 지역으로 입양될 6명의 아이들을 안고 업고 걸리면서 비행기에 탑승했다. 비행기 삯이 당시로서는 감당하기 쉬운 상황이 아니었던 까닭이다. 지금 생각하면 두 번 다시 할 일이 아니지만 그 경험이 삶에 많은 도움이 되었다. 유학 중 유럽에서 만난 한인 입양아들의 삶을 유심히 볼 수 있는 계기가 된 것이다. 일아 선생은 유학을 앞둔 우리에게 당신 부부는 불교와 기독교 간 대화를 공부했으니 일찍 소천하신 해천의 뒤를 이어 유교와 기독교를 연구하라는 과제를 부여했다. 우리 부부가 주자학과 양명학을 각기 신학의 파트너로 삼아 연구할 수 있었던 것은 이런 연유에서다. 일아 선생 부부의 지도교수였던 프리츠 부리 교수가 일아 선생의 제자인 우리 부부의 지도교수가 된 것은 결코 흔한 일이 아니었다. 당시 칼 바르트의 아성에 도전하며 바젤 대학에서 독자적 영역을 개척했던 부리 교수는 이미 불교에 대한 연구를 종료했고[1] 유학사상에 대한 이해로 넘어가고 있었다. 우리 부부와의 만남을 통해 스스로도 항차 군자君子 개념을 신학화시킬 생각이었던 것 같다. 불교 연구를 위해 이미 일본 교토에 2년간 체류한 바 있던 그는 유학 기간 내내 하와이 등지에서 열린 유학사상 세미나에 참석하여 공부했고 그곳에서 발표된 엄청난 자료를 우리 부부에게 선물(?)로 안겨주었다. 이런 열정과 관심은 그의 신학이 K. 야스퍼스의 철학적 신앙과 A. 슈바이처의 생명 외경론에 근거되었기에 가능한 일이었다. 야스퍼스는 계시 실증주의자 바르트를 종교적 파시스트라 불렀고 기독교적 계시 신앙에 맞서 인간의 보편적 실존에 근거한 철학적 신앙을 주창했던 철학자였다. 19세기 자유주의 신학을 '오직 말씀'의 빛에서 난파시키려 했던 바르트와 달리 슈바이처는 '생명 외경will to live'에 근거해 아래로부터의 가능성을 새롭게 복원시키려 했던 사상가였다. 바르트 교의학 중 창조론에는 이런 슈바이처를 한껏 비판한 대목이 상당 부분 나온다. 부리의 신학적 삶은 슈바이처에 대한 동경에서 시작되었고, 후일 그와 평생 서신으로 사상적 교류를 했고 당시 편지를 묶은 책이 출판되어 나와 있다. 바젤 대학 철학부교수였던 야스퍼스를 부리는 '교회의 교사'라 부르며 교부들 수준으로 그 사상적 의미를 격상시켰고 야스퍼스의 철학적 토대에서 슈바이처의 신학 내용을 창조적으로 관계시켜 자신의 독자적 소

---

[1] 그의 책 『Buddha und Christus als der Herr des wahren Selbst』이 1983년 베른에서 이미 출간되어 있었다.

리를 냈다. M. 베르너Martin Berner 지도 하에 썼던 그의 박사 논문은 예수를 '의지'의 권위로 보았던 슈바이처의 '철저 종말론'에 관한 것이었다. 후일 의지는 초월 관계된 실존이라는 말로 발전되었다. 이런 부리 교수가 베른 대학에서 바젤로 초빙될 때 바르트가 기를 쓰고 반대했다는 공식적 기록이 회자되고 있다. 그러나 바젤 대학은 종교개혁 시기 에라스무스를 보호했으며 니체에게 강단을 맡겼고, 히틀러를 피해 망명한 야스퍼스에게 교수직을 부여한 인문주의의 산실이었다. 이런 입장에서 교수 채용의 권한이 있는 바젤 시는 바르트가 아무리 세계적인 학자라 하더라도 하나의 신학적 견해만이 지배하는 학문 현실을 용납하지 않았다. 그렇기에 바르트의 막강한 반대가 있었음에도 그와 사상적으로 판이한 부리를 베른 대학에서 바젤 대학으로 전격 초빙했던 것이다. 바르트의 아성에 도전해 학문적 세계를 구축한 부리의 자부심은 대단했다. 슈바이처를 좋아해 신학도가 된 베른의 방앗간집 아들이 스위스 명문가 출신으로 세계적인 석학이 된 바르트와 나란히 바젤 대학의 교수로, 에라스무스의 무덤이 있는 바젤의 대표적인 교회의 목사로 활동하게 된 까닭이다.

당시 일흔을 넘긴 부리 교수 부부는 우리에게 조부모와 같은 존재였다. 그들도 우리 부부를 학문적 손주Enkelkind로 인정해주었다. 당신 제자의 제자로서 자신의 지도를 받고 있는 20대 후반의 한국인 부부를 몹시 사랑한 것이다. 하지만 2년 6개월에 걸친 군 생활의 학문적 공백은 유학 초기 쉽게 회복되지 않았다. 언어 능력도 부족했고 외국 생활의 부적응 탓에 몸무게가 10킬로그램 이상 빠지는 등

심각한 상황이 1년 동안 지속되었다. 긴 안목으로 이런 부족한 상황을 지켜본 부리 교수의 인내가 없었다면 나는 성격상 공부를 마치지 못했을 것 같다. 건강상 이유로 유학 생활의 포기를 심각하게 생각하던 시점이 있었던 것도 사실이다. 당시 이은선이 짊어져야 했던 걱정과 염려는 지금 생각해도 미안할 뿐이다. 연출가로 활동하는 첫 아들 경성의 예기치 못한 출산도 그때의 일이었다. 유학 생활 중 잊을 수 없는 것은 4년 이상의 긴 세월을 마인츠 대학 구약 교수로 은퇴한 칼 바르트의 둘째 아들 크리스토퍼 바르트Christopher Barth의 집에서 살게 된 일이다. 인도네시아 선교사 경험이 있던 그들이었기에 아시아인들에 대한 이해가 있었고 우리 부부를 함께 살 수 있도록 배려한 것이다. 사는 동안 갈등이 없진 않았으나 그들 편에서 보면 쉽지 않은 결단을 한 것이다. 무엇보다 신학적으로 대척점에 서 있던 부리의 제자를 바르트 가족이 받아준 것은 대단한 일로, 지금도 감사하고 있다. 그곳에 살면서도 당당함을 잃지 않고 동양적 심성으로 그들에게 호감을 심어준 이은선의 덕택으로 바르트 집안을 깊게 이해하는 계기가 되었고 지금도 그의 자녀들과는 형제처럼 지내고 있다. 이는 박사학위 취득만큼이나 소중한 유학의 선물이었다. 우리 부부로 인해 두 B's Family가 왕래하고 안부를 물으며 가까운 관계를 유지하게 된 것도 기쁨으로 기억되고 있다. 밤늦도록 타이프를 치며 논문을 쓰고 있는 방문을 두드려 내가 공부하

> 언젠가 복음서의 예수 역시도 이처럼 만나볼 수 있기를 소망해본다. 이는 예수에 대한 내 물음이 논문 쓰던 그때처럼 그렇게 절실해져야 가능한 일일 것이다.

는 동양사상에 대한 관심을 표명하기도 했다. 바르트 아카이브가 인접해 있는 관계로 한국, 일본 등지에서 많은 방문객들이 그 댁을 찾기도 했는데 바르트를 우상처럼 떠받드는 그들의 태도를 이해할 수 없다는 표정을 여러 차례 목격한 바 있다. 여하튼 바젤에서 나는 한국 토착화 신학의 관점에서 13세기 주희, 16세기 퇴계와 율곡을 신자유주의 신학을 대표하는 F. 슐라이어마허 Friedrich Schleiermacher, 헤르만 군켈 Herman Gunkel과 E. 트뢸치 Ernst Troeltsch와 비교하며 400여 쪽에 이르는 긴 논문을 써서 1986년 박사학위를 취득했다. 신유학과 신개신교 간의 대화를 시도한 것이다. 논문 제목은 정확히 다음과 같다. 「토착화 신학의 관점에서 본 신新유학과 신新개신교 간의 공동의 구조와 문제점 탐색」. 부리 교수는 이 논문을 만족스럽게 수용했고 부심인 H. 오트 역시 좋게 평가했다. 일아 선생의 과제—유교적 신학—를 마무리했다는 안도감으로 행복했다. 하지만 라틴어로 치러진 학위 수여식 동안 마음속에 공허함이 밀려왔다. 그렇게 원하던 학위였으나 정작 내 자신의 삶은 하나도 달라진 것이 없다는 현실을 발견한 것이다. 삶이 없는 신학 박사, 그것이 주는 부담감이 지금껏 마음속을 떠나지 않고 있다.

슐라이어마허 부분을 쓸 때 겪었던 특별한 경험을 소개하고 싶다. 주지하듯 그의 주저 『종교론』과 『신앙론』 사이에는 '변증법 dialectic, 辨證法'이란 다리가 있다. 이는 당시 헤겔 등 동료 학자들의 비판에 대한 답을 시도한 것으로 자신의 신학 원리인 감정을 이성과 의지의 변증법적 이행 과정의 산물로서 서술한 책이다. 슐라이어마허 자신도 '변증법'의 내용을 수도 없이 고쳐 쓰며 신학자의 철저성을 입증하려 애썼다. 이런 과정을 이해하여 글로 표현하는 작업은 머리에

쥐가 나는 일이었다. 긴 시간을 헤매고 있던 어느 날 밤, 슐라이어마허를 꿈속에서 만났다. 꿈속에서 정확히 내 생각이 멈춰 선 그 부분을 지적하며 그에 대한 답을 주는 것이었다. 너무도 생생한 꿈이라 즉시 일어나 날이 밝도록 책상 앞에 앉아 실마리를 풀어냈던 기억이 새롭다. 언젠가 복음서의 예수 역시도 이처럼 만나볼 수 있기를 소망해본다. 이는 예수에 대한 내 물음이 논문 쓰던 그때처럼 그렇게 절실해져야 가능한 일일 것이다. 이 역시 삶과 신학의 상관성 물음으로 귀결될 주제라 생각된다.

논문을 끝내고 귀국할 시점이 되었다. 하지만 당시 이은선은 바젤에서 현대 희랍어와 석사 논문을 마치고 이제 막 박사 논문을 시작하는 중이었다. 더구나 지금 체육학을 마치고 의학전문대학원을 준비하고 있는 둘째 융화를 몸속에 두고 있는 상태였다. 부리 교수는 이런 우리를 두고 정신적·육체적으로 생산 활동이 활발한 부부라고 농담을 했다. 그러나 내심 그에겐 걱정도 많았던 것 같다. 남편도 없는 상황에서 아이 둘과 함께 논문 과정을 마칠 수 있을지에 대한 선생으로서의 안타까움이었을 것이다. 하지만 장학금 기간도 연장되었고 이은선의 학문적 의지를 인정한 바르트 가족을 비롯해 많은 분들의 도움으로 1986년 우리 부부는 잠시 이별해야만 했다. 큰아이라도 한국에 데려올까 생각했으나 한국의 어머니 역시 상당히 편찮으신 상황이었다. 위독하신 어머니를 걱정하며 며느리의 귀국을 종용하는 여러 소리도 많았다. 이래저래 이은선은 고통스런 시간을 보내야 했다. 정작 논문까지 마무리하기로 결정했으나 그의 몸 상태 역시 말이 아니었다. 귀국을 앞둔 나는 당시 그 상황을 헤아리지도 못할 만큼 철이 없었다. 모교 교수로 초빙되었다는 생각에 두 아이와 함께 학위 과정을 마친다는 것의 실상을 잊은 것이다. 종종 기억이 그때로 돌아가면 나는 이은선에게 아무런 말을 할 수가 없다. 2년 후 다시 만날 때까지 두 아이들과 그가 겪은 고통은 상상을 불허할 정도였을 것이다. 여하튼 바젤 비행장에서 헤어진 후 2년 가까운 세월 중에 둘째가 태어났고 이은선도 학위를 무사히 마칠 수 있었다. 참으로 고맙고 감사한 일이 아닐 수 없다. 그 순간을 돌이켜 보면 삶이 은혜였다고 고백하지 않을 사람이 아무도 없을 듯하다.

감신대 교수로서 스승 없이 스승 되어 살기

1986년 가을학기부터 모교 감신대에서 가르칠 수 있는 기회를 얻었다. 지금으로선 생각할 수 없는 나이(32세)에 교수가 된 것이다. 당시 감신대에는 종교철학과가 신설되어 있었기에 가능한 자리였다. 물불을 가리지 않고 열심히 가르쳤고 바젤에서 받은 뭇 도움을 기억하며 학생들에게 그것을 되갚고자 여러모로 마음을 썼다. 신설된 학과에 재학 중인 학생들은 일정 부분 열등감을 지니고 있었다. 신학과에 적을 두지 못한 회한이 적지 않았기에 감신 공동체에 쉽게 접붙여지지 않았다. 다행히 첫 입학생이 4학년이 되던 해에 교수가 되었던 관계로 이들에게 형처럼 편안한 존재가 되는 것을 일차적 목적으로 생각했다. 나이가 나보다 더 많은 학생들도 있었기에 교수라는 생각을 잊는 게 나을 듯싶었다. 지난 25년간 나는 제자들에게 고양이로 만족하지 말고 한국 교계를 향해 포효하는 호랑이로 살 것을 주문했다. 이것이 스승을 억울하게 잃어버린 내가 스승으로서 해야 할 사자후라 여겼던 것이다. 고양이의 존재가 아무리 많은들 세상은 달라지지 않는다. 그들은 자기 먹고살기 위한 길을 갈 뿐이다. 그러나 언젠가 호랑이 새끼가 그들 중에서 뛰쳐나온다면 세상을 변화시킬 거란 믿음이 있었다. 다행히도 이들 중에서 주류 교회와 생각을 달리하는 흐름이 감지되고 있다. 교계 안팎에서 제 몫을 상상 이상으로 감당하는 제자들이 존재하게 된 것이다. 오지 선교사를 비롯해 영화감독, 작가들도 여럿 생겼다. 철학과 신학 분야에서 월등한 실력을 쌓은 박사 제자들도 제법 생겼다. 다종교 사회를 긍정하며 소신껏 교회를 섬기는 목회자들도 적지 않게 되었다.

그동안 강의실에서 이들을 만나 생각을 키웠던 과목들을 생각해 보니 다음의 것들이 떠오른다. 칸트, 하이데거, 야스퍼스 등 유럽 사상가 소개를 비롯해 조직신학, 생태신학, 유교와 기독교 대화, 한국 종교사상가, 종교와 과학 간 대화, 토착화론, 인류와 종교, 수행론, 오리엔탈리즘, 포스트모더니즘 등에 관한 것이다. 최근에는 역사적 예수를 조직신학적 관점에서 강의하고 있다. 대학원에서는 이들을 심화시켜 기독교 자연신학, 동서생명 이론, 종교철학, 유럽 신학계의 동향(슈바이처, 융겔, 판넨베르그, 몰트만, 큉, 카우프만) 등을 가르친 것으로 기억된다. 최근 나는 학생들에게 '버럭'이란 별명을 얻게 되었다. 가끔씩 강의실에서 화를 내며 학생들을 야단치기 때문에 얻은 애칭이다. 기대치에 너무도 어긋나면 참을 수 없는 분노가 치밀 때도 있지만 대개 그건 반쯤은 쇼다. 자신들에게 경각심을 주려는 목적에서 생겨난 일로 학생들도 이해하고 있다. 시대가 달라진 상황에서 이를 받아주니 고마운 일이다. 스승이 사라진 자리에서 스승이 되는 일은 참으로 고독한 일이었다. 지난 25년간 내 스승이 짊어졌던 운명을 피할 생각은 해본 적이 없다. 그로 인하여 좋은 것도 불이익도 모두

내 삶의 일부가 되었던 것이다.

주지하듯 나는 한국 신학계에 토착화 신학자로서 변선환 선생의 제자란 말 이외에도 생태신학자로 각인되어 있다. 1986년 귀국한 이후 동문회가 마련한 첫 강연에서 서구 기독교의 반자연적 성격을 생태적 위기 상황에서 지적한 것이 학계의 호응을 받은 것이다. 지금은 생태신학에 관한 글을 쓰는 학자들이 많지만 당시만 해도 죽재 서남동 이후로 처음이라는 평가를 얻었다. 그가 민중신학으로 방향을 돌렸던 까닭에 생태신학을 충분히 발전시키지 못했으므로 그 역할을 나에게 기대한 것이다. 사실 내가 학위 논문을 쓸 때만 해도 환경 및 생태에 대한 의식을 키우지 못했다. 이 주제에 관해서는 이은선이 나보다 앞섰다. 당시 그녀는 기독교 윤리학을 담당하던 로호만 M. Lochman 교수에게 「자연과의 사귐 Die Umgang mit der Natur」이라는 논문을 제출한 바 있었다. 귀국할 무렵 우연히 JPIC 대회가 열린다는 소식을 접했고 그것을 위한 제안이 『시간이 촉박하다 Die Zeit draengt』란 책으로 출간된 것을 알게 되었다. 부랴부랴 관련 자료들을 모아 귀국했고, 교수 초임 시절 관련된 자료들을 섭렵하기 시작했다. 여하튼 1990년 서울서 열린 JPIC 주제는 나

> 시천주를 비롯하여 풍수지리설, 후천개벽설 등의 개념이 나에게 소중하던 시기였다. 자연에 대한 이해가 깊어질수록 현대 과학의 이론 역시 호기심의 대상이었다.

로 하여금 신학적으로 씨름해야 할 이유가 되었다. 내가 신학의 화두로 '생명'을 택한 것도 이런 이유에서다. 우선 『시간이 촉박하다』

란 책을 번역했고, 읽은 자료를 근거로 『창조신앙과 생태학』이란 책을 펴냈다. 내 이름을 건 최초의 책들이다. JPIC를 발의했던 바이제커가 그 공으로 명예신학박사를 받은 자리에서 행했던 강연도 번역해서 소개했고 강원용 목사께서 주관한 88올림픽 기념 학술대회 자리(아카데미)에서 시인 김지하와 함께 긴 시간 대화할 수 있는 기회도 가졌다. 세계적 가난, 핵무기의 과다 보유, 생태계 파괴가 항존하는 상황에서 기독교 정신은 아직 멀었고 그 구원 역시 요원하다는 그의 생각에 나는 적극 동의할 수밖에 없었다. 적어도 기독교가 성육신을 중시하는 '땅의 종교'라면 말이다. 아우슈비츠 경험과 함께 1990년 한국 땅에서 열린 JPIC는 나에겐 신학의 지평과 모형을 달리 만든 획기적 사건이 아닐 수 없었다.

하지만 나는 서구 생태학적 사유를 추종할 수만은 없었다. 문제의식은 공유하되 한국적으로 공헌할 수 있는 길이 있다고 판단했던 까닭이다. 학부 시절부터 싹튼 토착화 신학의 문제의식 때문이었다. 실상 바이제커 자신도 특정 종교, 특정 이념만이 JPIC 문제를 해결할 수 없음을 알고 있었다. 그렇기에 저마다의 지역에서 자신들의 생각을 갖고 이 문제와 씨름할 것을 종용했던 것이다. 에코페미니즘 Ecofeminism을 읽고 J. 몰트만을 비롯한 서구 생태신학 사조를 섭렵하면서 배운 것도 많았으나, 그럴수록 한국적 자료들 속에 묻혀 있는 생태 의식의 깊이에 더한층 마음이 끌렸다. 내가 유학 시절 공부한 성리학은 물론 동학에서 배운 시천주侍天主의 생태영성은 서구 어느 생태신학자들의 그것보다 깊고 심오했다. 이 점에서 나는 자신을 험한 세상 '다리'로 비유하셨던 선생님의 말씀을 따라 그를 믿고 한 걸음 앞으로 나갈 수 있었다. 그의 종교해방신학의 지평 속에 '자연

(생명)'의 관점이 없는 것을 비판하기도 했다. 하지만 돌아가신 시점까지 선생님 역시도 그동안 눈에 들어오지 않던 '자연'이란 주제를 그가 좋아하던 탁사 최병헌 자료에서 다시 찾아 읽으셨고 서구 문명 비판을 동양종교의 시각에서 더한층 심화시키셨다. 이 시기 나는 서구 생태신학 사조를 한국적 종교문화 토양에서 전적으로 재구성하는 방식으로 '한국적 생명신학'을 전개하였다. 1996년 출간된 『한국적 생명신학』이 바로 그것이다. 시천주를 비롯하여 풍수지리설, 후천개벽설 등의 개념이 나에게 소중하던 시기였다. 자연에 대한 이해가 깊어질수록 현대 과학의 이론 역시 호기심의 대상이었다. 생태학과는 다른 차원에서 접근해야 하는 분야이기에 쉽지는 않으나 기왕지사 '생명'을 주제로 삼았던 까닭에 이 분야에 대한 연구 역시 피할 수 없는 주제라 생각했다. 처음에는 카프라(물리학), 쉘드레이크(생물학) 등의 신과학 사조를 읽었고 나중에는 그 한계가 눈에 밟히는 관계로 주류 물리학의 견해를 살폈으며 그를 근거로 현대신학을 전개한 판넨베르크, 폴킹혼 등의 과학신학을 공부했다. 제자들과 함께 공부하면서 그들 주요 저서들을 번역하기도 했다. 그때 함께했고 그 주제로 석사 논문을 썼던 박일준 박사가 지금 종교와 과학 분야에서 두각을 나타내는 학자로 성장해 있음은 고마운 일이다. 이런 연구 결과로 『기독교 자연신학』 『켄 윌버와 신학』이 출판되었고 폴킹혼의 『과학 시대의 신론』을 비롯한 몇 권의 책을 번역하여 세상에 내놓을 수 있었다. 후일 새길교회에서 '생명신학'을 주제로 열 번에 걸쳐 강의를 했고 그것이 『생명의 하나님과 하나님 살림살이』란 제목으로 출간되었다. 조직신학회 총무, 부회장, 회장직을 두루 거치면서 '과학과 신학의 대화'를 중심으로 몇 차례 세미나를 했고 그것

을 논총(9집)으로 엮어낸 것도 현대과학과 조우하려 했던 나의 통합학문적 관심에서 비롯한 것이다.

초현실주의 신학자 이신의 재발견
— 종교와 과학 그리고 예술의 통합을 꿈꾸며

가장 짧게 만났으나 긴 여운을 갖고 삶에 영향을 미치는 분이 있다. 그는 나의 장인으로 해천, 일아와 친분을 갖고 있었으며 화가이자 신학자 그리고 희랍어, 히브리어를 비롯해 일본어, 한문에도 조예가 깊은 분이었다.『한겨레신문』종교 담당 대기자 조현에 의해 신문지상에 한국의 영성가 시리즈에 얼마 전 소개된 바 있다. 결혼 후 한 달 만에 소천하신 관계로 살아생전 그분과 대면한 경험이 서너 번에 불과한 것 같다. 일아 선생에 의해 건네진 내 석사 논문 하나만 보고 딸과의 결혼을 내심 허락하신 그분의 삶과 사상을 재발견한 것은 그의 사후 20년이 지난 시점이었다. 당시 그분의 병이 깊음을 알았을 때 우리 어머니가 하신 말씀이 기억난다. "네 삶이 복되려면 장인이 오래 살아야 한다." 내가 복이 없어서인지 신학적 사유를 나누며 정말 행복한 삶을 공유했을 터인데 아쉽기 그지없다. 그는 부산상고 졸업 후 당시 출셋길을 마다하고 신학교(감신대)로 발길을 옮겼다. 그렇게 좋아하던 그림마저 놓고 근본(神)을 찾았던 것이다. 전도사 시절 그는 그리스도 환원운동을 접했고 감리교 울타리라는 작은 기득권마저 버리고 그리스도의 길을 찾았다. 그 마음으로 60년대 초 아내와 네 자녀를 뒤로하고 홀로 미국으로 건너가 6년에 걸쳐 벤더빌트 신학대학에서 최종학위를 취득했다. 신구약성서의 묵시적 의식을 초현실주의자들의 시각으로 현대화시킨 작품이었다. 유학 중 자투리 시간을 활용해 그림을 그렸고, 그 작품을 팔아 가족들 생활비까지 보내야 하는 상황에서 일궈낸 일이었다. 하지만 귀국 후에도 그의 삶은 결코 평탄치 않았다. 그리스도교단에 적을 두었으나 미 선교사들의 횡포를 그냥 두고 볼 수 없었고, 그들과의 불화는 그에게 교수직을 허락지 않았다. 충북 괴산 산골에서 목회하며 들판의 돌을 주워 몸소 교회를 건축했으며 그 와중에도 글 쓰고 전국 각지의 신학교에서 강의를 하며 가족을 부양했다. 1970년 초 그리스도교단 신학자들과 평신도들이 힘을 합쳐 '한국 그리스도교의 선언'을 만방에 공포한 바 있다. 평신도들이 참여했던 신학운동은 기독교 역사상 참으로 드문 일이었다. 한국적 주체성, 종교성에 대한 강조, 나아가 한국교회의 대미 종속성 탈피 등은 지금 생각해도 획기적인 내용이라 생각한다. 그는 몇 차례에 걸쳐 '쉬르레알리슴의 신학' 혹은 '영의 신학'을 쓰려고 시도했다. 하지만 그에게는 집필할 시간이 주어지지 않았다. 본회퍼의 '저항'과 키르케고르의 '고독'을 사랑한 신학자이기도 했다. 그와 그의 가족은 정말 가난하게 생활했으나, 자식들에게 가난보다 더욱 큰 문제는 상상력의 빈곤이라고 가르쳤다. 인간이 하나님 형상인 것을 그는 상상력에서 본 것이다. 상상력을 갖고 인간은 하나님처럼 생각할 수도, 살 수도 있다고 생각한 까닭이다. 나와의 짧은 만남에서 이신 박사는 민중신학이 말하는 가난, 자신은 그것을 온몸으로 살아냈다고 말씀하신 적이 있다. 그가 남긴 그림 수십 점이 자식들 집 여기저기에 걸려 있다. 모두가 추상화이고 인간의 영적 여정에 관한 내용이며 초현실적 기법으로 그려져 있다. 그에겐 묵시문학이 영적 양극성의 산물이었던 것이다. 오늘을 사는 우리는 그의 시대처럼 가난하게 살고 있지는 않지만 심각한 영적 빈곤의 상태에 놓여 있다. 상상력의 빈곤이란 치명적 병을 앓고 있는 것이다. 상상력, 그것은 이신의 신학적 자존심이기도 했다. 그의 손은 언제나 창조력으로 가득했다. 무엇이든지 그의 손에 들어가서 갈고닦이면 보물로 변했다. 성북동 성곽에서 주운 옛 기왓장을 갈고 닦고 새겨 예수상을 만들어놓은 것을 지금 강원도 횡성의 작은 아카이브에 보관하고 있다. 거리 장터를 돌아다니다 김교신이 사용한 성서를 발견하곤 그것을 지극 정성으로 수리하여 소중하게 간직하신 것도 알고 있다. 그것 역시도 아카이브에 보관 중이다. 오늘과 같이 쉽게 버리고 새로운 것을 거침없이 소비하는 시대에 이신의 삶, 손의 창조력을 지닌 삶은 진정 세상을 구원하는 길이 아닐 수 없다. 나는 그의 사후 20년이 되는 시점을 기해 그의 삶과 사상을 조명하는, 비교적 긴 논문「이신李信의 쉬르레알리슴Surrealism과 예술신학」을 썼다. 2011년 12월이면 그가 소천한 지 30주년이 된다. 이 해를 추모하며 나와 가족들은 이신에 대한 연구서를 준비할 생각이다. 단순히 가족이어서가 아니라 이 시대에 수없는 생각거리를 펼쳐놓을 수 있는 삶을 지닌 사상가라 생각하기 때문이다. 내가 이 글을 쓰면서 이신의 장葬을 마련한 것은 그가 준 또 다른 신학적 통찰 때문이다. 향후 나는 종교(신학), 과학 그리고 예술의 총체적 시각에서 2천 년 기독교 역사를 조망하고 그 틀에서 신학적 교리를 교정하고 싶다. 신학 교리만을 학습하는 현재의 신학교육은 메마른 교조주의자만을 양산할 것이기 때문이다. 이 점에서 이신은 나에게 예술을 바라보는 새로운 눈을 선사했다. 그가 남긴 그림을 이해하려면 예술사에 대한 엄청난 공부가 있어야만 한다. 상상력 또한 그의 그림을 이해하기 위한 전제조건이다. 그분의 그림 몇 점을 내 논문에서 해석해보았으나 난공불락처럼 여겨진다. 일아의 제자란 이유만으로 석사 논문만 읽고 결혼을 승낙하신 마음에 감사를 표하며, 향후 신학 인생을 이 신의 학문적 영향사 속에 놓을 생각이다.

토착화 신학의 절정으로서 다석 학파의 기독교 이해
―수행적·자속적 기독론의 한 모형

2009년 봄, 나는 다석 유영모에 관한 연구서 『없이 계신 하나님, 덜 없는 인간』을 펴낸 적이 있다. 직전 해에 출판된 『켄 윌버와 신학―홀아키적 우주론과 기독교의 만남』에 이어 문광부 우수도서로 지정된 책이다. 내가 유영모를 연구하게 된 것은 오로지 이화여대 은퇴 후 감신대 교정에서 15년간 명예 대우 교수직을 수행하신 김흥호 선생 덕택이다. 그분은 그 옛날 다석에게 배움을 얻었듯이 나를 홀로 앞에 두고 당신 스승의 가르침을 전해주었다. 일아 사후 그분은 나에게 스승, 곧 탈존脫存의 새 모습을 보여주었다.[2] 어느 학기는 선생의 연구실에서 독대하며 다석의 주역사상을 배운 바 있다. 일아 사후 그분은 나에게 스승의 새 차원, 곧 탈존의 모습을 보여준 것이다. 그분의 직간접적 영향으로 다석 유영모의 기독교 이해에 눈뜬 것은 나에게는 대단한 축복이었다. 일아 선생께서 토착화를 말씀했지만 아시아적 종교성 내지 종교 다원주의에 무게중심을 둔 것과 달리 다석사상은 토착/토발의 전형적 모습이었다. 다석을 알게 되면서 그의 제자들에 대한 관심 역시 증폭되었다. 함석헌의 『뜻으로 본 한국 역사』를 다시 읽게 되었고 민족주의의 전형적 모습을 지닌 신

---

[2] 선생에게 스승은 곧 탈존한 존재였다. 자신으로부터 벗어난 자만이 스승일 수 있다는 것이다.

채호와의 차이도 알 수 있었다. 관觀을 얻은 한 사람으로 인해 한국 역사가 이렇듯 달리 읽힐 수 있다는 사실에 전율하기도 했다. 20대에 읽은 책이 나이 오십 줄에 접어들어 이처럼 떨림과 울림이 될지는 전혀 생각지 못한 일이었다. 나의 다석 연구는 크게 세 방향에서 진행되었다. 첫째는 다석의 동양적 기독교를 서구 종교다원주의 틀에서 다루되 그와의 변별력을 강조했다. 이른바 그의 '얼 기독론'을 서구 다원주의 시각의 급진적 내재화로 본 것이다. 최근에는 그의 '얼 기독론'을 '다중多衆 기독론'이란 이름으로 개칭하기도 했다. 두 개의 '탈脫'—탈현대와 탈식민성—을 의식했던 까닭이다. 둘째는 다석 사상을 일본 교토 학파와 견줄 만한 사상 체계로 이해하는 일이었다. 해서 나에겐 다석 한 사람만이 중요하지 않았고 함석헌, 김흥호를 비롯하여 정양모 등 다석을 스승으로 모신 이들의 사상과 다석과의 관계를 묻는 일이 소중했다. 다석 학파란 이름 하에 이들을 함께 묶을 수 있는 틀거지를 발견하고자 했던 것이다. 이 와중에서 교토 학파의 기독교 이해와 다른 점도 드러났다. 무게중심이 기독교에 있었던 까닭에 이들에게 예수는 이론적 전거만이 아니라 고백적 토대였던 것이다. 마지막으로 나는 다석의 기독교 사상을 민족문화 속에 스며든 『천부경』, 그 영향사의 정점으로 보았고 유불선은 물론 동학과도 회통할 수 있는 대승적 틀을 그에게서 발견했다. 십자가를 수행적, 자/타불이自他不二적 대속론代贖論의 차원에서 설명한 것이 바로 그 핵심 증거이다. 성직만 있고 수도의 개념이 간과된 한국 기독교에게 그의 수행적 기독론은 상당히 유의미하다. 향후 나는 다석이 남긴 난해한 원전을 더욱 깊이 읽어갈 생각이다. 그러나 다석을 과거적 시각에서가 아닌 현대신학적 주제들과 맞닥뜨릴 계획이다. 이미 다중多衆, 생태신학, 진화신학, 역사적 예수 연구의 차원에서 다석을 조명한 글들을 준비해놓았다. 물론 이런 글쓰기는 다석 한 개인의 차원에서만이 아니라 다석 학파의 차원에서 포괄적으로 가능할 수 있을 것이다.

  나의 다석 연구는 순수 종교적, 이론적 차원에서만 비롯하지 않았다. 처음에는 의식하지 못했으나 동양적으로 이해된 십자가 개념 속에 진정으로 세상을 구원할 새로운 케리그마Kerygma가 있다고 확신하기 시작했다. 다석에게는 십자가를 지신 스승 예수가 중요했고 그의 십자가를 '일좌식일언인一座食一言仁'이란 말로써 동양적으로 풀어낸 것이다. 십자가가 세상을 구원할 수 있는 힘인 것은 그것을 믿는 차원을 넘어 그렇게 사는 길밖에 없을 터, '일좌식일언인'이란 말 속엔 자본주의와 맞설 수 있는 삶의 에토스가 가득 차 있다. 소승적으로 자신 한 몸 수신修身하는 차원이 아니라 세상에 가득 찬 죽음의 세력(자본주의)과 맞서는 길이란 것이다. 나 역시도 처음에는 다석 사상 속에서 개인적 차원만을 보았다. 그러나 그의 전 재산이 오늘의 동광원의 기초가 되었다는 소식을 접하며 '제 뜻 버려 하늘(아버지) 뜻' 이룬 예수의 십자가는 오늘날 반反생태적 천민자본주의와의 싸움이 되어야 한다고 생각했다.[3] 인간을 치열하게 공적인 삶으로 부르는 것, 사私와의 사투를 벌이는 일이 다석에게 '일좌식일언인'으로서의 십자가였던 것이다. 내가 다석 사상 속에서 한국적 생명신학의 정수를 재인식하고 이에 몰두하게 된 것도 결국 이런 이유 때문이다. 다석 사상 속에 신학적 화두인 '생명'을 발견한 것은 나에겐 은총이 아닐

---

3 BBC 최근 방송에 의하면 한국인의 욕망지수가 OECD 국가 중에서 1위라고 한다.

수 없다. 향후 한국적 생명신학의 차원에서, 아니 내 자신의 삶 속에서 다석 사상을 깨치고 체화시키는 일이 과제로 남아 있다. 하나님의 도우심이 절대로 필요한 시점이다.

신학 함의 동반자가 있어 행복했던 25년
― 지난 삶을 회고하고 향후 10년을 내다보며

어린 시절부터 부모와 떨어져 살았던 관계로 고생은 많았으나 가난하게 살았던 기억은 없다. 다른 학자들에 비해 순조롭게 공부하고 일찍 교수가 된 탓에 학문하는 일에 전념할 수 있었던 것은 참으로 고마운 일이다. 그래서 고생하는 후배 학자들, 제자들을 보면 마음이 무겁고 미안하다. 간혹 25년간의 교수 생활을 접는 것이 도리가 아닌가 하는 생각도 여러 번 해왔다. 돌이켜 보면 지금 이 시점까지 이르는 과정에서 뭇 사람들의 도움이 컸다. 자리를 잡으면 누구나 제 잘난 맛에 살지만 유학 시절 받았던 은총의 감각을 잃는다면 신학자는 물론 신앙인의 자격도 없을 것이다. 해서 나는 은총을 갚을 길을 생각하며 살 때가 되었다고 매번 다짐한다. 지금보다는 더욱 공적인 삶을 살아야 한다는 당위성을 느끼고 있는 중이다. 은퇴까지 남아 있는 10년간의 기간을 어떤 식으로 살아야 할지 많은 상념이 떠오른다. 나에겐 여성 신학자로 살아온 삶의 동반자가 있다. 어느 누구에게나 쉽게 찾아오는 행운은 아닐 것이다. 처음 만났을 때 우리의 신학적 출발점은 너무도 달랐다. 나의 경우 실존Existenz이 출발점이었고 이은선 교수는 우주Kosmos가 생각의 토대였다. 함께 공부하며 격렬한 토론 끝에 같은 곳을 향해 삶을 나눌 수 있게 된 것이 고마울 뿐이다. 지난 세월 동안 나는 이런저런 관심으로 학위논문의 주제를 더 이상 발전시키지 못했으나 이은선은 유교와 기독교에 페미니즘을 더하여 이들 셋을 상호관계 짓는 일에 전념했다. 앞서 언급한 성性·성誠·성聖의 신학 방법론이 그 작업의 열매이다. 그 틀로 조직신학의 책도 엮어냈으니 교육철학자로서뿐 아니라 여성 조직신학자의 삶도 온전히 살아냈다. 반복되는 일상사로 힘겨워하고 절망하지만, 그래도 자신의 몸을 예기禮器로 만들려는 노력을 단념치 않는다. 집에만 가면 말이 없어지는 나에게 그녀는 자신이 읽는 책의 내용을 전해주려고 애를 쓴다. 그녀 덕에 직접 읽지 않고도 내용을 아는 척했던 경우가 참으로 많았다. 두 아이들에게 좋은 책을 사 나르며 책에 대한 내용을 혼신을 다해 장시간 이야기하는 것도 그녀의 일이었다. 공적인 삶을 결심하도록 요구하는 것도 그녀가 먼저다. 옳다고 여기는 사안에 대해서는 타협보다는 지키는 쪽을 택해왔다. 정치적 의식도 나보다 깊다. 여성 정치학자 아렌트를 좋아하게 된 것도 그런 성향 탓인 듯하다. 노무현 대통령의 죽음을 억울하게 생각하며 그를 신학적으로 조명한 정치평론을 자발적으로 쓴 적도 있다. 때로 설교에 대한 아픈 비평을 들었던 것도 괴로웠으나 고마운 일이었다. 책과 아침 기도 시간만 허락되면 인생을 기쁘게 살 수 있다는 말도 귀에 생생하다. 향후 10년의 삶도 최근 자주 거론되는 대화의 주제이다. 때론 내가 감당할 수 없을 정도의 과격한 미래를 전망하고 제안하기도 한다. 어쨌든 이은선 교수는 지난 30년간 내 삶에 가장 큰 영향을 미친 존재이다. 부부를 넘어 생각을 나눌 수 있는 동료란 생각을 피차 하고 산다. 이미 알려져 있듯 우리 부부는 강원도 횡성에서 소박한 공간을 꾸밀 생각을 해왔고 그곳에서 할 일을 구체화시키고 있다. 그곳 명칭은 '현장顯藏 아카데미'로 불릴 것인

바, 얼마 전 소천하신 유승국 선생께서 지형의 특성을 고려하여 『주역周易』의 말씀에서 찾아주신 것이다. 그곳에서 펼쳐질 계획이 단박에 이뤄질지, 아니면 시간을 두고 우회할지는 아직 불투명하다. 내가 감당해야 할 학문적 몫이 있고 모교 감신을 위한 책무가 아직 남아 있는 까닭이다. 많은 교수들과 두루 잘 지내지는 못했으나 평생 그들로 인해 외롭지 않고 행복했던 몇몇 동료 교수들이 있었던 것도 하나님의 은혜이다. 오늘까지 내가 대화문화아카데미에서 미력한 책임을 감당하게 된 것도 살아생전 강원용 목사님의 사랑을 많이 받은 탓이다. 그분은 늘상 내 작업을 격려하셨고 이런저런 기회를 많이 주셨다. 제자 김장생 박사가 강 목사님의 손주 사위가 된 것도 이런 인연의 과실果實일 것이다.

나는 이 글의 제목을 '미정고未定稿, Never Ending Story로서의 예수'라 했다. 이는 본래 다석 선생의 예수관을 드러내는 말이다. 예수를 자신의 스승이라 믿고 그의 길을 동양적 방식으로 따랐던 다석이 우리에게 그 길의 성격을 알리는 말인 것이다. 분명한 것은 그 길이 아직 끝나지 않았다는 사실이다. 이는 기독교 정신이 아직 구현되지 않았다는 말과 의미 상통한다. 최근 기독교 역사를 공부하고 현실을 성찰할 때마다 드는 생각이 있다. 그것은 지난 2천 년 동안 기독교가 로마를 기독교화한 것인지, 아니면 로마가 기독교를 로마화시킨 것인지에 대한 물음이다. 이 고민이 지속되는 한 다석의 미정고로서의 예수상은 교회와 관계하는 삶의 방식을 좌우할 듯싶다.

나는 왜, 어떻게 신학을 하는가?

1판 1쇄 발행	2011년 11월 10일
지은이	대화문화아카데미 편
펴낸이	박종화
펴낸곳	대화문화아카데미 대화출판사
출판등록	1976년 6월 24일(제2-347호)
인쇄	계성인쇄
주소	서울 종로구 평창동 473-6(우 110-848)
전화	02-395-0781
팩시밀리	02-395-1093
홈페이지	www.daemuna.or.kr
전자우편	tagung@daemuna.or.kr tagung@chol.com

ISBN 978-89-85155-36-6   03200

값 16,000원

이 도서의 국립중앙도서관 출판시도서목록(CIP)은 e-CIP 홈페이지(http://www.nl.go.kr/cip.php)
에서 이용하실 수 있습니다.(CIP제어번호 : CIP2011004516)